Begriff und Bedeutung der Staatspraxis in der Rechtsprechung des Bundesverfassungsgerichts

Rechtspolitisches Symposium
Legal Policy Symposium

Herausgegeben im Institut für Rechtspolitik an der Universität Trier
von Bernd von Hoffmann und Gerhard Robbers

Band 10

PETER LANG
Frankfurt am Main · Berlin · Bern · Bruxelles · New York · Oxford · Wien

Michael Rahe

Begriff und Bedeutung der Staatspraxis in der Rechtsprechung des Bundesverfassungsgerichts

PETER LANG
Internationaler Verlag der Wissenschaften

Bibliografische Information der Deutschen Nationalbibliothek
Die Deutsche Nationalbibliothek verzeichnet diese Publikation in der Deutschen Nationalbibliografie; detaillierte bibliografische Daten sind im Internet über http://dnb.d-nb.de abrufbar.

Zugl.: Trier, Univ., Diss., 2010

Umschlaggestaltung:
Olaf Glöckler, Atelier Platen, Friedberg

Gedruckt auf alterungsbeständigem,
säurefreiem Papier.

D 385
ISSN 1610-8906
ISBN 978-3-631-60572-1

www.peterlang.de

Vorwort

Die Arbeit lag im Wintersemester 2009 / 2010 der Juristischen Fakultät der Universität Trier als Dissertation vor und befindet sich auf dem Stand von August 2009. Durchgeführt habe ich diese Untersuchung als Mitarbeiter am Institut für Europäisches Verfassungsrecht der Universität Trier.

Mein Dank gilt meinem Doktorvater Professor Dr. Gerhard Robbers, der die Arbeit betreut und in diese Schriftenreihe aufgenommen hat. Er hat mir viel wissenschaftliche Freiheit gewährt, aber jederzeit konnte ich mir seiner Förderung und seines Rates sicher sein. Seine wissenschaftliche Aufgeschlossenheit und seine Art mit Menschen umzugehen waren und sind mir ein wesentliches Vorbild. Danken möchte ich auch Prof. Dr. Meinhard Schröder für die zügige Erstellung des Zweitgutachtens.

Für ihre ideelle Unterstützung möchte ich ferner den früheren Kolleginnen und Kollegen danken, namentlich Dr. Frauke Bronsema, Dr. Christine Schmidt-König, LL.M., Aleksandra Pistalo sowie Florian Geyer, Oliver Windgätter, Michael Blumenstock, Christian Spatz, Dr. Engin Cifci und Dr. Malte Beyer-Katzenberger. Es war eine Freude, gemeinsam ungeahnte rechtspolitische Problemstellungen zu entwickeln, jedenfalls war es immer unterhaltsam. Prof. Dr. Kerstin Odendahl und Prof. Dr. Markus Artz, die beide der Wissenschaft treu geblieben sind, danke ich für ihre Ratschläge, wie man eine solche Arbeit zum Abschluss bringt bzw. sich danach auf das Rigorosum vorbereitet.

Am Institut habe ich mit Prof. Dr. Lourens du Plessis (Univ. of Stellenbosch) und Prof. Dr. Christa Rautenbach (Northwest Univ.) ein anregendes internationales Umfeld vorgefunden. Auch den Teilnehmerinnen und Teilnehmern eines Kolloquiums, das ich gemeinsam mit Vera Giryaeva 2008 an der Universität Bonn organisiert hatte, verdanke ich interdisziplinäre Einsichten, namentlich durch Prof. Dr. Werner Gephart und Dr. Raja Sakrani.

Dr. Ulla Siebert und dem Studienwerk der Heinrich-Böll-Stiftung möchte ich für die großzügige Förderung bei der Entstehung der Arbeit danken und für die Erkenntnis, dass Rechtswissenschaften auch Geisteswissenschaften sind.

Geholfen haben mir auch Dr. Robert Unkrich, Marcus Labib-Iskander, Martin Eberl, Jörg Vollbrecht und Frau Nina Windgätter – wenn auch weniger bei der Erstellung der Arbeit, als vielmehr beim Verarbeiten der damit verbundenen besonderen Erfahrungen. Ich danke Dr. Ira Koops dafür, dass sie diese Arbeit noch einmal gründlich gelesen hat, bevor ich sie abgegeben habe. Für das spätere Lesen der Korrekturfahnen danke ich meiner Schwester Charlotte.

Meiner ganzen Familie gilt ein besonders herzlicher Dank. Diese Arbeit ist meinen Eltern gewidmet, die mich immer unterstützt haben.

Berlin, im Dezember 2010
Michael Rahe

Inhalt

Abkürzungsverzeichnis

a. A.	anderer Ansicht
a.a.O.	am angegebenen Orte
a. E.	am Ende
Abs.	Absatz
Anm.	Anmerkung
AöR	Archiv des öffentlichen Rechts
Art.	Artikel
Aufl.	Auflage
BGHSt	Entscheidungen des Bundesgerichtshofes in Strafsachen
BKA	Bundeskriminalamt
BT-Drs.	Bundestagsdrucksache
BVerfG	Bundesverfassungsgericht
BVerfGG	Gesetz über das Bundesverfassungsgericht
bzw.	beziehungsweise
ders.	derselbe
d. h.	das heißt
DVBl.	Deutsches Verwaltungsblatt
E	Einzelband der Sammlung von Entscheidungen des BVerfG
EGMR	Europäischer Gerichtshof für Menschenrechte
Einf.	Einführung
Fn.	Fußnote
FS	Festschrift
GG	Grundgesetz
GO-BT	Geschäftsordnung des Bundestages
GO-RT	Geschäftsordnung des Reichstages
grs.	grundsätzlich
GVBl.	Gesetz- und Verordnungsblatt für Berlin
HdbStR	Handbuch des Staatsrechts der Bundesrepublik Deutschlands
h. M.	herrschende Meinung
Hrsg.	Herausgeber
Hs.	Halbsatz
ICJ Reports	Amtliche Sammlung der Entscheidungen des Internationalen Gerichtshofes
i.d.F.	in der Fassung
i.d.R.	in der Regel
i.e.S.	im engeren Sinne
i.S.d.	im Sinne des/der

i.S.v.	im Sinne von
i.V.m.	in Verbindung mit
i.w.S.	im weiteren Sinne
JA	Juristische Arbeitsblätter
Jb.	Jahrbuch
JR	Juristische Rundschau
jur.	juristisch
JURA	Die Juristische Ausbildung
JuS	Juristische Schulung
JZ	Juristenzeitung
Lfg.	Lieferung
lit.	littera (Buchstabe)
m.a.W.	mit anderen Worten
MDR	Monatsschrift für Deutsches Recht
m.w.N.	mit weiteren Nachweisen
m.W.v.	mit Wirkung vom
NJW	Neue Juristische Wochenschrift
Nr.	Nummer
NVwZ	Neue Zeitschrift für Verwaltungsrecht
RGZ	Entscheidungen des Reichsgerichts in Zivilsachen
Rn.	Randnummer
Rspr.	Rechtsprechung
S.	Seite
sog.	sogenannte/r/s
Sten. Ber.	Stenografischer Bericht
str.	streitig, umstritten
st. Rspr.	ständige Rechtsprechung
StV	Der Strafverteidiger
u. a.	unter anderem
VerwArch	Verwaltungsarchiv
VGH	Verwaltungsgerichtshof
vgl.	vergleiche
VVDStRL	Veröffentlichungen der Vereinigung der Deutschen Staatsrechtslehrer
ZaöRV	Zeitschrift für ausländisches öffentliches Recht und Völkerrecht
z. B.	zum Beispiel
Ziff.	Ziffer
zit.	zitiert
ZRP	Zeitschrift für Rechtspolitik
z. T.	zum Teil
./.	Seitenumbruch

A. Einleitung

Unsere Staatspraxis, die auch durch das Bundesverfassungsgericht als verfassungsgemäß bestätigt wurde, ist eindeutig.
Bundeskanzler Gerhard Schröder zur Begründung der Vertrauensfrage, in: Deutscher Bundestag, Plenarprotokoll 15/185, S. 17465ff.

1) Aufgabenstellung

Aufgabe dieser Arbeit ist es, den Begriff der „Staatspraxis“ und seine Bedeutung in der Rechtsprechung des Bundesverfassungsgerichts zu untersuchen.

a) Begriff der Staatspraxis

Im Grundgesetz selbst gibt es den Begriff der Staatspraxis nicht. Der Begriff steht zunächst ganz allgemein für ein Handeln des Staates (von griechisch Prâxis = „Tat“, „Handlung“). Drei Beispiele sollen diesen Begriff etwas näher konturieren und konkretisieren.

(1) Auflösungsgerichtete Vertrauensfrage des Bundeskanzlers

Ein Beispiel für eine noch aktuelle Staatspraxis ist die bereits eingangs zitierte, auflösungsgerichtete Vertrauensfrage durch den Bundeskanzler. Dieser verfolgt dabei nicht etwa den Vorsatz, sich einer Mehrheit zu versichern, sondern den Bundestag bereits vor Ablauf der vierjährigen Legislaturperiode durch den Bundespräsidenten auflösen zu lassen. Bereits im Jahre 1972 hatte es einmal einen solchen Fall gegeben, aber zu Entscheidungen durch das Bundesverfassungsgericht sollte es erst 1983 und 2005 kommen. [1]

(2) Abstimmungsverfahren der Bundesregierung

Ein Beispiel für eine ehemalige Staatspraxis bot das Abstimmungsverfahren der Bundesregierung bei Verordnungen. Die Bundesregierung – wie übrigens auch alle vorherigen Bundesregierungen – ließ bis 1994 einen Beschluss allein dadurch zustande kommen, dass innerhalb einer bestimmten Frist kein Widerspruch der Kabinettsmitglieder erfolgte (sog. Umlaufverfahren). 1994 entschied darüber erstmals das Bundesverfassungsgericht. [2]

---

1 E 62, 1 – Bundestagsauflösung I; E 114, 121 – Bundestagsauflösung II.
2 E 91, 148 (171) – Umlaufverfahren.

(3) *Abstimmungsverfahren im Bundesrat*

Ein Beispiel für eine Staatspraxis im Verhältnis zwischen Bund und Ländern ist schließlich die Art und Weise, wie die Länder im Bundesrat bei der Gesetzgebung mitwirken. Die Mitglieder der Landesregierungen bestimmen in der Praxis selbst, wer ihre Stimmen abgibt: Die Stimmführerschaft von Einzelnen und Abstimmungswiederholungen bei Fehlern sind dabei üblich. [3] Den Fall von bewusst sich widersprechenden Abstimmungsbekundungen einer Landesregierung hatte es jedoch – abgesehen von einer „Panne" im Jahre 1949 [4] – bis dahin nicht gegeben. Im Jahre 2002 kam ein solcher Sachverhalt erstmals vor das Bundesverfassungsgericht. [5]

In den genannten Fällen entsteht Staatspraxis entsteht also mit der praktischen Handhabung der Verfassung durch die Staatsorgane. Die Staatsorgane entwickeln hier Regeln, die über einen bestimmten Zeitraum noch nicht durch das Bundesverfassungsgericht auf ihre Vereinbarkeit mit der Verfassung überprüft, aber dennoch akzeptiert werden.

b) Bedeutung

Solange der Verfassung konkrete Vorgaben zu entnehmen sind, ist ein normativer Maßstab für diese Staatspraxis vorhanden. Das Grundgesetz ordnet die Bindung der Staatsorgane an die Verfassung ausdrücklich an (vgl. Art. 1 Abs. 3 und Art. 20 Abs. 3 GG). Die Staatspraxis muss von der Verfassung abgeleitet werden, muss damit übereinstimmen. Dies ist die Wirkung der Norm auf die Praxis. Aber nicht immer ist das Verhältnis dieser Staatspraxis zu einzelnen Bestimmungen der formellen und materiellen Verfassung so eindeutig zu bestimmen.

In vielen Fällen lassen sich der Verfassung gerade keine konkreten Vorgaben entnehmen. So entschied das Bundesverfassungsgericht in der Entscheidung zum Zuwanderungsgesetz, dass das Grundgesetz die Praxis der landesautonom bestimmten Stimmführer respektiere, „ohne seinerseits mit Geboten und Festlegungen in den Verfassungsraum des Landes überzugreifen". [6] Art. 51 Abs. 3 S. 2 GG lässt die Modalität der Stimmabgabe im Bundesrat also offen. Ebenso verhielt es sich bei der Vertrauensfrage. Art. 68 Abs. 1 S. 1 GG fordert zwar einen Antrag des Bundeskanzlers „ihm das Vertrauen auszusprechen", lässt aber offen, ob hierfür jene, nur förmliche Vertrauensfrage ausreicht: Vom Bundesverfassungsgericht wird daher auch die unechte Vertrauensfrage mit dem Ziel der Auflösung anerkannt, sofern die „Handlungsfähigkeit" des Bundeskanzlers ein-

3 Vgl. *Reuter*, Praxishandbuch Bundesrat, Rn. 14ff. zu § 32 GOBR.

4 Dies konnte durch Klarstellung des Ministerpräsidenten behoben werden, vgl. *Bundesrat*, Sitzungsbericht vom 23. Dezember 1949, S. 116 Abschnitte B – C.

5 E 106, 310 (329) – Zuwanderungsgesetz.

6 Vgl. E 106, 310 (329).

geschränkt ist.[7] Und in der Entscheidung zum Umlaufverfahren hatte das Bundesverfassungsgericht gewisse Schwierigkeiten, aus Art. 80 Abs. 1 Satz 1 GG konkrete Vorgaben für das Abstimmungsverfahren innerhalb der Bundesregierung abzuleiten. Anders als das Gesetzgebungsverfahren sei das Verordnungsverfahren im Grundgesetz nämlich „nicht im einzelnen geregelt".[8]

Wie die Beispiele aufzeigen, sind Normen der Verfassung gegenüber einfachen Gesetzen in einem hohen Maße abstrakt. Dort wo sich die Verfassung offen dafür zeigt, kann hier möglicherweise eine Praxis entstehen. Das Argument der Staatspraxis erhebt dabei den Anspruch einer über den Einzelfall hinausgehenden, dauerhafteren Akzeptanz und Verbindlichkeit. Zugleich liegt keine der üblichen juristischen Handlungsformen wie Gesetz, Verwaltungsakt oder Urteil vor.

Wie bereits die genannten Beispiele zeigen, werden dann ungeschriebene Regeln entwickelt, und zwar aus der Praxis heraus. Dies wirft eine Reihe von Fragen auf: Wann wird aus einer Entscheidung im Einzelfall eine Praxis? Wann wird aus dieser Praxis eine ungeschriebene Regel? Welchen Inhalt hat diese Regel? Wer legt ihn fest? Wer praktiziert hier was? Wie lange? Von wem müssen diese Regeln anerkannt werden?

Üblicherweise haben wir es mit Fragen der Bindung der Staatsorgane an die Verfassung und mit der Wirkung der Norm auf die Praxis zu tun. Was ist aber, wenn eine Norm der Verfassung offen ist und dadurch Raum für Praxis lässt? Was ist dann umgekehrt die Wirkung dieser Praxis auf die Norm? Kann die Praxis gegebenenfalls eine Norm verbindlich derart vorprägen, sodass die Verfassung etwas nicht mehr offen lässt? Sind nur die betreffenden Verfassungsorgane selbst daran gebunden? Ist auch das Bundesverfassungsgericht daran gebunden? Wenn ja, handelt es sich dann noch um eine Verfassungsinterpretation oder stellt diese Staatspraxis bereits eine eigenständige Rechtsquelle dar? Entstehen hier Normkollisionen? Was ist, wenn die Norm gerade nicht offen ist? Wo liegen rechtliche Grenzen für eine solche Praxis?

Diesen Fragen ist in den nachfolgenden Kapiteln weiter nachzugehen. Wie die genannten Beispiele zeigen, werden die Regeln der Staatspraxis von den Beteiligten tatsächlich befolgt, und zwar schon lange bevor das Bundesverfassungsgericht über diese Regeln zu entscheiden hat.

c) Rechtsprechung des Bundesverfassungsgerichts

Mit der Staatspraxis wird nicht nur vor dem Bundesverfassungsgericht argumentiert, sondern auch im Deutschen Bundestag. So wurden zum Beispiel Än-

7 Vgl. E 62, 1 (Leitsätze 5 bis 7) – Bundestagsauflösung I, im Ergebnis bestätigt durch E 114, 121 (Leitsatz 2) – Bundestagsauflösung II, kritisch gegenüber dieser restriktiven Auslegung: Sondervotum *Osterloh* und *Lübbe-Wolff*, E 114, 121 (182).

8 E 91, 148 (165) – Umlaufverfahren.

derungen am Wahlverfahren der Richterinnen und Richter am Bundesverfassungsgericht mit dem Argument abgelehnt, die bestehende Staatspraxis habe sich „bestens bewährt“. [9] Es griffe aber zu kurz, der Staatspraxis unter dem Grundgesetz nur politische Bedeutung zuzusprechen. Auch das Bundesverfassungsgericht berücksichtigt eine solche Staatspraxis mit.

Wer sich vor dem Bundesverfassungsgericht auf eine solche „Staatspraxis“ berufen kann, der hat in der verfassungsrechtlichen Auseinandersetzung ein Argument in der Hand. Die Literatur konnte zum Beispiel nachweisen, dass die traditionale Argumentationsweise häufig die Entscheidung des Bundesverfassungsgerichts trägt. [10]

Umgekehrt werden die anderen Verfahrensbeteiligten versuchen, diese Argumentation dadurch zu erschüttern, dass sie diese als „bloße“ oder „falsche“ Praxis darstellen. Spätestens dann steht das Bundesverfassungsgericht vor der Frage, wie dieses „etwas“ eigentlich rechtlich zu qualifizieren ist. Das Bundesverfassungsgericht muss mit Blick auf den verfassungsrechtlichen Maßstab entscheiden, wann eine Staatspraxis als solche den verfassungsrechtlichen Anforderungen genügt und, umgekehrt, welchen Einfluss die Staatspraxis bei der Auslegung der Verfassung hat. Das Bundesverfassungsgericht muss auch entscheiden, wann für ein Handeln eine ausdrückliche gesetzliche Grundlage erforderlich ist und umgekehrt, wann eine vorhandene gesetzliche Grundlage eine Praxis nicht mehr abdeckt.

Entscheidet das Bundesverfassungsgericht über das Verhältnis einer Staatspraxis zur Verfassung, dann ist unter Umständen auch diese Entscheidung als solche verbindlich. Dies wirft schließlich die Frage auf, welche Bindungswirkung die Staatspraxis entfaltet, die zum Bestandteil der (tragenden) Entscheidungsgründe des Bundesverfassungsgerichtes geworden ist. Eine solche Staatspraxis ist dann nicht mehr originär verbindlich, vielmehr wäre diese Bindungswirkung dann abzuleiten, beispielsweise aus § 31 BVerfGG.

2) Untersuchungsgegenstand

Auffällig ist, dass der Begriff „Staatspraxis“ in den Registerbänden der amtlichen Sammlung kaum eine Rolle spielt. Eine Ausnahme bilden die ersten beiden Bände. In diesen Bänden verweist das Register bei dem Begriff weiter auf das Stichwort „Verfassungswirklichkeit“ und dort wiederum auf die Begriffe „Rechtsfindungsmethode“, „Tatsächlichkeit und Recht“ sowie „Verfassungspra-

9 So der Abgeordnete *Dr. Götzer* (CDU/CSU), Plenarprotokoll 16/173 vom 27. Juni 2008, S. 18535, dagegen kritisierte der Abgeordnete *Ströbele* (Bündnis 90 / DIE GRÜNEN), er sei bislang entgegen Art. 94 Abs. 1 S. 2 GG von der Wahl ausgeschlossen, a.a.O., S. 18513.

10 Vgl. *Blankenagel*, Tradition und Verfassung, S. 155.

xis". [11] Zudem hat das Bundesverfassungsgericht in einigen Entscheidungen – etwa bei der Stimmführerschaft [12] – nur von einer „Praxis", nicht aber von einer Staatspraxis gesprochen.

Diese Untersuchung kann sich daher nicht einfach darauf beschränken, nur diejenigen Entscheidungen zu untersuchen, die den Suchbegriff „Staatspraxis" enthalten. Auch wenn das Bundesverfassungsgericht den Begriff der Staatspraxis nicht immer ausdrücklich verwendet, finden sich doch häufig vergleichbare traditionale Argumentationsmuster. Ein Beispiel dafür ist die Entscheidung zum Maastricht-Vertrag: Die verselbständigte Währungspolitik in der Hoheitskompetenz einer unabhängigen Europäischen Zentralbank sei auch unter dem Aspekt des Demokratieprinzips vertretbar. Zur Begründung wird ausgeführt, dass sie einer in der deutschen Rechtsordnung erprobten und auch aus wissenschaftlicher Sicht „bewährten" Besonderheit Rechnung trage. [13] Die Argumentation, dass etwas „schon immer so" gemacht worden ist und sich „bewährt" hat, ist ebenso ein traditionales Argument, wie das der „Staatspraxis".

Viele dieser Argumentationsmuster stammen aus dem Bereich der Staatsorganisation. Auch allen oben genannten Beispielen ist gemeinsam, dass es dort um Entscheidungsverfahren im Bereich der Staatsorganisation ging. Nur beim Umlaufverfahren waren auch Grundrechte des Beschwerdeführers betroffen. Eine Staatspraxis kann sich aber durchaus auch im Grundrechtsbereich entwickeln. So hat das Bundesverfassungsgericht zum Beispiel an der Praxis der Gerichte und Strafverfolgungsbehörden Kritik geübt, sich bei Wohnungsdurchsuchungen zunehmend auf „Gefahr im Verzug" zu berufen. Gerichte und Strafverfolgungsbehörden hätten im Rahmen des Möglichen tatsächliche und rechtliche Vorkehrungen zu treffen, damit die in der Verfassung vorgesehene Regelzuständigkeit des Richters auch in der Masse der Alltagsfälle gewahrt bleibe. [14]

Eher selten ist eine Staatspraxis dort, wo gar keine gesetzliche Grundlage vorhanden ist. Ein Beispiel dafür ist die verdeckte Online-Durchsuchung zum Zwecke der Strafverfolgung, die das Bundesverfassungsgericht für prinzipiell gerechtfertigt hält, über die es selbst aber noch nicht entschieden hat. [15] Die Un-

---

11 Registerband 1 – 10, S. 277 verweist auf E 7, 12 – Berlins Rechtsstellung, E 10, 6 [= E 10, 4 – Redezeit]; E 10, 15 – Bundestag; E 2, 224 – Straffreiheitsgesetz. Registerband 11 – 20 verweist auf E 11, 87 [= E 11, 77 – Ermächtigungsadressaten] und E 16, 9 [= E 16, 6 – Verkündungszeitpunkt].

12 E 106, 310 (329) – Zuwanderungsgesetz, vgl. aber das Sondervotum *Osterloh* und *Lübbe-Wolff*, a.a.O., S. 337.

13 Vgl. E 89, 155 (218f.) – Maastricht.

14 Vgl. E 103, 142 (155) – Wohnungsdurchsuchung.

15 Vgl. zur Überschreitung der Ermächtigungsgrundlage im präventiven Bereich: E 120, 274 – Online-Durchsuchung; zuvor war über Durchsuchungen ohne gesetzliche Grundlage entschieden worden: *BGHSt* 51, 211, Beschluss vom 31. Januar 2007, AZ: StB 18/06. Gegen § 20k (Verdeckter Eingriff in informationstechnische Systeme) des BKA-Gesetzes

tersuchung kann sich daher nicht auf den Bereich des Staatsorganisationsrechtes im engeren Sinne beschränken.

Angesichts der Weite des Untersuchungsgegenstandes muss dieser jedoch auf andere Art und Weise eingegrenzt werden. Dies soll in räumlicher, zeitlicher und auch in sachlicher Hinsicht geschehen.

a) Räumliche Eingrenzung

Das Bundesverfassungsgericht zieht zur Beurteilung auch die einschlägige völkerrechtliche Praxis anderer Staaten heran. [16] Damit ermittelt es beispielsweise die Existenz und Tragweite allgemeiner Regeln im Sinne des Art. 25 GG. [17] Diese „Staatenpraxis" und ihre Bedeutung für die Rechtsvergleichung wird hier nicht untersucht. Die Untersuchung beschränkt sich in räumlicher Hinsicht auf die Praxis der Staatsorgane in der Bundesrepublik Deutschland.

b) Zeitliche Eingrenzung

Untersucht werden davon in zeitlicher Hinsicht vor allem solche Sachverhalte, die sich seit Inkrafttreten des Grundgesetzes ergeben haben und sich auf eine Praxis aus diesem Zeitraum beziehen. Dies ist eine nachkonstitutionelle Staatspraxis. Untersucht wird auch eine ehemalige nachkonstitutionelle Staatspraxis, wie im Falle des Umlaufverfahrens.

Denkbar ist aber auch eine erst noch bevorstehende, künftige Staatspraxis. Zwar kann die Verfassungsbeschwerde gegen Gesetze ausnahmsweise bereits vor Erschöpfung des Rechtsweges erhoben werden, allerdings fehlt es hier regelmäßig am allgemeinen Rechtsschutzbedürfnis. [18] Auf eine vorkonstitutionelle Staatspraxis kann das Bundesverfassungsgericht dagegen verweisen. Stichworte dafür sind das Gewohnheitsrecht oder die historische Auslegung. [19] Die Staatspraxis im Nationalsozialismus (1933-45) als solche spielt eine geringe Rolle in der Rechtsprechung. Sie könnte aber wichtig sein, um beispielweise Regelungsabsichten des Verfassungsgebers zu erkennen. Daher darf sie in der Untersuchung nicht ausgeblendet werden. Den Schwerpunkt der Untersuchung bildet aber die Bedeutung der nachkonstitutionellen Staatspraxis für das Recht der

---

(BGBl. I 2008, 3083) wurden Verfassungsbeschwerden erhoben (AZ: 1 BvR 966/09 und 1 BvR 1140/09).

16 Vgl. E 63, 343 (360) – Rechtshilfevertrag mit der Republik Österreich; E 46, 342 (362ff.) – Sicherungs- und Zwangsvollstreckungsmaßnahmen gegen fremde Staaten; E 16, 27 – zur Staatenimmunität; E 94, 315 (332) – zu Art. 25 GG, ebenso BVerfG AZ: 2 BvR 1243/03.

17 Vgl. E 94, 315, 332, E 46, 342 (362ff.) und Leitsatz 6).

18 Vgl. E 43, 291 (386).

19 Vgl. zum Gewohnheitsrecht unten S. 74ff. und S. 101ff. und zur historischen Auslegung S. 85ff. und S. 124ff.

Bundesrepublik Deutschland. Dabei wird besonders zu untersuchen sein, welche Anforderungen das Bundesverfassungsgericht seit 1949 an Beginn, Fortdauer und Ende der Staatspraxis stellt. [20]

c) Sachliche Eingrenzung

Staatspraxis ist die praktische Handhabung der Verfassung durch staatliche Organe. Es stellt sich die Frage nach ihrem Verhältnis zum Rechtsbewusstsein der Bevölkerung bzw. der gesellschaftlichen Praxis. Beides ist weder zwangsläufig deckungsgleich, noch strikt voneinander zu trennen. Man muss die Staatslehre nicht erst als einen Teil der politischen Wissenschaften verstehen [21], um auch die Staatspraxis heute als eine Kategorie im Grenzbereich zwischen Recht und Politik zu identifizieren. Das Bundesverfassungsgericht wirkt schon deshalb in den Bereich des Politischen hinein, weil sein Maßstab die Verfassung eines politischen Gemeinwesens ist. [22] Die gesellschaftliche Praxis wird man daher nicht unberücksichtigt lassen können, insbesondere wenn auch die Staatspraxis im Grundrechtsbereich untersucht wird. Sofern es sich allerdings um eine reine gesellschaftliche Praxis handelt, der keine Staatspraxis gegenübersteht, wird diese hier nicht untersucht.

Nach dem Grundsatz „Wo kein Kläger, da kein Richter" gibt es einige Fälle von Staatspraxis, die bis heute nicht durch das Bundesverfassungsgericht entschieden wurden. Beispiele dafür sind das umstrittene materielle Prüfungsrecht des Bundespräsidenten bei der Ausfertigung von Gesetzen oder die angesichts wechselnder Bedrohungslagen seit 1949 immer wieder veränderte Zusammenarbeit des Bundes und der Länder beim Zivil- und Katastrophenschutz. Die dadurch aufgeworfenen Fragen werden nur in der Literatur erörtert oder im Parlament debattiert. [23] Eine solche Staatspraxis ist aber nicht Gegenstand dieser Untersuchung.

Hier wird nur diejenige Praxis untersucht, die einen hinreichenden Bezug zur Rechtsprechung des Bundesverfassungsgerichts hat. Die Untersuchung beschränkt sich daher weitgehend auf die amtliche Sammlung des Bundesverfassungsgerichts und ihre Entscheidungen. Dabei konnten insbesondere die einschlägigen Entscheidungen des 121. Bandes noch berücksichtigt werden. Auf

---

20 Vgl. zur Staatspraxis bei der Auslegung unten S. 83ff. (Methodik), S. 120ff. (Bindung) und S. 171ff. (Maßstäbe) mwN.

21 Vgl. *Heller*, Gesammelte Schriften, Band 3, passim.

22 Vgl. *Häberle*, Verfassungsgerichtsbarkeit zwischen Politik und Rechtswissenschaft, S. 59.

23 Vgl. zum Prüfungsrecht *Schneider / Zeh (Hrsg.)*, Parlamentsrecht und Parlamentspraxis, S. 878f.: „wichtiger als Klausurproblem" bzw. zum Zivil- und Katastrophenschutz *Bundesrechnungshof*, Gutachten, S. 132 und 143. und Plenarprotokoll 16/143 vom 15. Februar 2008, Abgeordnete *Reichenbach* (SPD) und *Stokar von Neuforn* (Bündnis 90 / DIE GRÜNEN), S. 15153 und 15157.

Entscheidungen der Kammern wird nur ausnahmsweise einzugehen sein. Im Vordergrund stehen die Entscheidungen der beiden Senate.

3) Bestandsaufnahme der Literatur

Teilaspekte des Untersuchungsgegenstandes wurden in der Literatur bereits untersucht. Georg Jellinek hat sich bereits früh mit den Folgen der praktischen Handhabung der Verfassung beschäftigt. [24] In seiner bekannten Allgemeinen Staatslehre unterscheidet er zwischen Staatslehre und praktischer Politik, wobei er der Praxis des Staates besondere Aufmerksamkeit widmete. [25] In der Zeit vor 1949 gab es allerdings keine vergleichbar ausgebaute Verfassungsgerichtsbarkeit wie heute. Auch Smend und einige seiner Schüler beschäftigten sich mit den Folgen der praktischen Handhabung der Verfassung und der Verfassungswandlung. Für Smend bewährte sich die Richtigkeit eines Aktes sogar nur in seiner Durchführung. [26]

Hesse hat nach 1949 an den Begriff der Verfassungswandlung wieder angeknüpft, und die Frage nach ihren Grenzen aufgeworfen. [27] Die Staatspraxis wurde zunächst als ein Problem des Gewohnheitsrechts behandelt, welches jedoch aufgrund der zunächst nur spärlich vorhandenen Staatspraxis – und tendenziell abwehrender Rechtsprechung – eher ein Schattendasein führte. [28] Eine umfangreichere Untersuchung dazu klammerte das materielle Verfassungsgewohnheitsrecht ausdrücklich aus. [29] Häberle forderte sogar ausdrücklich eine stärkere Beachtung der Staatspraxis im Verfassungsprozess, wobei er Verfassungsgewohnheitsrecht ablehnte und Verfassungswandlungen stattdessen als einen Fall der Verfassungsinterpretation betrachtete. [30] Sofern das Thema im Anschluss daran untersucht wurde, steht dabei entweder der Begriff der Staatspraxis nicht allein im Fokus [31] oder die Rechtsprechung wird für nicht ergiebig erklärt. [32] Dieses Untersuchungsdefizit soll geschlossen werden.

---

24 Vgl. *Jellinek*, Verfassungswandlung (1906).

25 Vgl. *Jellinek*, Allgemeine Staatslehre (1900), passim.

26 *Smend*, Verfassung und Verfassungsrecht (1928), S. 120; ähnlich *Hsü*, Verfassungswandlung (1932).

27 Vgl. *Hesse*, Normative Kraft der Verfassung (1959), *ders.*, Grenzen der Verfassungswandlung, in FS Scheuner, S. 134.

28 Vgl. *Drath*, Die Grenzen der Verfassungsgerichtsbarkeit (Mitbericht), in VVDStRL 9 (1952), S. 58.

29 Vgl. *Tomuschat*, Verfassungsgewohnheitsrecht? (1972), S. 88ff..

30 Vgl. *Häberle*, JZ 1975, S. 297.

31 Vgl. *Bryde*, Verfassungsentwicklung (1982), *Blankenagel*, a.a.O. (Fn. 10).

32 *Rost*, Rechtswirkungen gleichbleibender Staatspraxis im Verfassungsrecht (1996), S. 39; ähnlich *Lerche*, Stil und Methode der verfassungsgerichtlichen Entscheidungspraxis, FS BVerfG (2001) 1, S. 359: „nicht durchwegs zu klaren Linien gefunden".

Angesichts der Fachdiskurse verwundert es nicht, dass sich in der Literatur bislang keine einheitliche Beschreibung der traditionalen Argumentationsmuster des Bundesverfassungsgerichts durchsetzen konnte. Von „Konventionen“, über „Verfassungswandel“, „informale Regeln“, bis „Gewohnheitsrecht“ wird alles vertreten. [33] Entscheidungen des Bundesverfassungsgerichts mit dem Topos der Staatspraxis werden zwar überwiegend befürwortet, aber vor allem werden sie sehr unterschiedlich interpretiert. [34]

---

33 *Stern*, Staatsrecht I, § 4 I 6 c): „rechtsbildend sich gerierende ständige Verfassungspraxis“; *Bryde*, Verfassungsentwicklung, S.431ff.: Verfassungskonkretisierung, Gewohnheitsrecht und Konventionen durch „Staatspraxis“; ähnlich *Wolff*, Ungeschriebenes Verfassungsrecht, S. 448; *Rädler*, Verfassungsgestaltung durch Staatspraxis, in ZaöRV 58 (1998), S. 643f.; *Badura*, Staatsrecht, S. 19 Rn. 16: „Ausgestaltung und Fortbildung der Verfassung“; vgl. *ders.*, in HdStR VII, § 160 S. 64f. Rn. 15: „Fortbildung des Verfassungsrechts ist im wesentlichen Aufgabe der Staatspraxis“; *Lerche*, Staatspraxis und Verfassungsgerichtsbarkeit, S. 346; *Hofmann* in HdStR I, § 7 S. 316 Rn. 79: „konventionellen [...] Verhaltensweisen“; *Meyn*, JZ 1977, S. 167: „Verfassungskonventionalregeln“, ähnlich *Krüger*, Allgemeine Staatslehre, S. 487f.; *Kriele*, Einführung in die Staatslehre, S. 272f.: „Grundregeln der politischen und gesellschaftlichen Sittlichkeit“; *Mengel*, Die Verfassung der V. Republik Frankreichs, in JöR n.F. 30 (1981), S. 61: „Verfassungsgewohnheitsrecht“; ähnlich *Oppermann*, Das Parlamentarische Regierungssystem des Grundgesetzes, in VVDStRL 33 (1975), S. 53: „Gewohnheitsrecht nahestehende verfassungsmäßigen Übung“; *Schulze-Fielitz*, Der informale Verfassungsstaat, S. 12: „informale Verfassungsregeln“; vgl. *ders.*, Das Verhältnis von formaler und informaler Verfassung, in *Görlitz / Burth (Hrsg.)*, Informale Verfassung, S. 48; vgl. *ders.*, § 11: Parlamentsgebrauch, Gewohnheitsrecht, Observanz, in *Schneider / Zeh (Hrsg.)*, Parlamentsrecht und Parlamentspraxis, S. 359ff.: „ungeschriebene Regeln der parlamentarischen Praxis“; *Morlok*, Informalisierung und Entparlamentarisierung, in VVDStRL 62 (2003), S. 50f.: „Informale Regeln nähern sich damit dem Gewohnheitsrecht an.“; vgl. aus politikwissenschaftlicher Sicht *Glaeßner / Reutter / Jeffery (Hrsg.)*, Verfassungspolitik und Verfassungswandel, S. 16.

34 **Tendenziell dafür**: *Häberle*, JZ 1975, S. 298; *Bryde*, Verfassungsentwicklung, a.a.O (Fn. 33), S. 190, S. 301, S. 440; *Blankenagel*, a.a.O. (Fn. 10), S. 139: aber „nur begrenzte und subsidiäre rechtliche Relevanz“; *Schneider*, Verfassungsinterpretation, FS Hesse, S. 47: „Anerkennung der ‚*Staatspraxis*‘ als Auslegungsmaßstab“; *Rädler*, a.a.O. (Fn. 33), S. 642: „nicht nur eine rein faktische Bedeutung“; *Schultze-Fielitz*, Das Verhältnis von formaler und informaler Verfassung, S. 48; *Walter*, Hüter oder Wandler der Verfassung?, in AöR 125 (2000): bei der Auslegung mit berücksichtigen, S. 522; ähnlich *Badura*, Staatsrecht, S. 19 Rn. 16; *Klein* in *Maunz / Schmidt-Bleibtreu / Ulsamer / ders. (Hrsg.)*, Bundesverfassungsgerichtsgesetz, § 6 Rn. 4, S. 44; *Schlaich* in HdStR II, § 49 S. 542, Rn. 2: „Kontinuität der Staatspraxis“; *Blumenwitz* und *Oesterhelt* in *Frowein / Stein (Hrsg.)*, Rechtliche Aspekte einer Beteiligung der Bundesrepublik Deutschland an Friedenstruppen der Vereinten Nationen, Beiträge zum ausländischen öffentlichen Recht und Völkerrecht 101 (1990), S. 78; *Thoma*, Rechtsgutachten betreffend die Stellung des Bundesverfassungsgerichts, in JöR n.F. 6 (1957), S. 188; diff. *Lerche*, Stil und Methode, FS BVerfG (2001) 1, S. 359: Gewicht „bietet sich an“, aber „nicht allein ausschlaggebend“; *ders.*, Staatspraxis und Verfassungsgerichtsbarkeit, S. 346: „vorsichtig umgehen“; ähnlich *Sachs*, Grundge-

Eine Untersuchung der verfassungsgerichtlichen Rechtsprechung im Hinblick auf den tradierten Begriff der „Staatspraxis“ wird sich gleich in mehrfacher Hinsicht der Kritik aussetzen müssen. Anders als bei Georg Jellinek besteht heute die Gefahr, sich einerseits zu einseitig auf die Perspektive des Bundesverfassungsgerichts zu konzentrieren und andererseits die regulative Bedeutung des Staates heute zu überschätzen. [35] Ist dies möglicherweise der eigentliche Grund für das festgestellte Untersuchungsdefizit in der Literatur? Was nützt eine Staatspraxis heute?

Es liegt in der Natur der Sache, dass eine Staatspraxis mit zunehmendem Alter zunimmt. Sie wird damit in tatsächlicher Hinsicht bedeutsamer. Versteht man Staat in einem etwas allgemeineren Sinne als organisierte Gesellschaft oder als „Gemeinwesen“, dann kann diese Untersuchung auch heute wertvolle Erkenntnisse darüber liefern, wie sich die Verfassung seit 1949 weiter entwickelt hat, und in welcher Verfassung sich das organisierte Gemeinwesen heute – nach mehr als 60 Jahren Grundgesetz – befindet.

4) Aufbau der Arbeit

Bereits in dieser Einleitung wurde eine Reihe von Fragen aufgeworfen, die in den nachfolgenden drei Kapiteln beantwortet werden sollen. Der Aufbau der Arbeit folgt dabei nicht einer chronologischen, sondern einer schematischen Darstellung der relevanten Entscheidungen des Bundesverfassungsgerichts. Das Bundesverfassungsgerichts selbst unterscheidet zwischen „Gegenstand“ und „Maßstab“ der verfassungsrechtlichen Beurteilung. Die Literatur verwendet an-

---

setz, Einf. Rn. 49 Fn. 105: „nicht unproblematisch“; *Stern*, a.a.O. (Fn. 33), § 4 I 6 c); *Cremer*, Anwendungsorientierte Verfassungsauslegung, S. 366: „nicht mehr als eine ins Werk gesetzte Rechtsauffassung“; diff.: *Herdegen* in *Maunz / Dürig*, Grundgesetz, S. 21 Rn. 32: „Bei Verfassungsnormen mit offenen Tatbeständen“. **Ablehnend**: *Podworny*, Die auflösungsgerichtete Vertrauensfrage, S. 181; *Böckenförde*, Anmerkungen zum Begriff Verfassungswandel, FS Lerche, S. 7: grs. gegen Verfassungswandel, aber „Rechtsfortbildung auch durch Vorgänge der Staatspraxis“, ähnlich *Isensee* in HdStR VII, § 162 S. 138, Rn. 63 und 65: „auch rechtliche“ Bedeutsamkeit“, aber für BVerfG (nur) „Ausgangsgröße seiner eigenen Verfassungsauslegung“; *Bauer* in HdStR I, § 14 S. 707 Rn. 10; *Müller-Franken*, Staatspraxis und Verfassungsauslegung, S. 233: „Methode verfassungsrechtlicher Rechtsfindung mit Sprengkraft“; *Jestaedt*, Verfassungsgerichtspositivismus, FS Isensee, S. 203: „Verfassungsentwicklung als moderne Variante der These von der normativen Kraft des Faktischen“; *Schlichting*, JZ 1984, S. 124; *Hochrathner*, Anwendungsbereich und Grenzen des Parlamentsauflösungsrechts nach dem Bonner Grundgesetz, S. 135; vgl. *Stein* und *Steinberger* in *Frowein / Stein*, a.a.O., S. 56 und 94.

35 Vgl. *Schlink*, Die Entthronung der Staatsrechtswissenschaft durch die Verfassungsgerichtsbarkeit, in Der Staat 28 (1989) und *Teubner*, Globale Zivilverfassungen, in ZaöRV 63 (2003), S. 1ff..

dere Begriffe, um die Normativität des Grundgesetzes darzustellen. Kapitel 1 („Gegenstand“) und Kapitel 3 („Maßstab“) werden daher durch ein 2. Kapitel verbunden, in dem die einschlägige Literatur berücksichtigt wird.

Im 1. Kapitel wird nicht nur die tatsächliche, sondern auch die verfassungsprozessuale Bedeutung der Staatspraxis untersucht. Im 2. Kapitel wird erörtert, welche wissenschaftlichen Theorien zu ihrer Beurteilung vorhanden sind. Im 3. Kapitel wird untersucht, welche materiale Bedeutung mit dem Begriff der Staatspraxis verbunden ist, stets im Hinblick auf einzelne Bestimmungen (Kompetenznormen, Bindungsgebot, Verfassungsprinzipien und Textänderungsgebot) der formellen Verfassung. Am Ende des 3. Kapitels wird schließlich auch der Versuch unternommen, aus der Rechtsprechung konkrete Maßstäbe für eine solche Staatspraxis abzuleiten, die verfassungsrechtlich relevant ist.

B. Hauptteil

1. Kapitel: Staatspraxis als Gegenstand verfassungsgerichtlicher Beurteilung

> Die Staatspraxis ist Gegenstand, nicht Maßstab verfassungsrechtlicher Beurteilung von Akten der öffentlichen Gewalt.
> BVerfGE 91, 148 (171) – Umlaufverfahren.

In diesem Kapitel werden einige verfassungsprozessuale Bedingungen für das Entstehen einer Staatspraxis untersucht. Wie kommt es dazu, dass das Bundesverfassungsgericht über eine Staatspraxis unter Umständen erst nach Jahren entscheidet? Ist eine Staatspraxis dabei nur relevant als Teil des Sachverhaltes? Wie ist das Verhältnis der Staatspraxis zur Verfassung?

a) Verfassungsprozessuale Bedingungen

Allen drei oben (A. 1) a)) genannten Beispielen ist gemeinsam, dass es nach einem ersten Anwendungsfall längere Zeit dauerte, bevor es überhaupt zu einer Entscheidung des Bundesverfassungsgerichts kam. Hier hatte sich bereits eine praktische Handhabung der Verfassung, eine Staatspraxis gebildet. Diese Staatspraxis hat auch verfassungsprozessuale Ursachen.

(1) Antrag und Antragsberechtigung

Damit das Bundesverfassungsgericht überhaupt entscheiden kann, ist zunächst einmal ein Antrag erforderlich. Aus eigenem Antrieb darf das Bundesverfassungsgericht nicht tätig werden. Daraus folgt zunächst: Je weniger „Streit“ es gibt, um so besser sind die Bedingungen für das Entstehen einer Staatspraxis. Das belegen die eingangs genannten Beispiele.

So war die auflösungsgerichtete Vertrauensfrage bis 1983 kaum problematisiert worden, obwohl es bereits 1972 einen vergleichbaren Fall gegeben hatte. [36] Auch das Umlaufverfahren war, ebenso übrigens wie die seit 1951 stillschweigend übernommenen Geschäftsordnungen der Bundesregierung, bis 1994 nicht in Frage gestellt worden. [37] Und die Stimmführerschaft als solche war in der Praxis bis 2002 völlig unumstritten, obwohl es 1949 bereits einmal eine „Panne“ bei einer Abstimmung gegeben hatte. [38]

Da die Praxis in den genannten Beispielen zunächst allgemein akzeptiert worden war, konnte das Bundesverfassungsgericht erst entscheiden, nachdem dieser Konsens in Frage gestellt worden war. Je weniger Beteiligte einer Praxis es gibt, umso leichter dürfte es fallen, einen solchen Konsens darüber herzustellen. Es ist sicher kein Zufall, dass es sich in allen Beispielsfällen eher um Abstimmungsverfahren des Staatsorganisationsrechts im engeren Sinne handelt, an denen wenige beteiligt sind: Im Falle des Umlaufverfahrens nur die Ministerinnen und Minister, bei der Stimmführerschaft nur die Vertreterinnen und Vertreter im Bundesrat und bei der Vertrauensfrage der Bundeskanzler, die Bundestagsabgeordneten und der Bundespräsident. Allerdings sind die Beteiligung an und die Betroffenheit von einer Staatspraxis zu unterscheiden.

Es dürfte umso leichter fallen, Streit um eine Staatspraxis zu vermeiden, je weniger Betroffene es von ihr gibt. Zu prüfen ist daher weiter, ob die Bedingungen für die Entwicklung einer Staatspraxis umso besser werden, je geringer die potentielle Zahl von Antragsberechtigten bzw. Verfahrensbeteiligten ist. Das dürfte – rein statistisch betrachtet – überall dort der Fall sein, wo der Kreis der Verfahrensbeteiligten schon durch das BVerfGG begrenzt ist. Am engsten gezogen wird der Kreis der potentiellen Verfahrensbeteiligten bei der abstrakten Normenkontrolle. Hier ist ein Antrag der „Bundesregierung, einer Landesregie-

---

36 Vgl. *Schlichting*, a.a.O. (Fn. 34), S. 123; zuvor bereits die Kommentierung von *Liesegang* in *von Münch*, Art. 67 GG Rn. 8-9 und *Isensee* in HdStR VII, § 162 S. 149 Fn. 218.

37 E 91, 148 (167) und (171) – Umlaufverfahren.

38 Vgl. *Odendahl*, Das Erfordernis der einheitlichen Stimmabgabe im Bundesrat, in JuS 2002, S. 1049.

rung oder eines Viertels der Mitglieder des Bundestages“ erforderlich. [39] Beim Organstreitverfahren geht es um Rechte und Pflichten „eines obersten Bundesorgans oder anderer Beteiligter“. [40] Demgegenüber sind bei der konkreten Normenkontrolle immerhin grundsätzlich alle „Gerichte“ vorlageberechtigt [41] und bei der Verfassungsbeschwerde ist sogar „jedermann“ beschwerdebefugt. [42]

Demnach müssten viele Fälle von Staatspraxis bei den abstrakten Normenkontrollen und Organstreitverfahren zu finden sein, bei der Verfassungsbeschwerde dürfte die Zahl geringer sein. Die statistische Auswertung der hier verwendeten, für die Untersuchung der Staatspraxis ausgewählten Entscheidungen (insgesamt: 104) ergibt dagegen ein differenzierteres Bild: 25 Verfahren betreffen konkrete Normenkontrollen, in 31 Fällen ging es um abstrakte Normenkontrollen, ganze 50 Verfahren betreffen Verfassungsbeschwerden und in ganzen 83 Fällen lagen Organstreitverfahren vor. [43] Dabei muss allerdings die Statistik aller Entscheidungen des Bundesverfassungsgerichts berücksichtigt werden. [44] Verglichen mit dem Anteil der Verfassungsbeschwerden und konkreten Normenkontrollen an der Entscheidungstätigkeit insgesamt, ist der Anteil der abstrakten Normenkontrollen und erst recht derjenige der Organstreitverfahren bei den hier ausgewählten Entscheidungen zur Staatspraxis tatsächlich überproportional hoch.

Die geringe Zahl der Antragsberechtigten allein erklärt aber noch nicht, wieso von der ersten unechten Vertrauensfrage bis zu der Entscheidung durch das Bundesverfassungsgericht mehr als 21 Jahre (1972 bis 83) vergingen, oder im Falle des Umlaufverfahrens ganze 43 Jahre (1951 bis 94) bis zur Überprüfung der Geschäftsordnung der Bundesregierung. Im Fall der Stimmführerschaft waren es sogar ganze 53 Jahre (1949 bis 2002). Bei letzterem Fall handelte sich zwar um eine abstrakte Normenkontrolle, jedoch wäre hier ebenso ein Organstreitverfahren oder eine Verfassungsbeschwerde nach Inkrafttreten des Gesetzes möglich gewesen. Und dem Umlaufverfahren lag ja gerade eine Verfassungsbeschwerde zu Grunde. Trotzdem ist hier der festzustellende Zeitraum der Staatspraxis am längsten. Zudem genügt bereits – wie das Umlaufverfahren zeigen wird – ein einziges Verfahren vor dem Bundesverfassungsgericht, um eine

---

39 Art. 93 Abs. 1 Nr. 2 GG (i.d.F. m.W.v. 1. Dezember 2009 (BGBl. I S. 1926)) iVm. §§ 13 Nr. 6, 76ff. BVerfGG (§ 76 i.d.F. m.W.v. 4. Dezember 2009 (BGBl. I S. 3822). Die Vorfassungen verlangten ein Drittel (vgl. 23. Mai 1949 (BGBl. S. 1) bzw. 11. August 1993 (BGBl. I, S. 1473)).

40 Art. 93 Abs. 1 Nr. 1 GG iVm. §§ 13 Nr. 5, 63ff. BVerfGG.

41 Art. 100 Abs. 1 S. 1 GG iVm. §§ 13 Nr. 11, 80ff. BVerfGG.

42 Art. 93 Nr. 4a) §§ 13 Nr. 8a), 90ff. BVerfGG.

43 Zur gemeinsamen Entscheidung verbundene Verfahren wurden dabei mehrfach gezählt (Verfahren: 189). Vgl. das Entscheidungsverzeichnis (mit sonstigen Verfahrensarten der Jahre 1949-2008) im Anhang.

44 Vgl. die Übersicht über die Jahre 1998-2002 bei *Schlaich / Korioth*, Das Bundesverfassungsgericht, S. 58f. Rn. 78.

Staatspraxis zu beenden. Im Ergebnis hat also der begrenzte Kreis der Beteiligten Einfluss auf das Entstehen einer Staatspraxis. Der begrenzte Kreis der potentiellen Verfahrensbeteiligten hat Einfluss auf die Dauer dieser Staatspraxis. Es gibt aber noch weitere Einflüsse.

(2) Verfahrensgegenstand

Maßgeblich für die geringe Anzahl der Verfahren in Sachen Staatspraxis, die vor das Bundesverfassungsgericht kommen, ist neben dem Antragserfordernis oder dem begrenzten Kreis der Verfahrensbeteiligten möglicherweise noch etwas anderes: Die oben genannten Beispiele unterscheiden sich nämlich darin, wie oft es seit dem ersten Anwendungsfall zu weiteren Anwendungsfällen (ohne eine verfassungsgerichtliche Überprüfung) gekommen ist. Bei der Vertrauensfrage hatte es einen einzigen Präzedenzfall gegeben, bei Umlaufverfahren und Stimmführerschaft hingegen gab es eine ständige Praxis. Auch das könnte sich auf das Entstehen der Staatspraxis auswirken: Je höher die Zahl der potentiellen Anwendungsfälle einer Norm ohne verfassungsgerichtliche Überprüfung, umso besser die Bedingungen für das Verfestigen einer Staatspraxis – so könnte man jedenfalls vermuten.

Dies betrifft vor allem den jeweiligen Verfahrensgegenstand. So richten sich Normen des Staatsorganisationsrechts in der Regel an einen kleineren Kreis von Normadressaten als beispielsweise Grundrechte. Entsprechend weniger häufig werden diese Normen angewendet. Und auch im engeren Bereich der Staatsorganisation bestehen Unterschiede, wie die genannten Beispiele zeigen: Zwar war die Stimmführerschaft erst einmal in Frage gestellt worden, die Zahl der Zustimmungsgesetze im Bundesrat ist aber hoch, verglichen mit der Zahl der wenigen Vertrauensfragen durch den Bundeskanzler. [45] Bei Vertrauensfragen ist die Zahl der Anwendungsfälle hingegen so gering, dass das Bundesverfassungsgericht schon von dem „Beginn einer Staatspraxis" sprach, als 1983 gerade einmal ein zweiter Anwendungsfall vorlag. [46]

Das Bundesverfassungsgericht hat in dieser Entscheidung die Anforderungen an die Übung reduziert, gleichzeitig aber strenge Anforderungen an die Überzeugung von der Richtigkeit der Staatspraxis gefordert. Bei der Stimmführerschaft erhöht sich zwar theoretisch mit jedem Zustimmungsgesetz die Wahrscheinlichkeit der potentiellen Überprüfungsfälle vor dem Bundesverfassungsgericht. Allerdings ist hier zu beachten, dass es in der Praxis des Bundesrates regelmäßig zu Abstimmungswiederholungen kommt – wodurch die Einheitlich-

---

45 Vgl. allein die Zahl der Zustimmungsgesetze 2003/2004 in *Bundesrat (Hrsg.)*, Handbuch für das Geschäftsjahr 2003/2004, Baden-Baden 2004, S. 307.

46 Übersicht bei www.wikipedia.de: „Vertrauensfrage" (gesehen am 1. Januar 2009).

keit der Stimmabgabe wieder hergestellt wird. [47] So kommt es im Ergebnis auch hier zu keiner gerichtlichen Überprüfung und zur Entstehung einer Staatspraxis. Die Zahl der Anwendungsfälle einer Norm (ohne gerichtliche Überprüfung) ist also aus verschiedenen Gründen auch nur ein schwacher Indikator für das Entstehen einer Staatspraxis.

Hinzu kommt noch ein anderer Grund, der die Unterscheidung danach, ob es sich um eine Staatspraxis zu Normen des Staatsorganisationsrechtes oder zu Grundrechten handelt, wieder relativiert. Auch dieser Grund ist prozessualer Natur: Die Rechtsschutzgarantie des Art. 19 Abs. 4 GG i.V.m. Art. 2 Abs. 1 GG schließt ja grundsätzlich auch die Verletzung staatsorganisationsrechtlicher Normen ein, die mit der Verfassungsbeschwerde überprüft werden können. Allerdings können Staatsorgane selbst die Verletzung ihrer Kompetenzen nicht auf diesem Wege geltend machen. Für sie gibt es den Weg des Organstreitverfahrens. Ein Beispiel für die Überprüfung staatsorganisationsrechtlicher Normen durch eine Verfassungsbeschwerde ist die Entscheidung zum Umlaufverfahren: Hier wurde inzident das interne Abstimmungsverfahren der Bundesregierung überprüft. Mit Verfassungsbeschwerden wurde die Staatspraxis für die Auslegung einer Kompetenznorm festgestellt [48], und auch die Reichweite des Parlamentsvorbehaltes. [49] Verfassungsbeschwerden, in denen es um eine Staatspraxis geht, betreffen nämlich nicht nur Urteile und Gerichtsbeschlüsse [50], sondern häufig auch Gesetze. [51]

Kommt es schließlich doch einmal zu einem Verfahren vor dem Bundesverfassungsgericht, dann kann eine Staatspraxis aus prozessualen Gründen nur noch sehr eingeschränkt überprüft werden. Prozessual gibt es keine spezielle Möglichkeit feststellen zu lassen, ob eine Staatspraxis als solche normativ erstarkt

---

47 So die Auskunft durch den Ministerpräsidenten des Freistaates Thüringen in der mündlichen Verhandlung vom 23. Oktober 2002, eine Tatsache, die auch den Plenarprotokollen des Bundesrates zu entnehmen ist, vgl. das Sondervotum *Lübbe-Wolff* in E 106, 310 (342).

48 Beispiele: E 33, 125 (152f., 156) – Facharzt: Staatspraxis nach 1949 zur Bundeskompetenz und Art. 74 Nr. 19 GG; E 77, 308 (331) – Arbeitnehmerweiterbildung: Staatspraxis zur Gesetzgebungskompetenz der Länder (Fehlen einer bundesgesetzlichen Regelung i.S.v. Art. 74 Nr. 12 GG).

49 Vgl. E 49, 89 (126f.) – Kalkar I.

50 E 19, 1 – Neuapostolische Kirche; E 19, 206 – Kirchenbausteuer; E 19, 377 – Berlin-Vorbehalt II; E 24, 236 – Rumpelkammer; E 28, 21 – Robenstreit; E 33, 125 – Facharzt; E 42, 20 – Wegeeigentum; E 42, 312 – Inkompatibilität; E 52, 131 – Arzthaftung; E 54, 173 – Studienplatz; E 59, 336 – Ladensschluss; E 59, 128 – Volkstum; E 64, 135 – Rechtliches Gehör; E 72, 175 – Wohnungsfürsorge; E 89, 359 – Herzog; E 91, 148 – Umlaufverfahren; E 92, 277 und 95, 96 – DDR.

51 E 1, 97 – Hinterbliebenenrente I; E 6, 132 – Gestapo; E 21, 12 – Allphasenumsatzsteuer; E 22, 180 – Jugendhilfe; E 26, 246 – Ingenieur; E 30, 1 – Abhörurteil; E 32, 54 – Betriebsbetretungsrecht; E 53, 366 – Konfessionelle Krankenhäuser; E 65, 1 – Volkszählung; E 68, 319 – Ärzteordnung; E 71, 25 – Kommunalverfassungsbeschwerden; E 77, 308 – Arbeitnehmerweiterbildung; E 82, 322 – Gesamtdeutsche Wahl; E 89, 155 – Maastricht.

ist. Eine Normqualifikation wie es sie für die Staatenpraxis gibt [52], ist für die Staatspraxis gerade nicht vorgesehen.

Für die abstrakte Normenkontrolle wird als Prüfungs- und Verfahrensgegenstand verlangt, dass es sich um "Bundes- oder Landesrecht" handelt.[53] Bei der konkreten Normenkontrolle ist sogar ein formelles „Gesetz" erforderlich, auf dessen Gültigkeit es bei der Entscheidung ankommt. [54] Diese Anforderung erfüllt ein tatsächliches Verhalten wie die Staatspraxis ersichtlich nicht. Allenfalls ist eine Auslegungspraxis zu einem Gesetz denkbar. Diese wird dann durch die Fachgerichte überprüft und kann sich so ggf. zu einer „herrschenden Meinung" oder „ständigen Rechtsprechung" verfestigen.

Bei den anderen Verfahrensarten ist der Verfahrensgegenstand hingegen weniger formal gefasst. So verlangt das Organstreitverfahren nur eine tatsächliche „Maßnahme oder Unterlassung des Antragsgegners" [55], und mit der Verfassungsbeschwerde können schließlich sogar alle Akte der „öffentliche[n] Gewalt" überprüft werden. [56] Diese beiden Verfahrensarten eignen sich daher besonders für die verfassungsrechtliche Beurteilung eines tatsächlichen Verhaltens wie der Staatspraxis. [57]

Dies deckt sich mit dem statistischen Befund, dass gerade hier besonders viele Verfahren zur Staatspraxis vorliegen. Indem über Art. 19 Abs. 4 GG i.V.m. Art. 2 Abs. 1 GG auch die Verletzung staatsorganisationsrechtlicher Normen mit der Verfassungsbeschwerde überprüft werden kann, sind beide Verfahrensarten zu einer Art „Lackmustest" für nahezu jede Form einer Staatspraxis geworden.

Allerdings geht es auch im Verfahren der abstrakten Normenkontrolle nicht selten um die Bedeutung der Staatspraxis. [58] Dabei handelt es sich vielfach um

---

52 Vgl. Art. 100 Abs. 2 GG i.V.m. § 13 Nr. 12 BVerfGG.

53 Art. 93 Abs. 1 Nr. 2 GG i.V.m. §§ 13 Nr. 6, 76 BVerfGG.

54 Art. 100 Abs. 1 S. 1 GG i.V.m. §§ 13 Nr. 11, 80ff. BVerfGG.

55 Art. 93 Abs. 1 Nr. 1 GG i.V.m. §§ 13 Nr. 5, 64 Abs. 1 BVerfGG.

56 Art. 93 Abs. 1 Nr. 4a) GG i.V.m. §§ 13 Nr. 8a), 90 Abs. 1 BVerfGG

57 Das Verfahren zum Bund-Länder-Streit (Art. 93 I Nr. 3 GG, § 13 Nr. 7 BVerfGG) bleibt hier außer Betracht, vgl. dazu *Schlaich / Korioth*, a.a.O. (Fn. 44), S. 76 Rn. 98-110.

58 E 1, 14 (60) – Südweststaat: „Praxis der Weimarer Zeit" zu Art. 48 II WRV und Art. 80 GG; E 8, 104 (120) – Volksbefragung: Praxis nach 1949 der Weisungskompetenz der Landesregierung (ggü. Mitgliedern im BR); E 12, 205 (230f.) – 1. Rundfunkentscheidung: „Verwaltungspraxis von 1926 bis Anfang 1933" zur Reichskompetenz und Art. 73 Nr. 7 GG; E 20, 56 (93) – Parteienfinanzierung I (1966): „seit langem herrschende Übung" (nicht den gesamten Haushaltsplan zu verkünden) und Art. 82 Abs. 1 GG; E 22, 180 (210) – Jugendhilfe: Staatspraxis ab 1922 zur Kompetenz für Durchführungsvorschriften; E 26, 338 (398) – Eisenbahnkreuzungsgesetz: Staatspraxis nach 1949 der Ermächtigung einzelner Bundesminister zu Art. 84 Abs. 1 GG; E 30, 1 (27, 47) – Abhörurteil: (mögliche) „Abhörpraxis" nach 1949 und Art. 10 Abs. 2 Satz 2 GG mit Art. 79 Abs. 3 GG; E 34, 9 (22) – Besoldungsvereinheitlichung: „Staatspraxis der Weimarer Zeit" zum Inkrafttreten der zuständigkeitsbegründenden Norm (bei Ausfertigung) und Art. 82 Abs. 2 S. 2 GG; Staatspraxis nach 1949 zur Rechtsfolge (bei gleichzeitiger Verkündung; E 39, 1 (66) –

Meinungsverschiedenheiten hinsichtlich der Gesetzgebungskompetenzen von Bund und Ländern. Im Rahmen dieser Meinungsverschiedenheiten wird das Bundesverfassungsgericht dann regelmäßig inzident auch auf die vor- und nachkonstitutionelle Staatspraxis zu Kompetenznormen eingehen.

Und auch in den Verfahren der konkreten Normenkontrolle geht es häufig um Gesetzgebungskompetenzen. [59]

Schwangerschaftsabbruch I: gegen Fristenregelung des Fünften Strafrechtsreformgesetzes; E 55, 274 (274) – Berufsausbildungsabgabe; E 61, 149 (189f.) – Amtshaftung: „überkommene Staatspraxis" zur Reichskompetenz und Art. 74 Nr. 1 a.F.; E 69, 1 (21) – Kriegsdienstverweigerung II: „verfassungsrechtliche Grundentscheidung für eine wirksame militärische Landesverteidigung"; E 72, 330 (398f.) – Finanzausgleich I: Staatspraxis und Finanzkraft (Art. 107 Abs. 2 GG); E 79, 311 (Leitsatz 2, S. 337f.) – Staatsverschuldung: „bisherige Staatspraxis" und Art. 115 Abs. 1 Satz 2 HS. 1 GG (Investitionsbegriff); E 83, 37 (52) – Ausländerwahlrecht I: Verfassungswandel („erhebliche[n] Zunahme des Anteils der Ausländer") und „Regelungstradition" seit Beginn des 19. Jahrhunderts zu Art. 28 Abs. 1 S. 2 GG; E 83, 60 (74) – Ausländerwahlrecht II: Verfassungswandel und Regelungstradition zu Art. 28 Abs. 1 S. 2 GG; E 97, 198 (209, 216) – Bundesgrenzschutz: Staatspraxis seit 1951 von Kompetenzübertragung (angehörte Bundesregierung); Praxis des „nach und nach" Gebrauchmachens und Art. 87 Abs. 1 S. 2 GG; E 100, 249 (260) – Allgemeine Verwaltungsvorschriften: Staatspraxis nach 1949 der Ermächtigung einzelner Bundesminister zu Art. 85 Abs. 2 S. 1 GG; E 101, 158 (236) – Finanzausgleich III; E 103, 111 (127f.) – Wahlprüfung Hessen: „Praxis der Wahlprüfungsorgane" seit 1871 zu Wahlbeeinflussung (Zurückhaltung bei Einwirkungen Dritter) u.a. zu Art. 31 WRV und Art. 78 Abs. 2 HV; E 105, 313 (334f.) – Lebenspartnerschaftsgesetz: „überkommene Staatspraxis"; E 106, 62 (105, 118, 126, 131) – Altenpfleger: Staatspraxis nach 1949 zur Bundeskompetenz und Art. 74 Nr. 19 GG; E 106, 310 (330, 341f.) – Zuwanderungsgesetz: Praxis landesautonom bestimmter Stimmführer und Art. 51 Abs. 3 S. 2 GG.

59 E 33, 52 (64) – Zensur: Auslegungspraxis zu § 5 Abs. 1 GÜV (weite Auslegung) und Art. 5 Abs. 1 Satz 1 GG; Staatspraxis in Weimar zur Reichskompetenz (Art. 6 Nr. 6 WRV) und Art. 73 Nr. 5 GG; E 2, 213 (224) – Straffreiheitsgesetz: Zur Zuständigkeit des Bundes für Straffreiheit; E 92, 91 (111f.) – Feuerwehrabgabe: „herkömmliche Dienstpflicht" und Art. 12 Abs. 2 GG; E 75, 166 (181) – Selbstbedienung bei Arzneimitteln: Zweck des Berufsbildes Apotheker (kein Selbstzweck, sondern Schutz der Volksgesundheit); E 8, 332 (347) – Oberkreisdirektor: „staatspolitische Praxis" nach 1949 zu § 54 LKO-NRW und Art. 33 Abs. 5 GG; E 90, 60 (86) – 8. Rundfunkentscheidung: „bayerische Staatspraxis" (Vorspruch statt Ausfertigung) und Art. 20 Abs. 3 GG; E 41, 205 (222) – Gebäudeversicherungsmonopol (Baden): Praxis nach 1949 der Landeskompetenz für Monopolanstalten und Art. 74 Nr. 11; E 64, 72 (88) – Prüfingenieure : Staatspraxis nach 1949 und Art. 19 Abs. 1 S.2 GG; E 39, 334; E 7, 29 (45) – Pressedelikte: Praxis „in der deutschen Gesetzgebung" seit 1874 und Kompetenz aus Art. 74 Nr. 1 GG, Praxis der „pressefeindlichen Gesetzgebung" 1935; E 67, 256 (282) – Investitionshilfegesetz: Praxis „seit Jahrzehnten eingebürgerter Begriffsbestimmung" der Steuer, „entstehungszeitlichen Sinn erweiternde Interpretation" und numerus clausus Art. 105, 106 GG; E 92, 277 (331) – DDR: „Staatspraxis der DDR" (keine Verfolgung) und Art. 103 GG (Verfolgungshindernis); E 63, 1 (33) – Schornsteinfegerversorgung: Staatspraxis der Organleihe als „hergebrachtes Rechtsinstitut" (Bayerische Versicherungskammer für die Versorgungsanstalt des Bun-

In einem Organstreitverfahren wurde das oben genannte Beispiel der „unechten“ Vertrauensfrage überprüft. Hier konnten die Antragsteller gleich zwischen mehreren Verfahrensgegenständen auswählen. Die Antragsteller entschieden sich weder für die Vertrauensfrage des Bundeskanzlers noch die Antwort des Bundestages, sondern für die Auflösungsanordnung und die Anordnung von Neuwahlen durch den Bundespräsidenten. Dieser befand sich damit 1983 in der Rolle als Antragsgegner eines Organstreites, übrigens zum ersten Mal seit 1949. Ein Motiv der Antragsteller bei der Auswahl des Antragsgegenstandes dürfte es sein, sich einen Antragsgegner aus dem jeweils „anderen politischen Lager“ zu suchen. Angegriffen werden mit dem Organstreitverfahren neben der Anordnung des Bundespräsidenten unter anderem Beschlüsse des Bundestages [60], die Besetzung von Ausschüssen des Bundestages [61] und des Vermittlungsausschusses [62] durch Wahl, die Zustimmung zu völkerrechtlichen Verträgen durch die Bundesregierung [63], und die Zustimmung des Bundesrates bei Gesetzen. [64]

---

des); E 26, 281 (299) – Gebührenpflicht von Bundesbahn und Bundespost „Staatspraxis der Weimarer Zeit“ zur Bundeskompetenz (Art. 7 Nr. 19 und Art. 6 Nr. 7 WRV und Art. 73 Nr. 6 und 7 GG); E 8, 274 (302, 320) – Preisgesetz: „ständige Staatspraxis“ nach 1949 der Bezugnahme durch Verlängerungsgesetze und Bestimmtheitsgrundsatz; E 35, 185 (187) – Haftgrund Wiederholungsgefahr: „nachkonstitutionelle Staatspraxis“ des Nichtzitierens bei geringen Abweichungen von bestehenden Grundrechtsbeschränkungen und GG Art 19 Abs. 1 S. 2; E 41, 344 (354) – Überwachungsbedürftige Anlagen: ‚preußische Praxis' ab 1937 zur Reichskompetenz und Art. 74 GG; E 7, 1; E 11, 77 (87) – Ermächtigungsadressaten: Praxis der Ermächtigung des Landesministers zum Erlass von Verordnungen nach 1949 und Art. 80 GG; E 48, 1 (18) – Milchfettgesetz: „überkommene Staatspraxis“ aufgegriffen in §§ 59, 62, GGO § 123 Abs. 3 GO-BT (Berichtigung offenbarer Unrichtigkeiten) und Art. 76 ff GG; E 78, 249 (256) – Fehlbelegungsabgabe: Staatspraxis zur Gesetzgebungskompetenz für Abschöpfungsabgabe (Bund überlässt „Ob“ den Ländern und legt das „Wie“ fest) und Art. 80 Abs. 1 Satz 2 GG; E 96, 345 (370) – Landesverfassungsgerichte: Staatspraxis seit 1951 zur Länderkompetenz bei Verfassungsbeschwerden (Zweck: Individualrechtsschutz).

60 E 80, 188 (227f.) – Fraktionsloser Abgeordneter: „gegenwärtig im Bundestag geübte Praxis“ zum Rederecht (Anmeldung durch fraktionslosen Abgeordneten beim Sitzungspräsidenten) und Art. 38 Abs. 1 S. 2 GG; E 82, 322 (329) – Gesamtdeutsche Wahl: herkömmliche Bedeutung der Sperrklausel und Art. 38 Abs. 1 GG; E 96, 264 – Fraktions- und Gruppenstatus PDS/Linke Liste: Heraufsetzung der Fraktionsmindeststärke in der GO-BT.

61 E 70, 324 (367) – Haushaltskontrolle der Nachrichtendienste: „parlamentarische Praxis“ seit 1949 (exklusive Besetzung der Ausschüsse) und Minderheitsrecht.

62 E 106, 253 – Vermittlungsausschuss: Staatspraxis (Zählverfahren bei Besetzung) und Art. 38 Abs. 1 Satz 2 in Verbindung mit Art. 40 Abs. 1 Satz 2, Art. 21 Abs. 1, Art. 20 Abs. 2 GG und Art. 77 Abs. 2 GG.

63 E 2, 347 – Kehler Hafen, E 68, 1 – Atomwaffenstationierung: „bisherige einvernehmliche Anwendungspraxis“, „deutsche Staatspraxis seit jeher“ (kein Zustimmungserfordernis bei einseitigen völkerrechtlicher Willenserklärungen) und Art. 59 Abs. 2, positiv festgestellt, verfassungsgemäß (Auslegungsindiz), abw. M.: Gegenbeispiel österreichische parlamentarische Praxis (S. 130) und E 90, 286 (362, 383ff.) – Bundeswehreinsatz; E 88, 173 – Bun-

Häufig stellt sich dabei erst während des Verfahrens heraus, dass hier gar kein Einzelfall, sondern eine den konkreten Einzelfall überschreitende Staatspraxis vorliegt.

So hatte das Bundesverfassungsgericht im Verfahren zur Haushaltsüberschreitung zu überprüfen, ob die Bundesregierung bei verspäteten Haushaltsplänen den Haushalt vorläufig führen kann, ohne dazu vorher vom Gesetzgeber ermächtigt worden zu sein. [65] Eine Fraktion des 7. Deutschen Bundestages (1972-76) hatte diese Haushaltsüberschreitung im konkreten Fall angegriffen. Kritisiert wurde die genannte Maßnahme des Bundesministers der Finanzen und die der Bundesregierung insgesamt.

Das Bundesverfassungsgericht entschied, dass der Bundesminister der Finanzen durch seine Zustimmung zu überplanmäßigen und außerplanmäßigen Ausgaben ein Recht des Deutschen Bundestages verletzt hatte. Die Bundesregierung hatte ebenfalls ein Recht des Deutschen Bundestages verletzt, indem sie es unterlassen hatte, die vorherige Ermächtigung des Gesetzgebers einzuholen. Die Antragstellerin hatte in ihrem Antrag aber nicht etwa die Praxis der vergangenen Jahre angegriffen, sondern nur die aktuellen Zustimmungen des Bundesfinanzministers und das Unterlassen der Bundesregierung. Das Bundesverfassungsgericht geht über diesen Antrag nicht hinaus. Dennoch hat das Bundesverfassungsgericht die darüber hinausgehende Bedeutung der Staatspraxis berücksichtigt. Das Bundesverfassungsgericht stellte fest, dass sich inzwischen eine langjährige Praxis des Gesetzgebers herausgebildet hatte, bei der die Haushaltsgesetze seit Bestehen der Bundesrepublik Deutschland im Durchschnitt der Jahre mit einer annähernd halbjährigen Verspätung verabschiedet worden waren [66]:

---

deswehreinsatz AWACS: Einstweilige Anordnung der SPD-Fraktion gegen Bundesregierung wg. Überwachung des Luftraums. Abgelehnt, da die Nachteile nicht so schwer wiegen; E 89, 38 – Bundeswehreinsatz Somalia: Einstweilige Anordnung der SPD-Fraktion gegen Bundesregierung wg. Durchführung der Operation in Somalia (UNOSOM II). Beschluss des Bundestages erforderlich.; E 90, 286 – Bundeswehreinsätze. Hauptsacheverfahren. Anträge gegen den Verteidigungsminister unzulässig, da er nicht über das „Ob“, sondern lediglich über die Modalitäten des Streitkräfteeinsatzes zu entscheiden habe. Konstitutive Zustimmung des Bundestages erforderlich; E 100, 266 – Kosovo: Hauptsacheverfahren. PDS-Fraktion gegen Bundesregierung. Unzulässig da Bundestag zugestimmt hat; E 104, 151 – NATO-Konzept: Hauptsacheverfahren. Verfassungswandel als Vertragswandel. Fortentwicklung ja, aber Grenzen durch Zweck des Bündnisses. PDS-Fraktion gegen die Bundesregierung wegen des Neuen NATO-Konzepts; E 108, 34 – AWACS: Einstweilige Anordnung der FDP-Fraktion gegen Bundesregierung wegen AWACS über der Türkei ohne Zustimmung des Bundestages.

64 Im Falle des Zuwanderungsgesetzes wählten die Antragstellerinnen hingegen die Normenkontrolle, wodurch das dem Beschluss zu Grunde liegende Gesetz für nichtig erklärt werden kann, vgl. a.a.O. (Fn. 5).

65 E 45, 1 (33) – Haushaltsüberschreitung.

66 E 45, 1, a.a.O. (Fn. 65). Das Gesetzgebungsverfahren im Bezug auf den Haushalt ist häufiger Gegenstand von Fragen der Staatspraxis: vgl. zuvor E 20, 56 (93) – Parteienfinanzie-

Die **Staatspraxis** hat sich deshalb mit einer faktischen Fortschreibung des bisherigen Haushaltsplans beholfen. Auf diese Weise konnte jedoch der Vorrang des Haushaltsgesetzgebers nur unzulänglich gewahrt werden. Denn die im Verwaltungswege angeordneten prozentualen Sperrungen der alten Etatansätze haben zu einem die verfassungsrechtlichen Gewichte verlagernden Übergewicht der Exekutive geführt. Die dadurch ermöglichten Haushaltseinsparungen sind mit ein wesentlicher Grund dafür, daß es am Ende des Haushaltsjahres zu erheblichen Überschüssen kommen kann. Diese wiederum bilden die tatsächliche Grundlage für eine extensive Handhabung der sich aus Art. 112 GG für den Bundesminister der Finanzen ergebenden Befugnisse. Ein solches Gebaren, wo immer seine Gründe im übrigen liegen mögen, **kann nicht dazu führen, einen Verfassungswandel dahin anzunehmen**, daß hierdurch die Kompetenz und Verantwortung des Gesetzgebers verkürzt und die Kompetenz des Bundesministers der Finanzen erweitert worden seien.

Verfahrensgegenstand ist hier nur eine konkrete Handlung im Einzelfall. Kennzeichnend für eine Staatspraxis ist dagegen eine den konkreten Einzelfall überschreitende praktische Handhabung der Verfassung. Die Staatspraxis als solche war daher gar nicht Verfahrensgegenstand in der Entscheidung zur Haushaltsüberschreitung.

(3) Befugnis, Rechtschutzbedürfnis und Frist

Die Antragbefugnis im Organstreitverfahren setzt voraus, dass der Antragsteller geltend macht, dass er oder das Organ, dem er angehört, „durch eine Maßnahme oder Unterlassung des Antragsgegners in seinen ihm durch das Grundgesetz übertragenen Rechten und Pflichten verletzt oder unmittelbar gefährdet ist". [67]

Im Organstreitverfahren zur Haushaltsüberschreitung hätte die Antragstellerin daher die Verletzung der Rechte des 1. bis 6. Deutschen Bundestages (1949-72) gar nicht geltend machen können. [68] Der Beschwerdeführer muss behaupten, in einem seiner Grundrechte oder grundrechtsgleichen Rechte „verletzt zu sein". [69] Im Falle des Umlaufverfahrens war der Beschwerdeführer gehindert, andere Verordnungen als die ihn allein belastende Verordnung zum Außenwirtschaftsgesetz zum Verfahrensgegenstand zu machen, auch wenn diese anderen Verordnungen ebenfalls im Umlaufverfahren zu Stande gekommen wären. Erst

---

rung I (1966): „seit langem herrschende Übung" (nicht den gesamten Haushaltsplan zu verkünden) und Art. 82 Abs. 1 GG; Weiterführung in E 66, 26 – Haushaltsgesetz 1984 und zuletzt E 119, 96 – Haushaltsgesetz 2004 [*sofern nachfolgend nicht anders gekennzeichnet, sind Hervorhebungen in Zitaten und Anm. in eckigen Klammern vom Verfasser*].

67 § 64 Abs. 1 BVerfGG.

68 Grundsatz der parlamentarischen Diskontinuität, vgl. Art. 93 GG: „mit eigenen Rechten ausgestattet".

69 § 90 Abs. 1 BVerfGG.

recht kann dann keine vorkonstitutionelle Staatspraxis als solche überprüft werden.

Zudem ist im Organstreitverfahren eine Frist von sechs Monaten zu beachten, bei der Verfassungsbeschwerde von einem bzw. sechs Monaten bei Gesetzen. [70] Die Normenkontrollen sind hingegen gerade nicht befristet. Kann mit ihnen daher eventuell auch eine vorkonstitutionelle Staatspraxis überprüft werden? Da ein tatsächliches Verhalten kein tauglicher Verfahrensgegenstand für Normenkontrollen ist, muss auch diese Frage verneint werden. [71]

Kann umgekehrt eine „künftige Staatspraxis" zum Verfahrensgegenstand gemacht werden? Eine präventive Normenkontrolle gibt es bekanntlich nicht. [72] Mit der Staatspraxis wäre auch kein tauglicher Vorlagegegenstand vorhanden. Beim Organstreitverfahren und bei der Verfassungsbeschwerde fehlte es bei einer künftigen Staatspraxis in der Regel daran, dass Beschwerdeführende bzw. Antragstellende „verletzt" oder „unmittelbar gefährdet" sind. Bei der inzidenten Überprüfung einer Norm oder einer Verfassungsbeschwerde, die ja ausnahmsweise auch schon vor Inkrafttreten gegen ein Gesetz möglich ist, wäre eine solche künftige Staatspraxis hingegen möglicherweise im Rahmen des Sachverhaltes zu berücksichtigen.

Dies hat zur Folge, dass mit der Verfassungsbeschwerde und mit dem Organstreitverfahren nur eine nachkonstitutionelle Staatspraxis angegriffen werden kann, und davon auch nur ein Ausschnitt. Die Entscheidung zur Haushaltsüberschreitung macht deutlich, dass der eigentliche Verfahrensgegenstand oft nur die „Spitze eines Eisbergs" darstellt. Eine vorkonstitutionelle Staatspraxis kann gar nicht überprüft werden. Ebenso wenig angegriffen und überprüft werden kann eine künftige, erst noch bevorstehende Staatspraxis.

b) Vermutung der Rechtmäßigkeit

Soll im Wege einer abstrakten Normenkontrolle oder durch Verfassungsbeschwerde gegen ein Gesetz die Norm an der Verfassung gemessen werden, dann legt das Bundesverfassungsgericht dabei einen abstrakten und hypothetischen Sachverhalt zu Grunde. Muss es im Rahmen dieses Sachverhaltes auch eine künftige Staatspraxis berücksichtigen? Das Bundesverfassungsgericht kann auf den Vortrag der Verfahrensbeteiligten zurückgreifen, tatsächlich ist es auf die-

70 Vgl. §§ 64 Abs. 3, 93 Abs. 1 S. 1 und Abs. 2 BVerfGG.

71 Das BVerfG hat darüber hinaus, die Vorlagepflicht nach Art. 100 Abs. 1 GG auf nachkonstitutionelle Gesetze beschränkt, vgl. E 2, 124 (128ff.); E 32, 296 (299); E 66, 248 (254); E 70, 126 (129); kritisch: *Schlaich / Korioth*, a.a.O. (Fn. 44), S. 104f. Rn. 137-138 mwN.

72 St. Rspr. seit E 1, 396; vgl. zuletzt E 104, 23 (29).

sen aber nicht beschränkt. Es gilt der Untersuchungsgrundsatz. [73] Mit dem Sachvortrag ist das Bundesverfassungsgericht entsprechend behutsam umgegangen. Es entwickelte den Grundsatz der „fairen und loyalen Anwendung“ von Normen.

So überprüfte das Bundesverfassungsgericht 1952 eine Änderung der Geschäftsordnung des Bundestages dahingehend, dass im Gesetzgebungsverfahren künftig eine Lesung durch unmittelbare Überweisung an den Ausschuss wegfällt. Die Antragstellerin befürchtete, dass dies das Initiativrecht beinträchtigen werde (vgl. Art. 76 Abs. 1 GG). Das Bundesverfassungsgericht stellte hingegen fest, dass das Grundgesetz die Form des Gesetzgebungsverfahrens der Geschäftsordnung und der parlamentarischen Praxis überlasse. Ein Missbrauch könne im Einzelfall geltend gemacht werden: [74]

> Die Geschäftsordnung des Parlaments setzt voraus, daß die von ihr zur Wahrnehmung bestimmter Funktionen berufenen Organe diese in vernünftigen Grenzen ausüben und nicht mißbrauchen. Soll eine Bestimmung der Geschäftsordnung an der Verfassung gemessen werden, so muß mithin ihre **faire und loyale Anwendung** durch die dazu berufenen Organe vorausgesetzt werden. Die **bloße Möglichkeit einer mißbräuchlichen Handhabung**, die der Verfassung widersprechen würde, ist noch kein hinreichender Grund, die Bestimmung als solche für verfassungswidrig zu erklären. Wer in einem bestimmten Einzelfall durch mißbräuchliche Anwendung in seinen Rechten verletzt wird, kann sie in einem verfassungsgerichtlichen Verfahren durchsetzen.

Hier lehnt es das Bundesverfassungsgericht also ab festzustellen, dass eine Norm wegen einer möglicherweise bevorstehenden, bloß künftigen Handhabung durch die Antragsgegnerin mit der Verfassung nicht vereinbar war. Auf ganz ähnliche Weise verfährt das Bundesverfassungsgericht, wenn es Normen verfassungskonform auslegt. So hat es zum Beispiel im Falle des Umlaufverfahrens nicht geprüft, ob die Geschäftsordnung der Bundesregierung mit der Verfassung vereinbar war, sondern ob das Umlaufverfahren in der von der Bundesregierung praktizierten Form mit der verfassungskonform ausgelegten Geschäftsordnung vereinbar war. [75]

Der Grundsatz der fairen und loyalen Anwendung soll aber nicht nur für materielles Verfassungsrecht, sondern auch für das Grundgesetz selbst gelten. In einem späteren Fall hatte das Bundesverfassungsgericht zu überprüfen, ob die Änderung des Brief-, Post- und Fernmeldegeheimnisses dann (Grund-)Rechte

---

73 Vgl. § 26 Abs. 1 BVerfGG: Das Bundesverfassungsgericht erhebt den zur Erforschung der Wahrheit erforderlichen Beweis, vgl. *Schlaich / Korioth*, a.a.O. (Fn. 44), S. 46, Rn. 60 mwN.

74 E 1, 144 (149) – Geschäftsordnungsautonomie.

75 E 91, 148 (167) – Umlaufverfahren, vgl. zur verfassungskonformen Auslegung *Schlaich / Korioth*, a.a.O. (Fn. 44), S. 308f. Rn. 440-451.

verletze, wenn von einer Benachrichtigung der Betroffenen künftig ganz abgesehen werden könne [76]:

> Der Gedanke, daß dieser Ausschluß der Benachrichtigung zu einem **Mißbrauch in der Abhörpraxis** führen könne, die mit Art. 1 Abs. 1 Satz 1 GG unvereinbar wäre, ist kein rechtliches Argument, das zur Unvereinbarkeit des Art. 10 Abs. 2 Satz 2 GG mit Art. 79 Abs. 3 GG führen kann. Die Möglichkeit des rechts- und verfassungswidrigen Mißbrauches macht die Regelung noch nicht verfassungswidrig; vielmehr ist bei der Auslegung und Würdigung einer Norm **davon auszugehen, daß sie in einer freiheitlich-rechtsstaatlichen Demokratie korrekt und fair angewendet wird**.

Im konkreten Fall hatten die Beschwerdeführer das Änderungsgesetz zum Grundgesetz angegriffen und damit nicht nur eine zurückliegende oder noch andauernde, sondern eine künftige, erst noch bevorstehende Praxis zur Benachrichtigung behauptet. Das Bundesverfassungsgericht entschied, dass Artikel 10 Abs. 2 Satz 2 n. F. GG mit dem Grundgesetzes vereinbar war – aber nur „in der sich aus den Gründen ergebenden Auslegung mit Artikel 79 Abs. 3 des Grundgesetzes". [77]

Das Bundesverfassungsgericht legte in diesen Gründen zunächst Art. 10 GG n. F. restriktiv aus. Der Artikel könne nur so verstanden werden, dass eine nachträgliche Benachrichtigung nur erforderlich sei, wenn eine „Gefährdung des Zweckes der Überwachungsmaßnahme", des „Schutzes der freiheitlichen demokratischen Grundordnung oder des Bestandes oder der Sicherung des Bundes oder eines Landes" ausgeschlossen werden könne. [78] Außerdem dürfe nur dort eingegriffen werden, wo „konkrete Umstände den Verdacht eines verfassungsfeindlichen Verhaltens rechtfertigen" und dass dem verfassungsfeindlichen Verhalten im konkreten Fall nach Erschöpfung anderer Möglichkeiten der Aufklärung nur durch den Eingriff in das Brief-, Post- und Fernmeldegeheimnis beigekommen werden könne. Dann legte das Bundesverfassungsgericht Art. 79 Abs. 3 GG als Prüfungsmaßstab restriktiv aus.

In den Sondervoten wurde die These der Senatsmehrheit kritisiert, dass eine Normanwendung immer „korrekt und fair" verlaufe: Ob der mit der Verfassungsänderung vollzogene erste Schritt auf dem bequemen Weg der Lockerung der bestehenden Bindungen nicht Folgen nach sich ziehe, vermöge niemand vorauszusehen. [79] Hier wurde für die Entwicklung einer Staatspraxis sehr weitgehend Raum geschaffen, überdies in einem sehr sensiblem Grundrechtsbereich. Tatsächlich hat das Bundesverfassungsgericht seit der Änderung von Art. 13 GG immer wieder Entscheidungen getroffen, die sich mit der tatsächlichen Benach-

---

76 E 30, 1 (27) – Abhörurteil.
77 E 30, 1 (24) – Abhörurteil.
78 E 30. 1 (21) – Abhörurteil.
79 E 1, 97 (47) – Abhörurteil: Sondervoten *Geller*, *von Schlabrendorff* und *Rupp*.

richtigungspraxis beschäftigen, sowohl bei der akustischen Wohnraumüberwachung als auch der Überwachung der Telekommunikation. [80]

Sofern die künftige Staatspraxis berücksichtigt wird, gilt dabei nach Auffassung des Bundesverfassungsgerichts der Grundsatz der fairen und nicht missbräuchlichen Anwendung. Dabei handelt es sich im Ergebnis um eine Vermutung der Rechtmäßigkeit einer Staatspraxis – die von den Verfahrensbeteiligten allerdings widerlegt werden kann. [81]

c) Staatspraxis im Vortrag der Verfahrensbeteiligten

Liegen die Zulässigkeitsvoraussetzungen einmal vor, dann hängt die weitere Prüfung des Bundesverfassungsgerichts vor allem vom Antrag bzw. vom Begehren der Verfahrensbeteiligten ab. Die Verfahrensbeteiligten können sich dabei unterschiedlich zum Vorliegen einer Staatspraxis einlassen. Sie können in streitigen Verfahren eine bestimmte Staatspraxis angreifen oder diese rechtfertigen. Zu einer rechtfertigenden Erwiderung kommt es dabei nicht nur in den streitigen Verfahrensarten; in den übrigen Verfahrensarten kann das Bundesverfassungsgericht den sonstigen Beteiligten die Gelegenheit zur Stellungnahme geben (vgl. § 77 Nr. 1 BVerfGG).

Davon machte beispielsweise die Regierung des Landes Mecklenburg-Vorpommern in der Entscheidung zum Zuwanderungsgesetz Gebrauch. Sie führte aus, dass der Ministerpräsident gegenüber den weiteren Landesvertretern im Bundesrat ein verfassungsmäßiges Abstimmungsverhalten sicher zu stellen habe. Dieses Mandat folge „aus der Staatspraxis" und den landesverfassungsrechtlich festgelegten Kompetenzen. [82] Das Bundesverfassungsgericht ging darauf in den Gründen gar nicht weiter ein.

Wie das Beispiel zeigt, ist das Bundesverfassungsgericht zwar weder an Rechtsansichten noch an den Sachvortrag der Verfahrensbeteiligten gebunden – umgekehrt beschränken sich die Verfahrensbeteiligten aber auch nur selten darauf, allein zum jeweiligen Verfahrensgegenstand vorzutragen. Die Staatspraxis ist für die Verfahrensbeteiligten vielmehr ein rhetorisches Mittel, um den Sachverhalt zuzuspitzen oder etwas „weiter auszuholen". Mit dem Verweis auf die Staatspraxis soll unter anderem ausgedrückt werden, dass ein angegriffenes

80 Vgl. E 109, 279 – Großer Lauschangriff; E 110, 33 – Zollkriminalamt; E 113, 348 – Telekommunikationsüberwachung Niedersachsen; vgl. zur Frage, wie mit Staatspraxis im Bereich der Grundrechte umzugehen ist, unten (Fn. 290, 535 und das Ergebnis zu Kapitel 2).

81 *Isensee* in HdStR VII, §162 Rn. 67; *Tomuschat*, Verfassungsgewohnheitsrecht?, a.a.O. (Fn. 29), S. 136: Vermutung „stets für bona fides".

82 Vgl. E 106, 310 (326f.) – Zuwanderungsgesetz.

Verhalten „bewährt“ [83], „hergebracht“ [84], „anerkannt“ [85], „üblich“ [86] und damit im weitesten Sinne normal sei. Diese Argumente sind historisch-traditional und wollen einer bestehenden Praxis eine gewisse Stabilität abgewinnen. Diese geht freilich dann wieder verloren, wenn auf ganz unterschiedliche Normenvorläufer verwiesen wird. Dabei wird zur Rechtfertigung wieder die vorkonstitutionelle Staatspraxis herangezogen, die ja als Verfahrensgegenstand ausscheidet, aber nun quasi-gewohnheitsrechtlich umfunktioniert wird. [87]

Vergleichsweise selten wird dabei die Staatspraxis als Hauptargument bemüht. Eine Ausnahme stellen stark praxis-orientierte Rechtsmaterien dar, wie etwa die Auslegung von Geschäftsordnungen. [88] Ebenso ist dies dann der Fall, wenn organisationsrechtliche Normen entsprechend eng ausgelegt werden, um so einen breiten „Spielraum“ für politische Gestaltung zu reklamieren. Hierher gehört auch die Tendenz von Antrags-, Beschwerdegegnern sowie Äußerungsberechtigten, die Gerichtsbarkeit des Bundesverfassungsgerichts restriktiv zu

---

83 Beispiel: E 92, 91 (102) – Feuerwehrabgabe. Das Innenministerium Baden-Württemberg: „An der bisherigen Rechtsprechung und Staatspraxis [zur Feuerwehrabgabe] sollte festgehalten werden“.

84 E 63, 1 (15) – Schornsteinfegerversorgung. Die Bundesregierung: „Die Organleihe sei in der Staatspraxis als ‚hergebrachtes Rechtsinstitut' anerkannt“.

85 Ausnahme: E 65, 1 (26) – Volkszählung. Bundesregierung: „Nehme aber der Bürger die [...] [Wahlmöglichkeit] nicht wahr [...], könne die Gültigkeit des vom demokratisch legitimierten Gesetzgeber ordnungsgemäß und unter Beachtung materieller verfassungsrechtlicher Kriterien beschlossenen Gesetzes nicht davon abhängig sein, daß es allgemein und von jedermann akzeptiert werde“.

86 Ohne den Hinweis auf die Staatspraxis ähnlich auch E 53, 366 (385) – konfessionelle Krankenhäuser: „Es handle sich um Bestimmungen, die in einem demokratischen und sozialen Rechtsstaat üblich, adäquat und zumutbar seien [und mit der Sozialbindung des Eigentums vereinbar]“.

87 E 61, 149 (163f.) – Amtshaftung: „Die in der damaligen Staatspraxis [bei Schaffung des Bürgerlichen Gesetzbuchs] anerkannte Abgrenzung der Gesetzgebungsbefugnis für das bürgerliche Recht von der als öffentlich-rechtlich verstandenen Staatshaftung wirke bestimmend in das Grundgesetz hinein. [es folgen umfangreiche historische Ausführungen]“.

88 Vgl. E 1, 144 (157) – Geschäftsordnungsautonomie [des Bundestages]: „Den Ausführungen des Antragsgegners zu 1, der § 96 Abs. 3 der Geschäftsordnung müsse schon deshalb als gültig angesehen werden, weil eine entsprechende Bestimmung in § 48 a der Geschäftsordnung des Reichstages der Weimarer Zeit seit 9. Februar 1931 unbeanstandet in Kraft gewesen sei, kann nicht beigetreten werden“. [im Tatbestand tauchen diese Ausführungen übrigens nicht auf]; ähnlich: E 91, 148 (171) – Umlaufverfahren [Geschäftsordnung der Bundesregierung]: „Die Bundesregierung ging seinerzeit und geht bis heute in ständiger Praxis davon aus, daß im Umlaufverfahren ein Beschluß der Bundesregierung zustande gekommen ist, wenn innerhalb der gesetzten Frist von keinem Mitglied Widerspruch erhoben wurde“.

interpretieren. [89] Aber dann rechtfertigt nicht die Staatspraxis ein Verhalten als verfassungsgemäß, sondern das Verhalten wird mangels normativen Maßstabes als solches hingenommen und „respektiert“. [90] Da ein solches Verhalten jederzeit unter dem Damoklesschwert steht, Verfassungsprinzipien zu verletzen oder aber jederzeit von den Beteiligten aufgekündigt werden kann, werden die Verfahrensbeteiligten eine solche Situation eher vermeiden wollen. Die Tendenz der Beteiligten geht dahin, eine Staatspraxis durch ein Rechtsinstitut oder eine dogmatische Figur und Lehre zu legitimieren und so normativ abzusichern. [91] Es stellt sich daher die Frage, in welchem Verhältnis die Staatspraxis zur formellen Verfassung steht.

d) Staatspraxis im Verhältnis zur Verfassung

(1) Staatspraxis und formelle Verfassungsregeln

Materiell ging es im Beispiel der Bundestagsauflösung um die Vereinbarkeit einer Staatspraxis mit dem Grundgesetzes, d.h. um die Handhabung der Verfassung selbst. Sofern diese Staatspraxis mit Art. 68 Abs. 1 Satz 1 GG noch vereinbar ist, kann man auch von einer Staatspraxis intra legem sprechen. Sie bewegt sich innerhalb des zuvor festgestellten Auslegungsrahmens.

Zwischen den Verfahrensbeteiligten war hier auch gar nicht umstritten, dass die dem Wortlaut des Art. 68 GG zu entnehmenden Verfahrensschritte bis zur Auflösungsanordnung vorlagen. Aber nach Auffassung der Antragsteller sei zudem noch eine materielle Auflösungslage erforderlich, anderenfalls führe die „unechte“ Vertrauensfrage unter anderem zu einem Selbstauflösungsrecht des Bundestages, das der Parlamentarische Rat als Verfassungsgeber gerade nicht

---

89 Beispiel: E 63, 1 (34) – Schornsteinfegerversorgung: „Das Grundgesetz beläßt den zuständigen Organen des Bundes einen Spielraum für die organisatorische Ausgestaltung der in seine Zuständigkeit fallenden Verwaltungseinrichtungen; dem Bund steht insoweit ein weiter organisatorischer Gestaltungsbereich zu.“; ähnlich: E 71, 25 (33) – Kommunalverfassungsbeschwerden. Der Bundesminister der Finanzen: „Die in Art. 106 Abs. 5 GG enthaltene Formulierung ‚auf der Grundlage der Einkommensteuerleistungen' belasse dem Gesetzgeber einen Gestaltungsspielraum“.

90 Beispiel: E 106, 310 (310f.) – Zuwanderungsgesetz: „Das Grundgesetz erwartet die einheitliche Stimmenabgabe und respektiert die Praxis der landesautonom bestimmten Stimmführer, ohne seinerseits mit Geboten und Festlegungen in den Verfassungsraum des Landes überzugreifen“.

91 Beispiel. E 91, 148 (161) – Umlaufverfahren. Die Bundesregierung: „Dieses [aus der Staatspraxis gewonnene] Ergebnis ordne sich auch dogmatisch und systematisch in die überkommene Rechtslehre von der Bewertung des Schweigens als Erklärungshandlung ein.“; ähnlich: E 63, 1 (15) – Schornsteinfegerverordnung. Der Bundesminister für Wirtschaft: „Durch § 38 Abs. 2 SchfG sei eine Organleihe begründet worden. Die Organleihe sei in der Staatspraxis als ‚hergebrachtes Rechtsinstitut' anerkannt“.

vorgesehen hätte. [92] Der Antragsgegner argumentierte mit dem Wortlaut der Vorschrift. Darüber hinaus führte er die Bundestagsauflösung von 1972 als Beispiel in seinem Sinne an, die sich aber – nach Auffassung der Antragsteller – von dem Fall aus 1983 unterschied. Ein Präjudiz lag mangels Entscheidung des Bundesverfassungsgerichts nicht vor und ist der deutschen Rechtsordnung als solches auch unbekannt. Hier wird aber trotzdem versucht, den Fall von 1972 als Präzedenzfall darzustellen. Ähnlich wie im anglo-amerikanischen common law versuchte sich die Gegenseite stattdessen am „distinguishing", d.h. der Unterscheidung beider Fälle in tatsächlicher Hinsicht. Die Antragsteller versuchten zudem den Eindruck zu vermeiden, dass der Präzedenzfall einen „Verfassungswandel" bewirkt habe.

Das Bundesverfassungsgericht stellte fest, dass die angegriffene Auslegungsvariante mit der Verfassung vereinbar war, wobei das Gericht die Auffassung der anderen obersten Staatsorgane – auf noch näher zu bestimmende Art und Weise [93] – durchaus mit berücksichtigte. Die Anträge wurden daher zurückgewiesen. Im Jahre 2005 entschied das Gericht erneut über eine auflösungsgerichtete Vertrauensfrage und wies die Anträge ein weiteres Mal zurück. [94] Diesmal argumentierte das Bundesverfassungsgericht mit dem Zweck des Art. 68 GG.

(2) Staatspraxis und Prinzipien der Verfassung

Im Beispiel des Umlaufverfahrens ging es um eine Verfassungsbeschwerde. Hier war materiell nicht die Frage, ob die Geschäftsordnung der Bundesregierung mit der Verfassung vereinbar war, sondern ob das Umlaufverfahren in der von der Bundesregierung praktizierten Form (die praktische Handhabung) vereinbar war mit der verfassungskonform ausgelegten Geschäftsordnung.

Das Bundesverfassungsgericht wertete zwar 1994 das Umlaufverfahren als Verstoß gegen Art. 80 Abs. 1 GG, aber es berücksichtigte – auf noch näher zu bestimmende Art und Weise [95] – die langjährige Praxis immerhin als Vertrauenstatbestand bei den Rechtsfolgen: Das gebiete die Rücksicht auf die Rechtssicherheit. [96] Damit zog das Bundesverfassungsgericht die Staatspraxis bei der Konkretisierung eines Prinzips der Verfassung heran, nämlich das des Rechtsstaatsprinzips. Die Rechtsverordnung war daher rechtmäßig und die Verfassungsbeschwerde wurde zurückgewiesen. Sofern die Staatspraxis mit diesem Prinzip vereinbar ist, kann man von einer Staatspraxis praeter legem sprechen,

---

92 E 62, 1 (23) – Bundestagsauflösung I.
93 Auf diesen Punkt wird noch näher einzugehen sein, vgl. unten S. 108ff.
94 E 114, 121 (Leitsatz 2) – Bundestagsauflösung II, vgl. unten S. 117ff.
95 Auf diesen Punkt wird noch näher einzugehen sein, vgl. unten S. 115ff.
96 E 91, 148 (175) – Umlaufverfahren.

bei dem Verstoß gegen Art. 80 Abs. 1 GG hingegen von einer Staatspraxis contra legem.

(3) Staatspraxis und materielles Verfassungsrecht

Bei dem Verfahren zum Zuwanderungsgesetz wurde – nach sich widersprechenden Voten der zwei Landesminister – auf Nachfrage des Bundesratspräsidenten auch das Votum des Ministerpräsidenten selbst eingeholt. Diesem wurde dann nicht mehr ausdrücklich widersprochen. Das letzte Votum wurde vom Bundesratspräsidenten dann als Ja-Stimme des Stimmführers für das Land gewertet. Die Antragstellerinnen bestritten nicht nur die Vereinbarkeit einer Stimmführerschaft mit dem Grundgesetz, sondern auch die verfassungsrechtliche Verpflichtung zur einheitlichen Stimmabgabe, sowie das Recht des Bundesratspräsidenten, durch Nachfrage auf eine solche Stimmabgabe hinzuwirken. [97] Nach ihrer Auffassung war die Stimmabgabe mit den Voten der Landesminister uneinheitlich erfolgt, während sie nach Auffassung der Antragsgegner noch gar nicht beendet war.

Das Bundesverfassungsgericht überprüfte und akzeptierte die Praxis der Stimmführerschaft als solche. [98] Jedoch stellte es fest, dass die Voraussetzungen der Stimmführerschaft bei Widerspruch durch ein Kabinettsmitglied wieder entfallen waren, die Stimmabgabe uneinheitlich geblieben war, und dass der Bundesratspräsident im konkreten Fall nicht hätte nachfragen dürfen. [99] Daher wurde das der Abstimmung zu Grunde liegende Gesetz im Rahmen der Normenkontrolle für nichtig erklärt.

Materiell ging es in der Mehrheitsentscheidung des Senates nicht darum, ob die Handhabung einer Geschäftsordnung des Bundesrates mit der Verfassung vereinbar war, sondern um die Handhabung der Verfassung selbst. Darüber hinaus war aber die Frage streitig, wann der in der Geschäftsordnung geregelte Abstimmungsvorgang in der Praxis beendet ist. Hieran knüpfte das Sondervotum an: Dass die Praxis bei der Auslegung von Geschäftsordnungen heranzuziehen sei, entspreche der ständigen Rechtsprechung des Bundesverfassungsgerichts. [100] Nach der Geschäftsordnung und der Praxis sei der „gesamte Vorgang der Stimmabgabe" beachtlich. [101]

97 E 106, 310 (329) – Zuwanderungsgesetz.

98 a.a.O.

99 a.a.O.

100 Vgl. die Richterinnen *Osterloh* und *Lübbe-Wolff* in E 106, 310 (337), insbesondere S. 342: „In der Praxis des Bundesrates ist es ständige Übung, dass der Bundesratspräsident eine Abstimmung oder einen Teil davon wiederholen lässt, wenn ein Abstimmungsbeteiligter darum ersucht."

101 E 106, 310 (343), vgl. zum materiellen Verfassungsrecht unten, S. 100ff.

Ergebnis zum 1. Kapitel

Das Bundesverfassungsgericht kann über einen längeren Zeitraum nicht entscheiden, wenn es nicht angerufen wird. Wenn das Bundesverfassungsgericht entscheiden kann, dann darf es nur Ausschnitte der nachkonstitutionellen Staatspraxis überprüfen. Der Topos Staatspraxis kommt weit überproportional bei Organstreitverfahren zum Tragen.

Für eine künftige Staatspraxis hat das Bundesverfassungsgericht den Grundsatz der fairen und loyalen Anwendung von Normen entwickelt. Zur Rechtfertigung argumentieren die Verfahrensbeteiligten auch mit der vorkonstitutionellen Staatspraxis.

Staatspraxis wird herangezogen im Verhältnis zur Verfassung, zu Prinzipien der Verfassung und zu materiellem Verfassungsrecht. Die Staatspraxis ist daher mehr als nur ein „Gegenstand" verfassungsgerichtlicher Beurteilung.

2. Kapitel: Staatspraxis und Verfassungstheorie

> Nirgends spricht eine alle reine Vernunftprinzipien vorbeigehende Praxis mit mehr Anmaßung über Theorie ab, als in der Frage über die Erfordernisse zu einer guten Staatsverfassung. [...] Da nun alle lange genug bestandenen Verfassungen, sie mögen Mängel haben welche sie wollen, hierin bei aller ihrer Verschiedenheit einerlei Resultat geben, nämlich mit der, in welcher man ist, zufrieden zu sein: so gilt, wenn auf das Volkswohlergehen gesehen wird, eigentlich gar keine Theorie, sondern alles beruht auf einer der Erfahrung folgsamen Praxis.
> Immanuel Kant (1724-1804), Über den Gemeinspruch: Das mag in der Theorie richtig sein, taugt aber nicht für die Praxis, 1793.

Bereits die überkommene deutsche Staatslehre verstand den Begriff der Staatspraxis als Gegenbegriff zur theoretischen Staatswissenschaft. [102] Zudem versuchte man, die Staatspraxis zu systematisieren und sie von einer juristischen

102 Vgl. bereits *Beck* (1720-84), Versuch einer Staatspraxis oder Canzleyübung aus der Politik, dem Staats- und Völkerrechte, Wien 1754; Vorrang der Theorie: *Kant*, Über den Gemeinspruch (1793).

Praxis zu unterscheiden. [103] Staatspraxis war angewandte Politik, nach Maßgabe der Staatswissenschaft: „Die Anwendung ihrer Grundsätze auf gegebene staatliche Verhältnisse führt zur praktischen P[olitik] (Staatspraxis); jene, die theoretische P[olitik], ist Staatswissenschaft, diese Staatskunst". [104]

Da der Begriff der Staatspraxis im Text der Verfassung selbst nicht vorkommt und die Literatur die Begriffe „Maßstab" und „Gegenstand" der verfassungsgerichtlichen Beurteilung nicht verwendet, ist im Folgenden genauer auf die Literatur einzugehen. So soll ein Begriff der Verfassung entwickelt werden, der die verfassungsrechtlichen Rahmenbedingungen der Staatspraxis herausarbeitet und so zur weiteren Klärung des Untersuchungsgegenstandes und seiner Fragestellungen beiträgt.

1) Zum Begriff der Rechtsquelle(n)

Die Frage, wie aus dem sozialen Faktum einer langdauernden Übung und dem psychischem Faktum der Überzeugung von der rechtlichen Notwendigkeit dieser Übung geltendes Recht wird, ist eine Frage danach, wie das Recht überhaupt entsteht. Die Rechtsquellenlehre hat versucht, darauf eine Antwort zu geben. Die Aufgabe der Rechtsquellenlehre bestehe darin, anzugeben, woraus erkannt werden kann, was in einer Rechtsgesellschaft als Recht gilt". [105] Allerdings wird der Begriff der Rechtsquelle in der Literatur heute sehr unterschiedlich verwendet. [106] Es ist jeweils danach zu unterscheiden, ob nach den Entstehungsgründen, den Verbindlichkeitsgründen oder den Erkenntnisgründen des Rechts gefragt wird. [107] Die Festlegung des Rechtsbegriffes geht der Definition der Rechtsquelle voraus. [108] Es gibt also verschiedene Begriffe von Recht, wie das folgende Zitat verdeutlichen soll [109]:

> Versteht man darunter die Willensbekundung einer äußeren Autorität, so wird man [...] als Haupterkenntnisquelle des Rechts den **staatlichen Gesetzesbefehl** nennen. Begreift

---

103 Vgl. *Pölitz* (1772-1838), Die Staatswissenschaften im Licht unsrer Zeit, Leipzig, 1823, Band 5: Praktisches (europäisches) Völkerrecht; Diplomatie und Staatspraxis, S. 332ff (zur Trennung von juristischer Praxis).

104 Vgl. *Meyers Konversations-Lexikon* (1885-92), a.a.O., Band 13, S. 183f. und Band 15, S. 201: „Staatspraxis, s[o] v[iel] w[ie] praktische Politik."

105 *Dreier*, Probleme der Rechtsquellenlehre, in FS Wolff, S. 5, vgl. *Ross*, Theorie der Rechtsquellen, S. 291f: „Rechtsquelle bedeutet in formaler Definition den Erkenntnisgrund für etwas als Recht".

106 *Ross*, a.a.O. (Fn. 105), S. 296ff., unterscheidet verschiedene Rechtsbegriffe und Rechtsquellenbegriffe: soziologisch, ethisch und rechtstheoretisch.

107 *Dreier*, Probleme der Rechtsquellenlehre, in FS Wolff, S. 3.

108 Vgl. *Dreier*, Probleme der Rechtsquellenlehre, in FS Wolff, S. 3.

109 Vgl. *Dreier*, Probleme der Rechtsquellenlehre, in FS Wolff, S. 25.

man Recht als Inbegriff der Normen, die von den Gerichten tatsächlich gehandhabt werden, so wird man als Rechtserkenntnisquelle die **richterliche Spruchpraxis** betrachten. Hält man am Anspruch des Rechts, Gerechtigkeit und Rechtserkenntnis zu intendieren, fest, so wird man als ranghöchste Rechtsquellen materiale **Rechtsgrundsätze** ansehen und ihnen zugleich Maßstab und (rechtsethischen) Verbindlichkeitsgrund anderweitiger Rechtsquellen sowie aus ihnen abgeleiteter Rechtsnormen entnehmen.

Eine Festlegung auf einen einzelnen Rechtsbegriff für diese Untersuchung wird vorliegend dadurch erschwert, dass die Rechtsprechung zur Staatspraxis auf verschiedene verfassungsgeschichtliche Abschnitte verweist: Die historische Staatspraxis des Kaiserreiches (1871-1918) [110], die Staatspraxis der Weimarer Republik (1918-33) [111], sowie die Staatspraxis nach 1949. Um einen Begriff des Rechts zu ermitteln, ist im Folgenden zunächst auf den jeweiligen verfassungsgeschichtlichen Kontext einzugehen. Daher ist in der Überschrift auch von Rechtsquelle(n) im Plural die Rede. Anschließend kann dann die rechtliche Bedeutung der Staatspraxis unter dem Grundgesetz beschrieben werden.

2) Spätkonstitutionalismus: Vorkonstitutionelle Staatspraxis I

Das Ende des 19. Jahrhunderts wird charakterisiert als eine Zeit der „Festigung" des Staatsrechts überhaupt. [112] Aus der ursprünglich erkenntnistheoretisch-philosophischen These zum Verhältnis von Sein und Sollen entwickelte sich in der Rechtswissenschaft des 19. Jahrhunderts ein eher formales Verständnis von Recht heraus: Der Rechtspositivismus. Entscheidend sei, dass Gesetze in dem dafür vorgesehenen Verfahren zustande gekommen sind. Dieser Ansatz sah also im Grundsatz eine Trennung von Recht und Moral vor. [113] Ausgehend vom Zivilrecht und getragen von der Philosophie des Positivismus, begann sich eine „juristische" gegenüber einer „naturhistorischen" Methode durchzusetzen. Die-

110 Vgl. E 2, 213 (223) – Straffreiheitsgesetz: „Schon das Kaiserreich hat durch Gesetz in gewissen Fällen Straffreiheit gewährt für Straftaten, die im ersten Rechtszug der einzelstaatlichen Gerichtsbarkeit unterlagen, [...]".

111 Kontinuität einerseits: E 1, 351 (368) – Petersberger Abkommen: „Auch die Staatspraxis der Weimarer Republik unterstellte Verträge mit internationalen Organen, die Herrschaftsgewalt in Deutschland ausübten, nicht dem Art. 45 WeimRV, der damals die parlamentarische Mitwirkung regelte."; Neuanfang andererseits: E 1, 14 (59f.) – Südweststaat: „In bewußter Abkehr von der Praxis der Weimarer Zeit fordert Art. 80 GG als Grundlage für Rechtsverordnungen jeder Art eine gesetzliche Ermächtigung, die nach Inhalt, Zweck und Ausmaß genau umgrenzt ist.".

112 *Stern*, „Staatsrecht" in *Görres-Gesellschaft (Hrsg.)*, Staatslexikon, S. 218: „Unangezweifelt gefestigt als eigenständige juristische Disziplin [...]".

113 Teilweise wird auch Gewohnheitsrecht anerkannt, vgl. *Otte*, „Rechtspositivismus" in *Görres-Gesellschaft (Hrsg.)*, Staatslexikon, S. 725 f.

sen Gedanken übertrug der staatsrechtliche Positivismus anschließend auf die neugeschaffene Verfassung. [114]

Demgegenüber hatte die Naturrechtslehre noch den Standpunkt vertreten, dass bestimmte Rechtssätze unabhängig von der konkreten Ausgestaltung durch die Rechtsordnung ‚schlechthin' Geltung beanspruchten. [115] Sie mussten somit weder durch einen positiven Akt der Rechtsetzung geschaffen werden, noch konnten sie außer Kraft gesetzt werden (überpositives Recht). Das Naturrecht war gar nicht in Gegensatz zum positiven Recht getreten, sondern hatte sich stets mit dem positiven Recht, meist in Form von Gesetzen, verbunden. [116] Gerade gegen diese Verbindung wendete sich aber der Rechtspositivismus. Mit der Epoche des Spätkonstitutionalismus, hier bezogen auf den Zeitraum von der Reichsgründung 1871 bis zur Ausrufung der Republik, verbindet man einen Methodenwandel im öffentlichen Recht, hin zum staatsrechtlichen Positivismus. [117] Neu war die konsequente Scheidung der juristischen von den historischen, politischen und wirtschaftlichen Überlegungen. [118] Dies hat Folgen, auch für die verfassungsrechtliche Relevanz der Staatspraxis.

Der begriffsjuristische Positivismus verglich die Verfassung und den „wirklichen Verfassungszustand eines Staats" aufgrund seiner Staatspraxis im Wesentlichen „rechtsimmanent" und blendete damit soziale Faktoren und Ursachen bei der Betrachtung weitgehend aus. [119] Andererseits zeichnet sich bereits eine gegenläufige Entwicklung [120] ab, die ihren Ausgangspunkt in der Beschaffenheit der neuen Verfassung und in der Untersuchung eines ‚Verfassungswandels' nahm. [121]

Nach Lassalles berühmten Diktum ist das Verfassungsrecht auf Verwirklichung angewiesen, wolle es nicht ein Stück Papier bleiben. [122] Erweitert man den Begriff der „Verfassungswirklichkeit" [123] um eine zeitliche Dimension, dann kommt man endlich zum Begriff des Verfassungswandels. Dieser bezeichnet ein Ergebnis von Verfassungspraxis, eine Verfassungsveränderung. Wie eine solche

114 Vgl. *Frotscher / Pieroth*, Verfassungsgeschichte, S. 241 Rn. 446.

115 Vgl. bereits *Rousseau*, Vom Gesellschaftsvertrag, S. 39: „Was gut ist und der Ordnung entspricht, ist es durch die Natur der Dinge und unabhängig von menschlichen Satzungen [...] Sicher gibt es eine allumfassende Gerechtigkeit, die nur aus der Vernunft fließt [...]".

116 Vgl. *Rousseau*, a.a.O., (Fn. 115), S. 39f.: „um die Dinge menschlich zu betrachten: die Gesetze der Gerechtigkeit sind mangels naturgegebener Folgen nichts unter den Menschen. Wir benötigen deshalb Abmachungen und Gesetze, um Pflichten und Rechte miteinander zu verbinden [...]".

117 Vgl. *Frotscher / Pieroth*, a.a.O. (Fn. 114), S. 240 Rn. 445.

118 Vgl. *Frotscher / Pieroth*, a.a.O. (Fn. 114), S. 240 Rn. 445.

119 Vgl. *Vismann* in AK-GG, Art. 79 GG, Rn. 15.

120 Vgl. *Menger*, Deutsche Verfassungsgeschichte der Neuzeit, S. 151 Rn. 304.

121 Vgl. *Vismann* in AK-GG, Art. 79 GG, Rn. 15.

122 Vgl. *Menger*, a.a.O. (Fn. 121), S. 2 Rn. 4.

123 Kritisch: *Isensee* in HdStR VII, §162 Rn. 58 Fn. 167.

Verfassungspraxis sich auswirkt, das war bereits ein Thema der Arbeiten von G. Jellinek und seinen Zeitgenossen. [124]

a) Wandlungen der Reichsverfassung durch Staatspraxis?

Die Literatur untersuchte damals die Unterschiede zwischen den in der Verfassungsurkunde formulierten Regeln und dem „Verfassungszustand“. [125] Dabei kam man zu dem Ergebnis, dass sich beides, etwa in den Bereichen der Verwaltung, des Finanzwesens oder der Rechtspflege, erheblich unterscheidet. Die Verfassung biete ein nur unvollkommenes Bild. Viele Bereiche des materiellen Verfassungsrechts seien gar nicht in der Verfassungsurkunde, sondern nur in Gesetzen aufgeführt. [126] Institute wie die Bundesverwaltung, die sog. Franckensteinsche Klausel oder das Reichsgericht entsprächen nicht der Verfassungsurkunde von 1871. [127]

G. Jellinek unterschied zwischen gezielter Verfassungsänderung und nicht notwendig bewusster Verfassungswandlung unter Beibehaltung des Verfassungstextes. [128] Dabei stellte er zahlreiche Veränderungen fest. Diese teilte er nach und nach in einzelne Kategorien des Verfassungswandels ein: Verfassungsinterpretation [129], Verfassungspraxis [130], necessitas [131], dispositives Verfassungsrecht[132], Verfassungsgewohnheitsrecht[133], Ausfüllen von Verfassungslükken [134], Verfassungsdurchbrechungen [135], Nichtausübung von Kompetenzen [136], die Teil- oder Totalwandlung der Verfassung [137] und den Wandel von Verfassungsinstitutionen. [138] Diese Veränderungen werden vor allem beschrieben und weniger juristisch bewertet. Bei der Konzentration der Presse werden die Praxis der Verfassungsorgane einerseits und die Veränderung der tatsächlichen Macht-

---

124 *Jellinek*, Verfassungswandlung (1906); vgl. *Laband*, Die Wandlungen der Deutschen Reichsverfassung (1895); vgl. *Kelsen*, Hauptprobleme (1911); vgl. *Wolff*, Ungeschriebenes Verfassungsrecht, S. 30ff. mwN.

125 Vgl. *Laband*, Wandlungen, S. 2. Beispiel für eine verfassungsrechtliche „Lücke“: Preußischer Budgetkonflikt (1862-66), vgl. *Kersten*, Georg Jellinek und die klassische Staatslehre, S. 395ff.

126 *Laband*, Wandlungen, S. 3f.

127 *Laband*, Wandlungen, S. 32ff.

128 *Jellinek*, Verfassungswandlung, S. 3.

129 *Jellinek*, Verfassungswandlung, S. 9ff., 13ff., 20f., *ders.*, Gesetz und Verordnung, S. 247.

130 *Jellinek*, Verfassungswandlung, S. 9ff.

131 *Jellinek*, Verfassungswandlung, S. 21.

132 *Jellinek*, Verfassungswandlung, S. 27ff.

133 *Jellinek*, Verfassungswandlung, S. 44f.; *ders.*, Gesetz und Verordnung, S. 330, S. 334.

134 *Jellinek*, Verfassungswandlung, S. 13, 43ff.; *ders.*, Gesetz und Verordnung, S. 297ff.

135 *Jellinek*, Verfassungswandlung, S. 6; *ders.*, Allgemeine Staatslehre, S. 538f.

136 *Jellinek*, Verfassungswandlung, S. 34ff. und S. 40f.

137 *Jellinek*, Verfassungswandlung, S. 44ff.

138 *Jellinek*, Verfassungswandlung, S. 1f. 21, 43ff., 71ff.

verhältnisse im Staat andererseits sogar gemeinsam behandelt. [139] Dass Jellinek sogar Fälle des Verfassungsbruchs einbezieht, spricht dafür, dass in dieser Arbeit eine starke Annäherung von Norm und Wirklichkeit stattfindet. [140] Dem ist im Folgenden weiter nachzugehen.

b) Staatspraxis als normative Kraft des Faktischen (G. Jellinek)

(1) Zur wissenschaftlichen Methode

Für Jellinek unterscheidet sich die juristische Methode in der Staatslehre fundamental von der Methode in den historischen und sozialen Wissenschaften. [141] Dementsprechend ist die Staatslehre in zwei Teile gegliedert, nämlich eine Soziallehre und eine Staatsrechtslehre. [142] Die Soziallehre hat das gegenständliche, historische oder „natürliche Sein" des Staates zum Inhalt, die Staatsrechtslehre dagegen etwas zu Verwirklichendes oder „Sein-Sollendes". Dies ist die sogenannte Zwei-Seiten-Lehre. [143] Diese erkenntnistheoretische Unterscheidung hat er im System der Subjektiven Rechte einmal an Hand eines Beispiels erläutert: Eine Symphonie könne ebenfalls unter verschiedenen Aspekten betrachtet werden. Vom Standpunkt des Naturerkennens handele es sich um Luftschwingungen, die über das Ohr und das Gehirn zu Tönen zusammengesetzt würden. Das ästhetische Empfinden nehme dieses dagegen als objektive Realität wahr. [144]

Anders viele Zeitgenossen hatte Jellinek daher eine empirisch-soziologisch geprägte Typisierung der beobachteten Veränderungen vorgeschlagen. [145] In seiner einflussreichen Allgemeinen Staatslehre sucht er die typischen Elemente in den staatlichen Erscheinungen und ihren gegenseitigen Beziehungen auf. Diese sogenannte Typenlehre unterscheidet den „empirischen" Typus und den „Idealtypus". [146] Die aus der Praxis gewonnenen Beispiele sind dem empirischen Typus zuzuordnen. Die Bildung dieser Gattung erfolgt durch ein Erkenntnisurteil, während die Bildung des Idealtypus einem Werturteil folgt. Der Idealtypus entspricht dem vollkommenem Typus einer Gattung und enthält damit eine Vor-

139 *Wolff* in *Paulson / Schulte (Hrsg.),* Georg Jellinek: Beiträge zu Leben und Werk, S. 143.

140 *Wolff* in *Paulson / Schulte (Hrsg.),* a.a.O. (Fn. 139), S. 144.

141 Vgl. zur historischen Methode, *Jellinek*, Allgemeine Staatslehre, S. 42ff. und S. 50ff. zur juristischen Methode.

142 *Jellinek*, Allgemeine Staatslehre, S. 10f.

143 *Jellinek*, Allgemeine Staatslehre, S. 20.

144 Vgl. *Jellinek*, System der Subjektiven Öffentlichen Rechte, S. 14f.; vgl. zur str. Frage, ob *Jellinek* einem Neukantianischen Ansatz folgt, *Kersten*, a.a.O. (Fn. 125), S. 147f.

145 Zum Begriff empirische Wissenschaft bei *Jellinek*, vgl. *Kersten*, a.a.O. (Fn. 125), S. 93ff.

146 *Jellinek*, Allgemeine Staatslehre, S. 36; Zur Typenlehre allgemein und zum Unterschied zwischen dem Idealtypus bei *Jellinek* und *M. Weber*, vgl. *Kersten*, a.a.O. (Fn. 125), S. 102ff. bzw. S. 130ff.

stellung des Richtigen. [147] Der Idealtypus ist damit vor allem Leitmotiv der praktischen Gestaltung der Wirklichkeit bzw. der Politik. Dagegen könne der Gegenstand der theoretischen Wissenschaft nicht der Idealtypus von „bloß spekulativer Natur" sein. [148] Dieser Unterscheidung zwischen Faktizität und Idealität in der Typenlehre liegt ein vergleichbar symmetrischer Denkansatz zu Grunde, wie der Unterscheidung zwischen Faktizität und Normativität bei der Rechtsbildungslehre. [149]

„Änderungen" im Gegensatz zu den untersuchungsrelevanten „Entwicklungen" lägen vor, wenn die staatliche Einrichtung mittlerweile einen anderen Zweck verfolge. Kriterien für eine Entwicklung sind dagegen „wachsende Größe, Zeitdauer, Intensität, steigende Mannigfaltigkeit, Leistungsfähigkeit und Zweckmäßigkeit einer Institution". [150] Die Beispiele, die an dieser Stelle in der Staatslehre angeführt werden, betreffen vor allem ausländisches Verfassungsrecht. [151] Ein bekanntes Beispiel aus dieser Zeit sind aber auch die Auflösungen des Reichstages (Art. 12, 24 S. 2 RV). Sie könnten sich gemäß dieses Verständnisses beispielsweise dadurch entwickeln, dass der im Auftrag des Kaisers handelnde Reichskanzler seinem Amt in der Verfassungspraxis „persönlich" mehr Gewicht verleiht. [152]

An einer späteren Stelle in der Staatslehre, nämlich unter dem Aspekt des Verhältnisses von Recht und Macht, wendet sich Jellinek auch der Parlamentsauflösung im sog. Heereskonflikt zu. [153] Für Jellinek ist eine rechtliche Lösung des Konfliktes nicht ersichtlich: „Die Jurisprudenz mag dann später nachhinken und mit Hilfe dialektischer Kunststückchen die vollendete Tatsache als rechtlich nachweisen, sie vollzieht damit doch nur den Versuch einer Rationalisierung von Fakten, ganz so wie es das von ihr so heftig bekämpfte Naturrecht versucht hatte". [154] G. Jellinek zufolge haben alle menschlichen Interessen die notwendige psychologische Tendenz, sich durchzusetzen und zu behaupten. Beides erfordere Macht. Der stärkste soziale Machtfaktor aber sei der Staat. [155] Macht kann damit in bestimmten Situationen tatsächlich vor Recht gehen, aber zu einer rechtlichen Stabilisierung ist auch für Jellinek eine Anerkennung dieser Verhältnisse erforderlich. [156]

---

147 *Kersten*, a.a.O. (Fn. 125), S. 105.

148 Vgl. *Jellinek*, Allgemeine Staatslehre, S. 36: „Objekt der theoretischen Wissenschaft bleibt das Seiende, nicht das Seinsollende, die gegebene Welt, nicht eine zu erschaffende".

149 *Kersten*, a.a.O. (Fn. 125), S. 103.

150 *Jellinek*, Allgemeine Staatslehre, S. 43.

151 *Jellinek*, Allgemeine Staatslehre, S. 43f.

152 Zu dieser Verfassungspraxis durch *Bismarck* vgl. *Frotscher / Pieroth*, a.a.O. (Fn. 114), S. 214 Rn. 389.

153 *Jellinek*, Allgemeine Staatslehre, S. 359.

154 *Jellinek*, Allgemeine Staatslehre, S. 359.

155 *Jellinek*, Allgemeine Staatslehre, S. 97.

156 *Kersten*, a.a.O. (Fn. 125), S. 404 mwN.

Die Formel von der normativen Kraft des Faktischen eröffnet die Möglichkeit, bestimmte tatsächliche Entwicklungen aufzunehmen und damit dem Staatsrecht wieder zuzuführen. Andere sahen es dagegen nicht als Aufgabe des Staatsrechts an, zu fragen, welche politischen Entscheidungen die staatliche Ordnung erzeugt hätten und welche politischen Kräfte diese Ordnung stützten. [157] Hier war man also noch bemüht, diejenigen Phänomene gerade aus der staatsrechtlichen Betrachtung auszuscheiden, die ursprünglich vom Programm der Verfassung nicht umfasst waren.

(2) Zum Begriff des Rechts

Seine Definition des Rechts entwickelt Jellinek vom Begriff der Rechtsnorm her. Ein Rechtssatz bestehe aus drei Elementen [158]:

1. Es sind Normen für das äußere Verhalten der Menschen zueinander.
2. Es sind Normen, die von einer anerkannten äußeren Autorität ausgehe.
3. Es sind Normen, deren Verbindlichkeit durch äußere Mächte garantiert ist.

Diese Rechtssatzlehre unterscheidet sich von der des Naturrechts, indem der Rechtsgeltung eine innere und eine äußere Seite zugeschrieben wird. Der Inhalt der äußeren Seite wird dabei aber nicht schon mit dem bloßen staatlichen Zwang beschrieben. Anders als im Rechtspositivismus ist gerade der innere Aspekt zentral. Die ganze Rechtsordnung soll sogar darauf aufbauen. [159] Der letzte Grund allen Rechts liege in der nicht weiter ableitbaren Überzeugung seiner Gültigkeit, seiner normativen motivierenden Kraft. [160]

Die Aufzählung scheint dafür zu sprechen, die „Überzeugung seiner Gültigkeit" und die „normative motivierende Kraft" gleichzusetzen. Die Rechtsüberzeugung ist aber zunächst nur ein formaler Bestimmungsgrund für die Geltung des Rechts. Es ist weniger etwas, das bereits Erkenntnis über den Inhalt des Rechts verschafft. Dieser Umstand wird auch als das „psychologische Grundaxiom" beschrieben. [161]

Worauf muss sich nun diese Rechtsüberzeugung weiter richten? Man könnte vermuten, dass hier die vielzitierte „normative Kraft des Faktischen" ins Spiel kommt. Die bloße Überzeugung würde dann ergänzt um die Überzeugung von den Fakten und diese dann erst den Ausschlag geben für die Geltung des Rechts. Auf das Faktische wird jedoch an dieser Stelle gar nicht Bezug genommen. Hier kommt der Begriff der „normativen motivierenden Kraft" ins Spiel. Die Gültig-

157 Vgl. *Korioth*, Integration und Bundesstaat, S. 44; diff.: *Wolff*, Ungeschriebenes Verfassungsrecht, S. 26 Fn. 85.
158 *Jellinek*, Allgemeine Staatslehre, S. 333.
159 *Jellinek*, Allgemeine Staatslehre, S. 334.
160 *Jellinek*, Allgemeine Staatslehre, S. 371.
161 *Kersten*, a.a.O. (Fn. 125), S. 356 (358).

keit einer Norm hängt von der Fähigkeit zur Motivation ab. Gemeint ist damit die Überzeugung der Normadressaten, die Norm befolgen zu müssen.

Wird die Norm anerkannt und befolgt, hätte sie motivierende Kraft. Wird die Norm nicht anerkannt und befolgt, kann die Zustimmung zur tatsächlichen Sanktionierung ebenfalls motivierende Kraft entfalten. [162] Diese Kraft kann sich sowohl aus der abstrakten Überzeugung, als auch aus der konkreten faktischen Befolgung ergeben.

Auf welche Beteiligten kommt es für die Rechtsüberzeugung an? Es sei nicht allein die Überzeugung des Einzelnen, die das Recht begründe. Es sei auch nicht die Überzeugung der Allgemeinheit an sich, sondern vielmehr die Überzeugung des „Durchschnitts des Volkes", welche maßgebend sein soll. [163] „Entgegenwirkende Akte einer Minderheit" könnten dabei vernachlässigt werden. Das psychologische Grundaxiom wird damit generalisiert. Hier klingt bereits an, dass die Statuslehre Jellineks zu den subjektiven Rechten sich von der heutigen Konzeption subjektiver Grundrechte im Grundgesetz unterscheidet. [164]

(3) Staatspraxis bei G. Jellinek

Der Begriff des Staates nimmt bei Jellinek zweifellos eine zentrale Rolle ein. Er wird in der Soziallehre als die „mit ursprünglicher Herrschermacht ausgerüstete Verbandseinheit sesshafter Menschen" definiert. [165] Noch heute wird an Jellineks drei Elemente des Staates angeknüpft: Staatsvolk, Staatsgebiet und Staatsgewalt. Auf den Staat ist die ganze Rechtslehre geradezu ausgerichtet. Umso überraschender ist zunächst, dass Jellinek den Begriff der „Staatspraxis" selbst gar nicht verwendet.

Zwar werden im Abschnitt der Soziallehre zahlreiche Erscheinungen der Staatspraxis beschrieben, aber hier ist nur die Rede von „Verfassungspraxis". [166] Anhand der beschriebenen, Recht und Politik kontrastierenden, Methode entwirft er die Kategorien der Verfassungswandlung. [167] Auch geschriebene, starre Verfassungen könnten nicht hindern, dass sich neben ihnen oder gegen sie ungeschriebenes Verfassungsrecht entwickle. [168] Selbst bei starrer Verfassung sei die

---

162 Vgl. *Schreiber*, Geltung von Rechtsnormen, S. 72, der *Jellinek* sogar eine „ideelle Rechtsgeltung" attestiert, obwohl die „für Jellineks Rechtsauffassung kennzeichnende Vorstellung von der normativen kraft des Faktischen [...] eher eine Verwandtschaft zu dem Begriff der faktischen Geltung erwarten [ließe]".

163 *Jellinek*, Allgemeine Staatslehre, S. 334 Fn. 1.

164 Vgl. *Hesse*, Grundzüge, § 9 S. 128 Rn. 281 mwN.

165 *Jellinek*, Allgemeine Staatslehre, S. 180f.; vgl. die abweichende Definition in der *Staatsrechtslehre* auf S. 433: „ausgerüstete Körperschaft eines seßhaften Volkes".

166 Vgl. *Jellinek*, Verfassungswandlung.

167 Vgl. die Nachweise oben S. 45f..

168 *Jellinek*, Verfassungswandlung, S. 536.

Schaffung von Recht praeter und contra legem fundamentalem durch Geschäftsordnung einer Kammer möglich, wenn auch in engeren Grenzen.

Als Beispiel führt er die Beraubung des Stimmrechts durch Verweigerung des Amtseides an. [169] Dieser sei in der preußischen Verfassung nicht vorgesehen gewesen, habe sich aber in der Geschäftsordnung des Abgeordnetenhauses befunden. Da es in diesen Fällen kein Rechtsmittel gebe, um die verfassungsmäßigen Vorschriften zur Geltung zu bringen, so habe man für die Dauer der Geltung derartiger Normen einen ähnlichen Zustand wie ein verfassungsänderndes, aber ohne die Formen der Verfassungsänderung zustande gekommenes, Gesetz geschaffen. [170]

Der Grund, warum bei Jellinek die Staatspraxis als solches nicht genannt wird, dürfte gerade in der zentralen Bedeutung des Staates als Normgarant liegen. In einer allgemeinen Staatslehre wäre der Begriff nicht sehr aussagekräftig und wird somit durch die Beschreibung einzelner konkreter Erscheinungen der Staatspraxis ersetzt. Vor allem das, was bei Jellinek als „Verfassungspraxis" bezeichnet, kommt der untersuchten Staatspraxis also sehr nahe.

(4) Die normative Kraft des Faktischen

Alles Recht in einem Volke sei ursprünglich nichts als faktische Übung. [171] Die Praxis der Gesellschaft wäre dann eine solche Übung, möglicherweise aber auch die Staatspraxis. Beide wären bedeutsam für die Entstehung von Recht. Worauf bezieht sich nun die Überzeugung des Menschen im Recht, wenn man von diesem psychologischen Grundaxiom ausgeht?

Jellinek untersucht zunächst das „den Menschen Umgebende" [172]: Aufgrund der psychologischen Voraussetzungen des Menschen setze sich die faktische Übung in die Vorstellung des Normmäßigen um. Empirische Belege für diese These liefert ihm die Entwicklung des Kindes. Hierin ist weder die Beschreibung einer Rechtsquelle noch die schlichte Rechtfertigung faktischer Machtverhältnisse zu sehen, sondern eine Beschreibung der bei der Rechtsentwicklung wirkenden Elemente. [173]

Der Satz, dass alles Recht ursprünglich eine faktische Übung sei, ist daher zumindest missverständlich, weil ja noch etwas zu diesem „Ursprünglichen"

---

169 *Jellinek*, Verfassungswandlung, S. 539, vgl. *Kersten*, a.a.O. (Fn. 125), S. 206.

170 *Jellinek*, Verfassungswandlung, S. 539, vgl. *Kersten*, a.a.O. (Fn. 125), S. 206.

171 *Jellinek*, Allgemeine Staatslehre, S. 339.

172 Vgl. *Jellinek*, Allgemeine Staatslehre, S. 337: Ursprung der Überzeugung von dem Dasein normaler Verhältnisse liege „in einem bestimmten psychologischen Verhalten des Menschen zu den faktischen Vorgängen".

173 Vgl. *Jellinek*, Allgemeine Staatslehre, S. 339 („in der Entstehung des Rechtes"); ebenso *Landau* in *Paulson / Schulte (Hrsg.)*, Georg Jellinek: Beiträge zu Leben und Werk, S. 302: „Theorie der Rechtsgenese"; a.A. *Holubek*, Allgemeine Staatslehre als empirische Wissenschaft, S. 103.

hinzutreten muss. Rechtsnormen sind für Jellinek bekanntlich „garantierte“ Normen, die ggf. auch zwangsweise durchgesetzt werden. Zum Beweis dafür beschreibt er sowohl Fälle von derogierendem Gewohnheitsrecht als auch solche des Obsoletwerdens von Gesetzen. [174] Jeder gegebene soziale Umstand habe sein besseres Recht zu beweisen. [175] Ist Recht damit lediglich ein sozialer Kompromiss? Folgt es gar den tatsächlichen Machtverhältnissen?

Für Jellinek wohnt den tatsächlichen Verhältnissen eine normative Kraft inne. Dies ist dann der Fall, wenn aus ihnen die Überzeugung hervorgehe, dass die tatsächlichen Herrschaftsverhältnisse auch als rechtliche anzuerkennen seien. [176] Wo diese Überzeugung ausbleibe, da könne die faktische Ordnung nur durch äußere Machtmittel aufrechterhalten werden. Das sei aber auf Dauer unmöglich: Entweder trete schließlich doch Gewöhnung an die faktische Ordnung ein, oder die rein äußerliche Ordnung „breche selbst in Stücke“. [177]

(5) Die faktische Kraft des Normativen

Zu den weitreichendsten Missverständnissen über die Staatslehre gehört die, dass allein eine „normative Kraft des Faktischen“ bereits so etwas wie Normativität herstellen könne. [178] Walter Jellinek hat versucht, diesem Missverständnis entgegen zu treten. Er wies 1951 einmal mehr darauf hin, dass der normativen Kraft des Faktischen eine weitere entgegenwirke: Die faktische Kraft des Normativen. [179]

Sie besagt, dass die Vorstellung des Rechts das Faktum erzeugt. [180] G. Jellinek beklagte, dass den Rechtswissenschaften eine in die Tiefe dringende Lehre von den rechtserzeugenden Kräften fehle. Diese Problematik werde stattdessen den Rechtsphilosophen zugeschoben. [181] Alles Recht sei nur möglich unter der Voraussetzung, dass wir die Fähigkeit hätten, uns durch Anforderungen an unseren Willen verpflichtet zu halten. Diese Eigenschaft sei unabhängig, bevor das Bewusstsein einer Vorstellung von einer positiven Rechtsordnung überhaupt möglich sei. [182] Von dieser Einzelentwicklung schließt er dann auf die Gesamt-

---

174 Vgl. zum heutigen Verfassungsrecht *Robbers*, Obsoletes Verfassungsrecht durch sozialen Wandel?, in FS Benda, S. 219: Weitergeltung „als Normreserve“.

175 Vgl. *Jellinek*, Allgemeine Staatslehre, S. 340.

176 *Jellinek*, Allgemeine Staatslehre, S. 341.

177 Vgl. *Jellinek*, Allgemeine Staatslehre, S. 342: Das eine zeige die Geschichte der Unfreiheit, das andere die französische Revolution.

178 so etwa *Nelson*, Rechtswissenschaft ohne Recht, S. 78; *Holubek*, Allgemeine Staatslehre als empirische Wissenschaft, S. 103.

179 *W. Jellinek*, JZ 1951, S. 347.

180 *Jellinek*, Allgemeine Staatslehre, S. 347: Positivierung des Naturrechts.

181 *Jellinek*, Allgemeine Staatslehre, S. 350.

182 *Jellinek*, Allgemeine Staatslehre, S. 352. Sein Beispiel: Ein Kind unterscheidet die Züchtigung von Angriffen.

entwicklung des Rechts: Die Vorstellungen eines natürlichen objektiven Rechts seien eine Begleiterscheinung der psychologischen Grundtatsachen, auf denen die Möglichkeit einer Rechtsordnung überhaupt beruhe.

Dann wendet sich Jellinek explizit gegen die Vorstellung, dass Normativität allein tatsächlich bestimmt wird: Würde bloß das Tatsächliche als normativ erkannt werden, so entschwände der Rechtscharakter des Tatsächlichen, ohne dass etwas Neues an seine Stelle treten könnte. Lange Zeiträume „wilder Anarchie“ wären die notwendige Folge. [183]

Es sind also im Wesentlichen zwei psychologische Elemente, die Umsetzung der Staatsordnung in eine Rechtsordnung verursachen. Ein konservatives Element verwandele die Übung in eine Norm und ein vorwärtstreibendes Element schaffe die rationale, evolutionistische Überzeugung. [184] Dann wendet sich Jellinek gegen begriffsjuristischen Positivismus: Vom falschen Dogma der Geschlossenheit des Rechtssystems erfüllt, übersehe die Jurisprudenz in der Regel, dass die Rechtsgeschichte zugleich auch die Geschichte der Rechtsbrüche und der rechtsleeren Räume innerhalb der Rechtsordnungen und neben ihnen sei. [185]

c) Kritik und Diskussion

Unter der Kritik an der Lehre Jellineks finden sich zwei wiederkehrende Haupteinwände. Zum einen wird behauptet, dass das Recht bei Jellinek bloß relativ bestimmt werde. Das Richtige sei nicht mehr vom Zweckmäßigen zu unterscheiden. Die bestehenden Machtverhältnisse würden gerechtfertigt (1). Darüber hinaus sei seine Rechtsgeltungslehre methodisch inkonsistent. Indem sie die bloß außerrechtlich motivierte Befolgung von Regeln als rechtskonform fingiere, vermische sie Sein und Sollen (2). Diesen Einwänden ist weiter nachzugehen.

Ad (1): Vertreter der Naturrechtlehre kritisierten bereits 1917, dass die Erklärung des Rechts durch die Überzeugung etwas sei Recht, widersinnig sei. Sie sehen darin einen logischen Zirkel. Die Rechtsüberzeugung wäre dann etwa bloß die Überzeugung von der Rechtsüberzeugung, was sich aber selbst widerspreche“ [186]:

> Eine Rechtsüberzeugung ist **entweder richtig oder falsch**. Ist sie richtig, so ist das in ihr für Recht Gehaltenen wirklich Recht. Ist es aber Recht, so wäre es dies nicht weniger, wenn es, irriger Weise, nicht dafür gehalten würde, wenn also die fragliche Überzeugung nicht bestünde. Ist sie falsch, so ist das in ihr für Recht Gehaltene objektiv nicht Recht. Ist es aber nicht Recht, so kann es auch nicht dadurch Recht werden, daß es, irriger Wei-

183 *Jellinek*, Allgemeine Staatslehre, S. 352.

184 Vgl. *Jellinek*, Allgemeine Staatslehre, S. 354.

185 Vgl. *Jellinek*, Allgemeine Staatslehre, S. 253: Fiktion und Schein durchgängiger Rechtskontinuität.

186 *Nelson*, a.a.O. (Fn. 178), S. 78; *Schreiber*, a.a.O. (Fn. 162), S. 69 Fn. 121.

se, dafür gehalten wird. In keinem Fall vermag die Rechtsüberzeugung Recht zu schaffen.

Jellinek sieht in der Rechtsüberzeugung jedoch nicht etwas, dass Erkenntnis über den Inhalt des Rechts verschafft, sondern zunächst einen formalen Bestimmungsgrund für die Geltung des Rechts. Sie soll nicht Auskunft geben darüber, wie die Rechtsüberzeugung ist (‚richtig' oder ‚falsch'), sondern zunächst angeben, ob sie existiert oder nicht existiert. Die Kritik von Nelson geht daher fehl, soweit sie bei Jellinek nicht das eigentliche Argument trifft, sondern eine Schwäche der Formulierung. [187] Die Rechtsüberzeugung ist gewissermaßen eine notwendige, aber keine hinreichende Bedingung für das Recht. Was bewirkt aber die hinreichende Bedingung für Recht? An dieser Stelle setzt weitere Kritik an.

Sie wirft Jellineks Rechtsverständnis eine gewisse Beliebigkeit vor. In Ermangelung eines „höheren" Kriteriums, welches das Richtige vom Falschen zu unterscheiden helfe, werde die ‚herrschende Rechtsüberzeugung' zum Kriterium des Rechts. Das Ergebnis über Recht und Unrecht werde damit abhängig von Ort und Zeit, es wird sozusagen „repräsentatives" Recht. Diese theoretische Kritik zielt weniger auf das psychologische Grundaxiom, als vielmehr auf die soziale Generalisierung. [188]

Die tatsächlichen Machtverhältnisse haben bekanntlich einen großen Einfluss auf die Überzeugung der Einzelnen. Seit der Erfindung moderner Kommunikationsmethoden wird die Überzeugung des Durchschnitts des Volkes nicht nur überhaupt erfassbar, sie wird auch immer beeinflussbarer. [189] Jellinek ist diese Entwicklung jedoch nicht verborgen geblieben. Er hatte ja selbst in seiner Arbeit zur Verfassungswandlung zum Beispiel auch die Wirkungen der Pressekonzentration beschrieben.

Andererseits identifiziert gerade er durch seine Methode neben den bloßen Machtverhältnissen auch noch weitere Kräfte, die auf das Recht Einfluss nehmen. Nicht allein die Staatsmacht und der äußere Zwang garantieren das Recht, sondern auch der Druck sozialer Mächte wie z.B. allgemeine soziale Sitten und Anstandsregeln. [190] Es ist daher wohl gerade die Kritik am (zivilistischen) Naturrecht, die ihn überhaupt erst auf weitere Kräfte aufmerksam gemacht hat. In Auseinandersetzung mit der positivistischen Methode, die sich ebenfalls vor allem der faktischen Mächte annimmt, kommt eine wichtige ‚Macht' hinzu, die menschliche Psychologie. [191] Indem Jellinek sozialwissenschaftlich-empirische

187 Vgl. *Schreiber*, a.a.O. (Fn. 162), S. 69f.

188 a.A. *Holubek*, Allgemeine Staatslehre als empirische Wissenschaft, S. 103.

189 Diesen Aspekt hat insbesondere die sog. Diskurstheorie des Rechts untersucht, vgl. *Alexy*, Theorie der Grundrechte, S. 498 Fn. 89 mwN.

190 *Jellinek*, Allgemeine Staatslehre, S. 335f.

191 *Kersten*, a.a.O. (Fn. 125), S. 356 und 358.

und sozialpsychologische Betrachtungen heranzog, öffnete er die Staatslehre zusätzlich für andere Fragestellungen [192] ohne sie diesen – bei richtigem Verständnis der Faktischen Kraft des Normativen – auszuliefern.

Ad (2): Die rechtspositivistische Kritik hatte an einer anderen Stelle angesetzt. Wie bereits dargestellt, ist der Zwang für Jellinek nur einer von mehreren Unterfällen der für die Geltung des Rechts notwendigen „Garantien". [193] Die Garantie kann neben staatlichem Zwang auch durch subjektive moralische, religiöse oder andere Motive erfolgen. An dieser Stelle argumentiert beispielsweise Kelsen, dass die staatliche Zwangsandrohung ein notwendiges Element eines jeden Rechtssatzes sei. Rechtsnormen seien „Zwangsnormen, nicht Garantienormen". [194]

Im Kern zielt dieses Argument gegen die oben angesprochene Bedeutung der subjektiven Überzeugung bei Jellinek, gegen die motivierenden Kräfte. Kelsen unterscheidet die subjektive und die objektive Befolgung von Regeln. Wenn die objektive Befolgung auf subjektiv anderen als rechtlichen Gründen beruhe, werde nur fingiert, dass sich die Menschen rechtskonform verhielten.

Tatsächlich verhielten sich die Menschen entsprechend ihrer Motivation aber bloß moralkonform, religionskonform oder anders konform. Eine Garantie im Sinne von Verbindlichkeit könne aber letztlich nur die Autorität des Staates herstellen. Für Kelsen sind das erste und dritte Merkmal des Jellinekschen Rechtssatzes bereits im zweiten Merkmal enthalten. Es bleibe schließlich nur noch übrig, dass die Rechtsnorm Wille des Staates sei. [195] Für einen Rechtssatz dürfe nicht das Garantiertsein bzw. das Vorhandensein von Motiven vorausgesetzt werden. In dieser Annahme sieht Kelsen eine Vermischung von Sein und Sollen, letztlich eine Form des „naturalistischen Fehlschlusses". [196]

Gegen die Reduzierung auf den Zwangscharakter des Rechts hat Jellinek eingewendet, dass die Trennung von Sittlichkeit und Recht diejenige Macht auf den Befehlsempfänger übersehe, die durch die Verbindung beider entstehe. [197] Damit verweist er letztlich zurück auf sein psychologisches Grundaxiom. Während der Zwangscharakter bei Jellinek eine inhaltliche Voraussetzung der Rechtsbildung ist (materielle Garantie), wird er bei Kelsen eher aus der Perspektive der Rechtsdurchsetzung betrachtet (formale Garantie). In diesem Sinne setzt diese Rechtslehre erst an einem zeitlich nachgelagerten Zeitpunkt an. Die vermeintlich

192 Vgl. *Robbers*, Die Staatslehre der Weimarer Republik, in JURA 1993, S. 72.

193 Vgl. *Landau* in *Paulson / Schulte (Hrsg.)*, Georg Jellinek: Beiträge zu Leben und Werk, S. 301.

194 *Kelsen*, Hauptprobleme, S. 222.

195 *Kelsen*, Hauptprobleme, S. 223 Fn. 1.

196 *Kelsen*, Hauptprobleme, S. 223f.

197 *Jellinek*, Allgemeine Staatslehre, S. 334f. Fn. 2: „dass es etwas anderes ist, ob die Sittenordnung voraussetzungslos ein Verhalten verlangt oder ob sie ihre Befehle an einen Rechtssatz anknüpft".

abgetrennte Problematik kehrt dann freilich wieder zurück auf der Ebene der Rechtfertigung des angewendeten rechtlichen Zwangs.

Die von Jellinek in die Rechtssatzlehre integrierten rechtserzeugenden Kräfte stehen am Ende der Soziallehre bzw. im Übergang zur Staatsrechtslehre. Sie werden aber stringenterweise noch in der Soziallehre beschrieben. Kelsens Einwand, es finde eine Vermischung von Sein und Sollen statt, geht damit auch formal gesehen ins Lehre. Damit bleibt allerdings offen, ob die Ausführungen am Ende der Soziallehre mehr als nur eine beschreibende juristische Bedeutung besitzen.

Ergebnis zu 2)

Die Unterscheidung der normativen und faktischen Kräfte bei Jellinek ermöglicht erst die genauere Identifizierung von Fällen der Verfassungspraxis und ihrer Bedeutung. Ohne den Begriff der Staatspraxis zu verwenden, werden hier Fälle der Verfassungswandlung beschrieben. Teile der Literatur haben zu Unrecht unterstellt, es finde dadurch eine Rechtfertigung bestehender Machtverhältnisse statt. Die Darstellung bei Jellinek ist aber tatsächlich nur eine differenzierende Beschreibung der bei der Rechtsentstehung wirkenden Einflüsse und keine Rechtsquellenlehre. Eine (vorkonstitutionelle) Staatspraxis als solche kann danach noch nicht als Rechtsquelle bezeichnet werden.

3) Weimarer Staatsrechtslehre: Vorkonstitutionelle Staatspraxis II

Gerade die Allgemeine Staatslehre Jellineks bot den nachfolgenden Weimarer Staatsrechtslehrern die Gelegenheit, sich selbst zwischen Faktizität (Carl Schmitt und Rudolf Smend) und Normativität (Hans Kelsen) zu positionieren. [198] Auf der einen Seite unterstellte Hans Kelsen der empirischen Methode Jellineks eine Verwechslung von Sein und Sollen. [199] Und Rudolf Smend, der Jellinek immerhin attestierte, dass seine Allgemeine Staatslehre „seit einem Vierteljahrhundert mit vollem Recht repräsentativ“ sei, beklagte, dass der Staat in der Staatstheorie nicht als ein Stück der Wirklichkeit betrachtet werden dürfe. Er verwarf die Lehre wegen ihrer „erkenntnistheoretischen Skepsis“. [200]

198 *Kersten*, a.a.O. (Fn. 125), S. 88 und S. 8f.: Grund für Rezeptionserfolg.
199 *Kelsen*, Hauptprobleme, S. 224.
200 *Smend*, Verfassungsrecht, S. 121 Fn. 2.

a) Die Integrationslehre (Smend)

Smends Lehre findet sich auch in einer der Leitentscheidungen zur Staatspraxis [201], weshalb hier näher auf sie einzugehen ist. Im Gegensatz etwa zu Kelsen gilt Smends besonderes Interesse dabei den „höchst realen Mächten" im Kraftfeld der positiven Verfassung [202], insbesondere den Staatsorganen, die Jellinek leider „nur juristisch" behandelt habe. [203]

(1) Zur wissenschaftlichen Methode

Für Smend lag der Sinn der Verfassung darin, die Rechtsordnung eines Integrationsprozesses zu sein. [204] Integration ist ein grundlegender Lebensvorgang des Staates, der selbst ein realer Willensverband ist. [205] Der Staat ist Teil der geistigen Wirklichkeit, die sich aus der Wechselwirkung individueller Lebensvorgänge ergibt. [206] Mit dem Verständnis des Staates als einer „Lebenswirklichkeit" verbunden ist ein Verständnis der Staatsverfassung als einer „Lebensordnung", die auch den grundlegenden politischen Lebensvorgang des Staates begreift, der durch die ständige Einbeziehung des Einzelnen „überhaupt wirklich wird". [207]

Die erkenntnistheoretischen Grundlagen bei Smend unterscheiden sich von denen G. Jellineks. Er betrachtet den Staat in jeder Hinsicht als ein Stück der Wirklichkeit. Seine Staatslehre suchte ihren Gegenstand im Sinne der modernen Geisteswissenschaften als einen in lebendiger Entwicklung stehenden Zusammenhang von sozialen und geistigen Faktoren zu verstehen („geisteswissenschaftliche" Methode [208]). Dabei müsse der Staat in seiner „Totalität" erfasst werden, dies gelte auch bei der Verfassungsauslegung. [209]

Für Jellinek ist dagegen noch eine juristische, als eine von einer naturwissenschaftlichen getrennte Betrachtung des Staates denkbar und notwendig. Nicht den Staat in seiner Totalität habe die Rechtswissenschaft zu erforschen, sondern die äußeren Verhältnisse der Persönlichkeiten zueinander. [210] Den letzten Grund und Zweck des Staates zu erkennen, ist für Jellinek nicht Aufgabe der Jurispru-

---

201 Vgl. E 62, 1 (45) – Bundestagsauflösung.

202 *Smend*, Verfassungsrecht, S. 199.

203 *Smend*, Verfassungsrecht, S. 198.

204 *Smend*, Verfassungsrecht, S. 188ff..

205 *Smend*, Verfassungsrecht, S. 127, nicht nur „Soziale Realität, vgl. *Kelsen*, Der soziologische und der juristische Staatsbegriff (1922), S. 4ff; zusammenfassend, Allgemeine Staatslehre, S. 7ff. (zitiert nach *Smend*, a.a.O, S. 131 Fn. 19).

206 *Hesse*, „Smend" in *Görres-Gesellschaft (Hrsg.)*, Staatslexikon, S. 1183.

207 *Smend*, „Integration" in *Kunst (Hrsg.)*, Evangelisches Staatslexikon, S. 804.

208 *Hesse*, „Smend" in *Görres-Gesellschaft (Hrsg.)*, Staatslexikon, S. 1183; a.A. *Böckenförde*, NJW 1976, S. 2095: „*soziologische* Verfassungsinterpretation".

209 *Smend*, Verfassungsrecht, S. 190.

210 *Jellinek*, Gesetz und Verordnung, S. 192.

denz, sondern Aufgabe der anderen Geisteswissenschaften. [211] Da die Methode der Betrachtung den Erkenntnisgegenstand indiziert, geht Jellinek konsequent von verschiedenen Staatsbegriffen aus. Die Überwindung dieses Zustands ist das erklärte Ziel von Smend: Ohne begründetes Wissen vom Staat gebe es auf Dauer weder eine „fruchtbare" Staatsrechtstheorie noch ein „befriedigendes Leben" des Staatsrechts. [212]

(2) Zur Rechtsgeltung

Wie schon zuvor G. Jellinek sieht er das Problem vor allem darin, dass sich die staatliche Machtverteilung nach anderen Gesetzen richte und von juristischen Formen unabhängig sei. Dies sei das „Kernproblem" der Verfassungstheorie überhaupt. [213] Für Smend ist es eine Frage nach der spezifischen Substanz des Staates, der Gegenstand rechtlicher Regelung durch seine Verfassung ist.

Das Verhältnis von Staat und Recht, das uns schon oben bei Jellinek begegnete, taucht hier erneut auf. Ebenso wie Jellinek (der das durch die Behandlung innerhalb des Abschnitts Sozialehre impliziert) versteht auch Smend dieses eigentlich nicht als ein Problem der Rechtsquellenlehre. [214] Es ist weder ein Anwendungsfall des allgemeinen geisteswissenschaftlichen Problems, der Spannung von Sein und Sollen, noch ist es eine Frage der Rechtstheorie. Hat Staatspraxis damit gar keine rechtliche Bedeutung? Oder ist sie, wie schon bei Jellinek, wenigstens eine relevante Größe bei der Beschreibung der Rechtsgenese insgesamt?

Entsprechend seiner erkenntnistheoretischen und methodischen Voraussetzungen verwundert es nicht, dass man eine exakte Rechtssatzdefinition bei Smend vergeblich sucht. [215] Staat und Recht seien zwei zwar untrennbar verbundene, aber doch je in sich geschlossene, der Verwirklichung je einer besonderen Wertidee dienenden Provinzen des geistigen Lebens. Wirklichkeit des Staates besteht in seinem Leben als Integration und die Wirklichkeit des Rechts in seiner Positivierung, Sicherung, Anwendung durch Gesetzgebung, Gericht und Leben. [216]

Eine Rechtsgemeinschaft wird begründet durch die „Wertgesetzlichkeit des Geistes". [217] Ohne Legitimität, d.h. ohne Geltungsbegründung in geschichtlich geltendem, dem Staat und seinem Recht transzendenten Werten, gebe es keine

---

211 *Jellinek*, Gesetz und Verordnung, S. 191.
212 *Smend*, Verfassungsrecht, S. 121.
213 *Smend*, Verfassungsrecht, S. 188.
214 *Smend*, Verfassungsrecht, S.188.
215 Vgl. *Roellecke*, Der Begriff des positiven Gesetzes und das Grundgesetz, Mainz 1969, S. 124.
216 *Smend*, Verfassungsrecht, S. 207.
217 *Smend*, Verfassungsrecht, S. 207.

Geltung der positiven Verfassungs- und Rechtsordnung selbst. [218] Diese Vorstellung knüpft an diejenigen naturrechtlichen Vorstellungen an, die Smend noch näher benennt. Es sind die Vertragstheorien, denen er sich verbunden fühlt. [219] Daher wurde die Integrationslehre zu Recht auch als eine dynamische Vertragstheorie bezeichnet. Es ist eine Theorie des immer wieder neuen „Sich-ver-tragens". [220]

Eine nur formelle Positivierung der legitimierenden Werte genügt allerdings nicht, denn sie werden nur dann positiv, wenn und indem sie „konkretisiert" werden. [221]

(3) Staatspraxis bei Smend

Was kann bzw. hat der Integrationsgedanke zur Klärung der verfassungsrechtlichen Bedeutung der Staatspraxis beigetragen? Er geht dabei zunächst von einer besonderen Bedeutung der Praxis aus. Eine These lautet beispielsweise, dass sich Richtigkeit voll und endgültig nur in seiner Durchführung bewähre. [222] In seiner Abhandlung finden sich auch eine Reihe von Belegen, in denen er die Bedeutung der Staatspraxis als solcher würdigt. [223]

Staatspraxis wird zwar einerseits nicht als eigener Integrationstopos beschrieben, aber die Lösung einer sich immerfort wandelnden Aufgabe impliziert andererseits, dass sich auch die Faktoren der Lösung ändern können. Smend beschreibt daher allgemein die persönliche, die funktionelle und die sachliche Ebene, die die Wirksamkeit der Verfassung bedingten. [224] Bei der persönlichen Integration beschreibt er u.a. das Phänomen des Führens und Geführt-werdens. [225] Bei der funktionalen Integration begründen bestimmte soziale Ereignisse die Herrschaft, z.B. Wahlen und Abstimmungen. Der problematische Typ der sachlichen Integration bezieht sich vor allem auf Symbole und Raum als Integrationsfaktoren. Da die Fülle des staatlichen Gehalts vom Einzelnen nicht

218 *Smend*, Verfassungsrecht, S. 215, vgl. S. 166.

219 Vgl. Smend, Verfassungsrecht, S. 181: „Staatsvertrag" und S. 183f.: *Rousseau*, *Hauriou* und *Fichte*.

220 *Ehmke*, Grenzen der Verfassungsänderung, a.a.O. (Fn. 220), S. 67; *Smend* selbst spricht in Anlehnung an *Renan* von „plebiscite de tous les jours", vgl. *ders.*, „Integration" in *Kunst (Hrsg.)*, Evangelisches Staatslexikon, S. 804.

221 Vgl. *Smend*, Verfassungsrecht, S. 216.

222 *Smend*, Verfassungsrecht, S. 120.

223 *Smend*, Verfassungsrecht, S. 211 (Praxis des französischen Staatsrats), S. 241 (Verordnungspraxis der Minister); S. 243 (Praxis des zweiten Reichspräsidenten als Praxis, die den „wahren Sinn" der Verfassung ausspreche).

224 Vgl. *Smend*, Verfassungsrecht, S. 142, S. 148, S. 160: Wirksamkeit ist keine Geltungsvoraussetzung; a.A.: *Kelsen*, Allgemeine Staatslehre, S. 38f. (zitiert nach *Smend*, Verfassungsrecht, S. 157).

225 *Smend*, Verfassungsrecht, S. 145: legitimer Monarch als Symbol für „geschichtlichen Bestand staatlicher Gemeinschaftswerte".

mehr fassbar sei, müsse sie gewissermaßen zusammengedrängt, d.h. symbolisch verdichtet repräsentiert werden. Zeit (Geschichte) und Raum stellen nach Smend zwei der wichtigsten Größen bei der sachlichen Integration dar, im Übrigen sind die Faktoren weitgehend im Fluss.

Denkbar wäre es daher durchaus, dass auch der Staatspraxis eine wichtige Rolle im Integrationsprozess zugewiesen wird: Staatspraxis ist Teil der Wirklichkeit des Staates und muss als solche in die Rechtsordnung eines Integrationsprozesses einbezogen werden, wenn sie sich denn als Faktor der Integration erweist. Gegen eine pauschale Einbeziehung spricht, dass eine Staatspraxis nicht per se integrativ wirken muss. Dies fehlte vor allem dann, wenn Sie einer Minderheit oder Individuen entgegengesetzt wird. Die Aufzählung der Faktoren bei Smend soll aber gar nicht alle verfassungsrechtlichen Bereiche der Staatslehre erfassen. [226] Entsprechend sind später weitere Integrationsfaktoren hinzugefügt worden. [227]

(4) Die Verfassungswandlung (Hsü Dau-Lin)

Ein Versuch, die Staatspraxis samt ihren Auswirkungen genauer in das System der Integrationslehre einzuordnen und diese dadurch zu erweitern, findet sich in der Arbeit des Smend-Schülers Hsü Dau-Lin. Er ging in seiner Arbeit über Verfassungswandlung von der These aus, dass die Verfassungsnormen mit ihrem besonderem „Wesen“ ebenso besondere Erscheinungen hervorbringen müssten. „Ihre bewusste Handhabung in der Praxis, die verfassungswandelnde Verfassungsinterpretation, ist dann eben eine natürlich gegebene Erfüllungsweise der von der von der staatlichen Lebenswirklichkeit gestellten Verfassungsaufgabe“. [228]

Hsü beschreibt Beispiele für Veränderungen der Verfassung, die er aus der empirischen Staatspraxis entnimmt. Dabei findet er im wesentlichen vier Gruppen vor, nämlich durch eine formal die Verfassung nicht verletzende Verfassungspraxis (1), durch die Unmöglichkeit der Ausübung verfassungsgesetzlich statuierter Machbefugnisse (2), durch eine verfassungswidrige Praxis (3), sowie durch Interpretation der Verfassung (4) .

Anschließend verwirft er alle traditionellen Rechtsquellen und Theorien [229] und kommt zu dem Schluss, dass eine Staatspraxis, welche die Verfassung „wandele“, trotzdem etwas „verfassungsinternational Erlaubtes“ sein könne.[230] Dabei argumentiert er mit dem Begriff des „Werteinmaligen“. Dieses ergibt sich

---

226 Vgl. *Smend*, Verfassungsrecht, S. 149.

227 Vgl. die Ansätze von *Hsü*, Verfassungswandlung, a.a.O. (Fn. 26) – dazu sogleich – und *Ehmke*, Grenzen der Verfassungsänderung, a.a.O. (Fn. 220), S.67.

228 *Hsü*, Verfassungswandlung, a.a.O. (Fn. 26), S. 162.

229 Vgl. *Hsü*, Verfassungswandlung, a.a.O. (Fn. 26), S. 101-143: Gewohnheitsrecht, Konventionalregeln und die normative Kraft des Faktischen.

230 *Hsü*, Verfassungswandlung, a.a.O. (Fn. 26), S. 164.

für ihn aus der Unvollständigkeit und Elastizität der Verfassungsrechtssätze gegenüber der staatlichen Lebensnotwendigkeit (1), dem Selbstzweck des Staates als Gegenstand der rechtlichen Regelung durch die Verfassung (2) und aus der Beschränkung der Wirksamkeit der Verfassung auf die in ihr selbst liegenden Kräfte und Garantien (3), kurz: aus der Sonderstellung der Verfassung gegenüber anderen Rechtsgebieten. [231]

Hsü untersucht auch diejenigen Verfassungswandlungen im materiellen Sinne, die Smend nach seiner Auffassung gar nicht untersucht habe. Bloß formelle Verfassungswandlungen sind für Hsü Ergänzungen und Erweiterungen des in der Verfassung verkörperten Sinnsystems. [232] Materielle Verfassungswandlung liegen dagegen in dem Fall vor, „daß die staatliche Lebensrealität einer in der Verfassung verkörperten Wertintention [...] nicht entspricht". [233] Hsü unterscheidet solche Änderungen, die von der Verfassung gewollt sind, von denjenigen, welche die Verfassung nicht verhindern konnte. Letztere seien Wandlungen des in der Verfassung aufgestellten Sinnsystems selbst. [234]

Tatsächlich finden sich bei Smend Hinweise darauf, dass er vor allem noch eine Praxis im Blick hatte, die sich im Geist der Verfassung bewegt. So bewegen sich die von Jellinek untersuchten Wandlungen für Smend noch „im Bereich von der Verfassung angeregter oder mindestens zugelassener Selbstgestaltung des Integrationsprozesses". [235] Ein Beispiel für eine solche materielle Wandlung sei Art. 54 WRV, dessen Sinn sich vom „Vertrauen" der Mehrheit in ein „Nicht-Mißtrauen" der sich uneinigen Parteien gewandelt habe.

Für Hsü bedeutet eine materielle Wandlung in keiner Weise ein Versagen des Funktionierens der Verfassungsnormen. Für die materiellen Wandlungen sei aber auch eine andere verfassungstheoretische Beurteilung als bei der weiten Integrationslehre notwendig. [236] Die Rechtfertigung sieht er in der Notwendigkeit einer solch materiellen Wandlung. [237] Gelingt es Hsü, die Grenzen für solche materielle Verfassungswandlungen zu bestimmen?

Keine Grenze für die materielle Verfassungswandlung ist für Hsü das System der Verfassung. Ob als Grenze die Staatsform herhalten kann, ist für Hsü jedenfalls „nicht eindeutig" zu beantworten. [238] Selbst die Revolution als Aufhebung wird von ihm nicht eindeutig als Grenze für Verfassungswandlung bejaht, sie

231 *Hsü*, Verfassungswandlung, a.a.O. (Fn. 26), S.152-160.
232 *Hsü*, Verfassungswandlung, a.a.O. (Fn. 26), S. 174.
233 *Hsü*, Verfassungswandlung, a.a.O. (Fn. 26), S. 169, S. 173ff.
234 *Hsü*, Verfassungswandlung, a.a.O. (Fn. 26), S. 175.
235 Vgl. *Smend*, Verfassungsrecht, S. 191, Fn.17.
236 *Hsü*, Verfassungswandlung, a.a.O. (Fn. 26), S. 173ff.
237 *Hsü*, Verfassungswandlung, a.a.O. (Fn. 26), S. 176.
238 *Hsü*, Verfassungswandlung, a.a.O. (Fn. 26), S. 178.

soll immerhin einen möglichen „Grenzfall der Verfassungswandlung" darstellen. [239]

b) Kritik und Diskussion

Zwei Einwände gegenüber der Integrationslehre und ihren Spielarten sind in dem hier untersuchten Zusammenhang von besonderem Interesse: So wird kritisiert, dass durch das regulative Prinzip der Integrationslehre die Normativität der Verfassung vernachlässigt werde (1)[240] und es wird bezweifelt, ob das regulative Prinzip wirklich Grenzen für eine Veränderung der Verfassung durch Staatspraxis schaffe (2).

Ad (1): Anders als bei Jellinek, dessen normative Kraft des Faktischen durch die komplementäre Idee des Naturrechts (die „faktische Kraft des Normativen") ergänzt wird, bleibt das übergeordnete regulative Prinzip bei Smend stets das Gleiche: Die Erfüllung des Sinnes der Verfassung als Integrationsordnung. [241] Die kritisierte starke Einbeziehung der Wirklichkeit in die Auslegung der Verfassung als Integrationsordnung ist gewollt: Als positives Recht ist die Verfassung ja „nicht nur Norm, sondern auch Wirklichkeit". [242]

Das ist auch ein sehr praxisorientierter Ansatz: Geradezu in der Umkehrung des eingangs zitierten Gemeinspruches wird von dieser Theorie abgelehnt, was sich in der Praxis nicht bewährt und zu „unerträglichen Ergebnissen" führt. [243] Smend selbst gibt zu, dabei die normativen Momente der staatlichen Wirklichkeit – und damit auch der Staatspraxis – unterschätzt zu haben. [244] Allerdings übersehen seine heutigen Kritiker, dass der Integrationsvorgang nicht lediglich funktional, sondern auch wertbezogen ist. [245]

Ad (2): Zweifel an der Begrenzbarkeit der Verfassungspraxis im Sinne der Integrationslehre speisen sich daraus, dass der Integrationserfolg durch vielfältige – nicht notwendig verfassungsrechtliche – Faktoren erreicht werden könne. Für die Auslegung bedeute diese Bezugnahme auf den Integrationserfolg daher, dass sich der Interpret im Gegensatz zur Gesetzesauslegung von den Bindungen an Normtext und juristische Methode weitgehend löse. [246]

Das Problem der Grenzen der Verfassungsänderung wird von Smend tatsächlich nicht ausdrücklich behandelt. [247] Da es damals eine heute vergleichbare

---

239 *Hsü*, Verfassungswandlung, a.a.O. (Fn. 26), S. 179.

240 Vgl. *Ehmke*, Grenzen der Verfassungsänderung, a.a.O. (Fn. 220) S. 62.

241 Vgl. *Smend*, Verfassungsrecht, S. 137; *Wolff*, Ungeschriebenes Verfassungsrecht, S. 64.

242 Vgl. *Smend*, Verfassungsrecht, S. 80.

243 Vgl. *Robbers*, Die Staatslehre der Weimarer Republik, in JURA 1993, S. 73.

244 Vgl. *Smend*, „Integration" in *Kunst (Hrsg.)*, Evangelisches Staatslexikon, S. 804; *Ehmke*, Grenzen der Verfassungsänderung, a.a.O. (Fn. 220), S. 64.

245 Vgl. *Ehmke*, Grenzen der Verfassungsänderung, a.a.O. (Fn. 220), S. 62.

246 Vgl. *Schuppert*, Rigidität und Flexibilität von Verfassungsrecht, AöR 120 (1995), S. 52.

247 Vgl. *Ehmke*, Grenzen der Verfassungsänderung, a.a.O. (Fn. 220) S. 62.

Verfassungsgerichtsbarkeit nicht gab, wäre es jedoch unhistorisch, die Integrationslehre dafür zu kritisieren, dieser nicht genügend Beachtung geschenkt zu haben. Schon die Ausgangsfrage ist bei Smend anders gestellt: Smend geht es gerade nicht um die Einschränkung von Verfassungsänderungen, sondern um die Möglichkeiten der Veränderung der Verfassung [248]: Es geht ihm also um eine Öffnung der Verfassung.

Ergebnis zu 3)

Die Verfassungstheorie hat versucht, mit verschiedenen Verfassungsbegriffen die Bedeutung der (vorkonstitutionellen) Staatspraxis aufzunehmen, insbesondere bei der Interpretation der Verfassung. Es findet eine starke Einbeziehung der Wirklichkeit in die Auslegung der Verfassung als Integrationsordnung statt. Die Richtigkeit von Ergebnissen der Auslegung bewährt sich hier gerade auch in der praktischen Durchführung, also auch in der Staatspraxis. Dadurch entstand das Folgeproblem, wie die Grenzen der Verfassungswandlung durch Staatspraxis zu bestimmen sind.

4) Grundgesetz: Nachkonstitutionelle Staatspraxis

Das Bundesverfassungsgericht hatte sich im Zusammenhang mit der Staatspraxis sowohl auf die Arbeiten Hesses, als auch auf diejenigen Böckenfördes bezogen. Sie sind im Folgenden kurz vorzustellen, soweit sie für die weitere Untersuchung relevant sind.

a) Die Normative Kraft der Verfassung (Hesse)

(1) Rechtsgeltung, Verfassungstheorie und wissenschaftliche Methode

Hesse hat es unternommen, zentrale Begriffe aus der Integrationslehre für das Verfassungsrecht der Bundesrepublik Deutschland fruchtbar zu machen. Wie schon für Smend ist die Frage nach dem Verhältnis von rechtlicher Verfassung und politischer und sozialer Wirklichkeit für ihn keine Frage der Rechtsquellenlehre, sondern ein Kernproblem der Verfassungstheorie. [249]

In diesem Zusammenhang ist daher keine eigene Rechtsgeltungslehre zu erwarten, stattdessen ist ein besonderes Verständnis der positiven Verfassung und

---

248 Vgl. *Ehmke*, Grenzen der Verfassungsänderung, a.a.O. (Fn. 220), S. 63.

249 Vgl. *Hesse*, Normative Kraft der Verfassung, a.a.O., (Fn. 27), S. 6, Fn. 3, vgl. zuvor *Smend*, Verfassungsrecht, S 188: „Substanz des Staates“.

des Staates vorhanden. Zentrale Begriffe des Verständnisses der Staatspraxis bei lauten „Offenheit“ und „Konkretisierung“, sowie „normative Kraft der Verfassung“. [250] Während Hesse mit „Konkretisierung“ möglicherweise an eine Formulierung Smends anknüpft [251], lehnt sich letztere Formulierung deutlich bei G. Jellinek an. [252]

Ausgangspunkt ist aber die Offenheit der Verfassung: Die Verfassung kodifiziere nicht, sondern regele oftmals nur dasjenige, was als wichtig und der Festlegung bedürftig erscheine. Somit werde alles andere entweder stillschweigend vorausgesetzt oder der „Gestaltung“ oder „Konkretisierung“ durch die übrige Rechtsordnung überlassen. [253] Damit wirft Hesse die Frage auf, ob und wie weit auch die Staatspraxis zu einer solchen Gestaltung aufgerufen ist.

(2) Die Normative Kraft der Verfassung

In seiner Freiburger Antrittsvorlesung von 1959 hat Hesse das Verhältnis der rechtlichen Verfassung zur politischen und sozialen Wirklichkeit näher erläutert. [254]

Der Geltungsanspruch der Verfassung lasse sich nicht von den geschichtlichen Bedingungen seiner Realisierung ablösen. Anspruch und Wirklichkeit, Sollen und Sein werden unterschieden. Zu den geschichtlichen Bedingungen der Realisierung gehörten natürliche, technische, ökonomische, soziale und geistige Gehalte sowie Wertvorstellungen. Verfassung und Wirklichkeit stünden in einem „Verhältnis korrelativer Zuordnung“. [255]

Die Verfassung gewinne an normativer Kraft in dem Maße, in dem die Realisierung des Normverwirklichungsanspruchs gelinge. Die Verfassung bewährt sich also wie schon bei Smend gerade in ihrer Durchführung. Es müssten verschiedene Voraussetzungen vorliegen, die er als „lebendigen Willen zur Verfassung“ zusammenfasst. Dazu gehöre die Einsicht in die Notwendigkeit und den Eigenwert einer objektiven und normativen Ordnung (1), die Überzeugung,

---

250 Vgl. *Hesse*, Grundzüge, § 1 S. 12 Rn. 23ff.

251 Vgl. *Hesse*, Grundzüge, § 2 S. 24 Rn. 60-78 und *Smend*, Verfassungsrecht, S. 216: „nur formelle Positivierung der legitimierenden Werte genügt allerdings nicht, denn sie werden nur dann positiv, wenn und indem sie *konkretisiert* werden.“ [Hervorhebung M.R.].

252 *Hesse* zitiert *Jellinek* gleich zu Anfang seines Aufsatzes: Die realen politischen Kräfte seien von allen juristischen Formen unabhängig, vgl. *Hesse*, Normative Kraft der Verfassung, S. 1.

253 *Hesse*, Grundzüge, § 1 S. 11 Rn. 19ff., S. 15 Rn. 36ff.; Vgl. zur „Offenheit der Verfassung“ und „Verfassungsentwicklung“ durch Verfassungsinterpretation *Bryde*, Verfassungsentwicklung, a.a.O. (Fn. 33), S. 80ff.; *Morlok*, Verfassungstheorie, S. 105ff.; *Steinberg*, Verfassungspolitik und offene Verfassung; sowie *Ehmke*, Prinzipien der Verfassungsinterpretation, VVDStRL 20 (1963), S. 62.

254 Vgl. *Hesse*, Normative Kraft der Verfassung, S. 1.

255 *Hesse*, Normative Kraft der Verfassung, S. 9.

dass mehr als bloß faktische, nämlich legitimierte und zu legitimierende Ordnung sei (2) und dies nur durch Willensakte in Geltung zu setzen und zu erhalten sei (3).[256]

Dabei wird auch die Rolle der Staatspraxis deutlich. Bei den Voraussetzungen des Normverwirklichungsanspruchs unterscheidet Hesse die inhaltliche Gestaltung der Verfassung und die Verfassungspraxis. Gegenwartsentsprechung, Anpassungsfähigkeit und Beschränkung sowie Ausgewogenheit – das seien Forderungen an die Verfassung selbst. Die Verfassungspraxis müsse vor allem ihren „Willen zur Verfassung" zeigen. Sie müsse Prinzipien durchhalten, auch wenn es schwer falle. Zurückhalten müsse sich die Praxis dagegen mit der Revision der Verfassung. Die Revision der Verfassung ist für Hesse der deutlichste Ausdruck der „Kapitulation des Rechts vor der Macht". [257]

Die besondere Rolle der Praxis entsteht – wie schon bei Smend – durch die Öffnung der Verfassung für externe Faktoren. Wenn es das Ziel ist, dass die Verfassung „die geistige Situation der Zeit in sich aufnimmt", dann ist es die Aufgabe der Verfassungs- bzw. Staatsorgane, diesen Vorgang praktisch zu unterstützen und mitzugestalten. Oder mit den Worten von Hesse: Die Verfassung kann für sich allein nicht bewirken, sondern „immer nur eine Aufgabe stellen". [258]

(3) Zur Staatspraxis und den Grenzen der Verfassungswandlung

1972 hat sich Hesse dann näher mit den Grenzen der Verfassungswandlung auseinandergesetzt. Dabei hat er die „rationalisierende, stabilisierende und machtbegrenzende" Funktion der Verfassung beschrieben. [259] Vor allem die Bedeutung des Wortlauts hat er dabei hervorgehoben. Obwohl bis zum damaligen Zeitpunkt die Wandlung „kaum praktisch geworden" sei und es sich nur um „Akzentverschiebungen" handele, brauche man Maßstäbe für die mögliche Behauptung eines Verfassungswandels.

Für Hesse liegt der Grund für das Ausbleiben von Wandlungen bis zu diesem Zeitpunkt im Ausbau der Verfassungsgerichtsbarkeit. [260]

---

256 Für Letzteres zitiert er *Heller*, AöR neue Fassung Band 16, S. 341, 352f., vgl. *Hesse*, Normative Kraft der Verfassung, S. 12 Fn. 12.

257 *Robbers*, Die Änderungen des Grundgesetzes, in NJW 1898, S. 1326: warnt vor der Gefahr, „verfassungswidrige Verfassungsnormen zu schaffen".

258 Vgl. *Hesse*, Normative Kraft der Verfassung, S. 12.

259 Vgl. *Hesse*, Grenzen der Verfassungswandlung, in FS Scheuner, S. 134: „ungestellte" Frage, ob Lebensnotwendigkeit des Staates oder Sinn der Verfassung eine Grenze bilden.

260 Vgl. *Hesse*, Grenzen der Verfassungswandlung, in FS Scheuner, S. 134.

b) „Offene Verfassung“ oder „Rahmenordnung“?

Im Anschluss an Hesse hat es Versuche gegeben, die Veränderung der Verfassung im Wege der Interpretation durch unterschiedliche Kriterien inhaltlich zu regulieren. Bezüglich der Frage der Konkretisierung durch Staatspraxis haben sich dabei vor allem zwei gegensätzliche Modelle herausgebildet, das Konzept einer „Rahmenordnung“ und das der „offenen Verfassung“. Beide sollen hier in ihren wesentlichen Grundzügen dargestellt werden, sofern dies für diese Untersuchung relevant wird.

(1) Rahmenordnung (Böckenförde)

Für die Lehre von der Verfassung als Rahmenordnung bildet die Verfassung einen relativ weit gezogenen, aber starren Rahmen für die Auseinandersetzungen in der Gesellschaft. [261] Diese Lehre stärkt die Bedeutung der Grundrechte als Freiheitsrechte des Einzelnen und die Rolle des Parlaments als Gesetzgeber des einfachen Rechts – aber will den Verfassungswandel im Übrigen zurückdrängen. [262] Sie hat daher den Kreis der an der Verfassungsinterpretation Beteiligten stärker eingegrenzt. Die verbindliche Auslegung der Verfassung überlässt sie vor allem dem Bundesverfassungsgericht. [263]

Ein solches Verständnis betont den repräsentativen Charakter der Demokratie, die Bedeutung der Unterscheidung zwischen Staat und Gesellschaft und verzichtet auf ein nicht-staatliches Gewohnheitsrecht. [264] Eine besondere Legitimation der Staatspraxis gegenüber anderen Einflüssen auf die Verfassung folgt für diese Lehre also vor allem daraus, dass es sich um eine staatliche Praxis handelt. Veränderungen im Sinne eines „Verfassungswandels“ durch Staatspraxis stellen sich nach dieser Auffassung vielfach als „Politik“ dar. [265] Es wird notwendig, die politische von der rechtlichen Praxis stärker zu unterscheiden.

Veränderungen werden zwar durch das Bundesverfassungsgericht beobachtet, aber in der Regel dem politischen Prozess überlassen oder korrigiert. Das Bundesverfassungsgericht wird sich bei einem solchen Verständnis vorbehalten, jede Form der Staatspraxis in Frage zu stellen.

---

261 Vgl. *Böckenförde*, NJW 1976, S. 2089; *ders.*, Grundrechte als Grundsatznormen, in Der Staat 29 (1990), S. 1ff..

262 Sonst diffundieren Änderung und Interpretation, vgl. *Böckenförde*, Anmerkungen zum Begriff Verfassungswandel, FS Lerche, S. 13.

263 Vgl. *Böckenförde*, Anmerkungen zum Begriff Verfassungswandel, FS Lerche, S. 13; *ders.*, NJW 1976, S. 2099 Anm. 113, sieht darin „authentische Verfassungsinterpretation“ und „Verfassungsgesetzgebung“.

264 *Ders.*, Recht – Staat – Freiheit, S. 209ff..

265 Vgl. *Grimm*, Staatsrechtslehre und Politikwissenschaft, S. 1ff., spricht von „Rahmen für Politik“ und unterscheidet verfassungsausfüllende, -beeinträchtigende und -verletzende Verfassungswirklichkeit.

(2) Offene Verfassung (Häberle)

Die Lehre von der offenen Verfassung sieht die Verfassung dagegen als eine Staat und Gesellschaft umgreifende Grundordnung. [266] Die Trennung von Staat und Gesellschaft wird – ähnlich wie bereits bei Smend – also in Frage gestellt. Häberle hat es dann unternommen, den Kreis der an der Verfassungsinterpretation Beteiligten in demokratischer Absicht zu erweitern. Zu den Beteiligten gehört neben der Rechtsprechung, die in erster Linie zur Interpretation und Rechtsfortbildung berufen ist, nicht nur die Staatspraxis, sondern gleich die (offene) Gesellschaft aller Verfassungsinterpreten insgesamt. [267]

Wenn man den Kreis der an der Verfassungsinterpretation Beteiligten derart erweitert, dann kommt es zur Konkurrenz bei Interpretationsfragen. Häberle hat dabei auf das Gewohnheitsrecht als Rechtsquelle verzichtet. [268] Die allgemeine Rechtsauffassung in der Gesellschaft kann dann jedoch auch im Wege der Auslegung der Verfassung berücksichtigt werden. [269] Bei einem solchen Verfassungsverständnis wird die Staatspraxis auch für das Bundesverfassungsgericht zu einem bedeutsamen Faktor der Verfassungsinterpretation. Auch die Rolle des Bundesverfassungsgerichts wandelt sich: Es soll ein „gesellschaftliches Gericht eigener Art“ sein.

(3) Verfassungsentwicklung (Bryde)

In Anknüpfung an die Lehre von der offenen Verfassung wurde in der Literatur der Prozess der nicht förmlichen Veränderung der Verfassung auch zwischen Verfassungsorganen vor allem von Bryde untersucht. Für Verfassungsänderungen und Verfassungsveränderungen hat er den gemeinsamen Oberbegriff der „Verfassungsentwicklung“ vorgeschlagen. [270] Im Begriff der Entwicklung wird auch die oben festgestellte, evolutionäre Entstehung der Staatspraxis berücksichtigt. Die Verfassungsentwicklung sei ein politischer Prozess. [271] Die Ver-

---

266 Vgl. *Hesse*, Verfassung und Verfassungsrecht, in *Benda / Maihofer / Vogel (Hrsg.)*, Handbuch des Verfassungsrechts, Band 1, § 1 Rn. 10; im Anschluss an *Häberle*, JZ 1975, S. 297.

267 Vgl. *Häberle*, JZ 1975, S. 297.

268 *Ders.*, Zeit und Verfassung (1974) = *ders.*, Verfassung als öffentlicher Prozess (1978), S. 82f..

269 *Ders.*, a.a.O. (Fn. 268), S. 82f.: „Problem des Verfassungswandels entpuppt sich ausschließlich als ein *Interpretations*problem“

270 *Bryde*, Verfassungsentwicklung, a.a.O. (Fn. 33), S. 111; im Anschluss an die Forderung, „Verfassungswandel“ durch Verfassungsinterpretation zu ersetzen; Verfassungswandel als eigene dogmatische (Ausnahme-)Figur dagegen bei *Böckenförde*, Anmerkungen zum Begriff Verfassungswandel, FS Lerche, S. 14.

271 *Bryde*, Verfassungsentwicklung, a.a.O. (Fn. 33), S. 111; Krit.: *Böckenförde*, Anmerkungen zum Begriff Verfassungswandel, FS Lerche, S. 14: „dem Interpreten zur Hand und in seiner Hand“; *Jestaedt*, a.a.O. (Fn. 34), S. 203: „Gefahr, die Praxis mit der Theorie und das Sein mit dem Sollen kurzzuschließen“.

wirklichung der Verfassung sei Aufgabe aller Beteiligten am politischen Prozess. Dieser Prozess soll durch die Kompetenzordnung in verfassungsrechtlichen Bahnen verlaufen. Den einschlägigen Kompetenznormen sei daher ein „Kompetenzpluralismus“ zu entnehmen: Verfassungsentwicklung sei ein pluralistischer politischer Prozess.

Dem Gesetzgeber kommt dabei nicht nur eine Verfassungsentwicklungskompetenz zu, sondern ein Verfassungsentwicklungsprimat.[272] Das Bundesverfassungsgericht besitze zwar eine Kompetenz zur Letztentscheidung, aber kein Monopol zur Verfassungsentwicklung. Das Grundgesetz sei eine Verfassung, die umfassende, „universale“ Geltung beanspruche.

Stabilität und Dynamik seien dabei Regelungsziele, die allen Verfassungsnormen in unterschiedlichem Ausmaß entnommen werden könnten. Die Kontrolle und die Möglichkeit zur Schließung der Verfassung durch das Bundesverfassungsgericht wird funktionell-rechtlich reduziert, und zwar zu Gunsten der anderen Verfassungsorgane. Anderenfalls könne der Verfassungsentwicklungsprimat nicht wirksam eingelöst werden. Ein Verfassungswandel in diesem Sinne finde zwangsläufig statt, aber er finde „intra constitutionem“ statt.[273]

Mit diesem Konzept wird letztlich der Bereich der Rechtsanwendung um den Bereich der Rechtsfortbildung erweitert. Rechtsfortbildung kommt aber nicht mehr nur dem Bundesverfassungsgericht zu. Rechtsfortbildung „praeter constitutionem“ geht in diesem Verfassungswandel „intra constitutionem“ völlig auf und wird als dogmatische Figur weitgehend überflüssig. Entsprechend wird in der Arbeit auf den Begriff „praeter constitutionem“ durchgehend verzichtet, während sowohl die Grenzen eines Verfassungswandels als auch die Verfassungsdurchbrechung „contra constitutionem“ erörtert werden.

Will man weiter an der traditionellen Begriffsbildung von Rechtsanwendung einerseits und Rechtsfortbildung andererseits festhalten, dann verbleibt für eine Staatspraxis praeter legem nur noch der Bereich jenseits des Regelungsgehaltes der jeweiligen Normen, der dann durch Verfassungsprinzipien auszufüllen ist.[274]

Diese dogmatische Konzeption der Rechtsfortbildung durch Staatspraxis kommt ohne den Begriff der „Lücke“ aus. Zu einer Verfassungsdurchbrechung komme es, wenn entweder gegen Art. 79 GG, den Verfassungswortlaut, die Entscheidungen des Verfassungsgesetzgebers, die Entwicklungstendenz der jeweiligen Verfassungsnormen[275], das Gebot der interpretatorischen Schließung der Verfassung, dem Gebot der interpretatorischen Öffnung der Verfassung und de-

---

272 *Bryde*, Verfassungsentwicklung, a.a.O. (Fn. 33), S. 350.

273 *Bryde*, Verfassungsentwicklung, a.a.O. (Fn. 33), S. 350.

274 Staatspraxis intra, praeter und contra legem unterscheidet *Rädler*, a.a.O. (Fn. 33), S. 629 Fn. 82 (kritisch zum Begriff „intra constitutionem“).

275 *Bryde*, Verfassungsentwicklung, a.a.O. (Fn. 33), S. 276: Zwang zur Öffnung im Staatsorganisationsrecht nicht in gleichem Maße zwingend notwendig wie bei Grundrechten, vgl. zur Bindung bei Grundrechten unten S. 120f. und Nachweise Fn. 513.

ren typologisch festgestellten Grenzen der Verfassungswandlung entschieden werde. Während hier auch am Verfassungsgewohnheitsrecht grundsätzlich festgehalten wird, erschöpfe es doch die Bedeutung der Staatspraxis „in keinem Fall". Hierdurch dürfe vor allem keine „Schließung" der Verfassung eintreten.

Die Staatspraxis im Rahmen der Auslegung besitze daher im Hinblick auf die Bindungswirkung allenfalls eine „Präjudizwirkung". Nur in Ausnahmefällen werde man eine Festlegung des Verfassungssinns auch für die Zukunft annehmen dürfen. Die hier vorgeschlagene Typologie des Verfassungswandels bietet also wertvolle Anknüpfungspunkte für unsere Untersuchung. [276]

c) Kritik und Diskussion

Bei der Kritik an der Lehre von der offenen Verfassung bzw. deren Weiterentwicklungen sind zwei Argumente in dem hier untersuchten Zusammenhang von besonderem Interesse: Die praktische Handhabung des Verfassungsrechts („Verfassungswirklichkeit") werde fälschlich „für die wirkliche Verfassung genommen" [277] (1) und zum anderen sei unerfindlich, wieso der Wandlungsgedanke dann nicht auch auf die Regeln zur Verfassungsentwicklung Anwendung finden solle [278] (2).

Ad (1): Gegen die Lehre von der offenen Verfassung werden ähnliche Argumente vorgebracht wie gegen die Lehren von Jellinek und Smend: Eine vermeintliche Verkennung des Verhältnisses zwischen Sein und Sollen. Für die Lehre von der offenen Verfassung spricht, dass sie – ähnlich wie die Staatslehre Jellineks – tatsächliche Vorgänge des Verfassungswandels umfassend beschreiben und erklären kann. So kann die Verfassung – wie schon bei Smend – ihrem Verwirklichungsanspruch gerecht werden. Andererseits besticht auch die Lehre von der Rahmenordnung gerade durch ihre begrifflich-juristische Schärfe, die ja auch zum Wesen von Normen gehört.

Die Beschreibung der bei der Rechtsentwicklung wirkenden Kräfte durch Jellinek hat jedoch gezeigt, dass eine normative Kraft des Faktischen und eine faktische Kraft des Normativen sich gegenseitig ergänzen. Beides zeigt sich noch heute deutlich im (materiellen) Gewohnheitsrecht. Ständige Praxis und Rechtsüberzeugung können zwar unterschiedlich gewichtet werden, aber doch nicht

276 Vgl. *Stern*, a.a.O. (Fn. 33), 2. Auflage 1984, S. 111; *Vismann* in AK-GG, 3. Auflage 2001, Art. 79 Rn. 19; *Walter*, a.a.O. (Fn. 34), S. 524: vermisst Beispiele für „andere Faktoren" des Verfassungswandels, *Voßkuhle*, Gibt es und wozu nutzt eine Lehre vom Verfassungswandel?, in Der Staat 43 (2004), S. 459 sieht dagegen Dominanz der „Spezialdiskurse".

277 *Jestaedt*, a.a.O. (Fn. 34), S. 203; *Isensee* in HdStR VII, § 162 S. 138 Fn. 168: „quasihegelianische Identifikation von Sein und Sollen"; *Müller-Franken*, a.a.O. (Fn. 34), S. 237f..

278 *Jestaedt*, a.a.O. (Fn. 34), S. 203 Fn. 76.

ohne einander auskommen. Norminterpretation wird „durch Theorie *und* Praxis" bestimmt. [279]

Die Verfassungstheorien haben versucht, diesen Gedanken – unter weitgehenden Verzicht auf das Gewohnheitsrecht – auf die geschriebene Verfassung zu übertragen. Hesses Formulierung „normative Kraft der Verfassung" bringt dies besonders pointiert zum Ausdruck. Die Auseinandersetzung um Verfassungswandel wird bei der geschriebenen Verfassung vor allem zu einer rechtsphilosophischen Frage der Balance zwischen Sein und Sollen, die im Rahmen dieser Untersuchung nicht weiter vertieft werden kann. Wohl beantwortet werden soll jedoch die Kompetenz zur Interpretation der Normen der Verfassung, soweit sie sich aus der Verfassung selbst ergibt.

Ad (2): Gegen die Lehre von der Verfassungsentwicklung wird auch eingewandt, dass die Regelungen zur Verfassungsentwicklung – deren normativer Ursprung im Übrigen „unerfindlich" [280] bleibe – selbst wandelbar seien. Nach einer ausdrücklichen Zuweisung von Kompetenzen für die Verfassungsentwicklung sucht man im Grundgesetz tatsächlich vergeblich. Aber dies liegt in der Natur der Sache der nicht-förmlichen Verfassungsentwicklung und sollte genauso wenig stören wie die Existenz der Rechtsfortbildung. Bryde sucht diese Regeln „im Verfassungsrecht selbst" [281] und findet sie sowohl dort als auch in der Verfassungstheorie. Er entnimmt einer systematischen Betrachtung der Verfassung funktionell-rechtliche Grenzen für das Bundesverfassungsgericht [282] und dem Art. 79 GG die „Notwendigkeit, Grenzen des Verfassungswandels zu bestimmen". [283] Grenzen für Verfassungsentwicklung bestehen in der Staatsform der Demokratie und der „Identität" des Grundgesetzes – also auch außerhalb Verfassung. [284] Allerdings greift Bryde dabei letztlich wieder auf die Strukturmerkmale der Verfassung zurück, die er zuvor herausgearbeitet hat. [285] Sofern diese teilweise auf verfassungstheoretischen Annahmen beruhen, gilt dies jedoch – wie oben gezeigt – auch für die Theorie von der Rahmenordnung. Und für beide Theorien gilt, dass sie sich durch wissenschaftliche Bearbeitung weiter entwickeln lassen und selbstverständlich ihrerseits wandeln können.

---

279 *Häberle*, JZ 1975, S. 300 [Hervorhebung im Original]; vgl. zum Verhältnis von Praxis und Theorie bereits oben Fn. 243.

280 *Jestaedt*, a.a.O. (Fn. 34), S. 203 Fn. 76.

281 *Bryde*, Verfassungsentwicklung, a.a.O. (Fn. 33), S. 222f..

282 *Bryde*, Verfassungsentwicklung, a.a.O. (Fn. 33), S. 303: Ausprägung einer ‚systematischen' Auslegung".

283 *Bryde*, Verfassungsentwicklung, a.a.O. (Fn. 33), S. 267f..

284 Krit.: *Roßnagel* in Der Staat 24 (1985), S. 121: „schwächt die Normative Kraft der Verfassung"; *Fiedler*, JZ 1985, S. 124, sieht darin eine „Grundnorm".

285 *Bryde*, Verfassungsentwicklung, a.a.O. (Fn. 33), S. 27-108: GG als „normative, relevante und anspruchsvolle", „rigide", „Kodifikation des materiellen Verfassungsrechts", sprachlich offene und konkretisierungsbedürftige" sowie „justiziable Verfassung".

Zudem legt die Theorie der Rahmenordnung ein nicht ganz unproblematisches Verständnis zugrunde, was das Verhältnis von Staat und Gesellschaft betrifft. Beide sollen als unterschiedlich gedacht werden, sodass Grundrechte beispielsweise nicht als objektive Werte interpretiert werden können, die in die Gesellschaft hineinreichen.[286] Die offene Verfassung soll dagegen eine Staat und Gesellschaft umgreifende Grundordnung sein. So wird es möglich, in ihr objektive Werte bzw. wertentscheidende Grundsatznormen des Gemeinwesens verkörpert zu sehen, die im jeweiligen historischen Kontext aktualisiert werden können.[287] Letztlich liegt beiden Theorien ein unterschiedliches Demokratieverständnis zu Grunde: Die Rahmenordnung betont den repräsentativen Charakter der Demokratie, in der gesellschaftliche Einflussnahme sich vor allem in der Teilnahme an Wahlen manifestiere, während die Gegenansicht auch für gesellschaftliche Einflussnahmen zwischen den Wahltagen offen ist. Dazu gehöre auch die Beteiligung an der Interpretation der Verfassung.[288] Entsprechend wird einerseits die Funktion der Grundrechte als Freiheits- und Abwehrrechte betont, während andererseits (auch) die Bedeutung der Leistungs- und Teilhaberechte hervorgehoben wird.

Aus dem Demokratieprinzip des Grundgesetzes hat das Bundesverfassungsgericht eine Reihe von Schlussfolgerungen gezogen – das Demokratieprinzip der Verfassung ist jedoch selbst auch offen.[289] Für eine Beteiligung der Bürgerinnen und Bürger spricht, dass sie von der Verfassungsänderung selbst ausgeschlossen sind (vgl. Art. 79 Abs. 1 GG). Dann ist es aber erst recht geboten, sie wenigstens am Prozess der Verfassungsinterpretation zu beteiligen. Darüber hinaus berücksichtigt ja das Bundesverfassungsgericht – wie oben gesehen – bei der Interpretation von Grundrechten auch das Selbstverständnis der Grundrechtsträgerinnen und -träger. Daraus folgt für die Lehre von der Verfassungsentwicklung keine generelle Berücksichtigung der Staatspraxis. Vielmehr soll die Staatspraxis vor allem bei solchen Normen berücksichtigt werden, die sich im engeren Bereich des Staatsorganisationsrechts befinden. Im Bereich der Grundrechte soll dagegen eine Staatspraxis nur ganz ausnahmsweise herangezogen werden und keinesfalls zur Einschränkung des Schutzbereiches.[290]

---

286 Vgl. *Böckenförde* in Der Staat 29 (1990), S. 1ff.; ebenso *Müller-Franken*, a.a.O. (Fn. 34), S. 233: „Unterscheidung [...] ohne die eine freiheitliche Ordnung nicht gedacht werden kann“.

287 Vgl. *Hesse*, Verfassung und Verfassungsrecht, in *Benda / Maihofer / Vogel (Hrsg.)*, a.a.O. (Fn. 266) § 1 Rn. 10ff.; *Hesse*, Grundzüge, § 1 S. 8 Rn. 11, vgl. aber *ders.*, a.a.O., § 6 S. 93 Rn 210.

288 Vgl. *Walter*, a.a.O. (Fn. 34), S. 530.

289 *Hesse*, Grundzüge, S. 58 Rn. 127 mwN Rn. 128; vgl. zur „Dynamik des Drucks sozialer Bewegungen“ bereits *Schmid*, Erinnerungen, S. 365.

290 Vgl. *Bryde*, Verfassungsentwicklung, a.a.O. (Fn. 33), S. 276; *Hesse*, Grundzüge, § 1 S. 11 Rn. 19ff. und *Smend*, Verfassungsrecht, S. 80; Funktion der Grundrechte betont *Rost*, a.a.O. (Fn. 32), S. 138.

Darüber hinaus kann sich die Lehre – wie noch zu zeigen sein wird – hinsichtlich der „Offenheit" und „Konkretisierungsbedürftigkeit" der Verfassung auch auf die Rechtsprechung des Bundesverfassungsgerichts berufen. Daher spricht die Mehrheit der Argumente für eine offene Verfassungsinterpretation, die in einem geordneten Prozess der Verfassungsentwicklung verläuft. Zu berücksichtigen ist dabei, dass einer solchen Staatspraxis unter dem Grundgesetz Grenzen durch die Grundrechte, die Verfassungsprinzipien und nicht zuletzt durch das Bundesverfassungsgericht gezogen werden müssen.

Die Gegenüberstellung der Modelle Rahmenordnung und offene Verfassung führt zweifellos zu einer Verkürzung der Problematik: Wer – anders als das Bundesverfassungsgericht in der Entscheidung zur Bundestagsauflösung 1983 – an der bewährten Unterscheidung zwischen Interpretation, richterlicher Rechtsfortbildung und Verfassungsänderung festhalten will, der muss eben hinnehmen, dass eine Staatspraxis „unter den Teppich der Methodenlehre gekehrt [291]" wird, so wie es bei der auflösungsgerichteten Vertrauensfrage 2005 geschehen ist. [292] Mit den verschiedenen Auslegungsmethoden lässt sich eine Bandbreite vertretbarer Lösungen ausmachen, innerhalb derer sich Verfassungswandel vollziehen kann. [293] Gerade die genannten Entscheidungen zeigen, dass man auf methodisch unterschiedlichen Wegen doch zu vergleichbaren Ergebnissen kommt: In beiden Entscheidungen war die Auflösung mit der Verfassung vereinbar.

Ergebnis zu 4)

Die Literatur nach 1949 sieht in dem Verhältnis von rechtlicher Verfassung und politischer und sozialer Wirklichkeit ein Kernproblem der Verfassungstheorie. Dabei ist nach der hier vertretenen Ansicht von einer offenen Verfassung auszugehen. Sie weist der (nachkonstitutionellen) Staatspraxis eine insgesamt größere Rolle bei der Verfassungsentwicklung zu als die Lehre von der Verfassung als Rahmenordnung. Der Bereich der Rechtsanwendung wird so um den Bereich der Rechtsfortbildung erweitert.

Die Befugnis zur Verfassungsentwicklung kommt aber nicht allein dem Bundesverfassungsgericht, sondern auch den anderen obersten Verfassungsorganen zu. Grenzen der Verfassungswandlung durch Staatspraxis sind dabei sowohl der Verfassung als auch der Verfassungstheorie zu entnehmen. Danach soll eine

291 Vgl. *Walter*, a.a.O. (Fn. 34), S. 530; vgl. die Nachweise zur Methodenlehre oben Fn. 253.

292 Das eine ist in E 62, 1 – Bundestagsauflösung I geschehen (Konkretisierung „offener" Verfassungsnormen), das andere in E 114, 121 – Bundestagsauflösung II (teleologische Interpretation des Art. 68 GG) – dazu näher unten, S. 117ff..

293 Vgl. *Robbers*, Obsoletes Verfassungsrecht durch sozialen Wandel?, in FS Benda, S. 216; *Hesse*, Grenzen der Verfassungswandlung, in FS Scheuner, S. 134.

Staatspraxis vor allem im Bereich des Staatsorganisationsrecht im engeren Sinne berücksichtigt werden und allenfalls ganz ausnahmsweise bei Grundrechten.

5) Schlussfolgerungen

a) für die vorkonstitutionelle Staatspraxis

Wenn das Bundesverfassungsgericht sich heute auf die Staatspraxis des Kaiserreiches und der Weimarer Republik bezieht, sind konstitutionell bedingte Unterschiede zu berücksichtigen. Jedoch kann eine Norm des Grundgesetzes gerade auch mit Blick auf eine Vorläufernorm geschaffen worden sein. Dann wäre dies etwa im Rahmen einer historischen Auslegung zu berücksichtigen. Die Staatspraxis der Vorläuferverfassungen könnte dazu Hinweise liefern.

Während im Kaiserreich die staatliche Gewalt im Prinzip unbeschränkt war, wird sie heute durch die vorausliegenden Grundrechte des Einzelnen von Beginn an begrenzt. Etwas anderes wäre mit Artikel 1 Abs. 1 GG unvereinbar, dessen Geltung nun durch Artikel 1 Abs. 3 GG und die Wesensgehaltsgarantie abgesichert ist. Der heute durch Grundrechte zu gewährleistende und gerichtliche überprüfbare Status des Einzelnen unterscheidet sich von demjenigen in der Statuslehre G. Jellineks und der Verfassung von 1871. [294]

Der Staatsgerichtshof in der Weimarer Republik war im Wesentlichen für Streitigkeiten unter den Ländern zuständig, während die Grundrechte dort nicht einklagbar waren. Demgegenüber kann heute grundsätzlich auch die Verletzung staatsorganisationsrechtlicher Normen geltend gemacht werden, und zwar vor dem Bundessverfassungsgericht (Art. 19 Abs.4 GG i.V.m. Art. 2 Abs. 1 GG). Die heute durch das Bundesverfassungsgericht gewährleistete Überprüfung der Staatspraxis und der Grundrechte unterscheidet sich auch von der Rechtsprechung des Staatsgerichtshofes zur Verfassung der Weimarer Republik. [295]

Bislang ist noch die Frage ungeklärt geblieben, ob das Grundgesetz weitere Rechtsquellen als die Verfassungsurkunde akzeptiert. Ein Beispiel dafür wäre das Gewohnheitsrecht. Auch die vorkonstitutionelle Staatspraxis könnte unter dieser Voraussetzung weiterhin relevant sein.

b) für die nachkonstitutionelle Staatspraxis

Wie bereits festgestellt, ist es Aufgabe der Rechtsquellenlehre anzugeben, woraus erkannt werden kann, was in einer Rechtsgesellschaft als Recht gilt. Die

---

294 Vgl. *Hesse*, Grundzüge, § 9 S. 128 Rn. 281.

295 Vgl. *Frotscher / Pieroth*, Verfassungsgeschichte, S. 406 Rn. 754.

Vorgaben dafür, welche Rechtsquellen zur Beurteilung einer Staatspraxis herangezogen werden können, sind dem Grundgesetz zu entnehmen.

(1) „Gesetz und Recht" (Art. 20 Abs. 3 GG)

Der Streit um die Rechtsquellen macht sich heute daran fest, dass die Verfassungsurkunde begrifflich zwischen der Bindung an „Gesetz und Recht" unterscheidet (Art. 20 Abs. 3 GG). In der Literatur ist umstritten, ob das „Gesetz" neben dem Parlamentsgesetz weitere Rechtsnormen erfasst [296], oder ob diese stattdessen dem Begriff „Recht" unterfallen. [297] Teilweise wird angenommen, dass mit „Recht" das ungeschriebene Recht in Gestalt des Gewohnheits- oder Richterrechts gemeint sei. [298] Andere verstehen unter „Recht" ein ungeschriebenes überpositives Naturrecht. [299] Wieder andere sehen in der Formulierung eine Tautologie, da das Grundgesetz keine Aussage darüber enthalte, was Recht sei.[300] Das Bundesverfassungsgericht geht davon aus, dass das Verfassungsrecht nicht nur aus den einzelnen Sätzen der geschriebenen Verfassung bestehe, sondern auch aus „gewissen sie verbindenden, innerlich zusammenhaltenden allgemeinen Grundsätzen und Leitideen, die der Verfassungsgesetzgeber, weil sie das vorverfassungsmäßige Gesamtbild geprägt haben, [...] nicht in einem besonderen Rechtssatz konkretisiert hat". [301]

Später stellte es fest, dass auch das Ergebnis richterlicher Rechtsfortbildung „Recht" im Sinne des Art. 20 Abs. 3 GG darstelle. [302] Für die Prüfung von Einzelfragen komme als Maßstab aber kein Naturrecht, sondern nur das Grundgesetz in Betracht. [303] Selbst eine Verfassungsnorm könne jedoch nichtig sein, wenn sie grundlegende Gerechtigkeitspostulate, die zu den Grundentscheidun-

---

296 So z. B. *Herzog* in *Maunz / Dürig*, Grundgesetz II, Art. 20 Rn. 50; *Stern*, a.a.O. (Fn. 33), § 20 IV 4, S. 800.

297 So z. B. *Schulze-Fielitz* in *H. Dreier (Hrsg.)*, Kommentar zum Grundgesetz, Band 2, Tübingen 1998, Art. 20 (Rechtsstaat), Rn. 84.

298 *Schulze-Fielitz*, a.a.O. (Fn. 328), Art. 20, Rn. 85; *Sobota*, Prinzip Rechtstaat, S. 99. Gegen eine Unterscheidung in geschriebenes und ungeschriebenes Recht *Neuner*, Rechtsfindung contra legem, S. 9.

299 *von Hippel*, Ungeschriebenes Verfassungsrecht, in VVDStRL 10 (1966), S. 1ff. und 33ff; vgl. *Wolff*, Ungeschriebenes Verfassungsrecht, S. 115ff..

300 Nach a. A. eine „Tautologie", vgl. *Schnapp* in *von Münch / Kunig*, Grundgesetz-Kommentar, Band 2, Rn. 3f. zu Art. 20 GG; dagegen *Meyer* in *von Münch / Kunig*, Grundgesetz-Kommentar, Band 3, Rn. 17 zu Art. 97 GG.

301 E 2, 380 (403); kritisch zur Figur dieses vorverfassungsmäßigen Gesamtbildes: *Blankenagel*, a.a.O. (Fn. 10), passim.

302 Vgl. E 32, 269 (291). Auf S. 29 nimmt das Gericht an, dass der richterliche Rechtssatz ein Gesetz i.S.d. Art. 5 Abs. 2 GG darstelle und eine legitime Schranke der Pressefreiheit sein könne.

303 E 10, 59 (81).

gen der Verfassung gehören, in schlechthin unerträglichem Maße missachte. [304] In einer vereinzelt gebliebenen Entscheidung stellte das Bundesverfassungsgericht sogar fest, dass der permanente Vergleich des bestehenden Rechts mit dem vorausgesetzten Ideal der Gerechtigkeit zu erfolgen habe. [305]

Das Bundesverfassungsgericht hat sich letztlich noch nicht dazu geäußert, ob das Grundgesetz von einem Typenzwang („numerus clausus") zulässiger Rechtsetzungsformen ausgeht. Im Gegenteil, es hat diese Frage bewusst offen gelassen. [306] In der Literatur besteht weitgehende Einigkeit darüber, dass das Entstehen von Recht nicht ausschließlich an formalen Fundstellen abgelesen werden kann. [307] Es gebe real wirkende Verhaltensregeln, die noch nicht förmlich ins Bewusstsein gebracht worden sind. Andererseits träten gerechtigkeitswidrige Rechtsätze trotz förmlicher Verkündung nicht in Geltung.

Gegen die Ansicht, die „Gesetz und Recht" für eine Tautologie hält, spricht neben dem Wortlaut auch die Systematik. Im Vergleich mit Art. 97 Abs. 1 GG ordnet Art. 20 Abs. 3 GG bewusst eine weniger strenge Bindung des Gesetzgebers an. Entstehungsgeschichte sowie Sinn und Zweck der Norm sprechen dafür, unter „Gesetz" im Sinne von Art. 20 Abs. 3 GG auch Rechtsverordnung, Satzung, Gewohnheitsrecht und auch Richterrecht zu verstehen. „Recht" wirft dagegen auch die Frage nach der Gerechtigkeit auf. [308] Damit werden im Grundsatz die klassischen Rechtsquellen auch vom Grundgesetz anerkannt. [309]

(2) Verfassungsgewohnheitsrecht?

Staatspraxis erfüllt offensichtlich das Kriterium einer längeren faktischen Übung, welches zugleich eine notwendige Bedingung des Gewohnheitsrechts ist. Unter Gewohnheitsrecht versteht man im Allgemeinen [310]:

> Recht, das nicht durch förmliche Setzung, sondern **durch längere tatsächliche Übung** entstanden ist, die eine dauernde und ständige, gleichmäßige und allgemeine sein muß **und von den beteiligten Rechtsgenossen als verbindliche Rechtsnorm anerkannt** wird.

---

304 E 3, 225 (232 f.); E 95, 96 (132 ff.).

305 E 34, 269 (286f.); *Herzog* in *Maunz / Dürig*, Grundgesetz II, Art. 20 VI Rn. 53, vgl. *Robbers*, Gerechtigkeit als Rechtsprinzip, S. 96.

306 E 44, 322 - Allgemeinverbindlicherklärung I; vgl. zur fremden Rechtsquelle: E 97, 117 (124) – Fortgeltung von DDR-Strafrecht.

307 Vgl. *Kirchhof*, Rechtsquellen und Grundgesetz, in FG BVerfG (1976) 2, S. 55.

308 Ebenso wie hier: *Badura*, HdbStR VII, § 160 Rn. 10 [nur theoretische Bedeutung]; *Bryde*, Verfassungsentwicklung, a.a.O. (Fn. 33), S. 433.

309 Vgl. *Scholz in Maunz / Dürig*, Grundgesetz III, Art. 20 VI Rn. 49ff.; vgl. *Badura*, Verfassung und Verfassungsgesetz, in FS Scheuner, S. 19; *Bauer* in HdStR I, § 14 S. 707 Rn. 10.

310 E 22, 114 (121) – Entziehung der Verteidigungsbefugnis.

Das Bundesverfassungsgericht hat sich zum Verfassungsgewohnheitsrecht teilweise gar nicht erst geäußert.[311] Teilweise hat es nur negativ festgestellt, dass im konkreten Fall jedenfalls keines vorliege.[312] Zum Gewohnheitsrecht im Range von einfachem Gesetzesrecht hat es sich ebenfalls größtenteils negativ[313], aber vereinzelt auch positiv geäußert.[314] In der Literatur ist umstritten, ob es ein Gewohnheitsrecht im Range von Verfassungsrecht geben kann. Dabei ist nach dem jeweils zu Grunde gelegten Begriff der Verfassung zu unterscheiden.[315] Wird die generelle Geltung von Gewohnheitsrecht einmal akzeptiert, so ist unbestritten, dass vorkonstitutionelles Gewohnheitsrecht gemäß Art. 123 GG weitergelten kann. Ob nachkonstitutionelles Gewohnheitsrecht entstehen kann, richtet sich dann nach den Vorgaben des Grundgesetzes, selbst wenn der historische Gesetzgeber das Gewohnheitsrecht gar nicht diskutiert hat. [316]

Neben der ständigen Übung ist zusätzlich erforderlich, dass diese „von den beteiligten Rechtsgenossen" als verbindliche Rechtsnorm anerkannt wird. Die Entstehung von Gewohnheitsrecht durch eine Staatspraxis wirft damit zunächst die Frage nach dem Rechtsetzungsmonopol auf. Entsprechend wurde in der älteren Literatur vor allem das Verhältnis zwischen Gewohnheitsrecht und staatli-

---

311 E 91, 148 – Umlaufverfahren. Bundesregierung: Zustimmung durch Schweigen als Verfassungsgewohnheitsrecht? Ebenso E 48, 1: Berichtigung formal fehlerhafter Gesetzesbeschlüsse als Verfassungsgewohnheitsrecht?

312 E 1, 144 (161) – Geschäftsordnungsautonomie: zu § 77 GO BT, negativ; E 2, 213 (222) – Straffreiheitsgesetz: zu Art. 74 Ziffer 1 GG, negativ; E 6, 309 – Reichskonkordat: keine derogierende Praxis zwischen Kirche und Staat, negativ; E 11, 77 (87) – Ermächtigungsadressaten: zu Art. 80 GG, negativ; E 12, 205 (235) – Deutschland-Fernsehen: zur ‚gewohnheitsrechtlichen Ergänzung der Verfassung' (Art. 73 Nr. 7 GG), negativ; E 20, 56 - Parteienfinanzierung I (1966): Verkündung des Haushaltsplans in abgekürzter Form, nur im Vortrag der Antragstellerin; E 29, 221 (234) – Jahresarbeitsverdienstgrenze: zu Art. 77 Abs. 1 Satz 1 GG, negativ; E 44, 125 (166) – Öffentlichkeitsarbeit: Praxis der Bundesregierung, negativ (Sondervotum *Hirsch* und *Geiger*).

313 E 76, 171 (188, 189, 190) – Standesrichtlinien: nach- bzw. vorkonstitutionelles Gewohnheitsrecht, nein bzw. ja; E 41, 251 (263) – Speyer-Kolleg: Verwaltungskompetenz zum Erlaß von Schulordnungen, negativ.

314 E 15, 227 (233) – Verteidigungsausschuss, positiv zur generellen Geltung; E 28, 21 (28, 31) – Robenstreit: Pflicht in Baden-Württemberg?, positiv; E 19, 253 (258ff.) – Hamburger Kirchensteuer: positiv; E 60, 374 (381) – Ordnungsruf (§ 36 Satz 2 GO BT): zum (nicht-förmlichen) Rügerecht, offengelassen.

315 **Bejahend zum (formellen) Verfassungsgewohnheitsrecht**: *Badura* in HdbStR VII, § 160 Rn. 10 [theoretische Bedeutung]; ähnlich *Ossenbühl* in HdStR III, § 61 S. 301 Rn. 43; weitergehend: *Bryde*, Verfassungsentwicklung, a.a.O. (Fn. 33), S. 446; *Wolff*, Ungeschriebenes Verfassungsrecht, S. 464f. **Ablehnend**: *Tomuschat*, Verfassungsgewohnheitsrecht?, a.a.O. (Fn. 29), S. 88ff.; *Sachs*, Grundgesetz, Einf. Rn. 12: „Gewohnheitsrecht [...] ist fraglich"; *Rost*, a.a.O. (Fn. 32), S. 109 (gg. Derogation), S. 120 (gg. Ergänzung). **Ganz ablehnend**: *Häberle*, Zeit und Verfassung (1974) = *ders*., Verfassung als öffentlicher Prozess (1978), S. 82f..

316 Vgl. *Herzog* in *Maunz / Dürig*, Grundgesetz III, Art. 20 Rn. 52.

chem Recht problematisiert. Dabei geht es um die Frage, ob eine staatliche Anerkennung der Rechtsbildung erforderlich ist oder nicht, wobei man sich bereits mit der stillschweigenden Duldung zufrieden gibt. [317]

Zweifellos ist eine staatliche Anerkennung bei einer *Staats*praxis gegeben, aber durch wen muss sie alles erfolgen? Auch durch staatliche Gerichte wie das Bundesverfassungsgericht? Zum einen kann sich das Bundesverfassungsgericht – auch mangels eines Normqualifikationsverfahrens – unter Umständen gar nicht dazu äußern, zum anderen stellt sich dabei die Frage nach der Rolle der Bürgerinnen und Bürger. Voraussetzung für die Entstehung des Gewohnheitsrechts ist regelmäßig die einvernehmliche Übung aller Betroffenen. Ein Verhältnis der Über- und Unterordnung erscheint damit unvereinbar. Es wäre denkbar, dass wenigstens im Bereich des Staatsorganisationsrechts im engeren Sinne gar keine solche Über- und Unterordnung besteht. Die Zweifel an der Einvernehmlichkeit griffen dann nicht durch. Das wäre vergleichbar mit der Situation im Völkerrecht, wo die Staatenpraxis bekanntlich auch eine große Rolle spielt. Auch im Verhältnis Bund zu Ländern wäre dann Gewohnheitsrecht denkbar. Ein solches Gewohnheitsrecht setzte jedoch ein Verfassungsverständnis voraus, das zwischen Staat und Gesellschaft deutlich trennt. Das ist aber – wie oben unter 4) b) (2) gezeigt – mit der Lehre von der offenen Verfassung abzulehnen.

Darüber hinaus könnten einige Vorschriften des Grundgesetzes dagegen sprechen, dass Gewohnheitsrecht durch Staatspraxis entsteht. So legt die Verfassung fest, dass alle Staatsgewalt vom Volke ausgeht und „in Wahlen und Abstimmungen und durch besondere Organe“ ausgeübt wird (Art. 20 Abs. 2 Satz 2 GG). Es wäre denkbar, dass eine Ausübung der Rechtsetzung durch Bürgerinnen und Bürger dem Grundgesetz solange fremd ist, wie keine Rückübertragung stattfindet. Zudem wirft ein Gewohnheitsrecht kompetenzrechtliche Fragen auf. Staatspraxis stellt sich hier im Wesentlichen eine Praxis der Exekutive und der Legislative dar. Zwar ist die Rechtsetzung in begrenztem Maße auch auf die Exekutive übertragen worden (vgl. Art. 80 GG), allerdings nur durch „Gesetz“ und unter Beachtung des Bestimmtheitsgebotes. Diese auch historisch motivierte Rückbindung der Exekutive darf durch das Gewohnheitsrecht nicht wieder unterlaufen werden. [318]

Gegen die Entstehung von Gewohnheitsrecht wird vor allem das Verhältnis der Staatspraxis zum Bundesverfassungsgericht angeführt. Aus der Rechtsprechung selbst konnte dazu jedoch – wie oben gezeigt – keine Aussage hergeleitet werden. Der Grund liegt auf der Hand: Wenn die Mitwirkung des Bundesverfassungsgerichts nicht konstitutiv ist, dann wäre auch eine der Staatspraxis entgegenstehende Auffassung des Bundesverfassungsgerichts unbeachtlich. Ist seine Mitwirkung aber konstitutiv, dann wäre es unerheblich, wenn das Bundesverfas-

317 *Dreier*, „Interpretation“ in *Görres-Gesellschaft (Hrsg.)*, Staatslexikon, S. 1062.

318 Vgl. *Freitag*, Gewohnheitsrecht und Rechtssystem, S. 158ff..

sungsgericht dieses deklaratorisch feststellte.[319] Das Bundesverfassungsgericht hat daher einen anderen rechtsdogmatischen Weg eingeschlagen: Den der „Staatspraxis“.

(3) Staatspraxis als Gewohnheitsrecht „light“?

In dem Moment, wo sich das Bundesverfassungsgericht zu einer Staatspraxis äußert, nimmt es eine Interpretation am Maßstab des positiven Verfassungsrechts vor. Eine bestehende Staatspraxis wird so zu einem Fall der Auslegung bzw. Rechtsfortbildung verarbeitet. Es stellt sich die Frage, ob das Bundesverfassungsgericht dabei sein Letztentscheidungsprivileg in Anspruch nimmt oder ob es sich bereits als Teil eines allgemeinen Rechtsetzungsprozesses mit verschiedenen Verfassungsinterpreten sieht.

Die Frage nach der Rechtsquelle ist in der Rechtsprechung bisher offen geblieben. Solange sich das Bundesverfassungsgericht darauf beschränkt, die Vereinbarkeit einer Staatspraxis mit dem Wortlaut der Verfassung festzustellen oder Gewohnheitsrecht im konkreten Fall nicht festzustellen, entstehen auch keine Normkollisionen.

Die Staatspraxis ist weitgehend identisch mit der ersten der beiden Voraussetzungen des Gewohnheitsrechts, der faktischen Übung. Es könnte sich mit der Staatspraxis eine Art Gewohnheitsrecht „unter Vorbehalt“ etabliert haben. Man könnte – bis zu einer Entscheidung des Bundesverfassungsgerichts – auch von einem „Rumpf-Gewohnheitsrecht“ oder auch „Gewohnheitsrecht light“ sprechen. Nach einer Ansicht kann das Gewohnheitsrecht niemals jene Letztverbindlichkeit des Richterspruches erlangen.[320] Nach anderer Ansicht sollen dagegen zumindest solche Verfassungsnormen, die verschiedene Auslegungsvarianten zulassen, durch das Außer-Streit-Stellen verfassungsrechtlicher Fragen interpretativ geschlossen werden können („consuetudo intra constitutionem“).[321] Im Ergebnis läuft dies auf eine Bindungswirkung der Staatspraxis (ausnahmsweise) auch gegenüber dem Bundesverfassungsgericht hinaus. Geltungsgrund sei hier die Staatspraxis und nicht etwa die Verfassung selbst. Aber auch hier wird schließlich doch wieder formelles Gewohnheitsrecht als Rechtsquelle angegeben.[322] Formelles Gewohnheitsrecht ist aus den oben genannten Gründen jedoch abzulehnen.

(4) Richterrecht?

Wenn die Bedeutung des Bundesverfassungsgerichtes für die Staatspraxis derart zentral ist, kann dann vielleicht Richterrecht die Bedeutung dieser Staatspraxis

---

319 Vgl. *Tomuschat*, Verfassungsgewohnheitsrecht?, a.a.O. (Fn. 29), S. 88ff..
320 *Tomuschat*, Verfassungsgewohnheitsrecht?, a.a.O. (Fn. 29), S. 94f..
321 *Bryde*, Verfassungsentwicklung, a.a.O. (Fn. 33), S. 446.
322 *Bryde*, Verfassungsentwicklung, a.a.O. (Fn. 33), S. 452.

besser erfassen? Auch wenn einige Autoren im Bezug auf das Bundesverfassungsgericht von Teilhabe an der „Verfassungsgesetzgebung“ sprechen – die überwiegende Meinung der Literatur billigt dem Richterrecht nicht die Qualität einer Rechtsquelle zu. [323] Die besondere Verbindlichkeit des Richterspruches entsteht durch die unbestrittene Befugnis zur Rechtsfortbildung. Das Bundesverfassungsgericht setzt bei formaler Betrachtung aber nicht etwa selbst Verfassungsrecht, sondern entscheidet darüber, wie formelles Verfassungsrecht zu verstehen ist. [324] Gegen eine Rechtsquelle sprechen auch einige Vorschriften der Verfassung. Eine vergleichbare Regelung wie Art. 80 GG gibt es für die Judikative gerade nicht. Wäre Richterrecht eine eigene Rechtsquelle, dann bedürfte es zudem nicht spezieller (einfach)gesetzlicher Vorschriften zur Rechtskraft. Anders als ein Gesetz erfasst die spezielle Bindungswirkung des § 31 BVerfGG nicht alle Rechtsunterworfenen.[325] Richterrecht als eigene Rechtsquelle ist daher abzulehnen.

(5) Präjudizien?

Das Bundesverfassungsgericht hat festgestellt, dass eine Staatspraxis, die sich „im Auslegungsrahmen der Verfassung“ hält, nicht durch die Interpretation eines Gerichts ersetzt werden dürfe, selbst wenn es diese für vorzugswürdig halte. [326] In der Literatur wurde dieser Satz so interpretiert, dass das Bundesverfassungsgericht von einer Selbstbindung ausgehe: Innerhalb eines vom Bundesverfassungsgericht bestimmten Rahmens falle der Praxis von Verfassungsorganen die Bedeutung einer „verbindlichen verfassungsinternen Konkretisierung” [327] zu. Stünde einmal fest, dass das Bundesverfassungsgericht selbst an Präjudizien gebunden ist, dann könnte man den zu Grunde liegenden Rechtsgedanken möglicherweise auch auf andere Staatsorgane übertragen. [328] Tatsächlich wird aber,

323 **Ablehnend**: *Schlaich / Korioth*, a.a.O. (Fn. 44), S. 333 Rn 475 Fn. 81 mwN; *Sachs*, Grundgesetz, Art. 20 Rn. 107: „nicht die Qualität verselbständigter Rechtsnormen“; *Badura*, Staatsrecht, Rn. 60: „kein Gesetzesrecht“; *Hesse*, Grundzüge, § 2 S. 24 Rn 60f. und § 14 S. 235 Rn. 549ff.; wohl auch *Degenhart* in *Sachs*, Grundgesetz, Art. 70 Rn. 21: „‚Recht‘ i.S.v. von Art. 20 III“ „nur gesetzesähnliche, nicht gesetzesgleiche Wirkung“; **Bejahend**: *Reinhardt*, Konsistente Jurisdiktion, S. 409ff., der darauf hinweist, dass Richter materielle Maßstäbe bilden und eine Rechtsfortbildungsbefugnis besitzen; vgl. *Böckenförde*, NJW 1976, S. 2099 Anm. 113, der darin „authentische Verfassungsinterpretation und damit Verfassungsgesetzgebung“ sieht; *ders.*, NJW 1999, S. 13; *ders.*, Grundrechte als Grundsatznormen, in Der Staat 29 (1990), S. 1 ff..

324 *Schlaich / Korioth*, a.a.O. (Fn. 44), S. 333 Rn 475 Fn. 81 mwN.

325 Vgl. zur Bindungswirkung der Entscheidungen des BVerfG unten S. 139ff.

326 E 91, 148 (172) – Umlaufverfahren. Vgl. auch E 62, 1 (49) – Bundestagsauflösung I.

327 Vgl. *Rädler*, a.a.O. (Fn. 33), S. 638.

328 Vgl. *Bryde*, Verfassungsentwicklung, a.a.O. (Fn. 33), S. 441f., 426f. a.A.: *Rädler*, a.a.O. (Fn. 33), S. 643: lehnt eine Selbstbindung anderer Staatsorgane ab.

wenn die Bindung an Präjudizien diskutiert wird, häufig auf andere Rechtsquellen, wie das Gewohnheits- und das Richterrecht, Bezug genommen. [329]

Das Bundesverfassungsgericht stellte ausdrücklich fest, das ein Fachgericht einer vorherrschenden Meinung auch von übergeordneten Gerichten nicht zu folgen brauche, weil Richter unabhängig und nur dem Gesetz unterworfen seien. [330] Die überwiegende Meinung in der Literatur und auch das Bundesverfassungsgericht lehnen eine echte Bindung an Präjudizien ab. [331]

Hinsichtlich der Entscheidungen des Bundesverfassungsgerichts sind einige innovative Lösungsansätze entstanden. Kriele hat versucht, die faktisch über den Einzelfall hinausreichende Bindungswirkung mit der Rechtsquellentheorie in Einklang zu bringen, indem er ihnen zwar keine volle Verbindlichkeit, aber eine „präsumtive Verbindlichkeit" und argumentative „Entlastungsfunktion" zuerkannt hat. [332] Indem der Gesetzgeber die Divergenzrevision vorgesehen hat, gehe er von einer „widerleglichen Rechtsvermutung zugunsten des Präjudiz[es]" aus. [333] Durch § 31 Abs. 1 BVerfGG werde aus dieser Präjudizienvermutung eine Präjudizienbindung. [334] Aber nicht die Entscheidungsgründe sollen binden, sondern die Entscheidung als Präjudiz. [335] Offen bleibt dabei, ob nur begründet werden muss, dass es neue und bessere Gründe gibt oder dass auch die Voraussetzungen einer Rechtsprechungsänderung vorliegen. Für Sachs muss das Bundesverfassungsgericht nur begründen, wenn es von seiner Auffassung abweicht und wenn es sie dabei „durch eine von besseren Gründen getragene Auffassung

329 Vgl. *Larenz*, Methodenlehre, S. 431: „gleiche faktische Geltung [...] wie Gesetze"; *Bryde*, Verfassungsentwicklung, a.a.O. (Fn. 33), S. 425: Richterrecht ohne den Status einer Rechtsquelle.

330 E 87, 273 (278f.) – Erörterungsgebühr.

331 Vgl. E 84, 212 (224); *Sommermann* in *von Mangoldt / Klein / Starck (Hrsg.)*, GG, Art. 20 Rn. 276; *Claassen* in *von Mangoldt / Klein / Starck (Hrsg.)*, GG, Art. 97 Rn. 11; *Detterbeck*, a.a.O. (Fn. 331), S. 369; Überblick bei *Larenz*, Methodenlehre, S. 429ff.; *Bettermann* in HdStR III, § 73 S. 788 Rn. 28; *Meyer* in *von Münch / Kunig*, Grundgesetz-Kommentar, Band 3 (2003), Art. 97, Rn 22.

332 *Kriele*, Theorie der Rechtsgewinnung, S. 243ff.; ähnlich *Sachs*, Bindung des Bundesverfassungsgerichts, S. 121ff..

333 *Kriele*, Theorie der Rechtsgewinnung, S. 247. Weitere Regelungen (Art. 95 GG, § 16 Abs. 1 BVerfGG, § 45 Abs. 2 ArbGG, Art. 100 Abs. 3 GG, § 121 Abs. 2 GVG) deutet er ebenso zugunsten einer Präjudizienvermutung wie eine Reihe von pragmatischen Gründen („Vorhersehbarkeit", „Gerechtigkeit", „Arbeitsentlastung", „Unabhängigkeit"), vgl. *ders.* a.a.O., S. 248ff., S. 258ff..

334 *Kriele*, Theorie der Rechtsgewinnung, S. 299: Um zu betonen, dass keine Bindung an die Gründe der Entscheidung vorliegen (sondern an die „ratio"), bezeichnet er auch die Bindung der anderen Staatsorgane als „präjudiziell", allein das BVerfG soll aber die Kompetenz zum „overruling" besitzen.

335 *Kriele*, Theorie der Rechtsgewinnung, S. 299.; *Sachs*, Bindung des Bundesverfassungsgerichts, S. 92ff.: „Präjudizienbindung" statt „Präjudizienvermutung" und „strikter Präjudizienbindung" statt „Präjudizienbindung".

ersetzen kann; nicht aber, wenn es nur eine andere, gleichwertige Lösung vorzieht". [336] Das Vorziehen einer gleichwertigen Lösung wird dagegen für eine „Scheinalternative" gehalten, die nicht eintreten könne. [337]

Ebenso wie Kriele oder Sachs sieht auch Bryde keine volle Selbstbindung gegeben, sondern zunächst nur eine Umkehr der Beweislast. [338] Zwar entnimmt er den Grundsätzen der Rechtssicherheit (Vertrauensschutz), der Rechtsanwendungsgleichheit und dem „Gebot der Wahrung der Verfassungskontinuität" materiell-rechtliche Gründe für eine Präjudizienbindung. [339] Eine volle Bindung sei aber schon mit der Funktion des Bundesverfassungsgerichts nicht vereinbar. [340] Das Bundesverfassungsgericht sei grundsätzlich befugt, Richterrecht zu setzen, das auch Parallel- und Folgefälle erfasse. Eine eigenständige Rechtsquelle stelle das Richterrecht aber nicht dar. [341] Es solle aus der „typischen richterlichen Beschäftigung mit dem Einzelfall erwachsen" bzw. die typische Einzelfallerprobung voraussetzen. Eine Bindungswirkung an eine „vom BVerfG aufgestellte Gebotsnorm" bzw. allgemeine Rechtsausführungen bestehe dagegen nicht. [342] Stattdessen folge aus seiner Bindung an Recht und Gesetz, dass sich der Richter überhaupt mit einschlägigen Präzedenzfällen auseinandersetzen müsse. [343] Die

---

336 *Sachs*, Bindung des Bundesverfassungsgerichts, S. 128; „besondere Gegengründe", „gute Gründe" oder schlicht „Gründe" fordert *Kriele*, Theorie der Rechtsgewinnung, S. 243, 247, 327; vgl. die verschiedenen Nachweise weiterer Wendungen bei *Bydlinsky*, Methodenlehre, S. 511f. mwN. Fn. 289f. An dieser Stelle setzt die Theorie der juristischen Argumentation ein. Sie versucht eindeutige Regeln dafür zu finden, wann dieser Darlegungslast genügt wurde, vgl. *Alexy*, Theorie der juristischen Argumentation, Frankfurt am Main: Suhrkamp, 2. Auflage 1991: „kann freilich nur im Hinblick auf wirkliche oder vorgestellte Diskurspartner bestimmt werden".

337 *Seyfarth*, Die Änderung der Rechtsprechung durch das Bundesverfassungsgericht, Berlin 1998, S. 216: „eine gleichwertige Lösung ist eben gleichwertig und kann (und wird) deshalb niemals vorgezogen werden".

338 *Bryde*, Verfassungsentwicklung, a.a.O. (Fn. 33), S. 426f.; vgl. *Kriele*, Theorie der Rechtsgewinnung, S. 299ff.; vgl. *Sachs*, Bindung des Bundesverfassungsgerichts, S. 121ff..

339 *Bryde*, Verfassungsentwicklung, a.a.O. (Fn. 33), S. 426f..

340 Nachfolgende Autoren haben versucht über die Selbstbindung der Judikative eine kontinuierliche richterliche Rechtsgestaltung herzuleiten, wobei auf den allgemeinen Gleichheitssatz abgestellt wird, vgl. *Gubelt* in *von Münch / Kunig*, Grundgesetz-Kommentar, Art. 3 Rn. 44 mwN, *Stein* in AK-GG, Art. 3 Rn. 69. Allerdings beziehen sich diese Autoren in der Regel nur auf die höchstrichterliche Rechtsprechung, vgl. *Maurer* in HdStR IV, § 79 S. 269 Rn. 101 Fn. 261: „Verfassungsgerichtsbarkeit [...] im folgenden ausgeklammert [...]."; vgl. *Robbers*, Rückwirkende Rechtsprechungsänderung, JZ 1988, 481ff.: Lebenssachverhalt als Bezugspunkt einer Gleichheitsprüfung, in deren Rahmen die schwankende Rechtsauffassung grs. zurückzutreten habe.

341 *Bryde*, Verfassungsentwicklung, a.a.O. (Fn. 33), S. 425.

342 *Bryde*, Verfassungsentwicklung, a.a.O. (Fn. 33), S. 425.

343 *Bryde*, Verfassungsentwicklung, a.a.O. (Fn. 33), S. 426f.: „Daß der Richter letztlich nicht verpflichtet ist, dem Präzedenzfall zu folgen, widerspricht dem nicht".

Bindung an die Präjudizien bewirkte hier also, dass der Richter nicht immer wieder gezwungen wäre, bereits präjudiziell gesicherte Institute erneut herzuleiten. Einer abweichenden Entscheidung auf der Grundlage besserer Argumente stünden sie nicht entgegen.

Darüber hinaus befürworten Bydlinsky und Canaris sogar eine echte (wenngleich subsidiäre) Verbindlichkeit. Dies soll immer dann der Fall sein, wenn im Rahmen des geltenden Rechts mehrere Lösungen gleich gut vertretbar sind. [344] Die Bindung an ein Präjudiz bewirkte hier, dass von einer Entscheidung selbst dann nicht mehr abgewichen werden dürfte, wenn hierfür gute oder sogar überwiegende Gründe sprechen. Vielmehr wäre zu zeigen, dass die Rechtsordnung dazu zwingt, von der Entscheidung abzuweichen, und zwar nicht nur aufgrund des richterlichen Ermessens.

Im Ergebnis führt also keine der Überlegungen in der Literatur zu einer Bindungswirkung, die an die Verbindlichkeit des Gesetzes heranreicht. [345] Es bindet also nicht das Präjudiz als solches, sondern allein die darin richtig ausgelegte oder konkretisierte Norm. [346] Auf die besondere gesetzlich angeordnete Bindungswirkung der Entscheidungen des Bundesverfassungsgerichts ist unten noch näher einzugehen. [347]

(6) Ungeschriebenes Verfassungsrecht oder Rechtsquelle "sui generis"?

Eine Rechtsquelle eigener Art kommt nur dann in Betracht, wenn andere Rechtsquellen die Figur offensichtlich nur unzureichend erklären können.

Wie oben gezeigt wurde, wird in der Rechtsprechung aber letztlich immer wieder auf die geschriebene Verfassung rekurriert. Geltungsgrund ist hier die Norm selbst. Ein Beispiel für die Berücksichtigung der Staatspraxis im Rahmen der Interpretation ungeschriebenen Verfassungsrechts findet sich in der Argumentation der Beteiligten zur Bundestagsauflösung I. Die Antragssteller argumentierten damals gegen einen Verfassungswandel, der Antragsgegner stellt auf Wortlaut, Sinn und Entstehungsgeschichte ab. [348] Das Bundesverfassungsgericht hat dabei die Praxis der obersten Organe bei der Konkretisierung von Verfassungsnormen berücksichtigt, d.h. bei der Interpretation. 2005 hat das Bundesverfassungsgericht nicht mehr mit einem ungeschriebenen Tatbestandsmerkmal ar-

---

344 *Bydlinsky*, Methodenlehre, S. 376ff., S. 506; *Larenz / Canaris*, Methodenlehre, S. 256ff..

345 Vgl. *Reinhardt*, Konsistente Jurisdiktion, S. 461ff., S. 493f. mit einer „institutional-approximativen Präjudizienbindung für das deutsche Recht", jedoch bleibe sie „im Ergebnis notwendig hinter der richterlichen Bindung an das parlamentarische Gesetz zurück [...]"; ähnlich *Walter*, a.a.O. (Fn. 34), S. 532ff..

346 *Larenz*, Methodenlehre, S. 429.

347 Vgl. dazu unten S. 139.

348 E 62, 1 – Bundestagsauflösung.

gumentiert. Die Literatur lehnt Verfassungskonkretisierung als Rechtsquelle ganz überwiegend ab. [349]

Daher scheidet neben formellem Verfassungsgewohnheitsrecht, Richterrecht und Präjudizien auch eine Rechtsquelle sui generis als Geltungsgrundlage für eine Staatspraxis aus. Rechtsquelle ist vielmehr das formelle Verfassungsrecht und seine Interpretation.

(7) Methodenlehre: Interpretation der Verfassung

Da die Verfassung die Frage nach der Methode der Verfassungsinterpretation nicht ausdrücklich regelt, kommt der Methodenlehre für die Einschätzung der Staatspraxis eine besondere Bedeutung zu. Die juristische Hermeneutik beschäftigt sich vorrangig mit der Bedeutung von Gesetzestexten. [350] Diese Texte werden in einem ersten Schritt mit Hilfe der als „klassisch" bezeichneten Auslegungskriterien im Sinne von Savigny ausgelegt. [351] Bei der Interpretation der Verfassung geht man dann üblicherweise in einem zweiten Schritt auf Besonderheiten ein, die sog. Prinzipien der Verfassungsinterpretation. Diese Prinzipien sind in der Literatur nicht unumstritten. [352] Man ist sich aber heute zumindest darin einig, dass (1) eine Bindung des Interpreten an die Norm besteht und dass (2) das Verfahren ihrer Interpretation mehr als rein logisch-deduktive Subsumtion ist. [353]

In der Methodenlehre wird üblicherweise zwischen Interpretation bzw. Auslegung und Rechtsfortbildung unterschieden: Bei der Auslegung werden Argumente auf den Normtext gestützt, bei unvollständiger oder fehlender gesetzlicher Regelung (sog. Gesetzeslücke) sind die Gerichte zur Rechtsfortbildung befugt

---

349 Vgl. *Wolff*, Ungeschriebenes Verfassungsrecht, a.a.O., S. 400f..

350 Vgl. *Looschelders / Roth*, Juristische Methodik, S. 21: „Gesetzestext als Ausgangspunkt der Auslegung"; vgl. zur Auslegung ungeschriebener (gewohnheitsrechtlicher) Normen *Larenz / Canaris*, Methodenlehre, S. 176ff.; *Schwacke*, Juristische Methodik, S. 93.

351 Vgl. *von Savigny*, System des heutigen Römischen Rechts (1840) I S. 213ff., III, S. 244: er untersuchte neben den Rechtsquellen auch die „Grundregeln der Auslegung" (von Gesetzen) und sprach dabei von „Sinnbestimmungsmitteln"; vgl. *Forsthoff*, Zur Problematik der Verfassungsauslegung, S. 39f.: „die Regeln galten längst vor ihrer Formulierung durch Savigny".

352 Vgl. *Herdegen*, JZ 2004, S. 873; *Böckenförde*, NJW 1976, 2089ff.; *Forsthoff*, Zur Problematik der Verfassungsauslegung, einerseits und *Hollerbach*, Auflösung der rechtsstaatlichen Verfassung?, in AöR 85 (1960), S. 241ff. andererseits, sowie *Ehmke*, Prinzipien der Verfassungsinterpretation, in VVDStRL 20 (1971), S. 1ff.; *Dreier / Schwegmann*, Probleme der Verfassungsinterpretation, passim; *Schlothauer*, Zur Krise der Verfassungsgerichtsbarkeit, S. 49ff.; *Schlink*, Bemerkungen zum Stand der Methodendiskussion in der Verfassungsrechtswissenschaft, in Der Staat 19 (1980), S. 73ff..

353 Vgl. *Bryde*, Verfassungsentwicklung, a.a.O. (Fn. 33), S. 257; *Müller / Christensen*, Juristische Methodik I, S. 55, 61, 147, 202, 265: Bindung an den „Normtext" und Verfahren der „Konkretisierung".

und können eine rechtliche Wertung vornehmen. [354] Die Methodenlehre hat versucht, allgemeine Regeln für die Rechtsfortbildung zu entwickeln. Dabei wird üblicherweise zwischen der Auslegung intra legem einerseits und Rechtsfortbildung praeter und contra legem andererseits unterschieden. [355] Allerdings wird auch darauf hingewiesen, dass Auslegung und Rechtsfortbildung nicht als wesensverschieden angesehen werden dürften: Hervorgehoben wird, „dass richterliche Rechtsfortbildung über die Grenzen der Auslegung hinaus sich noch immer noch im weiteren Sinne ‚interpretativer' Methoden bedient". [356] Hier wird an der grundsätzlichen Unterscheidung zwischen Interpretation und Rechtsfortbildung festgehalten.

c) Methodik der Gesetzesauslegung und Auslegung der Staatspraxis

Bei der Auslegung einfacher Gesetze wird – anders als bei Fällen der Staatspraxis – in der Regel die juristische Bedeutung eines Textes im Hinblick auf einen einzelnen Sachverhalt ermittelt. Bei der Auslegung der Staatspraxis verhält es sich dagegen ähnlich wie bei der Auslegung von ungeschriebenem Gewohnheitsrecht: Ermittlung und Auslegung des Rechtssatzes fallen hier zusammen. [357] Während Auslegungsprobleme also üblicherweise an einem Text ansetzen, der aus verschiedenen Gründen widersprüchlich oder mehrdeutig sein kann, geht es erst einmal darum, das Verhältnis zwischen Text und Staatspraxis zu ermitteln.

Da das formelle Verfassungsgewohnheitsrecht als derogierende Rechtsquelle abgelehnt wurde und eine andere Rechtsquelle als die Normen der Verfassung als Maßstab nicht zur Verfügung steht, ist der Ausgangspunkt einer verfassungsrechtlichen Beurteilung tatsächlich der Normtext und nicht die Staatspraxis. Dies ist auch die Folge der Grundentscheidung für eine geschriebene Verfassung.

Solange die Bedeutung des Normtextes eindeutig zu ermitteln ist, kann auch eine entgegenstehende Staatspraxis diese Bedeutung nicht verdrängen. So hat auch das Bundesverfassungsgericht im Umlaufverfahren argumentiert. [358] Dies

354 Vgl. *Larenz*, Methodenlehre, S. 366ff.; *Zippelius*, Juristische Methodenlehre, S. 76.

355 Teilweise werden unterschiedliche Arten von Lücken im Gesetz untersucht, vgl. *Larenz*, Methodenlehre, S. 368ff.; *Larenz / Canaris*, Methodenlehre, S. 191 ff., dagegen wird eingewandt, dass eine Lücke bereits das Ergebnis der Auslegung bzw. Rechtsfortbildung ist, vgl. *Koch / Rüßmann*, Begründungslehre, a.a.O., S. 254 m.w.N und *Rüthers*, Rechtstheorie, S. 514ff. Rn. 832 ff. Für *Schwacke* bedeutet „praeter legem" die „gesetzesimmanenter Rechtsfortbildung" und zwar „über den möglichen Wortsinn einer Normierung" hinaus, aber „innerhalb des gesetzlichen Plans", vgl. *ders.* Juristische Methodik, S. 117.

356 Vgl. *Larenz*, Methodenlehre, S. 360; Bereits *Savigny* betonte die „freye Geistesthätigkeit" des Subjektes der Interpretation" (*ders.*, System I, S. 207ff.) und lehnte auch die Möglichkeit der Analogie nicht ab (*ders.*, System I, S. 292).

357 Vgl. zum Gewohnheitsrecht, *Schwacke*, a.a.O. (Fn. 350), S. 93.

358 Vgl. E 91, 148 (171) – Umlaufverfahren.

folgt schon aus der für die Staatspraxis angeordneten Bindung (nur) an die Verfassung. Eine ebenfalls eindeutige Staatspraxis könnte immerhin ein bestimmtes Auslegungsergebnis bestätigen. Bei der Auslegung des Wortlautes soll eine eindeutige Staatspraxis „auch rechtlich" erhebliches Gewicht besitzen, aber andererseits auch „in keinem Falle mehr denn ein Indiz oder einen Anhaltspunkt für die richtige Lösung" liefern. [359] Eine mehrdeutige Staatspraxis zeigt dagegen nur ein Problem auf, hilft aber sonst zur Ermittlung des Normtextes nicht weiter. Sobald dagegen auch der Normtext mehrdeutig ist, kommen zunächst die klassischen Auslegungskriterien ins Spiel. Das Bundesverfassungsgericht hält es zumindest für „geboten, bei Zweifeln über den Sinn einer Norm der Staatspraxis Rechnung zu tragen". [360] Daraus folgt, dass für unsere Untersuchung vor allem zwei Fallgruppen von besonderem Interesse sind: Dort, wo bestimmte Mängel im Normtext angelegt sind und dort, wo der Normtext sonst mehrdeutig ist.

d) Auslegung von Gesetzen durch die Staatspraxis?

Eine Norm ist nur solange verbindlich, wie ihre Anwendung nicht im Belieben der Adressaten und Interpreten steht. Das gilt für Verfassungen, für Gesetze und für Verträge. Während Verträge in der Regel durch mehrere Parteien geschlossen werden, die sich einvernehmlich wieder davon lösen können, ist die Gesetzgebung beim Gesetzgeber monopolisiert. Das Monopol zur (Verfassungs)Gesetzgebung hat der (Verfassungs)Gesetzgeber. [361] Wendete man die Normen mit dem Ziel an, möglichst eine Übereinstimmung mit einer Staatspraxis zu erzielen, dann nähme die Verbindlichkeit der Normen in dem gleichen Maße ab, wie die Beliebigkeit zunimmt. Normativer Geltungsgrund (bzw. Ursache) und Wirkung werden dann miteinander vertauscht. Der normativen Kraft des Faktischen steht keine faktische Kraft des Normativen mehr gegenüber. Zunächst ist daher das Ziel der Auslegung zu betrachten, dann sind die Mittel der Auslegung dazustellen, soweit die Staatspraxis bei ihnen relevant ist.

(1) Gegenstand der Auslegung

Für die Methodenlehre richtet sich auch die Methode der Auslegung nach ihrem „Gegenstand", den Normen im weitesten Sinne. Das Bundesverfassungsgericht kennt vor allem zwei Gegenstände der Auslegung: Die Auslegung von Normen der Verfassung, nach deren Maßstab es urteilt, und die Auslegung von Gesetzen und anderen Normen, die es an diesem Maßstab überprüft. Dabei wendet das

359 Vgl. *Tomuschat*, Verfassungsgewohnheitsrecht?, a.a.O. (Fn. 29), S. 94: „nicht nur faktisch, sondern auch rechtlich" [...] „erhebliches Gewicht", vgl. aber S. 140.

360 Vgl. E 91, 148 (171) – Umlaufverfahren.

361 So übrigens auch die Lehre von der offenen Verfassung, die Verfassungswandel durch Gewohnheitsrecht ablehnt, vgl. S. 68ff..

Bundesverfassungsgericht die Auslegungsmethoden weitgehend unabhängig von der jeweiligen Rechtsgrundlage an. [362]

(2) Ziel der Auslegung: Ermittlung des Gesagten oder des Gewollten?

Das Ziel der Auslegung ist nach allgemeiner Auffassung die Sinnermittlung einer Norm, meistens der eines Gesetzgebers. Darüber hinaus ist aber bereits das Ziel der Auslegung umstritten: Im Rahmen einer objektiven Theorie zählt nur der Wille des Gesetzes bzw. wird auf den erkennbaren Willen des Gesetzgebers abgestellt (sog. Vereinigungstheorie), der noch genauer zu bestimmen sein wird. [363] Im Rahmen einer subjektiven Theorie wird auf den Willen des Gesetzgebers abgestellt. Es geht also um das Verhältnis des vom Gesetzgeber Gewollten und des Gesagten. Die Anwendung der Norm steht zwar nicht im Belieben der Interpreten. Die Sicht der Adressaten einer Regelung und die Entwicklung einer Norm sind aber auch nicht völlig unbedeutend. Das hat auch die Rechtsprechung zum Bedeutungswandel von Normen gezeigt hat. [364] Berücksichtigt man, wie die Norm zustande gekommen ist bzw. wie sie sich entwickelt hat, dann kann dabei auf verschiedene Zeitpunkte abgestellt werden: Den Zeitpunkt der ursprünglichen Normsetzung (entstehungszeitlich) oder den der aktuellen Normauslegung (auslegungszeitlich). [365]

(aa) Der „objektivierte Wille" des Gesetzgebers.

Das Bundesverfassungsgericht soll sich nach Ansicht der Literatur ausdrücklich für das Auslegungsziel im Sinne der objektiven Theorie entschieden haben, allerdings „nicht eindeutig". [366] Tatsächlich ermittelt das Bundesverfassungsgericht den „objektivierten Willen des Gesetzgebers". [367] Die objektive Theorie hat

362 Vgl. *Bleckmann*, JuS 2002, S. 943.

363 **Objektive Theorie:** *Schlink*, Bemerkungen zum Stand der Methodendiskussion in der Verfassungsrechtswissenschaft, in Der Staat 19 (1980), S. 101; *Stein / Frank*, Staatsrecht, § 6 II S. 37 (Willen der Rechtsgemeinschaft); **Subjektive Theorie:** vgl. *Rüthers*, Rechtstheorie, S. 489 Rn. 796 mwN.; **sog. Vereinigungstheorie:** *Bydlinsky*, Methodenlehre, S. 436; *Koch / Rüßmann*, Juristische Begründungslehre, S. 166ff.; *Stern*, a.a.O. (Fn. 33), S. 124; *Müller*, Juristische Methodik, S. 254; **Vgl. zum Meinungsstand** *Larenz*, Methodenlehre, 6. Auflage 1991, S. 316ff.; *Larenz / Canaris*, Methodenlehre, 3. Auflage 1995, S. 137ff.; zu weiteren Spielarten dieser Theorien *Schwacke*, a.a.O. (Fn. 350), S. 70f.; krit. *Hesse*, Grundzüge, § 2 S. 22 Rn. 56: These vom Willen des Gesetzgebers folgt „Pandekten-Wissenschaft des 19. Jahrhunderts".

364 Vgl. E 2, 380 (401).

365 „Streit" besteht zumeist zwischen subjektiv-entstehungszeitlicher und objektiv-auslegungszeitlicher Auslegung, vgl. *Dreier*, „Interpretation" in *Görres-Gesellschaft (Hrsg.)*, Staatslexikon, S. 181.

366 *Hesse*, Grundzüge, § 2 S. 22 Rn. 54; zweifelnd auch *Koch / Rüßmann*, Juristische Begründungslehre, S. 178.

367 E 1, 299 (299f.).

sich damit als Auslegungsziel durchgesetzt, aber der subjektive Wille darf berücksichtigt werden, wenn er seinen Ausdruck im Gesetz gefunden hat. Vorarbeiten des Gesetzgebers dürften aber immer nur mit einer gewissen Zurückhaltung, „in der Regel bloß unterstützend“ [368], verwertet werden.

(bb) Regelungsabsichten „von erheblichem Gewicht“

Anders als die objektive Theorie geht die subjektive Auslegungstheorie davon aus, dass Gesetze verbindliche Willensäußerungen sind, die ihre Grundlage im Willen derjenigen haben, die am Beschluss des Gesetzes beteiligt waren. Sie stellt auf den persönlichen Willen der jeweils Mitwirkenden ab. In einer späteren Entscheidung hat das Bundesverfassungsgericht auch schon einmal den Regelungsabsichten des Gesetzgebers „erhebliches Gewicht“ beigemessen, jedenfalls bei „zeitlich neuen und sachlich neuartigen Regelungen“.[369]

(cc) Das maßgebliche Subjekt der Auslegung: „Der“ Gesetzgeber.

Diese Entscheidung wirft die Frage auf, wer eigentlich der Gesetzgeber ist, dessen ggf. erkennbare Absichten so zu ermitteln sind. Dabei stoßen wir an praktische Schwierigkeiten der subjektiven Theorie: Handelt es sich bei „dem Gesetzgeber“ um die Beamten, die das Gesetz tatsächlich entworfen haben, oder die Abgeordneten, die dem Parlament oder Ausschuss angehören? Sind es nur diejenigen, die auch zugestimmt haben, oder ist es nicht viel eher das Volk, das im Parlament repräsentiert ist? Was ist mit denjenigen, die das Gesetz ausgefertigt bzw. verkündet haben? Hinter dem abstrakten Begriff des Gesetzgebers kommt so wieder der Bedarf nach der Befragung der Staatspraxis zum Vorschein!

Es wird allgemein angenommen, dass die politische Instanz, welche einen Satz als Rechtsnorm erlässt, diesen so verstanden haben will, wie ihn seine jeweiligen Verfasser verstanden haben. [370] Es geht also um die Zurechenbarkeit eines Ergebnisses gegenüber dem Verfasser der Norm(en). Das Volk selbst ist ja von der Verfassungsänderung ausgeschlossen. Wonach sich eine Interpretation der Verfassung ausrichten muss, damit sie dem Volk (noch) zugerechnet werden kann, ist nicht ausdrücklich geregelt. Je nach Verfassungstheorie wird einerseits stärker auf die durch Wahl bestimmten repräsentativen Staatsorgane oder auf die repräsentierten Normadressaten andererseits abgestellt. Nach der einen Auffassung liegt ein „Element unmittelbarer Demokratie“ darin, die Normen „so zu interpretieren, wie dieser [Gesetzgeber] sie als Repräsentant der in der Gemeinschaft konsensfähigen Vorstellungen denken musste oder wenigstens denken

---

368 E 11, 126 (129f.) – Nachkonstitutioneller Bestätigungswille“
369 E 54, 277 (297f.) – Ablehnung der Revision.
370 Vgl. *Helmut Coing*, Juristische Methodenlehre, S. 31.

durfte". [371] Nach anderer Auffassung ist es dagegen in der repräsentativen Demokratie „ausgeschlossen, die Entscheidungen der Rechtsanwendungsorgane unter *unmittelbarem* Rückgriff auf die (Mehrheits-)Vorstellungen des Volkes zu legitimieren." [372] Im Sinne der Lehre von der offenen Verfassung, die sich gegen eine Trennung von Staat und Gesellschaft wendet, spricht mehr für die erst genannte Auffassung. Mit der wohl überwiegenden Meinung ist gleichwohl daran festzuhalten, „daß die vom *Volk* eingesetzten und in seinem Namen handelnden Staatsorgane bei ihren Entscheidungen nicht an den jeweils feststellbaren *Volkswillen* gebunden sind". [373]

(dd) Der maßgebliche Zeitpunkt

Je nachdem auf welchen Zeitpunkt der Interpretation abgestellt wird, werden auch Unterschiede zwischen Verfassungsrecht und Wirklichkeit deutlich. [374] Es ist zunächst an das Wortverständnis des jeweiligen historischen (Verfassung)Gesetzgebers anzuknüpfen. [375] Denn der von ihm vorgegebene Entscheidungsmaßstab kann nur richtig erfasst werden, wenn sich der Interpret „in die Begrifflichkeit des Gesetzgebers hineindenkt". [376] Allerdings wird die Verfassung nicht etwa in diesem historischen Sinne angewendet. Der Wille des historischen Gesetzgebers ist vielmehr im oben dargelegten Sinne dynamisch zu verstehen. Jeder Gesetzgeber ist sich bewusst, dass seine Gesetze aufgrund der Entwicklung der gesellschaftlichen und technischen Umstände einen „Alterungsprozess" durchmachen. Auch dem Verfassungsgesetzgeber war die „so wichtige Anpassungsfähigkeit [der Verfassung, M.R.] an fortschreitende Entwicklungen" bewusst. [377] Dadurch, dass man dem Gesetzgeber so einen mutmaßlichen Willen unterstellt, wird der subjektive Wille des Gesetzgebers relativiert. Der heutige Gesetzgeber hat sich (noch) nicht geäußert, der zu ermittelnde Wille wird also idealisiert bzw. fiktionalisiert. [378] Das Bundesverfassungsgericht spricht vom objektivierten Willen des historischen Gesetzgebers, der durch das Gesetz zum Ausdruck kommt.

---

371 *Zippelius*, Juristische Methodenlehre, § 4, S. 24 [Hervorhebung im Original]; ähnlich *Ehmke*, Prinzipien der Verfassungsinterpretation, in VVDStRL 20 (1963), S. 62.

372 *Looschelders / Roth*, Juristische Methodik, S. 44 [Hervorhebung im Original].

373 *Herzog* in *Maunz / Dürig*, Grundgesetz III, Art. 20 (Juni 1978) Rn II 3.

374 *Leibholz*, Verfassungsrecht und Verfassungswirklichkeit, S. 277ff. *Leibholz* allein hat an 23 der 104 untersuchten Entscheidungen mitgewirkt, nur *Rupp* (26) hat relativ (gleiche Amtszeit) mehr bzw. absolut nur *Rinck* (24) und *Geiger* (30) (vgl. Entscheidungsregister).

375 *Stern*, a.a.O. (Fn. 33), S. 139.

376 *Looschelders / Roth*, Juristische Methodik, S. 139 (vgl. S. 207ff. für das Verfassungsrecht).

377 Vgl. *Looschelders / Roth*, Juristische Methodik, S. 207 Fn. 55.

378 Vom „fingierten" Willen und der „*rechtlichen* Fiktion" sprechen *Looschelders / Roth*, Juristische Methodik, S. 46f.; *Zippelius*, Juristische Methodenlehre, S. 22: Wille des jeweils aktuellen Gesetzgebers.

(ee) Diskussion der Meinungen

Für die subjektive Theorie sprechen das Prinzip der Rechtssicherheit und der Grundsatz der Gewaltenteilung. Ein statisches Verständnis des gesetzgeberischen Willens ist aber auch nicht unproblematisch. Um auf neue Herausforderungen zu reagieren, müssen die Vorschriften offen für Entwicklungen sein. [379] Die erhöhten formellen Änderungsvoraussetzungen für den Verfassungsgesetzgeber bringen zum Ausdruck, dass die formelle Änderung der Verfassung eine Ausnahme bleiben soll. Gegen die subjektive Theorie spricht dagegen die praktische Schwierigkeit der Ermittlung. Umgekehrt dürfen die formellen Änderungsvoraussetzungen im Gegensatz zur Interpretation auch nicht durch eine ungebremste Dynamisierung der Auslegung unterlaufen werden. Rechtsprechung und Verfassungsgebung unterschieden sich dann nicht mehr voneinander.

Für die objektive Theorie spricht der Gerechtigkeitsbezug, gegen sie die interpretatorische Willkür. Welche Auslegung jemand wählen wird, hängt nicht zuletzt davon ab „was für eine Staatsphilosophie er hat". [380] Die aktuelle Staatspraxis liefert Hinweise darauf, wie die Norm auf dem jeweiligen Stand der Zeit verstanden wird. Problematisch ist, dass die Formel vom objektivierten Willen weiter daran festhält, lediglich den Willen des Gesetzgebers zu ermitteln.[381] Eine Staatspraxis kann dann strenggenommen nicht berücksichtigt werden, denn sie ist – wie oben unter 5) c) festgestellt – nur ein Indiz für den Willen des Gesetzgebers. Unter Umständen kann der Normtext jedoch Mängel enthalten. Dort, wo die Verfassung keine eindeutigen Maßstäbe enthält, haben die Verfassungsgeber in Wahrheit noch nicht entschieden. [382]

Ziel der Auslegung ist daher in der Regel der „objektivierte Wille des [Verfassungs]Gesetzgebers", wobei jedoch bei Normtextmängeln auch die Staatspraxis herangezogen werden kann. Zu beachten ist dabei, dass die Verbindlichkeit der Norm in dem Maße sinkt, wie ihre Anwendung in das Belieben der Autoren bzw. Interpreten gestellt wird.

(3) Bundesverfassungsgericht

(aa) Begriff der „Konkretisierung"

Das Bundesverfassungsgericht selbst vermeidet weitgehend Aussagen zur Methodik der Rechtsanwendung. Anstelle von Auslegung spricht es in vielen Entscheidungen vom Begriff der „Konkretisierung". Soweit ersichtlich, benutzte es

379 Vgl. *Bydlinsky*, Methodenlehre, S. 428.

380 Vgl. *Zippelius*, Juristische Methodenlehre, S. 23.

381 Kritisch *Hesse*, Grundzüge, § 2 S. 22 Rn. 55.

382 Für *Hesse* ist das „in allen Fällen der Verfassungsinterpretation" der Fall, vgl. *ders.*, Grundzüge, § 2 S. 22 Rn. 56.

diesen Begriff im Zusammenhang mit der Anwendung verfassungsrechtlicher Normen durch Verfassungsorgane erstmals in einem Beschluss aus dem Jahre 1953. [383] Konkretisiert werden so Grundsätze [384], Kompetenzen [385], Prinzipien [386] oder grundrechtliche Schutzbereiche [387] der Verfassung durch den Gesetzgeber. [388] Das Bundesverfassungsgericht konkretisiert zahlreiche Normen auch selbst, indem es in all diesen Fällen den Vorrang der Verfassung überprüft. So hat es beispielsweise rechtsstaatliche Grundsätze für die Konkretisierung gesetzlicher Ermächtigungen [389] und für die Ermächtigung zum Erlass von Verwaltungsakten entwickelt. [390] Auch die Rechtsfortbildung durch Fachgerichte [391] ist durch den rechtsstaatlichen Grundsatz der richterlichen Rechtsbindung und Gesetzesbindung begrenzt. [392] Diese Grenze wird beispielsweise überschritten, wenn ein Gericht Rechtspositionen verkürzt, die der Gesetzgeber unter Konkretisierung allgemeiner verfassungsrechtlicher Prinzipien gewährt hat. [393]

Konkretisierung durch die Exekutive findet vor allem im Bereich der auswärtigen Politik statt: Die Bundesregierung verfüge hier über einen weit bemessenen Spielraum zu eigenverantwortlicher Aufgabenwahrnehmung, auf der Grundlage eines parlamentarischen Zustimmungsgesetzes zu einem völkerrechtlichen Vertrag. Dessen „Konkretisierung, also die konkrete Ausfüllung und Entwicklung des mit ihm niedergelegten Programms“, sei eine Aufgabe der Bundesregierung. [394] Gleiches gilt für politische Entscheidungen der Exekutive von weitreichender Bedeutung, zumal wenn sie auf einer Einschätzung, Wertung und Beurteilung politischer Vorgänge und Verhältnisse beruhen. [395]

(bb) Verfassungswandel?

Selbst wenn man auf die Rechtsquelle des Gewohnheitsrechts verzichtet, kann sich ein Widerspruch zwischen Verfassungstext und der tatsächlichen Verfassungspraxis einstellen. Einen solchen Widerspruch soll Artikel 79 Abs. 1 S. 2 GG eigentlich verhindern helfen. Dennoch gibt es – wie oben unter 4) darge-

---

383 E 2, 307 (332) – Gerichtsbezirke.

384 E 3, 19 (24) – Unterschriftenquorum; E 3, 383 (394) – Gesamtdeutscher Block; E 5, 77 (81) – Parteifreie Wählergruppen; E 6, 376.

385 Vgl. E 7, 29 (44) – Pressedelikte.

386 Vgl. E 7, 89 (92f.) – Hundesteuergesetz; E 11, 64 (72) – Hausratentschädigung.

387 E 20, 162 (192) – Spiegel.

388 Vgl. die Übersicht zum Prognosespielraum in E 50, 290 (333).

389 Vgl. E 8, 274 (325f.)

390 Vgl. E 10, 89 (108).

391 E 34, 269 (287f).

392 E 49, 304 (318f); E 57, 220 (248); E 59, 330 (334); E 65, 182 (190f, 194f).

393 Vgl E 49, 304 (319f).

394 Vgl. E 104, 151 (209) – Neue NATO-Strategie.

395 E 46, 160 (164f.); E 49, 89 (131); E 55, 349 (364f.).

stellt – auch unter dem Grundgesetz Fälle des Verfassungswandels bzw. der Verfassungsentwicklung.

Das Bundesverfassungsgericht selbst verwendet den Begriff Verfassungswandel soweit ersichtlich nur zwei Mal, und zwar stets negativ. Im Verfahren zur Haushaltsüberschreitung stellte das Bundesverfassungsgericht klar, dass kein Verfassungswandel vorliege und im Verfahren zur Bundestagsauflösung I unterschied es Fälle des Verfassungswandels von solchen der Staatspraxis. [396] Was die Literatur als „Verfassungswandel“ bezeichnet, nämlich gewandelte Bedeutungen ohne Änderungen des Textes, das ist für das Bundesverfassungsgericht lediglich eine Änderung der Staatspraxis, die damit auf neue politische Sachverhalte reagiert. Fälle des Verfassungswandels sind dann aber in der Terminologie des Bundesverfassungsgerichts nur noch vorstellbar als Änderungen der Verfassung entgegen Art. 79 Abs. 1 S. 1 GG.

(cc) Verfassungsentwicklung durch Staatspraxis

Die Staatspraxis als „schöpferisches Moment der Rechtsfindung und Rechtsgewinnung“ [397] wird im Rahmen der Verfassungskonkretisierung bedeutsam und nicht durch andere Rechtsquellen. Auch Veränderungen der Handhabung der Verfassung können so festgestellt werden. So spricht das Bundesverfassungsgericht zwar nicht ausdrücklich von Verfassungswandel, berücksichtigt aber eine gewandelte Handhabung der Norm über die Figur der Staatspraxis. In der Terminologie der Literatur ist dies – wie bereits oben unter 4) c) dargestellt – ein Fall der Verfassungsentwicklung. Wenn einfache Regelungen der Verfassung konkretisiert werden, könnte man so in Anlehnung an die Methodenlehre von einer Konkretisierung intra legem sprechen, während bei einer Konkretisierung von Prinzipien der Verfassung eine Konkretisierung praeter legem erfolgt. Diese Konkretisierungskompetenz der Staatsorgane endet dort, wo für die Literatur die Rechtsfortbildung contra legem und für das Bundesverfassungsgericht der Verfassungswandel beginnt.

Ergebnis zu 5)

Ungeschriebene Rechtsquellen liegen nicht vor. Das Bundesverfassungsgericht berücksichtigt die Staatspraxis bei der Konkretisierung der Verfassung. Es spricht nicht von Verfassungswandel, sondern berücksichtigt eine gewandelte Handhabung der Norm über die Figur der Staatspraxis.

---

396 Vgl. E 45, 1 (33) und E 62, 1 (49).

397 E 62, 1 (49) – Bundestagsauflösung I.

Ergebnis zum 2. Kapitel

Die Literatur verwendet den Begriff des Verfassungswandels und der Verfassungsentwicklung, während das Bundesverfassungsgericht von Staatspraxis spricht. Staatspraxis stellt auch nach der Literatur keine eigenen Rechtsquelle(n) dar, entfaltet aber Wirkungen für die Interpretation der Verfassung. Abgestellt wird auf ihren offenen, konkretisierungsbedürftigen Charakter. Grenzen der Verfassungswandlung durch Staatspraxis sind dabei sowohl der Verfassung als auch der Verfassungstheorie zu entnehmen. Danach soll eine Staatspraxis vor allem im Bereich des Staatsorganisationsrecht im engeren Sinne berücksichtigt werden und allenfalls ganz ausnahmsweise bei Grundrechten. Dem entspricht die bereits im 1. Kapitel betroffene Beobachtung, dass der Topos Staatspraxis überproportional bei Entscheidungen im Organstreitverfahren zum Tragen kommt.

3. Kapitel: Staatspraxis als Maßstab verfassungsgerichtlicher Beurteilung?

> Es ist nicht der Vorgang eines Verfassungswandels, der im Rückblick auf diese Entscheidungen der betroffenen obersten Verfassungsorgane sichtbar wird; es ist der Beginn einer Staatspraxis, die einem neuen, besonderen politischen Sachverhalt gerecht zu werden versuchte und auf diesem Wege die Krise löste.
> BVerfGE 62, 1 (49) – Bundestagsauflösung I

Da Verfassungstheorie und Methodenlehre die Staatspraxis bei der Verfassungsentwicklung mit berücksichtigen, kann nun untersucht werden, ob und wie weit eine solche Staatspraxis auch ein Maßstab für das Bundesverfassungsgericht ist: Welche Kompetenzen werden den Staatsorganen durch die Verfassung zugewiesen? Welche Entscheidungen des Bundesverfassungsgerichts haben sich mit der Staatspraxis auseinandergesetzt? Welche Bindung der Staatspraxis besteht an die Verfassung und deren Prinzipien? Welche Bindung wird durch diese Staatspraxis selbst ausgelöst? Wann wird die Bindung an die Verfassung überschritten? Welche Kriterien sind der Rechtsprechung für die Staatspraxis zu entnehmen?

1) Kompetenzordnung zur Verfassungsgestaltung

Kompetenznormen schaffen Handlungsspielräume der Staatsorgane. Eine Praxis der Staatsorgane in diesem Bereich ist also nicht strikt vorgezeichnet, sondern immer auch Verfassungsgestaltung. [398] Diese Kompetenz ist vergleichbar mit der Kompetenz des Bundesverfassungsgerichts, Interpretation und Rechtsfortbildung zu betreiben. Für Richterinnen und Richter ist diese Kompetenz so gut wie unbestritten, und in der Literatur wird dies auch für die Staatspraxis gefordert. [399] Das Bundesverfassungsgericht spricht davon, dass auch den anderen Staatsorganen die Befugnis zur Konkretisierung zukomme. [400] Steht einmal fest, ob überhaupt eine Kompetenz gegeben ist, dann kann im zweiten Schritt überprüft werden, wie diese Kompetenz ausgeübt wurde: Intra, praeter oder contra legem. [401]

Diese Anerkennung von Gestaltungsmöglichkeiten muss sich umgekehrt auch auf die Kontrollkompetenz des Bundesverfassungsgerichts auswirken. Wo schlägt eine vorausgehende Staatspraxis (als Gegenstand verfassungsgerichtlicher Beurteilung) um in einen Maßstab, der auch für das Bundesverfassungsgericht gilt? Um die Konkretisierung der Verfassung durch die Staatspraxis beurteilen zu können, setzt man am besten dort an, wo diese ihren logische Grenze finden: Bei der verfassungsändernden Gewalt.

a) „Änderung" der Verfassung durch Staatsorgane

(1) Formelles Verfassungsrecht

Die Kompetenzen zur Änderung der Verfassung im formellen Sinne sind mit den Artikeln 76 bis 78 klar zugunsten des Bundesgesetzgebers verteilt. Erforderlich sind eine qualifizierte Mehrheit und ein Gesetz. Während die Bundesländer immerhin über den Bundesrat (als Gesetzgebungsorgan des Bundes)

---

398 In diesem Sinne auch *Rädler*, a.a.O. (Fn. 33), passim. Im Verwaltungsrecht wird diesbezüglich von „Ermessen" gesprochen. Das BVerfG spricht häufig vom „Spielraum" (vgl. E 63, 1 (42)), wobei die Terminologie uneinheitlich ist, vgl. E 62, 354 (369): „Raum zu eigener Gestaltung".

399 Vgl. *Bryde*, Verfassungsentwicklung, a.a.O. (Fn. 33), S. 301f.: „fraglich kann nur sein, ob ihre Konkretisierung Bestand haben oder in vollem Umfang von Gerichten nachgeprüft werden kann". Kritisch zur Rechtsfortbildung durch die Gerichte: *Rüthers*, Rechtstheorie, S. 536ff. Rn. 878ff..

400 E 62, 1 (39) – Bundestagsauflösung I; vgl. *Rädler*, a.a.O. (Fn. 33), S. 630: „Die Konkretisierung, die bei Verfassungsregeln und Verfassungsprinzipien gleichermaßen erforderlich ist, muss unter der Geltung des Grundgesetzes kompetenzrechtlich begriffen werden".

401 *Bryde* verwendet den Begriff „constitutionem" statt „legem", der allerdings Verfassungsrecht im materiellen Sinne umfasst, vgl. *ders.*, Verfassungsentwicklung, a.a.O. (Fn. 33), S. 446, ihm folgend *Stern*, a.a.O. (Fn. 33), 2. Auflage 1984, S. 69ff. Kritisch *Rädler*, a.a.O. (Fn. 33), a.a.O. (Fn. 7), S. 629 Fn. 82.

mitwirken, ist eine Beteiligung des Volkes an der Verfassungsänderung auf Bundesebene nicht vorgesehen. [402] Die Änderung der Verfassung ist daher nur Staatsorganen vorbehalten.

Eine Änderung der Verfassung ist keine Staatspraxis im Sinne dieser Untersuchung, wirkt sich aber auf diese aus. Umgekehrt kann eine Staatspraxis auch der Anlass oder sogar der entscheidende Grund für eine formelle Änderung sein. So war die Staatspraxis, die konkurrierende Gesetzgebungszuständigkeit des Bundes gegen die Intention des Art. 72 Abs. 2 GG a. F. auszuschöpfen, einer der wesentlichen Punkte der Föderalismusreform I. Die Rahmenkompetenz, die einen Unterfall der konkurrierenden Gesetzgebungskompetenz bildete, war zwar nicht als „Vollkompetenz" konzipiert, wurde aber in der Staatspraxis vom Bund als solche angesehen. [403] Die Verfassung formell „ändern" darf eine Staatspraxis selbst nicht. [404]

Aber die Übergänge zwischen Veränderung und Änderung der Verfassung sind bisweilen fließend. Nicht selten nimmt eine formelle Verfassungsänderung eine gewachsene Staatspraxis auf und prägt so das geltende Verfassungsrecht. So hat zum Beispiel der 1969 eingefügte Art. 91b GG nur eine ältere Staatspraxis kodifiziert. [405]

Und es gibt auch den umgekehrten Fall, dass von einer vorhandenen Kompetenz praktisch wenig bis gar nicht Gebrauch gemacht wird. So sah Art. 71 GG die Möglichkeit vor, die Länder zur Gesetzgebung im Bereich der ausschließlichen Gesetzgebung zu ermächtigen, was aber in der Staatspraxis nur ausnahmsweise vorgekommen ist. [406] Art. 72 Abs. 3 und Art. 125a GG a.F. waren Beispiele für die Möglichkeit, Öffnungs-, Erprobungs- und Experimentierklauseln zu schaffen. Es stand dem Bundesgesetzgeber frei, ob und für welche Gegenstände er von dieser Möglichkeit Gebrauch macht. Er hat es aber nicht getan. [407]

Sieht man in der Veränderung der Verfassung durch eine Staatspraxis eine bloß informelle oder „informale" Veränderung, dann kann man diese auch als Gegenstück zur formalen oder förmlichen Änderung der Verfassung betrach-

---

402 Vgl. *Bryde*, Verfassungsentwicklung, a.a.O. (Fn. 33), S. 295.

403 Vgl. *Ipsen*, NJW 2006, S. 2803; Rahmenkompetenzen wurden abgeschafft, vgl. BGBl. I S. 2034.

404 Vgl. zur Frage, ob sich Art. 79 Abs. 1 S. 1 GG nur auf förmlich gesetztes Recht bezieht, unten, S. 169 mwN.

405 Vgl. §§ 7f. Gesetz über die Gemeinschaftsaufgabe „Ausbau und Neubau von Hochschulen" (HSchulBG), BGBl. I 1969, 1556); Rahmenvereinbarung über die gemeinsame Förderung der Forschung nach Art. 91 b GG, vom 28. November 1975, GVBl. 1976, 1451.

406 Beispiel bei *Ipsen*, a.a.O. (Fn. 403): § 22 PartG a.F. (Wahlkampfkostenerstattung bei Landtagswahlen).

407 Vgl. den Gesetzentwurf BT-Drs. 14 /2442 (mit Öffnungsklauseln für verschiedene Bundesgesetze).

ten. [408] In diesem Sinne bilden Änderung und Veränderung der Verfassung zwar zwei gegensätzliche, aber doch stets auf einander bezogene Pole des Verfassungsprozesses.

(2) Materielles Verfassungsrecht

Auch die Änderung des Verfassungsrechts im materiellen Sinne findet ganz überwiegend durch den Bundesgesetzgeber statt. [409] Besondere Anforderungen im Sinne einer qualifizierten Mehrheit sind grundsätzlich nicht erforderlich. Soweit hier Verfassungsrecht förmlich geändert wird, handelt es sich auch hier nicht um eine Staatspraxis im Sinne dieser Untersuchung. Auch hier geben jedoch viele Gesetzesbegründungen wieder, dass das Gesetz der Praxis „angepasst" werden solle. Ein Beispiel ist die Änderung des Wahlprüfungsgesetzes: Es entspreche der „langjährig geübten Praxis des Wahlprüfungsausschusses", von einer mündlichen Verhandlung abzusehen, wenn der Einspruch unzulässig oder offensichtlich unbegründet ist. [410] Tatsächlich wurde bereits seit der 7. Wahlperiode keine mündliche Verhandlung mehr durchgeführt. Künftig wird eine Verhandlung nach Maßgabe des Gesetzes nur noch dann anberaumt, wenn von ihr eine weitere Förderung des Verfahrens zu erwarten ist.

Ausdrückliche Kompetenz-Zuweisungen an den jeweiligen Gesetzgeber finden sich sowohl im Bereich der Grundrechte [411], im engeren Bereich der Staatsorganisation[412] als auch im Bund-Länder-Verhältnis. [413] Beispiele für die ausdrückliche Zuweisung an den Bundesgesetzgeber bietet vor allem das Wahlrecht (Art. 38 Abs. 3 GG). Der daraus abgeleitete „weite Gestaltungsspielraum" des Gesetzgebers folgt nicht erst aus Sinn und Zweck der Norm, sondern auch aus dem Wortlaut und dem erkennbarem Willen des Verfassungsgesetzgebers. [414] Die Antragsteller betonten hier den engen Ermessensspielraum, während der Bundesminister des Innern einen weiten Spielraum des Gesetzgebers bei der

---

408 Zur Normativität informaler Regeln vgl. auch *Morlok*, Informalisierung und Entparlamentarisierung, in VVDStRL 62 (2003), S. 50f.: „Die Normativität ist schwächer als bei einer Rechtsregel, gegebenenfalls wird eingestanden, man handele in einer ‚Grauzone'. Informale Regeln nähern sich damit dem Gewohnheitsrecht an: *usus continuus* und *opinio necessitatis*".

409 Vgl. zum Begriff *Bryde*, Verfassungsentwicklung, a.a.O. (Fn. 33), S. 59, und zur Besonderheit einiger Vorschriften im XI. Kapitel des Grundgesetzes als „bloß formelles Verfassungsrecht" S. 75 Fn. 104 mwN; vergleichbare Phänomene gibt es auch im Landesverfassungsrecht, sind hier jedoch als Untersuchungsgegenstand ausgeklammert.

410 Vgl. den Gesetzentwurf BT-Drs. 16/7463. Der Entwurf orientiert sich an § 48 Abs. 3 BVerfGG, vgl. BT-Drs. 12/3628, S. 12.

411 Beispiele: Art. 2 Abs. 2, Art. 10 Abs. 2, Art. 11 Abs. 2, Art. 12 Abs. 1 GG.

412 Beispiele: Art. 38 Abs. 3 GG, Art. 41 Abs. 3 GG, Art. 48 Abs. 3 S. 3 GG.

413 Beispiele: Art. 24 Abs. 1, Art. 28 Abs. 2, Art. 59 Abs. 2, Art. 109 Abs. 3, Art. 110 Abs. 2, Art. 106 Abs. 3 GG.

414 Vgl. E 95, 335 – Überhangmandate II.

Ausgestaltung des Wahlrechts forderte. Das Bundesverfassungsgericht stellte ebenfalls einen weiten Gestaltungsspielraum fest. Der Verfassungsgeber habe bewusst darauf verzichtet, ein Wahlsystem (Mehrheits- oder Verhältniswahlrecht) und dessen Durchführung verfassungsrechtlich vorzuschreiben. Er habe damit ein Stück materiellen Verfassungsrechts offengelassen, das vom Wahlgesetzgeber auszufüllen sei.[415] Soweit das Grundgesetz die Entscheidung eindeutig einem anderen Verfassungsorgan zuweist, darf diese Entscheidung also nicht wieder durch die eigene Konkretisierung des Bundesverfassungsgerichts unterlaufen werden.[416] Für eine Rechtsfortbildung durch das Bundesverfassungsgericht verbleibt hier wenig Raum. Ein weiteres Beispiel für die Wahrnehmung dieses Gestaltungsspielraumes beim Wahlrecht ist die gesetzliche Einführung des Quotenverfahrens mit Restausgleich nach größten Bruchteilen mit Mehrheitsklausel (Niemeyer). Dieses ersetzte zunächst das Divisorverfahren (d'Hondt).[417] In dieser Entscheidung stellte das Bundesverfassungsgericht auch fest, dass keine Ausgleichsmandate für Überhangmandate vergeben werden müssen, solange die „Wahlkreise im Rahmen des möglichen annähernd gleich groß" sind und sich das Ganze „im Rahmen" verhalte.[418]

Die Auslegung von Gesetzen wird vom Bundesverfassungsgericht nicht als Staatspraxis bezeichnet. Dies ist dann nicht unproblematisch, wenn es sich um eine „ständige Rechtspraxis" handelt, die sich möglicherweise bereits über einen langen Zeitraum erstreckt – und aus der sich dann eine unvorhergesehene verfassungsrechtliche Problematik ergibt. So ging der Gesetzgeber des Bundeswahlgesetzes 1956 bis zum Jahr 1997 davon aus, dass nach seiner Regelung Überhangmandate der begünstigten Partei ohne Verrechnung verblieben.[419] Die herrschende Auffassung und ständige Rechtspraxis verstünden die Verweisungen des § 7 Abs. 3 BWG auf § 6 BWG so, dass die Anrechnung von Direktmandaten auf den nach dem Zweitstimmenergebnis ermittelten Sitzanteil der jeweiligen Partei (Verhältnisausgleich) erst stattfinden solle, nachdem die Sitzzahl, die bei der Oberverteilung für die verbundene Liste ermittelt wurde, auf die ein-

415 Vgl. E 95, 335 – Überhangmandate II. Antragsteller auf S. 341 einerseits und der Bundesminister des Inneren auf S. 343 andererseits, sowie das BVerfG auf S. 349. Differenzierend das Sondervotum auf S. 376.

416 Vgl. *Bryde*, Verfassungsentwicklung, a.a.O. (Fn. 33), S. 297f..

417 Es wurde erstmals bei der Wahl zum 11. Deutschen Bundestag am 25. Januar 1987 angewendet (§ 6 Bundeswahlgesetz in der Fassung vom 8. März 1985) und war verfassungsgemäß, vgl. E 79, 169 (171) – Überhangmandate I. Später wurde das Verfahren nach *Sainte Lague/Schepers* eingeführt, vgl. BGBl. I, S 394.

418 E 79, 169 (171f.) Es sei eine „notwendige Folge des besonderen Charakters der personalisierten Verhältniswahl" (st. Rspr., E 7, 63 (74 f.); 16, 130 (139 ff.)).

419 Vgl. E 95, 335 (347f.) – Überhangmandate II: Bundestag „das [...] zur Wahlprüfung berufene Staatsorgan [hat] in 40jähriger Spruchpraxis" die §§ 6 und 7 BWG stets im Sinne der herrschenden Auffassung angewandt".

zelnen Landeslisten unterverteilt wurde. [420] Im Jahre 2008 tauchte dann, im Wesentlichen durch diese Überhangmandate verursacht, das Problem des sog. negativen Stimmgewichts auf: Dabei entfalten die Zweitstimmen der Wählerinnen und Wähler ihre Wirkung bei der Mandatsverteilung nicht etwa zu Gunsten, sondern zu Lasten der gewählten Partei. Auch die Beachtung einer „gefestigte(n) Rechtsüberzeugung und Rechtspraxis“ [421] durch das Bundesverfassungsgericht vermochte dieses paradoxe Ergebnis nicht länger aufrecht zu halten. Das Bundesverfassungsgericht erklärte die Regelungen insoweit für unvereinbar mit der Verfassung und setzte dem Gesetzgeber eine „angemessene“ Frist zur Neuregelung.

Soweit vorhanden, entscheiden also die vorrangigen Kompetenznormen der formellen Verfassung auch darüber mit, wer das Verfassungsrecht im materiellen Sinne ändern darf. Umgekehrt dürfen einfache Gesetze wegen des Vorrangs der Verfassung die formelle Verfassung nicht ändern. [422]

b) „Veränderung“ der Verfassung - Verfassungsentwicklung durch Staatspraxis

Eine ähnliche Zuweisung von Kompetenzen wie bei der Verfassungsänderung gilt es nun auch für den eigentlichen Anwendungsbereich der Staatspraxis zu suchen, die Veränderung und Entwicklung der Verfassung. Beispiele für solche „Veränderungen“ sind die graduelle Ausweitung und die Nichtwahrnehmung von Kompetenzen sowie die „Lückenfüllung“, wie sie zuvor bereits von G. Jellinek und Hsü untersucht worden waren. Die Literatur verwendet hierfür den Begriff des Verfassungswandels. [423] Nach der vom Bundesverfassungsgericht entwickelten Vermutung der „fairen und loyalen“ Anwendung kann dabei vorläufig unterstellt werden, dass das Ziel der Verfassungsorgane darin besteht, die eigenen Kompetenzen innerhalb der vorhandenen Bindungen auszuschöpfen, nicht aber die Verfassung jenseits der formellen Anforderungen des Art. 79 GG zu ändern. Bei „Streitigkeiten über den Umfang der Rechte und Pflichten“ entscheidet ggf. das Bundesverfassungsgericht (Artikel 93 Abs. 1 Nr. 1 GG).

---

420 Vgl. E 95, 335 (347f.) – Überhangmandate II: Die abweichende Auffassung entnahm dem Sinn und Zweck des § 7 Abs. 2 BWG die Verrechnung, was das BVerfG nicht überzeugte.

421 E 121, 266 (298) – negatives Stimmgewicht.

422 Vgl. zum Problem des „stillen Verfassungswandels“, *Lerche*, Stiller Verfassungswandel als aktuelles Politikum, FG Maunz, S. 285ff..

423 Vgl. *Badura* in HdStR VII, § 160 Rn. 15.

(1) Formelles Verfassungsrecht

(aa) Konkretisierung durch das BVerfG

Wie bereits festgestellt, ist die Änderung der Verfassung nur Staatsorganen vorbehalten. Der Bundesgesetzgeber hat dabei zentrale Bedeutung. Für die nichtförmliche Veränderung der Verfassung ist naturgemäß kein einzelnes Staatsorgan vorgesehen. Immerhin vorstellbar wäre aber hier eine allgemeine Auffangkompetenz des Gesetzgebers, beispielsweise zur Lückenfüllung. [424] Das Bundesverfassungsgericht selbst betont auf der einen Seite immer wieder, dass Kompetenznormen „strikt" auszulegen seien. [425] Auf der anderen Seite hat das Bundesverfassungsgericht für sich selbst methodisch eine allgemeine Kompetenz zur Rechtsfortbildung in Anspruch genommen.[426] In einigen Entscheidungen hat das Bundesverfassungsgericht seine Kontrollkompetenzen weit interpretiert, in anderen hat es sie dagegen zurückgenommen. [427]

Darüber hinaus betont das Bundesverfassungsgericht auch eigene Spielräume der anderen Staatsorgane. [428] Der Grundsatz des judicial self-restraint ziele darauf ab, den von der Verfassung für die anderen Verfassungsorgane garantierten „Raum freier politischer Gestaltung offenzuhalten". Das gelte sowohl gegenüber der Legislative, als auch gegenüber der Exekutive. [429] Die Kompetenzordnung zur Verfassungsgestaltung schafft also eigenverantwortliche Spielräume für Verfassungsgestaltung. Sofern Kompetenznormen einen offenen Tatbestand aufweisen, verwendet das Bundesverfassungsgericht dafür den Begriff der „Konkretisierung": Die Befugnis zur Konkretisierung von Bundesverfassungsrecht komme nicht allein dem Bundesverfassungsgericht zu, sondern auch anderen obersten Verfassungsorganen. [430]

(bb) Konkretisierung durch Staatspraxis

In der Literatur ist in diesem Zusammenhang auch die Rede von einer „Vor-Interpretation"[431], „tätige[r] Verfassungsinterpretation" [432], oder von der „verfas-

---

424 Vgl. Art. 65 Ziff. 16 Verfassung der Republik Estland zugunsten des Parlaments, vgl. www.president.ee/en/estonia/constitution.php [gesehen am 12. Dezember 2008].

425 Vgl. E 12, 205 (228) – 1. Rundfunkentscheidung, allgemein zur Auslegung von Kompetenznormen *Stern*, Staatsrecht II, S. 607ff..

426 E 34, 269 (287f.) – Soraya.

427 Weitgehend: Die allgemeine Handlungsfreiheit in E 6,32 (36) – Elfes; Zurückhaltend dagegen beim Gemeinschaftsrecht: E 102, 147 (162) – Bananenmarkt.

428 Vgl. schon E 36, 1 (15) – Grundlagenvertrag.

429 E 62, 1 (50) mit Hinweisen auf E 50, 290 (333) bzw. E 46, 160 (164 f.); E 49, 89 (131); E 55, 349 (364f.).

430 E 62, 1 – Bundestagsauflösung. Leitsatz 4a) und b); vgl. hierzu auch *Hesse*, Grundzüge, § 2 S. 24 Rn. 60-78.

431 *Schulze-Fielitz*, Informale Verfassung, S. 125.

sungskonkretisierenden Staatspraxis". [433] Stellte das Bundesverfassungsgericht zunächst fest, dass dem Gesetzgeber eine „authentische Interpretation der Verfassung" grundsätzlich verwehrt sei [434], so bezeichnete es in einer späteren Entscheidung den Gesetzgeber immerhin als „Erstinterpreten des Grundgesetzes". [435]

Ein Beispiel für eigenständige Gestaltungsspielräume des Gesetzgebers in grundrechtlich gewährleisteten Bereichen ist der Auftrag zur Gewährleistung der Rundfunkfreiheit (Art. 5 Abs. 1 Satz 2 GG). Der Auftrag zielt auf eine Ordnung, deren Ausgestaltung Aufgabe des Gesetzgebers ist. Dabei stehe ihm ein „weiter Gestaltungsspielraum" zu. [436] Weitere Beispiele finden sich im Bereich des Wirtschafts- und Sozialrechts. [437] Die vom Grundgesetz garantierte Autonomie der Verfassungsorgane stellt einen anderen Bereich eigenständiger Gestaltungsspielräume dar. Bei der Auslegung von Geschäftsordnungen sind „Tradition und Praxis" mit heranzuziehen. [438] Bei der Auslegung von Kompetenznormen im Bund-Länder-Verhältnis komme der Staatspraxis schließlich sogar „besonderes Gewicht" zu. [439]

(cc) Konkretisierungskonkurrenzen

Mangels Auffangkompetenz zu Gunsten eines Staatsorganes kommt es bei der Veränderung der Verfassung zu Konkretisierungskonkurrenzen. Nach wohl überwiegender Ansicht soll jeder Staatsgewalt ein Kernbereich durch Art. 2 Abs. 2 GG gewährleistet sein. [440] Einschlägige Organisationsnormen bieten aber wenig Anhaltspunkte, wie der Umfang dieses Kerns zu bestimmen ist. Zudem kann dabei nur bedingt auf das Prinzip der Gewaltenteilung zurückgegriffen werden. Es ist nicht immer zwingend notwendig, von einer Kompetenz des einen auf die Begrenzung der Kompetenzen anderer zu schließen. Das Grundgesetz sieht nämlich an mehreren Stellen gerade keine strenge Gewalten*teilung* vor. Zahlreichen Vorschriften ist vielmehr der Gedanke einer Aufteilung und

432 *Isensee* in HdStR VII, § 162 S. 141 Rn. 64.

433 *Cremer,* Anwendungsorientierte Verfassungsauslegung, S. 362.

434 E 12, 45 (53) – Kriegsdienstverweigerung I; anders: E 95, 335 (347f.) – Überhangmandate II.

435 E 101, 158 (236) – Finanzausgleich III.

436 St. Rspr., vgl. E 57, 295 (321f.), (325f.); E 83, 238 (296), (315f.).

437 Vgl. E 77, 84 (106) – Arbeitnehmerüberlassung: „weite Gestaltungsfreiheit" auf dem Gebiet der Arbeitsmarkt-, Sozial- und Wirtschaftsordnung; E 81, 156 (205): „besonders weite Gestaltungsfreiheit […] Gebiet des Sozialrechts".

438 Vgl. bereits E 1, 144 (148f.). Art. 40 Abs. 1 S. 2; Art. 52 Abs. 3 S. 2; Art. 65 S. 4 – Genehmigung durch den Bundespräsidenten erforderlich; Art. 77 Abs. 2 S. 2 GG – Zustimmung des Bundesrates erforderlich.

439 Vgl. Staatspraxis und Auslegung von Kompetenznormen, unten S. 125ff..

440 E 9, 268 (280); E 30, 1 (27f.); kritisch *Hesse*, Grundzüge, § 13 S. 208 Rn. 478: „wo dieser Kernbereich beginnt, bleibt eine offene Frage".

Verschränkung der Gewalten zu entnehmen. [441] So regelt Artikel 65 GG als zentrale Kompetenznorm der Bundesregierung die Kompetenzverteilung innerhalb der Regierung. Kompetenzen im Verhältnis zu anderen Verfassungsorganen können der Vorschrift aber nicht entnommen werden. [442] Es ist zunächst festzuhalten, dass dem Grundgesetz ein Gewaltenmonismus in jeder Form unbekannt ist, während gleichzeitig Durchbrechungen einer strikten Gewaltenteilung vorhanden sind.

In der Literatur wird einerseits hervorgehoben, dass das politisch handelnde Staatsorgan in der gewaltenteiligen Ordnung des Grundgesetzes nur das erste, nicht aber das alleinige und nicht das letztverbindliche Wort in der staatsamtlichen Auslegung der Verfassung habe. [443] Kritisiert wird aber auch, dass gerade die Staatsrechtslehre dazu neige, sich auf die Rechtsprechung des Bundesverfassungsgerichts zu konzentrieren und dabei die Exekutive und Legislative zu vernachlässigen. [444]

Bereits im Grundgesetz sind zahlreiche Einschränkungen der Kontrollkompetenz des Bundesverfassungsgerichts angelegt: Art. 100 GG gibt dem Bundesverfassungsgericht kein Prüfungs-, sondern nur ein Verwerfungsmonopol. Die verfassungskonforme Auslegung ist (auch) Sache der Fachgerichte. [445] Nicht nur das Bundesverfassungsgericht, sondern auch der Bundespräsident übt ein Prüfungsrecht zur Verfassungsmäßigkeit von Gesetzen aus. Und schließlich besitzt das Bundesverfassungsgericht keine Befugnis zur Ausweitung seiner eigenen Kompetenzen („Kompetenz-Kompetenz"). Die Kompetenzen des Bundesverfassungsgerichts sind in Art. 93 GG aufgezählt. Das Bundesverfassungsgericht kontrolliert, ob andere Verfassungsorgane ihre Befugnis zu Recht wahrgenommen haben. Es entscheidet über Kompetenzkonflikte, sofern sie ausgetragen werden. Die Aufzählung in Art 93 Abs. 2 GG ist aber abschließend. Eine analoge Anwendung des Art. 93 GG ist daher in jedem Fall unzulässig. [446] Nur der Bundesgesetzgeber ist hier befugt, den Katalog zu erweitern. Dies entspricht dem oben bereits festgestellten Primat zur Verfassungsentwicklung. [447]

Eine Konkretisierungszuweisung an den Bundestag enthält beispielsweise Art. 94 Abs. 1 S. 2 GG hinsichtlich des Wahlverfahrens für Richterinnen und Richter am Bundesverfassungsgericht. Die Staatspraxis der indirekten Wahl durch einen Ausschuss ist daher in der Literatur umstritten, während sich das Bundesverfassungsgericht dazu bislang nicht geäußert hat. Weder kann allein

441 Beispiele: Art. 20 GG, Art. 94 Abs. 2 GG, Art. 79 GG.

442 *Jarras / Pieroth*, GG, Art. 65 Rn. 2.

443 *Isensee* in HdStR VII, § 162 S. 140 Rn. 63.

444 *Schlink*, Die Entthronung der Staatsrechtswissenschaft durch die Verfassungsgerichtsbarkeit, in Der Staat 28 (1989), S. 162.

445 Vgl. *Bryde*, Verfassungsentwicklung, a.a.O. (Fn. 33), S. 302 Fn. 21 mwN.

446 E 2, 341 (346); 21, 52 (53).

447 Vgl. oben S. 67.

der Hinweis darauf überzeugen, dass eine nunmehr 50-jährige Staatspraxis die indirekte Wahl etabliert habe, noch die Kritik, dass die verfassungsrechtlichen Anforderungen an eine „demokratische Legitimationsbasierung im Parlament" von der spezifischen Praxis „konterkariert" worden seien. [448] Angesichts der Offenheit des Verfassungsrechts und angesichts des politischen Gewichts seiner Entscheidungen ist die indirekte Wahl der Richterinnen und Richter hinzunehmen, auch wenn zu Recht darauf hingewiesen wird, dass bei der Wahl „Fraktionalisierung und Pluralisierung mit einer gewissen (faktischen und nicht rechtlichen) Notwendigkeit" durchschlügen. [449] Ausgehend vom Primat der Verfassungsentwicklung durch den Gesetzgeber ist es daher in erster Linie dessen Aufgabe, etwas an der Offenheit des Verfassungsrechts in der Frage der Wahl der Richterinnen und Richter zu ändern, und nicht diejenige des Bundesverfassungsgerichtes.

(2) Konsequenzen für das materielle Verfassungsrecht

Der Staatspraxis kommt dann eine besondere Bedeutung zu, wenn der eingeschränkte Regelungsgehalt eines Gesetzes – wie sich möglicherweise erst sehr spät herausstellt – durch eine langjährige Praxis überschritten wurde. Diese Frage stellte sich für das Bundesverfassungsgericht 1998 beispielsweise bei der Frage des sog. Nachrückens in Überhangmandate (§ 48 Abs. 1 BWG). Nach der Auslegung durch den Bundestag war die Nachfolge für einen ausgeschiedenen Wahlkreisabgeordneten möglich, dessen Partei in dem betreffenden Land über Überhangmandate verfügte. Es entsprach zudem der „seit 1953 der ständigen Wahlrechtspraxis". [450]

Das Bundesverfassungsgericht folgte dem zwar nicht dem Grunde nach. Es stellte aber gleichwohl fest, dass diese Auslegung „für die 13. Legislaturperiode noch hingenommen werden" könne. [451] Zuvor hatte das Bundesverfassungsgericht unterstrichen, dass der Regelungsgehalt den die Praxis der Norm zugemessen habe als gültiger Bestandteil des Wahlrechts erschienen sei, auf dessen Wirksamkeit Wähler und Wahlbewerber ihre Entscheidungen ebenso gegründet

448 Vgl. *Stern*, a.a.O. (Fn. 425), § 32 IV 3 b (S. 363): „Verfassungswidrigkeitsargument [hat] nach fast 30-jähriger Praxis der indirekten Wahl an Durchschlagskraft verloren"; kritisch *Tschentscher*, Rechtsrahmen und Rechtspraxis der Bestellung von Richterinnen und Richtern zum Bundesverfassungsgericht, S. 111.

449 Differenziert: *Schlaich / Korioth*, a.a.O. (Fn. 44), S. 34 Rn. 46.

450 E 97, 317 (322) – Überhangmandate-Nachrücker.

451 E 97, 317 (322): „weil sie seit 1953 der ständigen Wahlrechtspraxis zugrunde liegt." und S. 330: „Hieraus [Regelung wurde bislang nicht angefochten, M.R.] wird deutlich, daß die jahrzehntelange, rechtlich unumstrittene Auslegung des § 48 Abs. 1 BWG (und zuvor des § 54 BWG 1953) der im Wahlrecht in besonderem Maße gebotenen Rechtsklarheit (vgl. BVerfGE 79, 161 [168]) scheinbar genügte." Diese „erschien als gültiger Bestandteil des Wahlrechts".

hätten wie der Deutsche Bundestag, Abgeordnete und Fraktionen. [452] Damit kann eine Staatspraxis einen (wenn auch begrenzten) Vertrauenstatbestand schaffen, der zumindest in dieser Hinsicht gesetzesähnlich wirkt. Das Nachrücken in die Überhangmandate hatte sich daher bis zur Entscheidung des Bundesverfassungsgerichts gewohnheitsrechtlich stabilisiert, allerdings ist diese Verfestigung durch die Entscheidung des Bundesverfassungsgerichts endgültig erschüttert worden. Dort, wo das formelle Verfassungsrecht nicht entgegensteht, kann sich daher materielles Verfassungsrecht auch auf andere Weise als durch formelle Gesetze bilden: Die Kompetenzordnung erlaubt den Staatsorganen sowohl die Bildung von Gewohnheitsrecht als auch von sog. Konventionen.

(aa) Gewohnheitsrecht

Die gleichen Bedenken gegen die Bildung von Gewohnheitsrecht wie beim formellen Verfassungsrecht stellen sich daher beim Verfassungsrecht im materiellen Sinne nicht: Es ist am Maßstab der formellen Verfassung jederzeit überprüfbar. Die Literatur hält grundsätzlich Gewohnheitsrechtsbildung überall dort für möglich, wo sich das Bundesverfassungsgericht noch nicht negativ dazu geäußert hat. [453]

Im Bereich zwischen Bundes- und Völkerrecht ist die Zahl der Entscheidungen des Gerichts relativ überschaubar. Nicht zuletzt deshalb nehmen einige Stimmen in der Literatur gewohnheitsrechtliche Ausnahmen von der Vertretungskompetenz des Bundespräsidenten (Art. 59 Abs. 1 GG) an. [454] Der eigentliche Grund ist jedoch, dass das Bundesverfassungsgericht hier schon früh von einer „stillschweigenden Bevollmächtigung" der Bundesregierung durch den Bundespräsidenten ausgegangen ist. [455] Beim Lindauer Abkommen haben sich beide Seiten ihre Rechtsauffassung in dieser Frage vorbehalten. [456] Im Bereich zwischen Bundes- und Landesverfassungsrecht gilt ähnliches wie zwischen Bundes- und Völkerrecht. Beispielsweise wird der Handlungsmaßstab des Bundesrates zwar ausschließlich durch das Bundesrecht bestimmt [457], es stellt sich aber immer wieder die Frage, wie weit dieser Maßstab reicht. Die Staatspraxis hat aus dem Recht der Landesregierung, ihre Vertreter im Bundesrat zu bestellen und abzuberufen (Art. 51 Abs. 1 Satz 1 GG), ein Recht der Landesregierung zu

452 E 97, 317 (330).

453 Vgl. *Tomuschat*, Verfassungsgewohnheitsrecht?, a.a.O. (Fn. 29), S. 36.

454 Vgl. *Streinz* in *Sachs*, Grundgesetz, Art. 59 Rn. 11; *Tomuschat*, Verfassungsgewohnheitsrecht?, a.a.O. (Fn. 29), S. 29 ff..

455 Vgl. E 68, 1 (82) – Atomwaffenstationierung; vgl. *Tomuschat*, Verfassungsgewohnheitsrecht?, a.a.O. (Fn. 7), S. 36.

456 Vgl. *Tomuschat*, Verfassungsgewohnheitsrecht?, a.a.O. (Fn. 29), S. 36.

457 E 106, 310 (334): „Rangverhältnisse des Landesverfassungsrechts spielen auf der Bundesebene keine Rolle."

Weisungen an ihre Mitglieder im Bundesrat abgeleitet. [458] Das Bundesverfassungsgericht hat im Verfahren zum Zuwanderungsgesetz entschieden, dass die Verfassung die „Praxis der landesautonom bestimmten Stimmführer“ akzeptiere. [459] Während nach allgemeiner Meinung das Landesverfassungsrecht hier weder dem Ministerpräsidenten die Richtlinienkompetenz gewährt, noch dem Landtag das Recht einräumt, den Vertretern des Landes im Bundesrat verbindliche Weisungen zu erteilen (sog. imperatives Mandat) [460], entwickelt sich aber für die zweite Alternative bereits eine gegenläufige Verfassungspraxis in Angelegenheiten der Europäischen Union: Für diesen Fall sehen Art. 34 a der Verfassung des Landes Baden-Württemberg und der wortgleiche Art. 76 a der Verfassung des Saarlandes eine Bindungswirkung der Stellungnahme des Landtages vor. [461] Sofern das Verbot des imperativen Mandates bereits materielles (Bundes-)Verfassungsgewohnheitsrecht darstellte, wären diese Landesgesetze verfassungswidrig. Allerdings sprechen Art. 50 GG und Art. 79 Abs. 3 GG von einer „Mitwirkung der Länder“ (und nicht der Landesregierungen) an der Bundesgesetzgebung. Das Grundgesetz überlässt daher die Willensbildung der Länder in dieser Frage dem Landesverfassungsrecht. [462] Wenn dies also eine bewusste Entscheidung des Verfassungsgebers ist und keine sog. „Lücke“, dann darf diese durch die Entstehung von Gewohnheitsrecht auch nicht unterlaufen werden.

In Bereich des Parlaments- und Geschäftsordnungsrechts gibt es zwar durchaus viele Entscheidungen des Bundesverfassungsgerichts, jedoch hat hier das Bundesverfassungsgericht selbst bereits früh auf die Bedeutung der Praxis hingewiesen. [463] Beispiele in der Literatur sind die Wahl des Bundestagspräsidenten auf Vorschlag der stärksten Fraktion im Bundestag [464], die Pflicht von Regie-

---

458 vgl. E 8, 104 (120) – Volksbefragung.

459 E 106, 310 (330f.) – Zuwanderungsgesetz.

460 Verneinend E 8, 104 (120 f.) – Volksbefragung (obiter dictum): „nach der Struktur des Bundesrats ausgeschlossen.“ und die ganz h.M., vgl. *Korioth* in *von Mangoldt / Klein / Starck (Hrsg.)*, GG, Art. 51 Rn. 25; *Krebs* in *von Münch / Kunig*, Grundgesetz-Kommentar, Art. 51 Rn. 14; *Maurer*, Staatsrecht I, § 16 S. 492 Rn. 9; jeweils mwN; a. A. *von Mangoldt / Klein (Hrsg.)*, Art. 51 Anm. IV 3 b.

461 Artikel 34a Abs. 2 der Verfassung des Landes Baden-Württemberg vom 11. November 1953 (GBl. S. 173), zuletzt geändert durch Gesetz vom 23. Mai 2000 (GBL S. 449) und wortgleich Art. 76 a der Verfassung des Saarlandes vom 15. Dezember 1947 (Amtsblatt S. 1077), zuletzt geändert durch Gesetz vom 5. September 2001 (Amtsblatt S. 1630): „Bei Vorhaben, die Gesetzgebungszuständigkeiten der Länder wesentlich berühren, berücksichtigt die Landesregierung die Stellungnahmen des Landtags. Entsprechendes gilt bei der Übertragung von Hoheitsrechten der Länder auf die Europäische Union“.

462Vgl. *von Mangoldt / Klein (Hrsg.)*, GG, Art. 51 Anm. IV 3 b); a.A. *Korioth* in *von Mangoldt / Klein / Starck (Hrsg.)*, GG, Art. 51 Rn. 2, 25; *Krebs* in *von Münch / Kunig*, Art. 51 Rn. 14.

463 E 1, 144 – Geschäftsordnungsautonomie.

464 *Bücker* in *Ritzel / ders.*, Handbuch für die Parlamentarische Praxis, § 10 Rn. 1e (Bearbeitung 1993); vgl. *Stern*, a.a.O. (Fn. 425), wonach es „schwer auszumachen; sei, wie weit

rungsmitgliedern, vor dem Bundestag und seinen Ausschüssen Auskunft zu geben [465], und der Grundsatz der parlamentarischen Diskontinuität. [466] Allerdings ist festzustellen, dass die Geschäftsordnungen regelmäßig erneuert und angepasst werden, ohne dass das Bundesverfassungsgericht dieses als gewohnheitsrechtswidrig festgestellt hätte. Gerade in diesem Bereich betont das Bundesverfassungsgericht ja, dass flexible Regelungen notwendig seien. Die normative Bedeutung dieser Regeln könnte auch auf andere Weise erfasst werden.

(bb) Konventionen

Eine bestimmte Gruppe von Regeln wird in Anlehnung an die conventions des britischen Verfassungsrechts als „Konventionen" bezeichnet. [467] In der britischen Verfassungsordnung stellen die conventions die dritte Säule neben statutes und common law dar. Es handelt sich dabei um Regeln der Verfassungsordnung, die entweder auf Gewohnheit, Praxis oder auf Zweckmäßigkeit der Verfassungsorgane beruhen. [468] Ein Beispiel ist das durch conventions eingeschränkte Ermessen der Queen, das Parlament (nur) auf Anweisung des Premiers aufzulösen.

Dicey hatte beschrieben, dass conventions die Art und Weise festlegten, in der das Ermessen der Exekutive ausgeübt werden solle. [469] Anders als beim Gewohnheitsrecht ist bei Konventionen keine langjährige Praxis erforderlich. Es genügt, wenn die Staatsorgane zum Ausdruck bringen, dass sie die Konventionen als verbindlich anerkennen. [470] Da die Konventionen von der Anerkennung der Staatsorgane abhängen, können sie ebenso wieder in Frage gestellt werden. Sie schaffen so Raum für dispositives Recht und einen „fortwährenden Verfassungswandel". [471] Eine bisher durch conventions geregelte Frage kann zwar gesetzlich geregelt, nicht aber gerichtlich geklärt werden. [472]

---

sich parlamentarischer Brauch, zu einem (materiellen) Verfassungsgewohnheitsrecht verdichtet hat".

465 *Maunz* in *ders. / Dürig*, Grundgesetz IV, Art. 43 (Stand: 1960), Rn. 8.

466 *von Mangoldt / Klein (Hrsg.)*, GG Band 2, Art. 39 III 5b (2. A. 1966); echtes Gewohnheitsrecht mit dem Rang einfachen Gesetzesrechts: *Achterberg / Schulte* in *von Mangoldt / Klein (Hrsg.)*, GG, Band 6, 3. Auflage 1991, Art. 39 Rn. 13.

467 Die GO-BT wird nach ganz h.M. als autonome Satzung bezeichnet (vgl. E 1, 144 (148ff.); *Schmidt-Bleibtreu / Klein / Brockmeyer*, Art. 40 Rn 6), eine Mindermeinung sieht allerdings auch hierin Konventionen, vgl. die Übersicht bei *Versteyl* in *von Münch / Kunig*, Grundgesetz-Kommentar, Art. 40, Rn 17.

468 Vgl. *Rädler*, a.a.O. (Fn. 33), S. 612 mwN.

469 *Dicey*, An Introduction to the Study of the Law of the Constitution, S. 429: "determining the mode in which the discretionary power of the executive ought to be employed".

470 *Rädler*, a.a.O. (Fn. 33), S. 614.

471 *Rädler*, a.a.O. (Fn. 33), S. 625.

472 *Dicey*, a.a.O. (Fn. 469), S. 417: Konventionalregeln seien „not enforced or recognised by the courts"; zugleich führe die Verletzung einer Konventionalregel zwangsläufig einen

Hinsichtlich der Justiziabilität unterscheidet sich das britische vom deutschen Verfassungsrecht mit seiner umfassendenderen Verfassungsgerichtsbarkeit grundlegend. Auch die Verletzung staatsorganisatorischer Regelungen des Grundgesetzes kann mit der Verfassungsbeschwerde gerügt werden. Die Literatur ist der Auffassung, dass es sich bei Konventionen um materielle ungeschriebene Verfassungsnormen ohne Justiziabilität handelt, die über die öffentliche Meinung „hinreichend sanktioniert" sind. [473] Das Bundesverfassungsgericht hat wiederholt auf bestimmte verfassungsrechtliche Übungen hingewiesen, dabei aber bislang den Begriff „Konvention" oder „Konventionalregel" immer vermieden. Stattdessen spricht es auch in diesem Zusammenhang von einer „Staatspraxis". [474] Und es hat in mehreren Fällen auch die Verletzung von solchen Regeln festgestellt, wobei es sich zumeist mit Hinweisen an die Verfahrensbeteiligten begnügt hat. [475]

c) Zur Kontrollkompetenz des Bundesverfassungsgerichtes

Werden den anderen Staatsorganen mit der Rechtsprechung eigene Kompetenzen bei der Verfassungsgestaltung eingeräumt, dann stellt sich die Frage, welche Rückwirkungen dies auf die Kontrollkompetenz des Bundesverfassungsgerichtes hat. Wie bereits im 2. Kapitel festgestellt, ergeben sich die Grenzen der Kompetenzen des Bundesverfassungsgerichts weder aus den Grenzen der Normativität der Verfassung noch aus dem Willen des Bundesverfassungsgerichts, sondern aus der grundgesetzlichen Funktionsordnung. Dabei behält das Bundesverfassungsgericht jedoch ein Letztentscheidungsrecht.

(1) Prüfungsmaßstab allgemein

Ist der Gegenstand der Prüfung im Organstreitverfahren das Begehren des Antragstellers auf Feststellung des Kompetenzverstoßes einer Maßnahme oder Unterlassung des Antragsgegners, so ist der Maßstab der Prüfung die formelle Verfassung. [476] Nicht die Staatspraxis, sondern Normen sollen den Prüfungsmaßstab

---

Rechtsverstoß herbei (a.a.O., 445ff.). Ähnlich auch *Hofmann* in HdStR I, § 9 S. 316 Rn. 79: „bindend empfundenen, (wenn auch zumeist nicht justiziablen) Verhaltensweisen".

473 *Bryde*, Verfassungsentwicklung, a.a.O. (Fn. 33), S. 440.

474 Beispiel: E 89, 359 (363) – Herzog: „Insbesondere entspricht ein Wahlkampf um dieses Amt [des Bundespräsidenten, M.R.] nicht der bisherigen Staatspraxis."; E 106, 310 (342) – Zuwanderungsgesetz. Sondervotum *Osterloh* und *Lübbe-Wolff*: „Praxis des Bundesrates"; *Geiger* spricht gar von „Fragen des politischen Stils", vgl. die abw. M. in E 44, 125 (192) – Öffentlichkeitsarbeit.

475 E 80, 188 (228) – Fraktionsloser Abgeordneter: „geübte Praxis" zur Redezeit „läßt sich jedoch leicht ändern", vgl. auch Leitsatz 5.

476 Vgl. Art. 93 Abs. 1 Nr. 1 GG: „über die Auslegung dieses Grundgesetzes"; vgl. § 67 S. 1 BVerfGG: „gegen eine Bestimmung des Grundgesetzes verstößt". Die Geschäftsordnun-

bilden. Sonstige Verstöße gegen Bundesrecht werden vom Richter zumindest inzident geprüft. [477] Bei der konkreten Normenkontrolle ist der Maßstab der Prüfung das Grundgesetz, bei Landesgesetzen auch das übrige Bundesrecht. Maßstab der Prüfung bei der Verfassungsbeschwerde bilden grundsätzlich nur die Grundrechte und grundrechtsgleichen Rechte den Maßstab (Art. 93 GG iVm. § 90 BVerfGG). Allerdings hat das Gericht den Prüfungsmaßstab auf sonstiges (Bundesverfassungs-)Recht erweitert: Jedes die Handlungsfreiheit beschränkende Gesetz ist danach auch in sonstiger Hinsicht auf die Verfassungsmäßigkeit zu überprüfen, auch im Hinblick auf objektives Verfassungsrecht. [478]

(2) Prüfungsumfang

Es hat immer wieder Versuche gegeben, inhaltliche Grenzen für verfassungsrichterliche Überprüfung festzulegen. Einige sollen hier kurz skizziert werden.

(aa) sog. political questions?

Einer dieser Versuche stammt aus dem US-amerikanischen Recht. Es ist der Supreme Court, der über bestimmte Sachverhalte, so genannte „political questions“, nicht selbst entscheidet. Aus verfassungsrechtlichen, funktionellen oder pragmatischen Erwägungen überlässt das Gericht das Entscheidungsproblem vielmehr den anderen Staatsgewalten. [479] Allerdings unterscheiden sich die Aufgaben des Supreme Court und des Bundesverfassungsgerichts mit seinem Zuständigkeitskatalog und der verfassungsrechtlichen Garantie des effektiven Rechtsschutzes. Die Figur bietet daher keinen deutlich erkennbaren und verbindlichen Maßstab und ist nicht auf das Bundesverfassungsgericht übertragbar. [480]

(bb) sog. judicial-restraint?

Eine weitere Figur ist die des sogenannten judicial-restraint. Diese stammt ebenfalls aus dem US-amerikanischen Verfassungsrecht. Sie steht in einem engen Zusammenhang mit dem Begriff des judicial activism und steht für gerichtliche Zurückhaltung. [481] Der Zweite Senat stellte fest, dass durch diese Figur nicht et-

---

gen oder sonstiges Recht im Rang unterhalb der Verfassung sind dagegen kein Maßstab der Prüfung, vgl. *Schlaich / Korioth*, a.a.O. (Fn. 44), S. 75 Rn. 96.

477 *Schlaich / Korioth*, a.a.O. (Fn. 44), S. 100 Rn. 131 mwN.

478 E 6, 32 (36f.) – Elfes; Noch weitergehender E 80, 137 (152ff.) – Reiten im Walde. Kritisch das Sondervotum von *Grimm*, S. 168.

479 Vgl. *Brugger*, Einführung in das öffentliche Recht der USA, S. 21 mwN.

480 Vgl. *Bryde*, Verfassungsentwicklung, a.a.O. (Fn. 33), S. 311; *Stern*, a.a.O. (Fn. 425), S. 961f.; *Schlaich / Korioth*, a.a.O. (Fn. 44), S. 354 Rn. 505.

481 Vgl. *Brugger*, Einführung in das öffentliche Recht der USA, S. 24.

wa Kompetenzen des Bundesverfassungsgerichts verkürzt werden könnten, sondern das Gericht vielmehr darauf verzichte „Politik zu treiben". [482]

Das Bundesverfassungsgericht sieht davon ab, in den von der Verfassung geschaffenen und begrenzten Raum freier politischer Gestaltung einzugreifen. Der Grundsatz zielt also darauf ab, den von der Verfassung für die anderen Verfassungsorgane garantierten Raum freier politischer Gestaltung offen zu halten. Im Unterschied zur political question bedeutet richterliche Zurückhaltung hier nicht, dass das Bundesverfassungsgericht in der Sache nicht entscheidet. Das Bundesverfassungsgericht ist dabei aber der verfassungsrechtlichen Garantie des effektiven Rechtsschutzes verpflichtet. Die Figur bietet zudem nach allgemeiner Auffassung keinen deutlich erkennbaren und verbindlichen Maßstab und ist daher nicht auf das Bundesverfassungsgericht übertragbar. [483]

(cc) Funktionell-rechtlicher Ansatz

Die Bindung an die Verfassung und die durch sie eingeräumten Kompetenzen markieren eine Grenze verfassungsrechtlicher Interpretation (auch) für das Bundesverfassungsgericht. Die Literatur weist darauf hin, dass diese funktionell-rechtlichen Überlegungen im Rahmen der Verfassung eine Ausprägung der systematischen Auslegung der Verfassung darstellen. [484] Zudem wird an den Grundsatz der Gewaltenteilung und des Demokratieprinzips angeknüpft. [485]

(dd) Handlungs- und Kontrollnorm?

Die funktionelle Betrachtung öffnet den Blick für die Unterscheidung zwischen Handlungs- und Kontrollnorm. Diese Figur ist in der Literatur nicht unumstritten. [486] Für die aktiv handelnden staatlichen Organe ist eine Norm „Handlungsnorm". Die Handlungsnorm ist Handlungsanweisung und Handlungsgrenze für die Staatspraxis. Für das Bundesverfassungsgericht ist dieselbe Norm dagegen „Kontrollnorm". An der Kontrollnorm wird das Handeln oder Unterlassen der Staatsorgane gemessen. Handeln und Kontrollieren sind zwei verschiedene Funktionen.

---

482 E 36, 1 (14f.) – Grundlagenvertrag.

483 Vgl. *Hesse*, Grundzüge, § 2 S. 24 Rn. 60 und 70, deutlich Rn. 570: „vernachlässigt die Bindung [...] an die Verfassung"; Versuch einer Systematisierung bei *Schuppert*, Selfrestraints der Rechtsprechung, DVBl. 1988, S. 1191ff. (1194).

484 *Bryde*, Verfassungsentwicklung, a.a.O. (Fn. 33), S. 307.

485 *Schlaich / Korioth*, a.a.O. (Fn. 44), S. 357 Rn. 509 weisen darauf hin, dass diese Prinzipien traditionell auch bei der Auslegung von Kompetenznormen verwendet werden.

486 **Dafür:** *Schuppert*, DVBl. 1988, 1194ff.; *Hesse*, Funktionelle Grenzen, S. 269; *Bryde*, a.a.O. (Fn. 33), S. 307 mwN.; *Schlaich / Korioth*, a.a.O. (Fn. 44), S. 360 Rn. 516 mwN.; **Dagegen**: *Böckenförde*, Grundrechte als Grundsatznormen, in Der Staat 29 (1990), S. 27; Kritisch *Starck* in HdStR VII, § 167, Rn. 14.

Der Unterschied zwischen Handlungs- und Kontrollnorm kommt zum Beispiel dadurch zum Ausdruck, dass eine Norm einen Gestaltungsspielraum bzw. ein Ermessen einräumt. Zwar unterscheidet das Grundgesetz selbst weder bei Grundrechten noch bei Staatszielbestimmungen ausdrücklich zwischen Handlungsanleitungen und Kontrollmaßstäben. [487] Aber selbst Normen, die nach ihrem Wortlaut nicht eindeutig Ermessensvorschriften sind, können Handlungsspielräume eröffnen. Das Bundesverfassungsgericht selbst spricht dabei auch von einem „politischen Ermessen“. [488] So hat es im Verfahren zum KPD-Verbot den Spielraum der Bundesregierung bei Verbotsanträgen großzügig bemessen. Entschließe diese sich einmal zur Antragstellung, so prüfe das Bundesverfassungsgericht, ob die Grenzen dieses politischen Ermessens eindeutig überschritten worden seien.

Im Bereich der Grundrechte wird vor allem am Beispiel des Verhältnismäßigkeitsgrundsatzes deutlich, dass funktionell-rechtliche Kriterien die Auslegung und Anwendung mit bestimmen. Als Handlungsnorm fordert der Grundsatz der Verhältnismäßigkeit geeignete, taugliche, alle beteiligten Interessen gleichermaßen optimal fördernde Entscheidungen. Das Bundesverfassungsgericht prüft in ständiger Rechtsprechung nur, ob die betreffende Regelung des Gesetzgebers „evident“ bzw. „schlechthin“ untauglich oder unzumutbar ist. [489] Diese Einschränkung der Kontrolle folgt aus der funktionell-rechtlichen Betrachtungsweise.

(ee) Kritik und Diskussion der Meinungen

Vom Standpunkt einer stärker idealistisch-positivistisch orientierten Verfassungslehre wird die Unterscheidung zwischen Handlungs- und Kontrollnorm als rechtsrelativistisch kritisiert. [490] In beiden Varianten müsste man eigentlich zu ein und demselben (dem richtigen!) Verständnis der Norm kommen – und es wäre vor allem die Aufgabe des Bundesverfassungsgerichts, dieses festzustellen. Nach anderer Ansicht verdeckt die Entscheidung durch das Bundesverfassungsgericht gerade, dass durchaus verschiedene Auslegungsmöglichkeiten vorhanden sein können. Die Bindung der Handelnden muss daher weiter gehen als die Funktion des Kontrollierenden. [491]

Auch nach dem im 2. Kapitel zu Grunde gelegten Begriff einer offenen und konkretisierungsbedürftigen Verfassung spricht mehr für eine differenzierte Betrachtungsweise. Das Verfassungsgericht kann allein dort der Verletzung entge-

---

487 *Schlaich / Korioth*, a.a.O. (Fn. 44), S. 360 Rn. 516 mwN.

488 So schon E 5, 85 (129) – KPD-Verbot.

489 E 76, 256 (360); E 81, 156 (192, 206); E 84, 197 (199).

490 Vgl. *Böckenförde*, Grundrechte als Grundsatznormen, in Der Staat 29 (1990), S. 27; *Heun* in *Dreier*, GG, Art. 3 Rn. 40.

491 Vgl. *Bryde*, Verfassungsentwicklung, a.a.O. (Fn. 33), S. 307; *Hesse*, Grundzüge, § 14 S. 242 Rn. 569.

gentreten, wo auch verfassungsrechtliche Maßstäbe für politisches Verhalten normiert sind.[492] Sind die Maßstäbe einer (offenen) Verfassung aber weniger eindeutig, dann kann sich gerade durch die Unterscheidung zwischen Handlungs- und Kontrollnorm eine Bandbreite verfassungskonformer Verhaltensvarianten durch eine Staatspraxis herausbilden. Über die Grenzen solcher normativen Erkenntnisspielräume entscheidet zuletzt das Bundesverfassungsgericht. Je nach Gewicht des von der gesetzlichen Regelung betroffenen Grundrechts unterscheidet sich dann jedoch möglicherweise der Prüfungsumfang bzw. die Kontrolldichte.[493]

Ergebnis zu 1)

Die Übergänge zwischen Änderung der Verfassung durch Staatsorgane und Veränderung durch eine Staatspraxis sind bisweilen fließend. Nicht selten nehmen formelle Verfassungsänderungen eine gewachsene Staatspraxis auf, die auf diese Weise das geltende Verfassungsrecht prägt.

Aus kompetenzrechtlicher Perspektive entwickelt sich eine Staatspraxis typischerweise dort, wo das Bundesverfassungsgericht seine Kontrollkompetenz nicht ausübt, weil es faktisch nicht angerufen wird (vgl. bereits im 1. Kapitel), aber auch, weil es Spielräume für andere Staatsorgane anerkennt. Die Kontrollkompetenz des Bundesverfassungsgerichts ist hinsichtlich des Prüfungsmaßstabes und des Prüfungsumfanges funktionell-rechtlich reduziert. Dadurch entstehen Spielräume für Verfassungsgestaltung durch andere Staatsorgane.

2) Leitentscheidungen des Bundesverfassungsgerichts zur Staatspraxis

Das Bundesverfassungsgericht hat sich in zwei Entscheidungen besonders intensiv mit der Staatspraxis auseinandergesetzt: In der ersten Entscheidung zur Bundestagsauflösung 1983 und in der Entscheidung zum Umlaufverfahren 1994. In diesen Fällen haben unterschiedliche Senate entschieden. Berücksichtigen beide Senate die Staatspraxis oder besteht in dieser Hinsicht ein Dissens zwischen beiden Senaten?

---

492 E 62, 1 (51); *Schlaich / Korioth*, a.a.O. (Fn. 44), S. 365 Rn. 527 mwN. in Fn. 74 (auch zur Vorauflage).

493 Hinsichtlich des Prüfungsumfanges im Verhältnis zur Gesetzgebung von „Kontrolldichte" gesprochen, bei der Überprüfung von Urteilen von „Prüfungsumfang", teilweise auch von „Kontrollbefugnis", vgl. *Schlaich / Korioth*, a.a.O. (Fn. 44), S. 197 Rn. 281 mwN. Fn. 327.

a) Bundestagsauflösung (2. Senat): Berücksichtigung bei „offenen“ Vorschriften

In der Entscheidung zur Bundestagsauflösung I hatte sich das Bundesverfassungsgericht auch zu den Konkretisierungskonkurrenzen geäußert. Die Aussagen in der Entscheidung zur Bundestagsauflösung I sind aber nicht nur in kompetenzrechtlicher, sondern auch in methodischer Hinsicht von besonderem Interesse. Welche Staatspraxis ist als Konkretisierung noch relevant und wo überschreitet die Verfassungsgestaltung bereits die Grenzen, die beispielsweise auch für die Rechtsfortbildung durch die Gerichte anerkannt sind? Hier betrat das Bundesverfassungsgericht 1983 juristisches Neuland.

Nach Auffassung der Antragsteller erforderte Art. 68 GG eine sog. materielle Auflösungslage. Der Bundeskanzler müsse die Vertrauensfrage mit dem Ziel stellen, hierfür die Zustimmung der Mehrheit zu erhalten und damit eine politische Regierungskrise abzuwenden. [494] Diese materielle Auflösungslage habe im konkreten Fall aber nicht vorgelegen. Das Bundesverfassungsgericht stellte fest, dass der Wortlaut ein solches Tatbestandsmerkmal nicht enthalte, insbesondere nicht im Begriff des „Vertrauens“ [495]:

> Damit ist jedoch nur gesagt, daß Art. 68 Abs. 1 Satz 1 GG von seinem Wortlaut her sich zunächst als eine **offene Vorschrift** darstellt. Ihr Sinn erschließt sich erst durch die in ihr selbst angelegte Systematik und den Sinnbezug, der sich aus ihrer Stellung und ihrem Stellenwert im gesamten Verfassungsgefüge ergibt; dieser Sinnbezug wird nicht zuletzt auch durch den verfassungsgeschichtlichen Hintergrund, vor dem die Regelung geschaffen wurde, wie auch durch ihre **bisherige Handhabung** durch oberste Verfassungsorgane seit Inkrafttreten des Grundgesetzes erhellt.

In dieser Passage nennt das Bundesverfassungsgericht alle klassischen Mittel der Auslegung: „Wortlaut“ „Systematik“, „Sinnbezug“ und „verfassungsgeschichtlichen Hintergrund“ bzw. die historische Auslegung. Bemerkenswert ist dabei aber der Hinweis auf die „bisherige Handhabung durch oberste Verfassungsorgane“. Während der verfassungsgeschichtliche Hintergrund auf vorkonstitutionelle Ereignisse verweist, geht es bei der „Handhabung“ ausdrücklich um die nachkonstitutionelle Anwendung der Verfassung. Damit ist die Staatspraxis gemeint. Das bedeutet, dass das Bundesverfassungsgericht auch die objektiv-geltungszeitliche Theorie anerkennt. Allerdings ist nur die Handhabung durch „oberste Staatsorgane“ relevant. Und die Bedeutung der Handhabung wird dadurch weiter relativiert, dass sie das Ergebnis nur „erhellen“ soll.

Wenn Art. 68 GG eine „offene Vorschrift“ darstellt, dann wird ihr einerseits ein begrenzter normativer Regelungsgehalt zugeschrieben. Damit macht sich das Bundesverfassungsgericht die Einsicht Hesses zu Eigen, dass die Verfassung

494 E 62, 1 (36) – Bundestagsauflösung I.
495 E 62, 1 (36) – Bundestagsauflösung I.

oder der Verfassungsgeber keine eindeutigen Maßstäbe, sondern „nur unvollständige Anhaltspunkte" für die Entscheidung biete.[496] Und auch mit dem Begriff der „rechtlichen Grundordnung" wird das Gericht noch einen Begriff Hesses aufgreifen, der allerdings nicht von der Grundordnung des Staates, sondern des Gemeinwesens spricht. [497]

Die Erweiterung des Kreises der Interpreten und die starke Berücksichtigung tatsächlicher Vorgänge macht es erforderlich, dass der Verfassungsgestaltung inhaltlich weitere Grenzen gesetzt werden. Anderenfalls wären Verfassungsdurchbrechungen denkbar und die Norm würde den jeweiligen Machtverhältnissen ausgeliefert. Um das zu vermeiden, geht das Gericht einen besonderen Weg. Bei der Konkretisierung seien die „bereits vorgegebenen" Wertungen, Grundentscheidungen, Grundsätze und Normen der Verfassung zu wahren.

Eine wirksame Begrenzung erblickt das Bundesverfassungsgericht in der dauerhaften inhaltlichen Übereinstimmung der Verfassungsorgane:

> Da es sich dabei indes um die Konkretisierung der Verfassung als rechtlicher Grundordnung des Staates handelt, ist zumal ein **hohes Maß an Übereinstimmung** in der verfassungsrechtlichen wie verfassungspolitischen Beurteilung und Bewertung der in Rede stehenden Sachverhalte zwischen den möglichen betroffenen obersten Verfassungsorganen unabdingbar und eine **auf Dauer angelegte, stetige Handhabung** unerläßlich. Diese Übereinstimmung kann für die Auslegung der Verfassung von Gewicht sein. Eine politisch umkämpfte und rechtlich umstrittene Praxis von Parlaments- und Regierungsmehrheiten reicht als solche hierfür nicht aus.

Ein „hohes Maß an Übereinstimmung" bedeutet einerseits mehr als nur eine mehrheitliche Entscheidung, aber andererseits auch nicht notwendig den inhaltlichen Konsens *aller* Betroffenen. Welche Beteiligten sind möglicherweise „betroffen"? Worauf muss sich die inhaltliche Übereinstimmung beziehen und wie weit muss sie gehen? Nach dieser Entscheidung ist jedenfalls die möglichst weitgehende Übereinstimmung hinsichtlich der Parlamentsauflösung nur zwischen den in der Norm angesprochenen Adressaten zu suchen, d.h. den obersten Verfassungsorganen, und nicht etwa den einzelnen Abgeordneten des Parlaments. Dass sich etwa alle im Bundestag vertretenen politischen Parteien oder ihre Fraktionen in dem Willen zu Neuwahlen einig sind, sei keine Rechtfertigung. [498]

Erforderlich ist darüber hinaus auch eine „auf Dauer angelegte, stetige Handhabung". Wie lange muss diese Handhabung dauern? Wie viele Fälle müssen der bisherigen Praxis zugrunde liegen? Auch diese Fragen können letztlich nur

---

496 Vgl. *Hesse*, Grundzüge, § 2 S. 22 Rn. 56.

497 Vgl. *Hesse*, Grundzüge, § 2 S. 10 Rn. 17 und Rn. 18: „[…] nicht auf eine Ordnung staatlichen Lebens beschränkt."; Im letzteren Sinne auch *Rinck* in seinem Sondervotum E 62, 1 (82) – Bundestagsauflösung I.

498 E 62, 1 (43) – Bundestagsauflösung I.

nach einer Analyse weiterer Entscheidungen des Bundesverfassungsgerichts beantwortet werden. [499]

Diese Kriterien erinnern in jedem Fall stark an die Merkmale des Gewohnheitsrechts, ohne dass dieses als Rechtsquelle genannt wird. Das Bundesverfassungsgericht entnimmt zudem ein ungeschriebenes Tatbestandsmerkmal aus dem normativen Zusammenhang [500]:

> Die politischen Kräfteverhältnisse im Bundestag müssen seine [des Bundeskanzlers, M.R.] **Handlungsfähigkeit so beeinträchtigen oder lähmen**, daß er eine vom stetigen Vertrauen der Mehrheit getragene Politik nicht sinnvoll zu verfolgen vermag. Dies ist ungeschriebenes sachliches Tatbestandsmerkmal des Art. 68 Abs. 1 Satz 1 GG; es muß erfüllt sein, damit ein Verfahren nach Art. 68 GG im Einzelfall verfassungsmäßig ist.

Dann geht das Gericht auf den konkreten Sachvortrag der Antragstellerinnen ein. Die bisherige Praxis belege nicht, dass Art. 68 GG dazu benutzt wurde, zugunsten von Regierungsparteien den jeweils günstigsten Zeitpunkt für Neuwahlen auszusuchen. Als Beispiel dient eine Auflösung des Bundestages aus dem Jahre 1972 [501]:

> Es waren die obersten Verfassungsorgane, die, in ihrem Pflichtenkreis fortwährend zu Verwirklichung und Konkretisierung des Grundgesetzes gehalten, in der gegebenen politischen **Lage des Jahres 1972** übereinstimmend das Verfahren und die Entscheidung zur Auflösung des Bundestages durch den Bundespräsidenten als verfassungsrechtlich unbedenklich erachtet haben.

Das Bundesverfassungsgericht setzt sich zunächst argumentativ mit ihr auseinander:

> Das Bundesverfassungsgericht kann das Gewicht dieser einhelligen Überzeugung auf höchster Ebene **nicht unbeachtet lassen**, erst recht nicht, wenn in dieser Rechtsauffassung die **gleiche Zielsetzung zum Ausdruck kommt**, von der sich auch der Parlamentarische Rat ersichtlich hat leiten lassen.

Überprüft man das Kriterium der „stetigen Handhabung" und „einhelligen Überzeugung" im vorliegenden Fall, so überrascht doch, dass der bisherigen Praxis lediglich ein einziger Fall zugrunde liegt. [502] Unterstellte man, dass es verfassungsrechtliches Gewohnheitsrecht tatsächlich gibt, so würde diese dünne Praxis sicher nicht genügen. Unterstellte man, dass es eine verfassungsgerichtliche Präjudizienbindung tatsächlich gibt, so hilft der Verweis auf den Präzedenz-

---

499 Vgl. dazu unten Maßstäbe für Staatspraxis aus der Rechtsprechung, S. 171ff.

500 E 62, 1 (44) – Bundestagsaulösung I.

501 Fundstelle für dieses und nachfolgende Zitate: E 62, 1 (49) – Bundestagsauflösung I.

502 Vgl. Sondervotum *Rinck* in E 62, 1 (83): „Das Beispiel des Jahres 1972 ist nicht geeignet, eine derartige Staatspraxis zu belegen."

fall auch nicht weiter. Der genannte Fall war verfassungsgerichtlich schließlich noch gar nicht überprüft worden. Das Bundesverfassungsgericht schließt einen Fall des Verfassungswandels ausdrücklich aus [503]:

> Es ist nicht der Vorgang eines Verfassungswandels, der im Rückblick auf diese Entscheidungen der betroffenen obersten Verfassungsorgane sichtbar wird; es ist der **Beginn einer Staatspraxis**, die einem neuen, besonderen politischen Sachverhalt gerecht zu werden versuchte und auf diesem Wege die Krise löste. Das darin zum Ausdruck kommende schöpferische Moment der Rechtsfindung und Rechtsgewinnung ist der Verfassungsrechtsordnung nicht fremd. Es **muß hier berücksichtigt** und in die festgestellten tatbestandlichen Grenzen des Art. 68 GG einbezogen **werden**. Von einer Durchbrechung der Verfassung kann in diesem Fall, wie aufgezeigt, keine Rede sein.

Das Bundesverfassungsgericht rekonstruiert hier den „Beginn einer Staatspraxis", den es dann im Rahmen der Auslegung der Norm interpretativ heranzieht.

Für diesen methodischen Ansatz werden auch Stimmen aus der Literatur zitiert. Das Bundesverfassungsgericht nennt Hesse und Böckenförde. [504] Böckenförde hat häufig für eine stärkere Zurückhaltung des Bundesverfassungsgerichts gegenüber den politisch verantwortlichen Staatsorganen plädiert. Er hat dabei den historischen Charakter der Grundrechte als Freiheitsrechte gegenüber dem Staat hervorgehoben, den das Bundesverfassungsgericht zu überprüfen habe. [505] Hesse hat hingegen mehr den „schöpferischen Charakter" der Verfassungsinterpretation durch das Bundesverfassungsgericht und den „Maßstab funktioneller Richtigkeit" [506] betont. Beide werden hier nun gleichermaßen für den entwickelten Begriff von Konkretisierung in Anspruch genommen, obwohl sie sich also schon in der Frage der Konkretisierungskompetenzen unterscheiden.

Entsprechend kritisierte die Literatur, dass durch die Entscheidung „Verfassungsänderungen außerhalb von Art. 79 GG" ermöglicht würden. [507] Handelt es sich noch um eine Staatspraxis intra oder praeter legem? Für eine Staatspraxis intra legem spricht, dass das Bundesverfassungsgericht von „festgestellten tatbestandlichen Grenzen" des Art. 68 GG spricht. Für eine Staatspraxis praeter legem spricht dagegen, dass auch von einem „schöpferische[n] Moment der Rechtsfindung und Rechtsgewinnung" die Rede ist. [508] Entscheidend ist wieder

---

503 E 62, 1 (49) – Bundestagsauflösung I.

504 Vgl. E 62, 1 (45) – Bundestagsauflösung I. Sowohl Böckenförde (18) als auch Hesse (9) wirkten immerhin an mehreren hier untersuchten Entscheidungen mit, vgl. auch Fn. 374.

505 *Böckenförde*, NJW 1976, S. 2099 spricht von „wechselnden Gestaltungsmöglichkeiten".

506 *Hesse*, Grundzüge, § 2 S. 24 Rn. 60, 70, deutlich Rn. 570.

507 Das deutet *Achterberg* an, der das BVerfG als „Wegbereiter von Verfassungsänderungen außerhalb von Art. 79 GG" bezeichnet, vgl. *ders.* Vertrauensfrage und Auflösungsanordnung, 1983, S. 481.

508 E 62, 1 (49) – Bundestagsauflösung I.

der Begriff der Konkretisierung, mit dem das Bundesverfassungsgericht jede Festlegung vermeidet. Es betont die „Weite und Offenheit der Norm“, sodass auch jede Interpretation praeter legem eine zulässige Konkretisierung bleibt. Allerdings spricht für eine Rechtsanwendung praeter legem, dass die Betonung der Praxis letztlich überwiegt. [509] Die angebliche „Weite und Offenheit der Norm“ nimmt das Bundesverfassungsgericht dann nicht etwa zum Anlass, den Begriff „Vertrauen“ selbst zu definieren. Es geht stattdessen dazu über, ein zusätzliches (ungeschriebenes) Tatbestandsmerkmal festzustellen. Wer ist der Urheber dieses Merkmals? Hat das Bundesverfassungsgericht dieses Merkmal nur passiv ‚entdeckt‘, aktiv ‚entwickelt‘ oder gar frei ‚erfunden‘? Ob damit nicht nur eine Rechtsfortbildung praeter legem, sondern sogar eine Rechtsanwendung contra legem [510] vorliegt, beurteilt sich letztlich danach, ob man ungeschriebene Tatbestandsmerkmale und ungeschriebenes Verfassungsrecht überhaupt als Rechtsquelle anerkennt. [511]

Wie bereits festgestellt, sieht die wohl herrschende Meinung weder ungeschriebenes Verfassungsrecht noch (formelles) Gewohnheitsrecht als Bestandteil des geltenden Verfassungsrechts an. Das Bundesverfassungsgericht nimmt hier vielmehr Konkretisierungskompetenzen des geschriebenen Verfassungsrechts wahr. Die Wahrnehmung dieser Kompetenzen wird auch unterschiedlich beurteilt. Während Hesse mit Blick auf den schöpferischen Charakter der Rechtsfindung durch das Bundesverfassungsgericht weiterhin von „Rechtsprechung“ spricht, geht Böckenförde diesbezüglich bereits von „Rechtsetzung“ aus. [512] Da beide den Vorgang im Bezug auf das Bundesverfassungsgericht für zulässig halten, braucht die Frage aber letztlich nicht entschieden werden.

Wann schlägt die Faktizität der akzeptierten Staatspraxis in eigene Geltung um? Wird der Rahmen für die möglichen Auslegungsvarianten derart weit geöffnet, wie in dieser Entscheidung, dann werden verschiedene Verhaltensvarianten anerkannt. Ist das Bundesverfassungsgericht selbst daran gebunden? Ist der Gestaltungsspielraum des Bundesverfassungsgerichtes bereits ausgefüllt, kann er nicht gleichzeitig im Sinne Böckenfördes offen gehalten werden. Hesse fordert hingegen ausdrücklich, dass die Normen im Bereich der Staatsorganisa-

509 In diesem Sinne auch *Rädler*, a.a.O. (Fn. 33), S. 635 Fn. 109, der von praeter legem ausgeht (S. 638 Fn. 122).

510 Vgl. *Achterberg*, DVBl. 193, S. 481 („Wegbereiter von Verfassungsänderungen außerhalb von Art. 79 GG“); *Schneider*, NJW 1983, S. 1529; *Schlichting*, a.a.O. (Fn. 34), S. 124.

511 Vgl. *Wolff*, Ungeschriebenes Verfassungsrecht, a.a.O., passim. Begriff nicht wieder aufgegriffen in E 114, 121 – Bundestagsauflösung II.

512 Vgl. die Nachweise oben Fn. 323.

tion nicht offen bleiben sollen. [513] Dann geht aber der Hinweis auf Böckenförde in dieser Entscheidung wenigstens teilweise ins Leere. [514]

Ob noch sinnvoll von Rechtsanwendung praeter legem die Rede sein kann, hängt letztlich auch davon ab, ob der Geltungsgrund stärker in der vorausgegangenen Wirkung der Staatspraxis erblickt wird, oder erst durch die Entscheidung des Bundesverfassungsgerichtes eintritt. Für die notwendige Mitwirkung des Bundesverfassungsgerichts spricht, dass es die einschlägigen Kriterien erst entwickelt hat und dann ihre Vereinbarkeit mit dem Normtext überprüft.

Üblicherweise unterscheidet man bei Normen zwischen Tatbestandsseite und Rechtsfolgenseite. [515] Es ist abschließend noch einmal zu prüfen, auf welcher Seite die Bedeutung der Staatspraxis eher anzusiedeln ist. Handelt es sich bei den angestellten Beobachtungen nun bloß um unverbindliche Auslegungshilfen für das Bundesverfassungsgericht – oder ist der Gegenstand seiner Beobachtungen geeignet, auch einen verfassungsrechtlichen Maßstab zu bilden? Gegen eine echte Verbindlichkeit spricht, dass die Handhabung der Praxis den Sinnbezug nur „erhellt". Damit ist offenbar gemeint, dass es das Ergebnis nur bestätigt. Ähnlich argumentiert das Bundesverfassungsgericht in seiner ständigen Rechtsprechung bei der historischen Auslegung von Kompetenznormen. [516] Das Bundesverfassungsgericht betont zudem, sowohl im Sinne Hesses [517] als auch Böckenfördes [518], dass das Bundesverfassungsgericht nur dort der Praxis entgegentreten könne, wo überhaupt verfassungsrechtliche Maßstäbe für politisches Verhalten normiert seien. [519] Für eine Verbindlichkeit der Praxis spricht dagegen, dass die Praxis vom Bundesverfassungsgericht herangezogen wird, um gerade einen solchen Maßstab zu bilden. Es „könne" diese Staatspraxis nicht unbeachtet lassen, „müsse" diese sogar heranziehen. Dann werden Kriterien entwickelt, die gewohnheitsrechtsähnlich sind, auch wenn Gewohnheitsrecht als solches nicht festgestellt wird. Das Bundesverfassungsgericht selbst spricht ausdrücklich davon, dass der konkrete Fall nachfolgend „am dargelegten verfas-

---

513 *Hesse*, Grundzüge, § 2 S. 12 Rn. 26: „Nicht offen bleiben sollen aber auch *der staatliche Aufbau und das Verfahren*, in dem von der Verfassung offen gelassene Fragen zu entscheiden sind." [Hervorh. im Original].

514 Vgl. *Rädler*, a.a.O. (Fn. 33), S. 636f, für den die Senatsmehrheit zwar *Böckenförde* zuzuneigen scheine, aber die Verfassung „wohl nicht" als Rahmenordnung begreife.

515 *Schwacke*, a.a.O. (Fn. 350), S. 19; anders: *Müller*, Normstruktur und Normativität, 1966, S. 114ff.; *ders.*, Strukturierende Rechtslehre, 2. Auflage 1994, passim.

516 Vgl. zuvor E 62, 1 (45) – Bundestagsauflösung I: „Die Entstehungsgeschichte [...] trägt aber zu ihrer Bestätigung bei."; St. Rspr. seit E 1, 299 (312).

517 Vgl. *Hesse*, Grundzüge, § 2 S. 22 Rn. 56: „in allen Fällen der Verfassungsinterpretation [...] nur mehr oder weniger zahlreiche unvollständige Anhaltspunkte für die Entscheidung".

518 *Böckenförde*, NJW 1976, S. 2099 spricht von der Verfassung als „Rahmenordnung" mit Raum für „wechselnde Gestaltungsmöglichkeiten".

519 E 62, 1 (51) – Bundestagsauflösung I.

sungsrechtlichen Maßstab“ zu überprüfen sei [520]: Staatspraxis ist in dieser Entscheidung also tatsächlich ein Maßstab der verfassungsgerichtlichen Überprüfung.

b) Umlaufverfahren (1. Senat): (Nur) bei Zweifeln über den Sinn einer Norm

In der Entscheidung zum Umlaufverfahren der Bundesregierung hat sich der Erste Senat erneut mit der Frage auseinandergesetzt, ob eine Staatspraxis zum Maßstab der verfassungsgerichtlichen Überprüfung werden kann. Er hat sich auch mit der Entscheidung des Zweiten Senates auseinandergesetzt. Diesmal ging es um die Praxis der Bundesregierung, einen Beschluss dadurch zustande kommen zu lassen, dass innerhalb einer bestimmten Frist kein Widerspruch erfolgte (sog. Umlaufverfahren). Auf eine ausdrückliche Stellungnahme der Ministerien und des Bundeskanzleramts war dabei verzichtet worden. Das wertete das Bundesverfassungsgericht als einen Verstoß gegen Art. 80 Abs. 1 GG.

Zunächst stellte das Bundesverfassungsgericht fest, dass der Wortlaut der Geschäftsordnung der Bundesregierung nicht eindeutig gewesen sei. Der Erste Senat nimmt eine verfassungskonforme Auslegung vor und stellt dann fest, dass die Praxis der Bundesregierung dieser Auslegung widerspreche. Die sich anschließenden Erwägungen, ob eine Staatspraxis dieses Verfahren wiederum legitimieren können, tragen zunächst noch das Ergebnis: Falls die Staatspraxis dieses Verfahren legitimierte, stünde ja die Verfassungsmäßigkeit doch wieder fest. Das wird verneint. Dann folgen schließlich vom konkreten Fall offensichtlich losgelöste Rechtsansichten [521]:

> Die **Staatspraxis ist Gegenstand, nicht Maßstab verfassungsrechtlicher Beurteilung** von Akten der öffentlichen Gewalt. Zwar sind bei der Auslegung von Geschäftsordnungen Tradition und Praxis mit heranzuziehen, wie sie sich durch die historische und politische Entwicklung geformt haben (vgl. BVerfGE 1, 144 [149], unter Berufung auf RStGH, RGZ 139, Anhang, S. 5 und 15). Das kann aber nur bedeuten, daß eine Staatspraxis, die sich im Auslegungsrahmen der Verfassung hält, nicht durch die Interpretation eines Gerichts ersetzt werden darf, selbst wenn es diese für vorzugswürdig hält. Ferner ist es geboten, bei Zweifeln über den Sinn einer Norm der Staatspraxis Rechnung zu tragen. Dagegen kann die Staatspraxis nicht die eindeutigen oder durch Auslegung ermittelten Anforderungen einer Verfassungsnorm verdrängen. Das hat auch das Urteil des Bundesverfassungsgerichts zur Bundestagsauflösung, das der Staatspraxis große Bedeutung beimißt, nicht in Frage gestellt (vgl. BVerfGE 62, 1 [38 f.]).

Der Erste Senat stellt damit klar, dass es sich bei einer Staatspraxis um keine eigenständige Rechtsquelle handelt. Weder Gewohnheitsrecht noch ungeschrie-

520 E 62, 1 (51) – Bundestagsauflösung I.
521 E 91, 148 (171f.) – Umlaufverfahren.

bene Tatbestandsmerkmale werden festgestellt. Auch eine Staatspraxis müsse sich vielmehr „im Auslegungsrahmen der Verfassung“ halten. Zum Einen wird hier deutlich, dass eine Staatspraxis nicht als Rechtsquelle betrachtet wird, sondern bei der Verfassungsinterpretation zu berücksichtigen ist. Zum anderen wird stärker als in der Entscheidung des Zweiten Senates der Rahmencharakter der Verfassung herausgestellt. Kurioserweise wird in dieser Entscheidung Böckenförde nicht zitiert.

Im Rahmen der Verfassungsinterpretation dürfe eine Staatspraxis aber auch durch das Bundesverfassungsgericht nicht ersetzt werden. Der Zweite Senat hatte sich noch vorbehalten, die tatbestandlichen Grenzen selbst festzustellen, innerhalb derer er eine bestimmte Staatspraxis berücksichtigen müsse. Der Erste Senat sieht sich nun unter bestimmten Umständen nicht (mehr) in der Lage, seine eigene Interpretation an die Stelle der Staatspraxis zu setzen, selbst wenn er diese für vorzugwürdig halten sollte. [522] Dies wurde in der Literatur so interpretiert, als messe der Erste Senat der Staatspraxis im Ergebnis sogar noch eine weitergehende Verbindlichkeit zu, als es der Zweite Senat jemals getan hatte. [523]

Diese Interpretation überzeugt indes nicht. Der Zweite Senat hatte ja auch festgestellt, dass er eine bestimmte Staatspraxis berücksichtigen „müsse“. Unklar bleibt zunächst, ob mit dem Begriff „Auslegungsrahmen der Verfassung“ nur eine Staatspraxis erfasst sein soll, die sich innerhalb von Verfassungsregeln (intra legem) bewegt oder auch eine solche Staatspraxis, die sich beispielsweise noch innerhalb von Verfassungsprinzipien (praeter legem) bewegt. Im weiteren Verlauf der Entscheidung verwendet der Senat dann aber die Staatspraxis (ohne dies so zu bezeichnen) zur Konkretisierung des Rechtsstaatsgedankens: Während bei inhaltlichen Fehlern die Nichtigkeit die regelmäßige Folge des Verfassungsverstoßes bilde, führe ein Verfahrensfehler nur dann zur Nichtigkeit der Norm, wenn er evident sei. Das gebiete die Rücksicht auf die Rechtssicherheit. [524] Die Staatspraxis gewährleistet hier den erforderlichen Vertrauenstatbestand.

Während das Bundesverfassungsgericht im vorliegenden Falle praktisch eine Auslegung des Begriffs „Bundesregierung“ im Sinne von Art. 80 Abs. 1 Satz 1 GG erblickte, war das Bundesverwaltungsgericht noch der Ansicht, dass das Grundgesetz selbst gar keine Bestimmung darüber enthalte, wie Entscheidungen der Bundesregierung zu fällen sind. [525] Daher liegt für den Senat eine Staatspraxis intra legem vor, während für das Bundesverwaltungsgericht ein Fall der Rechtsfortbildung vorlag. Der Praxis von Verfassungsorganen kommt daher auch nach dem Ersten Senat innerhalb eines vom Bundesverfassungsgericht be-

---

522 Vgl. E 62, 1 (49) – Bundestagsauflösung I.

523 Vgl. *Rädler*, a.a.O. (Fn. 33), S. 638.

524 E 91, 148 (175) – Umlaufverfahren; vgl. zur Rechtsfolge von Verfahrensfehlern E 34, 9 (25) – Hessisches Besoldungsanpassungsgesetz.

525 *BVerwGE* 89, 121 (124).

stimmten Rahmens die Bedeutung einer verbindlichen und verfassungsinternen Konkretisierung zu. In der Literatur wird dieser Auslegungsrahmen mit der sog. Beurteilungsermächtigung verglichen, der Exekutive für bestimmte Teilbereiche zur Auslegung einfachgesetzlicher Begriffe zugestanden wird. [526] Allerdings verbietet sich schon wegen des Vorrangs der Verfassung eine Analogie mit einfachgesetzlichen Rechtsgrundsätzen. Die Entscheidung orientiert sich insgesamt wieder etwas stärker am Normtext als die Entscheidung des Zweiten Senates. Nach beiden Entscheidungen ist es dagegen möglich, die Staatspraxis zum Ausgangspunkt einer Konkretisierung zu verwenden. Der Zweite Senat setzt an der „Offenheit“ des Verfassungsrechts an, der Erste Senat will dies hingegen nur bei „Zweifeln“ der Auslegung tun. Die Unterschiede nivellieren sich etwas dadurch, dass für den Zweiten Senat offensichtlich nicht alle Verfassungsnormen „offen“ sind, während umgekehrt für den Ersten Senat mehr Zweifelsfälle für eine Auslegung vorhanden sind, als in dieser Entscheidung zum Ausdruck kommen.

Leider gibt keiner der beiden Senate genauere Kriterien an, wann eine solche Staatspraxis verbindlich wird (bzw. umgekehrt, wann sich die Staatsorgane von dieser Bindung wieder lösen können). Auch diese Fragen können letztlich nur nach einer Analyse weiterer Entscheidungen des Bundesverfassungsgerichts beantwortet werden. [527]

c) Bundestagsauflösung II (2. Senat): Teleologische Auslegung

Sinn und Zweck des Artikels 68 GG hat das Bundesverfassungsgericht in der zweiten Entscheidung zur Auflösung des Bundestages (2005) beschäftigt. Demgegenüber hatte es sich 1983 noch auf ein ungeschriebenes Tatbestandsmerkmal gestützt, dessen Vorliegen („politische Lage der Instabilität“) es bejaht hatte. Damals wurde auf die Gefahr einer „Verkehrung des Normzweckes“ durch beliebige Verkürzung der Legislaturperiode hingewiesen. [528]

Die Senatsmehrheit 2005 sah dagegen den Zweck des Artikels 68 in der „Wiederherstellung einer ausreichend parlamentarisch verankerten Bundesregierung“. Es sei nicht zweckwidrig, wenn ein Kanzler, dem Niederlagen im Parlament erst bei künftigen Abstimmungen drohten, bereits eine auflösungsgerichtete Vertrauensfrage stelle. [529] Das Bundesverfassungsgericht prüft die zweckentsprechende Anwendung des Art. 68 GG allerdings nur in eingeschränkten Umfang. Gerade bei der auflösungsgerichteten Vertrauensfrage könne der

---

526 Vgl. *Rädler*, a.a.O. (Fn. 33), S. 638.

527 Vgl. dazu unten, S. 171ff. (Maßstäbe für Staatspraxis aus der Rechtsprechung).

528 Vgl. E 62, 1 (64) – Bundestagsauflösung I. Sondervotum *Zeidler*: Verkürzung aufgrund „politischer Zweckmäßigkeit“.

529 Vgl. E 114, 121 (149) – Bundestagsauflösung II.

zweckgemäße Gebrauch für das Gericht nur unter praktischen Schwierigkeiten ermittelt werden [530]:

> Dem politischen Willensbildungsprozess mit seinen zulässigen, auch von taktischen und strategischen Motiven geprägten Verhaltensweisen und Rücksichtnahmen darf **in Fragen der politischen Einschätzung nicht** mit einer nach vollem Beweis strebenden gerichtlichen Sachverhaltsaufklärung **Schaden** zugefügt werden. Andernfalls wäre die vom Grundgesetz gewollte **Balance zwischen effektiver rechtlicher Bindung der öffentlichen Gewalt und der Ermöglichung wirksamer politischer Handlungsfreiheit** verletzt.

Der „Mechanismus der Gewaltenteilung" vermöge sich sinnvoll nur zu entfalten, wenn das Bundesverfassungsgericht die politische Einschätzung der Lage durch die zuvor tätigen Verfassungsorgane respektiere. [531]

Der Vergleich der Entscheidungen zur Bundestagsauflösung ist deshalb von Interesse, da beide – allerdings auf methodisch sehr unterschiedliche Art und Weise – zum gleichen Ergebnis kommen. Beide Auflösungsanordnungen waren verfassungsgemäß. Während das Bundesverfassungsgericht in der ersten Entscheidung überwiegend von der Tatbestandsseite her argumentierte, hat es in der zweiten Entscheidung überwiegend von der Rechtsfolgenseite her argumentiert (teleologisch). In beiden Fällen findet eine restriktive Auslegung statt, aber nur im letzteren Falle liegt auch eine teleologische Reduktion im technischen Sinne vor.

Man kann beide Entscheidungen danach unterscheiden, ob eine eher empirisch-wirklichkeitsorientierte oder eine eher normativ-positivistische Form der Auslegung vorliegt. Bezeichnenderweise zieht die erste Entscheidung (1983) noch sehr umfassend die empirische Staatspraxis heran, während die Staatspraxis bei der zweiten Entscheidung nur noch als ein Sachverhaltselement angeführt wird. Einerseits wirkt dies methodisch sauber. Andererseits wird die vorgenommene teleologische Reduktion nicht als eine solche bezeichnet. Zudem nennt das Bundesverfassungsgericht dann in der zweiten Entscheidung anstelle der Staatspraxis plötzlich Fallbeispiele, bei denen es zu „praktischen Schwierigkeiten", d.h. Auslegungsschwierigkeiten, komme. [532] Hier tritt also in Form von Fallgruppen wieder diejenige Wirklichkeit der Verfassung hervor, die man durch Verzicht auf die Figur der Staatspraxis bereits ausgesondert zu haben glaubte. Gemeinsam ist beiden Entscheidungen, dass das Bundesverfassungsge-

530 E 114, 121 (157) – Bundestagsauflösung II.

531 E 114, 121 (159) – Bundestagsauflösung II; vgl. dagegen das Sondervotum *Lübbe-Wolff*, a.a.O., (S. 195): „angeblich vom Zweck des Art. 68 Abs. 1 Satz 1 GG diktierte materielle Tatbestandsvoraussetzung" als „verfehlte Rechtsbedingung".

532 Vgl. E 114, 121 (S. 156f.) – Bundestagsauflösung II: „Am sichersten ist der Fall zu beurteilen, wenn [...]. Ebenso klar läge der Fall, wenn [...]. Verfassungsrechtliche Schwierigkeiten bereitet dagegen der Fall, in dem [...]".

richt nicht ohne eine gewisse Konkretisierung auskommt. Die Aussagen zur Staatspraxis in der ersten Entscheidung haben damit durch die zweite Entscheidung nicht ihre Bedeutung verloren. [532a]

Dabei gibt es aber Unterschiede. Beim normativ-positivistischen Ansatz legt das Bundesverfassungsgericht allein die als gegeben dargestellte Norm aus und spricht jenseits der Normgrenzen von „politischen Spielräumen“, die es nicht überprüft. Der Ansatz ist justiz- und gerichtsförmiger. Bei dem empirisch-wirklichkeitsorientierten Ansatz entfaltet die Staatspraxis dagegen eigene normative Verbindlichkeit, die das Bundesverfassungsgericht als „schöpferisches Moment der Rechtsfindung“ zu akzeptieren habe. Es liegt also letztlich eine unterschiedliche Gewichtung von Normativität und Wirklichkeit zugrunde.

In der ersten Entscheidung (1983) geht es um das von der Verfassung angelegte „System der gegenseitigen politischen Kontrolle und des politischen Ausgleichs zwischen den beteiligten politischen Verfassungsorganen“. In der zweiten Entscheidung (2005) geht es um „die Balance zwischen effektiver rechtlicher Bindung der öffentlichen Gewalt und der Ermöglichung wirksamer politischer Handlungsfreiheit“. Die zweite Variante hebt folgerichtig stärker als die erste Variante den Gedanken der „Bindung“ der Staatsorgane hervor.

Ergebnis zu 2)

Im Ergebnis berücksichtigen beide Senate die Staatspraxis in ihrer Rechtsprechung. Der Zweite Senat berücksichtigt die bisherige Handhabung von „offenen“ Vorschriften, der Erste Senat will der Staatspraxis „bei Zweifeln über den Sinn einer Norm“ Rechnung tragen. Wie ist dies aus der Perspektive der Staatsorgane und ihrer Bindung an die Verfassung zu beurteilen? In welchen Fällen kommt es zu „Zweifeln“ und wann ist die Verfassung „offen“?

3) Bindung der Staatspraxis an die Verfassung

Neben der Bindung an Kompetenznormen könnten sich inhaltliche Anforderungen an eine verfassungsgemäße Staatspraxis aus der Bindung an die Prinzipien und an sonstige Regeln der Verfassung ergeben (Art. 1 Abs. 3 und Art. 20 Abs. 3 GG).

532a A. A.: *Podworny*, Die auflösungsgerichtete Vertrauensfrage, S. 181; für *Holzner*, Die normative Kraft des Faktischen: Die Vertrauensfrage nach Art. 68 GG, S. 140, werden 2005 die Feststellungen von 1983 gar „nicht berücksichtigt“.

a) Bindung aller Staatsorgane an die Verfassung

Die Bindung der Staatsorgane an die Verfassung stößt überall dort auf Probleme, wo der Normtext nicht eindeutig, auch nicht mit den klassischen Mitteln der Auslegung, zu ermitteln ist. Im Folgenden soll kurz untersucht werden, welche Probleme auch mit den klassischen Auslegungskriterien auftreten.

(1) Wortlautauslegung

Bei der Auslegung von Gesetzen stellt das Bundesverfassungsgericht häufig auf die „übliche" und „allgemeine" Bedeutung des Wortes ab.[533] Besonders schwierig ist gerade diese Bedeutung bei sehr speziellen oder auch sehr abstrakten Normen zu ermitteln. So hatte das Bundesverfassungsgericht beispielsweise in der Entscheidung zum Umlaufverfahren eine Auslegung des Begriffs „Bundesregierung" im Sinne des Art. 80 Abs. 1 Satz 1 GG vorgenommen, um zu einem Maßstab für deren Entscheidungsbildung im Umlaufverfahren zu kommen. Die heutige Literatur stimmt heute zumindest darin überein, dass dem Text der Verfassung bzw. ihren einzelnen Begriffen als solchen (noch) gar kein Sinn zukommt. Ihre Bedeutung wird auch durch den Sprachgebrauch bestimmt.[534] Es sind also Zeichen, die durch jemand bedeutet werden müssen.

Wie die Entscheidungen zum Umlaufverfahren und zur Bundestagsauflösung auch gezeigt haben, geht das Bundesverfassungsgericht auch auf die Staatspraxis im Sinne einer Auslegungshilfe ein, sei es bei „Zweifeln" über den Sinn einer Norm oder bei „offenen" Verfassungsnormen. Sofern es dabei das Verständnis der jeweiligen Normadressaten mit berücksichtigt, ist dies im Hinblick auf die angeordnete Bindung der Normadressaten an die Verfassung nicht unproblematisch. Dabei ist allerdings zwischen der Bindung an Grundrechte und sonstige Normen genauer zu unterscheiden.

(aa) Die unmittelbare Bindung an Grundrechte (Art. 1 Abs. 3 GG)

Die Verfassung betont die Bindung an die Grundrechte sogar „als unmittelbar geltendes Recht". Wie wir im Verfahren zur Bundestagsauflösung gesehen haben, wird im Bereich der Staatsorganisation die Staatspraxis zur Konkretisierung verwendet. Kann eine Konkretisierung durch Staatspraxis auch im Grundrechtsbereich erfolgen? Dagegen spricht vor allem die klassische Funktion der Grund-

533 E 73, 235; E 85, 73; E 92, 20; vgl. aber auch den *EGMR*, der darauf abstellt, ob der Laie den Text unter Heranziehung eines Juristen verstehen kann, vgl. *EGMR* v. 26. April 1979 *Sunday Times*, Publ. A Nr. 30; *EGMR* v. 23. März 1983 *Silver*, Publ. A Nr. 61, S. 73; *EGMR* v. 26. April 1991 *Ezelin*, Publ. A Nr. 202, S.33.

534 Vgl. *Müller / Christensen*, Juristische Methodik, Rn. 531; von „Konventionen [...], kommunikative Missverständnisse in weitem Umfange auszuschließen" sprechen auch *Looschelders / Roth*, Juristische Methodik, S. 138. Nicht zu verwechseln mit Konventionalregeln, vgl. oben, S. 103f..

rechte als Abwehrrechte gegen den Staat. Grundrechte werden auch als „negative Kompetenznormen“ bezeichnet. [535] Dass die Grundrechte einer Konkretisierung durch Staatspraxis in stärkerem Maße entgegenstehen als im Bereich der Staatsorganisation, liegt schon im Hinblick auf die zahlreichen qualifizierten Gesetzesvorbehalte auf der Hand. Die Staatspraxis ist in diesem Bereich nur wenig untersucht worden.[536]

Zwar sind Schutzbereich und Eingriff aufeinander bezogen und folglich muss der Schutzbereich schon mit Blick auf den Eingriff bestimmt werden.[537] Nicht vereinbar mit der Funktion der Grundrechte als Abwehrrechte wäre es jedoch, wenn das Bundesverfassungsgericht den abstrakten Schutzbereich bestimmter Grundrechte dadurch konkretisiert, dass es auf die Staatspraxis zurückgreift. Interessant ist daher eine Formulierung in der Rumpelkammer-Entscheidung, mit der das Bundesverfassungsgericht auch auf die „Staatspraxis nach dem zweiten Weltkrieg“ hinweist, um zu bekräftigen, dass eine karitative Tätigkeit von der Religionsausübung umfasst ist. [538] In dieser Entscheidung berücksichtigte das Bundesverfassungsgericht aber gerade nicht die Staatspraxis, sondern vielmehr das „Selbstverständnis“ des Grundrechtsträgers bei der Bestimmung des Schutzbereiches [539]:

> Bei der Würdigung dessen, was im Einzelfall als Ausübung von Religion und Weltanschauung zu betrachten ist, darf das **Selbstverständnis der Religions- und Weltanschauungsgemeinschaften nicht** außer Betracht bleiben. Zwar hat der religiös-neutrale Staat grundsätzlich verfassungsrechtliche Begriffe nach neutralen, allgemeingültigen, nicht konfessionell oder weltanschaulich gebun ./. denen Gesichtspunkten zu interpretieren (BVerfGE 10, 59 [84 f.]; 12, 45 [54]; 19, 1 [8]; 19, 226 [238 ff.]; 19, 268 [278 ff.]). Wo aber in einer pluralistischen Gesellschaft die Rechtsordnung gerade das religiöse oder weltanschauliche Selbstverständnis wie bei der Kultusfreiheit voraussetzt, würde der Staat die den Kirchen, den Religions- und Weltanschauungsgemeinschaften nach dem Grundgesetz gewährte Eigenständigkeit und ihre Selbständigkeit in ihrem eigenen Bereich verletzen, wenn er bei der Auslegung der sich aus einem bestimmten Bekenntnis oder einer Weltanschauung ergebenden Religionsausübung deren **Selbstverständnis** nicht berücksichtigen würde (BVerfGE 18, 385 [386 f.]).

---

535 Vgl. *Jarras / Pieroth*, GG, Vorb. Art. 1 Rn. 3; zuvor bereits *Ehmke*, Prinzipien der Verfassungsdiskussion, in VVDStRL 20 (1963), S. 89ff. mwN.

536 Offengelassen bei *Rädler*, a.a.O. (Fn. 33), S. 641: „Noch schwer einzuschätzen“; *Tomuschat*, a.a.O. (Fn. 29), S. 132f. widmet der Staatspraxis im Staat-Bürger-Verhältnis ganze 25 Zeilen. Fachgerichte seien der Grund für das Fehlen einer die Grundrechtsgarantien „schmälernden Übung“ (durch Staatspraxis).

537 Besonders deutlich wird dies bei der Menschenwürde in Art. 1 Abs. 1 GG, vgl. *Pieroth / Schlink*, Staatsrecht II, S. 65 Rn. 237 mwN.

538 E 24, 236 (248) – (Aktion) Rumpelkammer.

539 E 24, 236 (247f.).

Die Staatspraxis bestätigte hier als Auslegungshilfe lediglich das bereits gefundene Ergebnis. Das Selbstverständnis des Grundrechtsträgers hatte das Bundesverfassungsgericht zuvor schon bei der Berufsfreiheit verwendet. Später hatte es dieses nicht nur bei der Glaubensfreiheit, sondern auch bei der Wissenschaftsfreiheit angewandt. [540] In der Entscheidung zum Betriebsbetretungsrecht ging es um eine durch Rechtsprechung gewachsene „allgemeine Rechtsüberzeugung“ [541]:

> Die nunmehr seit mehr als einem Jahrhundert unverändert gebliebene Auslegung hat sich **zu einer allgemeinen Rechtsüberzeugung verfestigt und dem Grundrecht eine Reichweite gegeben**, die nur verkürzt werden dürfte, wenn nachgewiesen würde, daß zwingende sachliche Gründe eine solche Substanzminderung erforderten und daß die Entstehungsgeschichte ihr wenigstens nicht entgegenstünde.

Hier bleibt unklar, ob der Schutzbereich tatsächlich nur verfestigt, oder ob er sogar erweitert worden war. Sofern ein Gesetzesvorbehalt vorliegt, kann eine Staatspraxis aber den Schutzbereich weder einschränken noch ausweiten, sondern nur verletzen. Eine Staatspraxis darf darüber hinaus nicht auf die gesellschaftliche Praxis einwirken, kann lediglich – wie im Falle des Betriebsbetretungsrechtes – einen gesellschaftlichen Wandel durch Rechtsprechung nachvollziehen. Der Verfassungswandel im Schutzbereich erfolgt dann aber gerade nicht durch diese Rechtsprechung oder die damit verbundene Staatspraxis, sondern durch die gewandelte gesellschaftliche Praxis. Eine Übertragung der Figur des Selbstverständnisses auf die Staatspraxis im Sinne einer „amtlichen Verfassungsauslegung“ wird daher von der Literatur abgelehnt. [542] Der besondere Schutzbereich der Freiheitsrechte liegt dem staatlichen Zugriff voraus. Im Bereich des Gleichheitsgrundsatzes gibt es zwar vergleichsweise viele Aussagen zur Staatspraxis. Die Praxis ist hier jedoch regelmäßig nicht Maßstab, sondern Gegenstand der Beurteilung. [543]

---

540 Berufsfreiheit: E 7, 377 (399): „nach allgemeiner Anschauung wie nach dem Urteil der Berufsangehörigen selbst“; vgl. zur Glaubensfreiheit bereits zuvor: E 12, 1 (3) – Tabak-Fall: „die seiner Überzeugung entspricht“ und E 18, 385 (386) – Gemeindeteilungsbeschluss: „Recht der Selbstbestimmung“; ebenso: E 42, 312 (336f.): „Selbstverständnis“; Wissenschaftsfreiheit: E 90, 1 (12f.): „nicht allein von der Beurteilung desjenigen abhängen, der das Grundrecht für sich in Anspruch nimmt“ [...] „auch Behörden und Gerichte zu der Prüfung befugt“.

541 E 32, 54 (68f) – Betriebsbetretungsrecht: die weite Auslegung des Wohnungsbegriffs umfasst auch Geschäftsräume.

542 *Müller-Franken*, a.a.O. (Fn. 34), S. 233: „Sie bricht sich an dem Grundprinzip, das der von der vom Grundgesetz errichteten freiheitlichen Verfassungsordnung als ungeschriebene Voraussetzung zu Grunde liegt: der Unterscheidung zwischen Staat und Gesellschaft.“

543 Vgl. E 41, 399; E 59, 128; E 59, 336; E 69, 1; E 75, 166.

Gemäß Art. 19 GG werden den Schranken der Grundrechte wiederum Schranken („Schranken-Schranken") gesetzt. Diese werden vom Bundesverfassungsgericht aber nur eingeschränkt überprüft. Dabei hat sich das Gericht auf die Staatspraxis bezogen. Beispielsweise hat das Bundesverfassungsgericht keinen Anlass gesehen von der restriktiven Auslegung des Art. 19 Abs. 1 S. 2 GG abzugehen, nachdem sich die Staatspraxis inzwischen darauf eingestellt habe, ohne dass Nachteile für den Grundrechtsschutz erkennbar geworden seien.[544]

(bb) Die sonstige Bindung an die Verfassung (Art. 20 Abs. 3 GG)

Es stellt sich die Frage, ob bei der Interpretation von Normen des Staatsorganisationsrechts im engeren Sinne in ähnlicher Weise auf das Selbstverständnis der Normadressaten einzugehen ist, wie bei den Grundrechtsträgern. Eine Übertragung der Figur des Selbstverständnisses lehnt die Literatur ab. [545] Das Bundesverfassungsgericht hat es in einer jüngeren Entscheidung zu Art. 72 Abs. 2 GG abgelehnt, den Inhalt einer Norm im Sinne der Normadressaten zu bestimmen: „Ihrer Stellung im System des Grundgesetzes, ihrem Sinn und dem Willen des Verfassungsgebers kann die Norm nur dann gerecht werden, wenn ihre Voraussetzungen nicht subjektiv von demjenigen bestimmt werden dürfen, dessen Kompetenz beschränkt werden soll." [546] Nichtsdestotrotz wird der Sprachgebrauch der Staatspraxis mangels eines allgemeinen Sprachgebrauches gerade hier im Bereich des Staatsorganisationsrechts herangezogen.

Ähnlich wie im Grundrechtsbereich ist die Berücksichtigung der Staatspraxis vor allem in den Bereichen problematisch, wo es um rechtlich geschützte Interessen einer Minderheit geht. Das kann auch im Parlamentsrecht der Fall sein. Wenn sich hier auch die Kompetenzen mehrerer Staatsorgane überschneiden mögen, so wird dann nicht von „Eingriffen" gesprochen. Für die Staatsorgane besteht prozessual die Möglichkeit, ein Organstreitverfahren einzuleiten, wo die Befugnisse subjektiviert sind. In einigen Entscheidungen geht das Bundesverfassungsgericht aber sehr weit darin, auch die parlamentarische Praxis als solche zur Begrenzung seines Prüfungsumfanges zu akzeptieren. Als eine Fraktion des Deutschen Bundestages im Jahre 1986 einen Sitz in einem parlamentarischen Kontrollgremium beanspruchte, wurde ihr Vorschlag durch die Mehrheit der Mitglieder des Ausschusses abgelehnt. Das Bundesverfassungsgericht stellte fest, dass es aus zwingenden Gründen des Geheimschutzes verfassungsrechtlich hinzunehmen sein könne, dass einzelne Fraktionen bei der Besetzung eines Ausschusses unberücksichtigt blieben. [547]

544 E 64, 72 (80) – Prüfingenieure.
545 Vgl. *Müller-Franken*, a.a.O. (Fn. 34), S. 233.
546 Vgl. E 107, 62 (135) – Altenpflegegesetz.
547 E 70, 324 (366) – Haushaltskontrolle der Nachrichtendienste.

Dabei wies das Bundesverfassungsgericht darauf hin, dass es im Regelfall auch zulässig sei und parlamentarischer Praxis entspreche, fraktionslosen Abgeordneten und den Gruppierungen ohne Fraktionsstärke die Mitgliedschaft in den Ausschüssen des Bundestages zu verweigern. Zwar bewegte sich die Frage im Bereich der durch Art 40 GG garantierten Geschäftsordnungsautonomie des Bundestages. Hier zieht das Bundesverfassungsgericht ja zur Auslegung der Geschäftsordnungen die parlamentarische Tradition und Praxis mit heran.[548] Davon zu unterscheiden ist jedoch die Auslegung der Verfassung als Maßstab dieser Geschäftsordnung. Die Praxis muss schon wegen Artikel 19 Abs. 4 GG gerichtlich überprüfbar bleiben. Dies gilt erst recht wenn – wie hier – das Bundesverfassungsgericht zuvor aus dem Rechtsstaatsprinzip den verfassungsrechtlichen Grundsatz des Schutzes von Minderheiten hergeleitet hatte: Wenn die Geschäftsordnung den Fraktionen einen ihrer Stärke entsprechenden Zugang zu den Ausschüssen gewährleiste, dann trage dies der aus dem demokratischen Prinzip der Verfassung folgenden Rechtsstellung einerseits der parlamentarischen Mehrheit, andererseits der parlamentarischen Opposition in einer grundsätzlich notwendigen Weise Rechnung.[549] Das Sondervotum kritisierte, dass das Rechtsstaatsprinzip geschwächt werde, wenn die Auslegung der Fundamentalnorm der Verfassung von einem Ausnahmefall her bestimmt werde. Die darüber entscheidende Mehrheit schwäche so die normierende Kraft der Verfassung. [550]

Im Bereich des materiellen Verfassungsrechts berücksichtigt das Bundesverfassungsgericht die „Tradition und Praxis“ wegen des besonderen erprobungsbedürftigen Charakters der Satzungen also besonders stark. Daraus folgt jedoch nicht etwa, dass einer Vorschrift die Wirksamkeit schon allein aufgrund ihres Alters unterstellt werden darf. [551]

(2) Historische Auslegung

Das Ziel der historischen Auslegung ist es, Normen so zu deuten, dass die Vorstellungen, Zwecke und Wertungen, die der historische Gesetzgeber mit ihnen verband, verwirklicht werden. [552] Der entscheidende Zeitpunkt, um die historische Auslegung von den anderen Auslegungskriterien abzugrenzen, ist das vor-

548 Vgl. E 1, 144 (148) – Geschäftsordnungsautonomie.

549 E 70, 324 (366) – Haushaltskontrolle der Nachrichtendienste.

550 E 70, 324 (373). In späteren Entscheidungen hat das Bundesverfassungsgericht sich auch mit den Rechten Fraktionsloser Abgeordneter und den Rechten von Gruppen (E 88, 188) sowie den Rechten von Gruppen (E 84, 304) befasst.

551 Beispiel: E 1, 144 (157) – Geschäftsordnungsautonomie: Praxis zu § 48 a GO-RT „seit 9. Februar 1931 unbeanstandet in Kraft“, bei § 96 Abs. 3 GO-BT Praxis nicht feststellbar, unübertragbar.

552 Die streng objektive Theorie lehnt dies ab, vgl. *Schwacke*, a.a.O. (Fn. 350), S. 79; für *Müller* sind historische und genetische Auslegung als Unterfälle der systematischen Auslegung zu verstehen, vgl. *ders.*, Juristische Methodik, 7. Auflage, Berlin 1997, Rn. 361.

herige Inkrafttreten der anzuwendenden Norm. Was sich vor dem Inkrafttreten ereignete, betrifft zunächst einmal die Entstehungsgeschichte einer Norm. In der Regel bezeichnet das Bundesverfassungsgericht die Auslegung aus den „Gesetzesmaterialien und der Entstehungsgeschichte" unterschiedslos als „historische".[553] In der Literatur wird dagegen differenziert zwischen der historischen und der genetischen Auslegung. Während die historische Auslegung in der Regel vergleichbare frühere Normtexte heranzieht, arbeitet die genetische Auslegung mit einschlägigen Nicht-Normtexten. [554] An diese Unterscheidung wird auch hier angeknüpft.

Die Entstehungsgeschichte einer Norm beantwortet also vor allem die Frage, wie das betreffende Problem in der Vorgängervorschrift gelöst wurde. Die Motive und Absichten des Gesetzgebers für die jeweilige Neuregelung gehen dagegen aus diesen Normen nicht hervor. Das Bundesverfassungsgericht will Vorarbeiten eines Gesetzes für dessen Auslegung „immer nur mit einer gewissen Zurückhaltung, in der Regel bloß unterstützend" verwerten. [555] Der Entstehungsgeschichte einer Vorschrift komme für die Auslegung nur insofern Bedeutung zu, als dass sie die Richtigkeit einer nach den angegebenen Grundsätzen ermittelten Auslegung „bestätigt oder Zweifel behebt", die auf dem angegebenen Weg allein nicht ausgeräumt werden könnten. [556]

(aa) Beispiel: Auslegung der Kompetenznormen

Als Auslegungshilfe für Kompetenznormen zieht das Bundesverfassungsgericht regelmäßig die vor- und nachkonstitutionelle „Staatspraxis" heran. Die früheste Entscheidung hierzu stammt aus dem Jahre 1953 [557]: Das Straffreiheitsgesetz von 1949 war zur Bereinigung der außergewöhnlichen Verhältnisse nach dem Krieg und während der nachfolgenden Notzeit verabschiedet worden. Es sollte strafrechtlich einen Schlussstrich unter die meisten der vor dem 15. September 1949 begangenen Straftaten und Ordnungswidrigkeiten ziehen. Im vorliegenden Fall lag der strafrechtlichen Verurteilung eine Abtreibung zu Grunde. Das vorlegende Amtsgericht hatte beantragt, festzustellen, dass ein Gesetz über die Gewährung von Straffreiheit aus dem Jahre 1949 verfassungswidrig sei. Der Bund

553 E 11, 126 (130) – Nachkonstitutioneller Bestätigungswille.

554 Bei der systematischen Auslegung werden unterschiedliche Teile desselben *aktuellen* Normtextes miteinander verglichen, bei der rechtsvergleichenden Auslegung dagegen Normtexte aus *verschiedenen Rechtsordnungen*, vgl. *Müller*, Juristische Methodik, 7. Auflage 1997, Rn. 361.

555 St. Rspr., E 11, 126 (130f.) – Nachkonstitutioneller Bestätigungswille; vgl. bereits RGZ 128, 111.

556 St. Rspr. seit E 1, 299 (312) – Wohnungsbauförderung; E 10, 234 (244).

557 E 2, 213ff. – Straffreiheitsgesetz, entgegen *Stettner*, Grundfragen einer Kompetenzlehre, S. 394, der den Begriff Staatspraxis als kompetenzielles Konkretisierungselement erstmals in E 33, 125 nachweisen will.

sei für die Regelung dieser Materie nicht zuständig, sondern im Bereich der „Rechtspflege" die Länder.

Das Bundesverfassungsgericht stellte die Vereinbarkeit des Gesetzes mit dem Grundgesetz fest. Der Bund sei für den Erlass des Straffreiheitsgesetzes auf dem Gebiet des auf dem Gebiet des Strafverfahrens und des Strafvollzugs nach Art. 74 Nr. 1 GG zuständig. Das Bundesverfassungsgericht stellte zunächst fest, dass die Wirksamkeit des Gesetzes bis dahin weder durch Rechtsprechung noch die überwiegende Literatur angezweifelt worden sei. [558] Unerheblich sei auch, ob durch die Gewährung von Straffreiheit ein Eingriff in die Justizhoheit der Länder erfolge. Ein solcher Eingriff liege im Wesen der (konkurrierenden) Zuständigkeit für die Justizgesetzgebung. Dann widmet sich das Gericht der Frage, ob sich durch die Praxis der Länder eventuell ein „Staatsgewohnheitsrecht" entwickelt habe, das einer Bundeskompetenz entgegenstehen könne. Die Suche nach einem Verfassungsgewohnheitsrecht geht negativ aus, obwohl die historischen Nachweise sehr ausführlich sind. [559] Seit der Reichsverfassung bis hin zur Weimarer Verfassung seien – im Gegenteil – immer wieder Gesetze verabschiedet worden, die auch in die Kompetenz der Länder eingegriffen hätten:

> In Anbetracht dieser zwar **schwankenden, keinesfalls aber eindeutig zugunsten ausschließlicher Zuständigkeit** der Länder sprechenden Staatspraxis in Deutschland kann von einem **Staatsgewohnheitsrecht**, das der aus Art. 74 Ziff. 1 GG abgeleiteten Bundeskompetenz entgegenstehen könnte, **nicht die Rede sein** (übereinstimmend Arndt SJZ 1950 Sp. 109). Mit Rücksicht auf diese **Staatspraxis** besteht auch kein Anhalt für die Annahme, daß die Zuständigkeit des Bundes für den Erlaß eines Straffreiheitsgesetzes mit dem bundesstaatlichen Prinzip des Grundgesetzes nicht zu vereinbaren sei.

Das Gericht prüfte die Praxis nicht, nachdem es die anderen Auslegungskriterien angewandt hat, sondern nachdem der gesamte Auslegungsvorgang bereits beendet ist. Dabei handelt es sich also nicht um ein zusätzliches Hilfsargument historischer Auslegung, sondern die sich anschließende Frage, ob entgegenstehendes Verfassungsgewohnheitsrecht vorliege. Es zeigt sich, dass dem Gewohnheitsrecht in der Anfangszeit der Rechtsprechung noch größere Bedeutung zugemessen wurde. Vielleicht erklärt sich dies durch den historischen Kontext und dem festgestellten Bedürfnis nach Kontinuität. Interessanterweise enthielt die Weimarer Reichsverfassung sogar eine ausdrückliche Zuständigkeit des Reichs für Amnestien [560], das Grundgesetz aber keine explizite Bundeskompetenz mehr. Daraus hat das Gericht keine weiteren Argumente hergeleitet. Gegen eine Landeskompetenz sprechen auch materielle Erwägungen, mit denen sich das Gericht aber nicht weiter zu befassen hatte. Dies sind etwa der Gleichheitsgrundsatz (Ar-

---

558 E 2, 213ff. – Straffreiheitsgesetz.

559 Vgl. die Nachweise unten, Fn. 828.

560 Artikel 49 WRV lautete „Der Reichspräsident übt für das Reich das Begnadigungsrecht aus. Reichsamnestien bedürfen eines Reichsgesetzes".

tikel 3 Abs. 1 GG) und der ungeschriebene Verfassungsgrundsatz der Bundestreue.

Stellt man mit dem Bundesverfassungsgericht fest, dass viele Gesetzgebungskompetenzen in stetem Rückblick auf Weimar formuliert worden sind [561], dann erhält die historische Auslegung einen besonderen Stellenwert. Im Baugutachten, einem Rechtsgutachten auf gemeinsamen Antrag des Bundestags, des Bundesrats und der Bundesregierung [562], äußerte sich das Bundesverfassungsgericht zur Reichweite der historischen Auslegung. Das Gericht weist darauf hin, dass die Entstehungsgeschichte das – zuvor im Wege der systematischen Auslegung – gefundene Ergebnis bloß zusätzlich bestätige. [563] Es war bereits zu dem Schluss gekommen, dass eine Zuständigkeit des Bundes zur Gesetzgebung lediglich auf einigen Gebieten des Baurechts gegeben sei. Eine Gesamtzuständigkeit etwa durch Art. 74 Nr. 18 GG („Bodenrecht") werde nicht gewährt. Die in der Weimarer Nationalversammlung erwogene und abgelehnte Reichskompetenz („Bauwesen") sei auch nicht vom GG gewählt worden. Schon im Bericht über den Verfassungskonvent sei festgehalten worden, dass die Formulierungen des GG, wo es angängig war, aus der Weimarer Verfassung übernommen worden seien, zumal Rechtsprechung und Verwaltung mit übernommenen und abgeklärten Fassungen leichter arbeiteten als mit völlig neuen. [564] Soweit das Grundgesetz Materien aus der Weimarer Reichsverfassung übernommen habe, müsse angenommen werden, dass sie in demselben Sinne zu verstehen seien, wie dies in der Weimarer Reichsverfassung der Fall war. [565] Ein solches Verständnis ist in der Literatur auf Kritik gestoßen. [566]

Dies hat das Bundesverfassungsgericht aber nicht davon abgehalten, weitere Bereiche der grundgesetzlichen Kompetenzvorschriften einer traditionsbewussten Auslegung zu unterziehen, die der „Staatspraxis" den argumentativen Raum vorbereiten sollen.

Den Anfang machte das Gericht dabei mit den Argumentationsfiguren des „‚Traditionellen' oder ‚Herkömmlichen'" in zwei bis heute zitierten Entscheidungen, die sich auch mit der Auslegung von Zuständigkeitsvorschriften befassten. [567] Zum einen mit den Verjährungsvorschriften für Pressedelikte (Art. 75

561 St. Rspr., E 3, 407 (414); E 26, 281 (299); E 33, 52 (61); E 42, 20 (29).

562 E 3, 407 (415) – Baugutachten.

563 E 3, 407 (416); Gesetzesmaterialien werden idR. nur unterstützend herangezogen werden, st. Rspr., vgl. E 1, 299 (312); E 6, 55 (75); E 6, 389 (431); E 10, 234 (244); E 36, 342 (367); E 41, 291 (309)). Ob diese Grundsätze auch für die Auslegung von Verfassungsnormen gelten, hat das BVerfG dahinstehen lassen, vgl. E 62, 1 (45).

564 E 3, 407 (414) – Baugutachten.

565 E 3, 407 (415) – Baugutachten.

566 *Stettner*, a.a.O. (Fn. 557), S. 385ff., *Blankenagel*, a.a.O (Fn. 10), S. 60ff.; *Bullinger*, AöR 96 (1971), S. 237ff., 256f..

567 E 7, 29 (44) – Pressedelikte; E 28, 21 (32) – Robenstreit; s. zuletzt: E 106, 62 (105) – Altenpflege.

Nr. 2 GG), und zum anderen mit dem sog. Robenstreit (Art. 74 Nr. 1 GG).[568] In beiden Entscheidungen wird jeweils nur die Entstehungsgeschichte der Norm untersucht. Die Staatspraxis als solche spielt dagegen (noch) keine Rolle.[569]

In der soweit ersichtlich ersten Entscheidung zur Kompetenzauslegung, die eine Staatspraxis erwähnt, verlief die Suche noch negativ.[570] Es ging es unter anderem um die Frage, ob Art. 74 Nr. 7 GG die Jugendpflege umfasst. Dabei wurde kurz festgestellt, dass das Reichsjugendwohlfahrtsgesetz die Kompetenz für Durchführungsvorschriften den Ländern überlassen hatte, die davon verschiedenen Gebrauch gemacht hätten. Auch die Staatspraxis könne daher die getroffene Regelung nicht rechtfertigen.[571] Unklar blieb in dieser Entscheidung ebenso wie in der nachfolgenden Entscheidung, auf welche Art und Weise denn eine „Rechtfertigung" durch eine Staatspraxis hätte eintreten können. In der nachfolgenden Entscheidung geht es um die Frage, ob die konkurrierende Bundeskompetenz (Art. 74 Nr. 7 GG) grundsätzlich die Jugendpflege umfasse. Bei der Durchführungsvorschrift fand ein Eingriff in die Verwaltungskompetenz der Länder statt. Die Erklärung der Aufgabe zur Selbstverwaltungsangelegenheit schloss die Fachaufsicht durch die zuständigen Landesbehörden aus und beschränkte diese auf die Rechtsaufsicht. Das Gericht erachtete dieses als nicht notwendig und sah Art. 84 Abs. 1 GG verletzt. Die getroffene Regelung ließe sich auch nicht aus der Staatspraxis rechtfertigen. Das Reichsjugendwohlfahrtsgesetz hätte es den Ländern überlassen, ob sie diese Aufgaben als Selbstverwaltungs- oder als Auftragsangelegenheit durch die Gemeinden wahrnehmen lassen wollten. Einige Länder hätten es auch als Auftragsangelegenheit durchgeführt. Das Gesetz für Jugendwohlfahrt war in diesem Punkt daher nichtig. Möglicherweise ging es dem Gericht darum, eine ungeschriebene Bundeskompetenz (Annex) darüber herzuleiten, dass eine Regelung des Bundesgesetzgebers notwendig ist.

In der sog. Facharztentscheidung aus dem Jahre 1972 brachte das Bundesverfassungsgericht auch die Bedeutung von Staatspraxis bei der Auslegung von Kompetenznormen erstmals auf eine generelle Formel[572]: „Entstehungsgeschichte und Staatspraxis gewinnen deshalb für die Auslegung besonderes Gewicht." Beide werden damit nebeneinandergestellt. Es ging allgemein um die Frage, ob das Parlament die statusbildenden Normen selbst erlassen muss, oder das Facharztwesen ausschließlich der Regelung durch Satzungen der Ärztekammern überlassen werden darf. Unter anderem war zu prüfen, ob eine Regelung des Facharztwesens gemäß Art. 74 Nr. 19 GG verfassungsgemäß war. Die

568 E 7, 29 – Pressedelikte; E 28, 21 – Robenstreit: „Tradition und Herkommen"

569 *Blankenagel*, a.a.O (Fn. 10) Fn 105. Weitere Beispiele: E 7, 244 (252); E 14, 76 (91); E 26, 302 (309); E 31, 8 (19); E 26, 302 – Deutschland-Fernsehen.

570 E 22, 180ff. – Jugendhilfe.

571 E 22, 180 (210) – Jugendhilfe.

572 E 33, 125ff. – Facharzt

Vorinstanz hatte ihre Urteile auf eine Berufsordnung der Ärztekammer gestützt. Der Beschwerdeführer war der Ansicht, dass diese Berufsordnung über die im Kammergesetz erteilte Ermächtigung hinausgehe, da sie die Berufsausübung in einschneidender Weise beeinträchtige. Diese Ansicht, dass Regelungen, welche die Berufsausübung besonders intensiv beeinflussten, nur in formellen Gesetzen getroffen werden dürften, überforderte nach der Gegenauffassung die Staatspraxis. Das Gericht verneinte eine Gesetzgebungskompetenz des Bundes zu Gunsten der Länder:

> Bei der Bestimmung des Umfangs der einzelnen Materien des Art. 74 sind der Grundsatz des Art. 30 GG und der historische Zusammenhang in der deutschen Gesetzgebung zu beachten; dem **Merkmal des "Traditionellen" oder "Herkömmlichen"** kommt dabei wesentliche Bedeutung zu (BVerfGE 7, 29 [44]; 28, 21 [32]). **Entstehungsgeschichte und Staatspraxis** gewinnen deshalb für die Auslegung **besonderes Gewicht**.

Von diesem Zeitpunkt an sind Entstehungsgeschichte und der Staatspraxis in einer ganzen Reihe von Entscheidungen zur Auslegung von Kompetenznormen von besonderem Gewicht. [573] Allerdings ist unklar, wie dieses Gewicht genau aussieht. Die Formulierung wurde interpretiert als eine Erweiterung der interpretationsrelevanten historischen Dimension. Die historische Auslegung umfasse zunächst nur die Zeitspanne bis zum Erlass der Norm. Durch die Staatspraxis trete auch die Zeitspanne nach dem Erlass der Norm hinzu: Die Staatspraxis impliziere damit die kompetenzinterpretatorische Verwendbarkeit und Relevanz verfassungskonkretisierender Akte. [574] In einer späteren Entscheidung wird der Begriff Staatspraxis wieder ganz beiläufig verwendet, als Gegenbegriff zu dem Begriff des Schrifttums. [575]

Die wohl bekannteste Entscheidung zur Auslegung von Kompetenznormen in diesem Zusammenhang ist diejenige zu Amtshaftung im Jahre 1982. [576] Dort ging es um die Kompetenz für ein Staatshaftungsgesetz des Bundes. Nach Ansicht der Bundesregierung war Art. 71 Nr. 1 a. F. anwendbar. Der Bundesrat hielt eine solche Gesetzesvorlage dagegen für zustimmungsbedürftig. Der Bundespräsident hatte die Bedenken des Bundesrates geteilt und unterrichtete die

---

573 E 36, 193 (203) – Journalisten [herkömmliche Zuordnung des Zeugnisverweigerungsrechts der Presseangehörigen in der deutschen Gesetzgebung bestätigt dieses Ergebnis]; E 36, 314 (319); E 41, 205 (223) – Gebäudeversicherungsmonopol [durch Entstehungsgeschichte und Staatspraxis bestätigte Aufteilung der Gesetzgebungszuständigkeit]; E 42, 20 (29) – Öffentliches Wegeeigentum [besonderes Gewicht]; E 48, 367 (373) – Hessisches Pressegesetz; E 61, 149 (175) – Amtshaftung; E 67, 299 (320f.) – Laternengarage; E 68, 319 (328) – Bundesärzteordnung; zuletzt: E 109, 190 (213) – Nachträgliche Sicherungsverwahrung.

574 *Stettner*, a.a.O. (Fn. 557), S. 394f.: „marginale Rolle“ der Staatspraxis.

575 E 33, 52 – Zensur.

576 E 61, 149 – Amtshaftung.

drei am Gesetzgebungsverfahren beteiligten Verfassungsorgane darüber, dass er trotz erheblicher Zweifel gleichwohl ausfertigen müsse, da die Unvereinbarkeit mit dem GG nicht offenkundig und zweifelsfrei feststünde. Das Bundesverfassungsgericht griff mangels Anhaltspunkten im Grundgesetz zunächst auf nicht nur auf einen, sondern gleich auf mehrere Normvorläufer zurück [577]:

> a) Die Grenzen der Gesetzgebungsmaterie ‚bürgerliches Recht' im Sinne des Art. 74 Nr. 1 GG hat das Grundgesetz **selbst nicht ausdrücklich definiert**. Die Kompetenzbestimmung des Art. 74 Nr. 1 GG ist im Rückblick auf die Befugnis des Reiches zur konkurrierenden Gesetzgebung über ‚das bürgerliche Recht' gemäß Art. 7 Nr. 1 der **Weimarer Reichsverfassung** formuliert worden, der seinerseits, ohne selbst näheren Aufschluß über Umfang und Grenzen dieser Materie zu geben, insoweit dem Vorbild der Reichskompetenz für das ‚gesamte bürgerliche Recht' in der **Verfassung des Deutschen Reiches von 1871** gefolgt ist (Art. 4 Nr. 13 in der Fassung des verfassungsändernden Gesetzes vom 20. Dezember 1873; RGBl. S. 379).

Dann führte aus, Art. 74 Nr. 1 a.F. müsse in erster Linie historisch und mit Blick auf die Staatspraxis interpretiert werden:

> Die stetige Verwendung und beinahe wörtliche Übernahme des Begriffs ‚bürgerliches Recht' in den Kompetenzordnungen der neueren deutschen Verfassungsgeschichte gibt einen Fingerzeig, daß dieser Begriff **grundsätzlich in demselben Sinne wie früher** verstanden werden will (vgl. BVerfGE 3, 407 [414 f.]; 12, 205 [226]; 26, 281 [299]; 33, 52 [61]; 42, 20 [29]). Bei der Bestimmung von Inhalt und Umfang der Materie im Sinne des Art. 74 Nr. 1 GG kommt daher neben dem Grundsatz des Art. 30 GG dem **Merkmal des ‚Traditionellen' und ‚Herkömmlichen' wesentliche Bedeutung** zu. Der historische Zusammenhang in der deutschen Verfassungsentwicklung und Gesetzgebung ist zu beachten; **Entstehungsgeschichte und Staatspraxis** gewinnen für die Auslegung **besonderes Gewicht** (BVerfGE 33, 125 [152 f.]; 42, 20 [29]).

Die Staatspraxis ist eine Auslegungshilfe, der allerdings eine gewisse Verbindlichkeit auch für die Zukunft zukommt:

> Die Berücksichtigung der Tradition bei der Umschreibung des Gebiets ‚bürgerliches Recht' ist **nicht nur eine bewährte und anerkannte juristische Auslegungshilfe**; sie erfüllt im Felde dieser Kompetenznorm auch eine spezifische Aufgabe: Sie spiegelt die Erkenntnis wider, daß die Lehren des materiellen Rechts, auf die der Kompetenzbegriff ‚bürgerliches Recht' ursprünglich ausgerichtet war, **im Laufe der Zeit Veränderungen** unterworfen sein können, deren jeweils getreue Übernahme in die Kompetenzordnung zu Verwerfungen in der bundesstaatlichen Ordnung führen müßte, zumal eine seit langem ausgebildete gesetzliche Ordnung des Sachgebiets vorhanden war. Die Zuständigkeitsgrenzen zwischen Bund und Ländern bilden den formalen Rahmen der Gesetzgebung im Bundesstaat und **bedürfen als solche in hohem Maße der Festigkeit und Berechenbarkeit. Darin liegt die Bedeutung, die der herkömmlichen Staatspraxis ./. zu-**

577 E 61, 149 (174f.) – Amtshaftung.

kommt: Sie vermittelt nicht nur die im allgemeinen **bestmögliche Gewißheit** über die hergebrachten Grenzen des Sachbereichs, sondern zeigt auch an, ob und wie der historische Gesetzgeber eine **Kompetenz genutzt** hat und **wieweit sich dadurch unter dem übergeordneten Gesichtspunkt der Kontinuität der Kompetenzordnung eine Bestandsgarantie** herausgebildet hat.

Es folgen dann umfangreiche Ausführungen. Der Bund könne sich beim Staatshaftungsgesetz aber keinesfalls auf Tradition, Staatspraxis und Verfassungsgeschichte stützen [578]:

Hat sich eine klare und beständige Praxis der maßgebenden Verfassungsorgane in Auslegung der Verfassung gebildet, so kann diese nicht unter Hinweis auf keineswegs einheitlich vertretene Ansichten in Rechtsprechung und Lehre entkräftet werden. Für die Beurteilung der Gesetzgebungsbefugnisse des Reiches ist die überkommene Staatspraxis maßgebend.
Ob einer eindeutigen Staatspraxis gegenüber jedem anderen Ergebnis juristischer Meinungsbildung **ausnahmslos der Vorzug gebührt** oder ihr jedenfalls dann die Anerkennung zu versagen ist, wenn sie die Tragweite der Verfassung offenkundig verkannt hat, **ist hier nicht zu klären.** Ein derartiger Fall liegt nicht vor.

Das Gericht stellt hier inhaltliche Anforderungen an die Staatspraxis („klare und beständige"), lässt aber leider den Rechtscharakter einer solchen Praxis ausdrücklich offen. Es wird, dass bei verschiedenen Lösungsmöglichkeiten, unter Umständen der Staatspraxis der Vorzug zu geben sein könnte. In einer späteren Entscheidung wurde aus dem „besonderen Gewicht" der Staatspraxis sogar die „wesentliche Bedeutung" (für Art. 73 Nr. 11 GG). [579] Bei der Frage der nach Verpflichtung zu wahrheitsgemäßen Angaben (§ 5 Abs. 1 Nr. 1 VZG 1983 in Verbindung mit § 10 Abs. 3 BStatG) über die rechtliche Zugehörigkeit oder Nichtzugehörigkeit zu einer Religionsgesellschaft (§ 2 Nr. 1 VZG 1983) bestehe eine Bundeskompetenz, weil schon frühere Zählungen durchgeführt worden waren [580]:

Ferner ist die Staatspraxis zu berücksichtigen, der bei der Ermittlung des Umfanges einer Kompetenznorm **wesentliche Bedeutung** zukommt (vgl. BVerfGE 41, 205 [220] = NJW 1976, 667). [=Gebäudeversicherungsmonopol (Baden)] Danach kann in den Programmen für Bundesstatistiken auch statistischen Anforderungen der Länder Rechnung getragen werden, weil sich Gesetzes-, Verwaltungs- und Planungszuständigkeiten von Bund und Ländern vielfältig überschneiden. **Nach der bisherigen Staatspraxis** wurden bei Volkszählungen nicht nur unter der Geltung der Weimarer Reichsverfassung, sondern auch des Grundgesetzes Angaben über die Zugehörigkeit oder Nichtzugehörigkeit zu einer Religionsgesellschaft verlangt.

578 E 61, 149 (189f.) – Amtshaftung.
579 E 65, 1 – Volkszählung.
580 E 65, 1 (39) – Volkszählung.

Der Unterschied zwischen „besonderer“ und „wesentlicher“ Bedeutung bleibt hier unklar. Andererseits ist zu berücksichtigen, dass bei der Entscheidung andere Fragen als die Kompetenzauslegung im Vordergrund standen. In einer späteren Entscheidung wird diese Entscheidung wieder zitiert [581]:

> Bei der Auslegung der Art. 70ff. kommt ferner dem geschichtlichen Zusammenhang der deutschen Gesetzgebung besondere Bedeutung zu (vgl. 48, 367 [373]; 67, 299 [315]). Daneben gewinnen **Entstehung und Staatspraxis für die Auslegung besonderes Gewicht** (BVerfGE 61, 149 [175].) [...]
> b) Daß die Regelung der ärztlichen Gebühren unter dem Grundgesetz weiterhin als eine Materie der Bundesgesetzgebung angesehen und dem Recht der Wirtschaft zugeordnet worden ist, **zeigt auch die Staatspraxis**.

Hier wird wieder nur ergänzend, als Auslegungshilfe (auch) auf eine Staatspraxis zurückgegriffen, die offensichtlich keine Bindungswirkung besitzt. Die Auffassung, die dass eine Staatspraxis über eine Auslegungshilfe hinausgehe und in dem Sinne bindend sei, dass auch Verfassungsgerichte an die Staatspraxis gebunden sind, kann der Rechtsprechung nicht entnommen werden. [582] In diesem Sinne deuten lassen sich aber die Entscheidungen zur Amtshaftung, zur Bundesärzteordnung und zur Arbeitnehmerweiterbildung. [583] Hier ist von einer „Bestandsgarantie“ die Rede. Die Antragsteller hatten beispielsweise geltend gemacht, das die Staatspraxis bei der Arbeitnehmerweiterbildung seit mehr als 15 Jahren von einer Regelungszuständigkeit der Länder ausgegangen sei. Das Fehlen einer bundesgesetzlichen Regelung wurde auch vom Bundesverfassungsgericht festgestellt [584]:

> c) Die Staatspraxis bestätigt das Fehlen einer abschließenden bundesgesetzlichen Regelung. Sie ist für die Auslegung der Art. 70 ff. GG **von besonderem Gewicht**. Sie zeigt, ob und wie der historische Gesetzgeber eine Kompetenz genutzt hat und **inwieweit sich dadurch unter dem übergeordneten Gesichtspunkt der Kontinuität der Kompetenzordnung eine Bestandsgarantie** herausgebildet hat (BVerfGE 61, [1]49 [175 f.] [Amtshaftung]; 68, 319 [328] [Bundesärzteordnung]). Bislang sind alle Bundesländer von ihrer Gesetzgebungskompetenz im Bereich der Arbeitnehmerweiterbildung ausgegangen.

Soweit ersichtlich hat sich das Bundesverfassungsgericht nur in den genannten Entscheidungen ausdrücklich mit der Bindungswirkung der Staatspraxis bei der Auslegung von Kompetenznormen befasst. Bei der Arbeitnehmerweiterbildung

581 E 68, 319 (328) – Bundesärzteordnung.

582 In diesem Sinne aber *Bachof*, in Summum Ius, Summa Iniuria, S. 51.

583 E 61, 149 (175f.) – Amtshaftung; E 68, 319 (328) – Bundesärzteordnung; E 77, 308 – Arbeitnehmerweiterbildung.

584 E 77, 308 – Arbeitnehmerweiterbildung.

wird die Staatspraxis des Bundes negativ nachgewiesen, mit relativ ausführlichen Nachweisen bei den Ländern. Das Gesetz war verfassungsgemäß, insoweit die Bindungswirkung gar nicht mehr entscheidungserheblich. Das Bundesverfassungsgericht schützte auf diesem Wege der nachträglichen Verabschiedung eines Bundesgesetzes vor. Es liegt nahe, dass hierdurch vor allem der schleichenden Aushöhlung von Landeskompetenzen entgegengewirkt werden sollte. Dafür spricht, dass Art. 72 noch in seiner alten Fassung vorlag. Die Rechtsnatur der Bindung wird diesmal nicht offengelassen. Das Gericht weist auf den „übergeordneten Gesichtspunkt der Kontinuität der Kompetenzordnung" hin. Die Kontinuität leitet es damit aus einem Verfassungsprinzip ab, und zwar der Rechtssicherheit als Ausfluss des Rechtsstaatsprinzips. [585] In weiteren Entscheidungen hat das Gericht allerdings nicht mehr in der gleichen Offenheit den Grundsatz der Kontinuität herangezogen. [586]

(bb) Historisch-historische Auslegung?

Nicht unproblematisch ist es, wenn das Bundesverfassungsgericht – wie im Falle der Staatshaftungsentscheidung – zur Auslegung des Grundgesetzes auf ältere Vorschriften als das Grundgesetz zurückgreift. Das können direkte Vorläuferregelungen sein, aber auch Vorschriften, die noch viel weiter zurückgehen. Genaugenommen kennt das Bundesverfassungsgericht dann nicht mehr einen, sondern gleich mehrere historische (jeweilige) Gesetzgeber. In der Literatur wird auch von einer „historischen historischen Auslegung" gesprochen. [587] Methodisch wäre es besser, von historisch-rechtsvergleichender Auslegung zu sprechen, wenn Vorschriften der Verfassung von 1919 oder gar 1871 angewendet werden.

(3) Genetische Auslegung

Bei der genetischen Auslegung werden externe historische Materialien (Nicht-Normtexte) zur Auslegung von Normtexten herangezogen. Das Ziel ist es, zu erfahren, was der Gesetzgeber mit der historischen Norm gewollt hat: Seine Zwecke, Wertungen, Motive, Absichten und Ziele. Bei der genetischen Auslegung wird zum Beispiel nach dem Willen des Parlamentarischen Rates gefragt, während bei der historischen Auslegung die Kompetenzverteilung zwischen dem Reich und den Ländern in der Weimarer Reichsverfassung untersucht wird. Konsultiert man auch die Staatspraxis in diesem Zusammenhang, dann erfährt man nicht nur wie der Gesetzgeber mit dem neuen Gesetz auf eine vorher

---

585 Vgl. dazu unten S. 166ff..

586 Vgl. E 78, 249 (256) – Fehlbelegungsabgabe und zuletzt E 106, 62 (105, 118, 126, 131) – Altenpfleger.

587 Vgl. *Blankenagel*, a.a.O (Fn. 10), S. 74, der das Ganze auf S. 72 auch als „dogmatische Erbmasse" bezeichnet.

umstrittene oder unumstrittene Staatspraxis reagiert hat (Staatspraxis als Motiv einer Neuregelung) sondern auch, was in der Praxis aus einer Änderung geworden ist (Staatspraxis als Reaktion auf die Neuregelung).

Zu Art. 72 Abs. 2 GG 1. F. existierte eine Staatspraxis, die Motiv einer Neuregelung wurde. Hier bestand eine Praxis des intensiven Gebrauchs durch den Bund, der eine entsprechende gerichtliche Überprüfung durch das Bundesverfassungsgericht nicht gegenüberstand. Das führte zu einem Kompetenzverlust der Länder. Das Motiv der Neuregelung war der Schutz vor einer „Auszehrung" der Landeskompetenzen. [588] Mit der Neuregelung wurde die ausdrückliche gerichtliche Überprüfbarkeit eingeführt. Zudem wurden Begriffe konkretisiert. Nach der Rechtsprechung kann auf den Gesetzeszweck zwar abgestellt werden, auf die vorherige Staatspraxis aber gerade nicht (mehr). [589] Bei Art. 72 Abs. 2 GG 2. F. bewerteten Bund und Länder die tatsächlichen Auswirkungen dieser Änderung unterschiedlich: Nach Ansicht der Länder hatte die Verschärfung der Ausübungsschranken an der Staatspraxis nur wenig geändert. Die Bundesgesetzgebung sei im konkurrierenden Bereich weiter ausgebaut worden. Nach Ansicht des Bundes bestanden seit der Verfassungsänderung bei der Prüfung von Gesetzentwürfen erhöhte Anforderungen an die Darlegung der Gründe. Das Beispiel zeigt, dass auf die Staatspraxis gerade nicht abgestellt werden darf, sondern allein auf den Zweck des Gesetzes.

Ein weiteres Beispiel stellt Art. 72 Abs. 2 GG 3. F. dar. Die Kommission stand vor der Frage, ob die Gewichte zugunsten der Länder verschoben werden können. Dies konnte entweder durch eine verbesserte Erforderlichkeitsklausel, ein erweitertes Zugriffsrecht der Länder (Zugriffsmöglichkeit auf die Materie nicht nur vor, sondern auch nach Erlass eines Bundesgesetzes) oder durch Öffnungsklauseln zugunsten der Länder (Erlaubnisse des Bundesgesetzgebers an die Länder, Landesregelungen zu erlassen, die von Bundesgesetzen abweichen) geschehen. Das Motiv war der Schutz vor weiterer „Auszehrung" der Landeskompetenzen.

(4) Teleologische Auslegung

Mit der teleologischen Auslegung wird die ratio legis ermittelt. Ermittelt werden hier Sinn und Zweck (griechisch: telos), den die Norm vernünftigerweise haben kann. Wie bewerten der Gesetzgeber und die herrschende Rechtsmeinung den Interessenkonflikt und welchen Interessen geben sie den Vorrang? Der Regelungszweck ist nicht identisch mit den Interessen der Beteiligten. [590] Der Rege-

588 Vgl. E 107, 62 (137) – Altenpflege.

589 vgl. E 107, 62 (137) – Altenpflege: „In der Grundgesetzänderung kann eine klare Anweisung des verfassungsändernden Gesetzgebers an das Bundesverfassungsgericht gesehen werden, seine bisherige, als korrekturbedürftig bewertete Rechtsprechung zu ändern".

590 Vgl. E 107, 62 (135) – Altenpflegegesetz und Art. 72 Abs. 2 GG: „Ihrer Stellung im System des Grundgesetzes, ihrem Sinn und dem Willen des Verfassungsgebers kann die

lungszweck wird erst verständlich, wenn man den Interessenkonflikt betrachtet, den das Gesetz regeln will. Den Zweck einer Norm kann man auch in der vom Normsetzer angestrebten tatsächlichen Folge sehen. Deshalb wird die telelogische Auslegung auch als Folgenberücksichtigung bezeichnet. [591] Die angestrebte tatsächliche Folge bei der teleologischen Auslegung unterscheidet sich kaum noch von der Suche nach dem Motiv des Gesetzgebers bei der historisch-genetischen Auslegung. Teleologische und historische Auslegung verbinden sich, wenn speziell der Zweck aufgedeckt wird, der dem Gesetzgeber vorschwebte. [592]

Sinn und Zweck des Artikels 68 GG hatte das Bundesverfassungsgericht in der zweiten Entscheidung zur Auflösung des Bundestages (2005) beschäftigt. [593]

(5) Systematische Auslegung

Die systematische Auslegung berücksichtigt den Kontext und den Bedeutungszusammenhang bei der Sinnermittlung einer Norm. Anders als bei der rechtsvergleichenden Auslegung wird in der Regel nur innerhalb des gleichen Normtextes verglichen.

Es ist allgemein anerkannt, dass offensichtliche Ungereimtheiten oder Widersprüche innerhalb desselben Normtextes durch eine systematische Auslegung beseitigt werden können. Sofern unklar ist, wie die Formulierung einer Einzelvorschrift zu verstehen ist, könnte auch die Staatspraxis zu einer anderen Vorschrift herangezogen werden. So spricht Art. 16 Abs. 1 S. 2 GG nur vom Verlust der Staatsangehörigkeit „aufgrund eines Gesetzes" und nennt nicht den Verlust „durch Gesetz". Wie der systematische Vergleich mit den anderen Gesetzesvorbehalten bestätigt, handelt es sich dabei aber nach allgemeiner Auffassung um ein Redaktionsversehen. [594] Die Staatspraxis ist darüber hinweggegangen, ohne dass dies vom Bundesverfassungsgericht überprüft worden ist. Unterschiedlichen Teilen innerhalb eines Normtextes kann also durch die Staatspraxis die gleiche Bedeutung zuwachsen. Nach dem allgemeinen Rechtsgrundsatz, der auch der Korrektur von Redaktionsversehen zugrunde liegt, hat sich ein schützenswertes Vertrauen hier womöglich erst gar nicht eingestellt.

Bei Redaktionsversehen wird auch mit dem subjektiven Willen des historischen Gesetzgebers gearbeitet. Der klare, subjektive Wille des Gesetzgebers kann auch gegen ein Redaktionsversehen sprechen. [595] Die Berücksichtigung der

---

Norm nur dann gerecht werden, wenn ihre Voraussetzungen nicht subjektiv von demjenigen bestimmt werden dürfen, dessen Kompetenz beschränkt werden soll."

591 Vgl. *Larenz*, Methodenlehre, S. 333: Nicht das Gesetz selbst verfolgt den Zweck, sondern der dahinter stehende Normsetzer.

592 Vgl. *Schwacke*, Juristische Methodik, S. 82f.

593 Vgl. bereits oben S. 117ff.

594 Vgl. *Jarass / Pieroth*, GG, Art. 16, Rn. 10; *Kokott* in *Sachs*, Grundgesetz, Art. 16, Rn. 24; a.A. *Zuleeg* in AK-GG, Art. 16 Rn. 11.

595 Vgl. E 51, 97 (109) – Zwangsvollstreckung I

Staatspraxis könnte hier mehr Rechtssicherheit schaffen. Rechtspolitisch vorzuziehen wäre hier freilich eine förmliche Verfassungsänderung durch Gesetz (vgl. Artikel 79 Abs. 1 S. 2 GG).

Auch der umgekehrte Fall kommt vor: Der gleiche Wortlaut erhält unterschiedliche Bedeutungen durch die Staatspraxis. Nach allgemeiner Auffassung bedeutet „verfassungsmäßige Ordnung“ im Sinne des Artikels 2 Absatz 1 GG etwas anderes als die „verfassungsmäßige Ordnung“ in Artikel 9 Absatz 2 oder Artikel 20 Absatz 3 GG. [596] Das Bundesverfassungsgericht hat dies bestätigt, ohne sich dabei allerdings auf eine Staatspraxis zu beziehen. [597] Auch hier ist der Normtext als solcher „fehlerhaft“ in dem Sinne, dass nur die systematische und grammatikalische Auslegung in die Irre führen. Ein weiteres Beispiel findet sich in Artikel 79 Abs. 1 S. 1 GG, der gleich zwei verschiedene Bedeutungen für den Ausdruck „ändern“ enthalten soll. [598]

Eine systematische Betrachtung des Normtextes stößt dort an Grenzen, wo der Normtext offensichtliche Mängel enthält. Bei der systematischen Auslegung kann die Staatspraxis zumindest als Erkenntnisquelle berücksichtigt werden. Die Staatspraxis ist hier ein Korrektiv für offensichtliche Fehler oder Ungereimtheiten.

(6) Rechtsvergleichende Auslegung

Die wörtliche Auslegung vergleicht die Zeichen und den Gebrauch eines ganzen Wortes, die systematische Auslegung vergleicht Zeichenfolgen innerhalb eines Textes. Die historische Auslegung vergleicht vor allem temporär verschiedene Normtexte und Informationen, während die rechtsvergleichende Auslegung solche Normen und Rechtsinstitute vergleicht, die aus verschiedenen Rechtsordnungen stammen. Diese sog. Staatenpraxis wird hier aber gerade nicht untersucht.

(7) Verhältnis der Auslegungsmethoden zueinander?

Das Verhältnis der Auslegungsmethoden zueinander ist nicht abschließend geklärt. Auch ist umstritten, ob sich mit Hilfe der Auslegungskriterien ein eindeutiges und „richtiges“ Ergebnis gewinnen lässt. [599] Nach der heute ganz herrschenden Auffassung in der Literatur gibt es zwischen den einzelnen Auslegungskriterien jedenfalls kein Rangverhältnis. [600] Zudem stützt das Bundesver-

---

596 Vgl. *Pieroth / Schlink*, Staatsrecht II, S. 90 Rn. 383 und S. 190 Rn. 749.

597 Vgl. E 6, 32 (38) – Elfes: teleologisch begründet mit der „„Funktion“ […], die der Begriff innerhalb der jeweiligen Norm zu erfüllen hat“.

598 Vgl. zu Artikel 79 Abs. 1 S. 1 GG ausführlicher unten, S. 169ff..

599 Vgl. *Kaufmann*, Das Verfahren der Rechtsgewinnung, S. 37ff., S. 91ff..

600 **Für Rangverhältnis**: *Rüthers*, Rechtstheorie, S. 440 Rn. 725 (Vorrang des Zweckes) und *Koch / Rüßmann*, Juristische Begründungslehre, S. 176ff.; **Dagegen:** *Kriele*, Theorie der

fassungsgericht, wie die Beispiele aufgezeigt haben, eine Entscheidung auch niemals nur auf ein einziges Auslegungskriterium.

(8) Grenzen der Auslegung: Rechtsfortbildung und Verfassungsdurchbrechung.

Umso weniger Stellen zur Rechtsetzung und Interpretation berufen sind, umso strenger können die Grenzen der Auslegung festgestellt werden. Entsprechend betont die Lehre von der Rahmenordnung die verbindliche Auslegung durch das Bundesverfassungsgericht. Mit der Lehre von der offenen Verfassung ist hingegen von einem pluralistischen Prozess der Verfassungsentwicklung auszugehen. Dabei steht die Rolle des Gesetzgebers zur Verfassungsentwicklung im Vordergrund. Das Bundesverfassungsgericht hat eine Letztentscheidungskompetenz. Auch die Rahmenordnung erweitert die Rechtsfortbildung, aber nur diejenige durch das Bundesverfassungsgericht.

Vertritt man wie hier die Auffassung, dass auch die anderen Staatsorgane zur Verfassungsgestaltung befugt sind, dann ist die Rechtsfortbildung durch das Bundesverfassungsgericht entsprechend reduziert – und zwar zu Gunsten einer verfassungskonkretisierenden Staatspraxis.

b) Bindung des BVerfG an andere Staatsorgane?

Auf der 9. Tagung der Staatsrechtslehrer 1952 ging es auch um die Bindungen der Verfassungsgerichte. Diese könnten sich auch ergeben „aus Staatspraxis oder Verfassungswandlung“. [601] Damals herrschte mit Blick auf die noch kurze Geschichte der Staatspraxis die Einschätzung vor, dass die Staatspraxis nur wenig Anhalt biete. Wie die bisherige Darstellung gezeigt hat, ist diese Einschätzung heute überholt. Aber woher soll diese Bindung rühren? Formelles Gewohnheitsrecht und andere ungeschriebene Rechtsquellen scheiden aus den oben genannten Gründen aus. Somit bleibt nur die Verfassungsinterpretation übrig, in deren Rahmen das Bundesverfassungsgericht die Staatspraxis berücksichtigt.

Indem die Staatspraxis beispielsweise bei Kompetenznormen als Auslegungshilfe und Indiz herangezogen wird, besteht zweifellos eine faktische Bindung. Dennoch kommt der politischen Praxis nach dem im 2. Kapitel entwickelten Verfassungsverständnis nicht nur faktische Bedeutsamkeit zu, sondern auch eine „rechtliche“. [602]

Der Zweite Senat hatte ja festgestellt, dass er eine Staatspraxis „innerhalb tatbestandlicher Grenzen“ nicht unbeachtet lassen könne und sie berücksichtigen „müsse“. Der Erste Senat meint eine Staatspraxis, die sich „im Auslegungsrah-

---

Rechtsgewinnung, S. 85; *Looschelders / Roth*, Juristische Methodik, S. 192ff.; *Bydlinski*, Juristische Methodenlehre und Rechtsbegriff, S. 553ff..

601 *Drath*, Grenzen der Verfassungsgerichtsbarkeit, a.a.O. (Fn. 28), S. 58.

602 Im Ergebnis auch *Isensee* in HdStR VII, § 162 S. 139 Rn. 63.

men der Verfassung" halte, nicht durch seine eigene Interpretation ersetzen zu dürfen. Das spricht für eine Bindung des Bundesverfassungsgerichts an die Staatspraxis bei offenen Verfassungsnormen. Diese entspricht der „Konkretisierungsbefugnis", die der Staatspraxis eingeräumt wird. Auch in der Literatur war entsprechend ein „Konkretisierungsprimat" der Staatspraxis vorgeschlagen worden und entsprechend abgestufte Kontrollmaßstäbe des Bundesverfassungsgerichts.[603] Da es im Hinblick auf Art. 19 Abs. 4 GG eine auf Null reduzierte verfassungsgerichtliche Kontrolle nicht geben darf, hat das Bundesverfassungsgericht im Prozess der Verfassungsentwicklung „das letzte Wort". Allerdings unterscheiden sich die Stimmen in der Literatur in der Frage, auf welche Art und Weise das Bundesverfassungsgericht dabei von einer Staatspraxis abweichen darf.

Einigkeit besteht darin, dass das Bundesverfassungsgericht von der Staatspraxis überhaupt abweichen darf. Nur sofern die Literatur am formellen Gewohnheitsrecht festhält, wird diese Abweichungsmöglichkeit unter Umständen verneint. [604] Formelles Verfassungsgewohnheitsrecht ist jedoch abzulehnen.

Einigkeit besteht auch darin, dass das Bundesverfassungsgericht nur unter erhöhten Begründungsaufwand von der Staatspraxis abweichen darf. [605] Damit wird aber aus der Pflicht zur Befolgung der Staatspraxis eine Pflicht zur Begründung der Abweichung davon: „Die Rechtfertigungslast nimmt zu, je länger die jeweilige Auslegungspraxis währt, je mehr Konsequenz und Konsistenz obwalten, je breiter die Zustimmung ausfällt, die sie findet". [606] Die Bedeutung der Staatspraxis ist hier „im wesentlichen prozeduraler Art". [607]

Eine Reihe von verfassungsrechtlichen Argumenten kann für diese Position angeführt werden. Wenn Art. 93 Abs. 1 Nr. 1 GG vorsieht, dass das Bundesverfassungsgericht „aus Anlaß von Streitigkeiten über den Umfang der Rechte und Pflichten eines obersten Bundesorgans oder anderer Beteiligter" entscheiden

---

603 So *Bryde*, Verfassungsentwicklung, a.a.O. (Fn. 33), S. 444. *Vogel*, Das Bundesverfassungsgericht und die übrigen Verfassungsorgane, S. 143, im Anschluss an die Begriffsbildung von *Göldner*, Verfassungsprinzip und Privatrechtsnorm, S. 182.

604 *Badura*, HdbStR VII, § 160 S. 62 Rn. 10: nur theoretische Rechtsquelle; *Bachof*, Summum Ius Summa Inuria, S. 50f.; *Bryde*, Verfassungsentwicklung, a.a.O. (Fn. 33), S. 446f.: „consuetudo intra constitutionem" nicht ausgeschlossen.

605 So *Schulze-Fielitz*, Der informale Verfassungsstaat, 1984, S. 125; vgl. *ders.*, Wirkung und Befolgung, S. 393; *Bryde*, Verfassungsentwicklung, a.a.O. (Fn. 33), S. 440f.; *Stern*, a.a.O. (Fn. 33), S. 111; *Badura* in HdStR VII, § 160 S. 64 Rn. 15; *Isensee* in HdStR VII, § 162 S. 141 Rn. 65: „Staatspraxis als Ausgangsgröße seiner eigenen Verfassungsauslegung" und ggf. „für seine abweichende Verfassungsauslegung rechtfertigen."; vgl. *Rädler*, a.a.O. (Fn. 33), S. 640: Staatspraxis nur zurückweisen, wenn Abweichung „aus verfassungsrechtlich eindeutigen oder überzeugend darstellbaren Erwägungen" begründet werden kann.

606 *Isensee* in HdStR VII, § 162 S. 141 Rn. 65.

607 *Isensee* in HdStR VII, § 162 S. 141 Rn. 65.

soll, wäre es schwer verständlich, wenn es dabei vorab bereits an deren Rechtsansichten gebunden wäre. Dieses geriete mit der durch das Grundgesetz gewährleisteten richterlichen Unabhängigkeit (Art. 97 Abs. 1 GG) in Konflikt. Andererseits geht die Prüfungskompetenz des Bundesverfassungsgerichts nur soweit, wie das Grundgesetz diese vorsieht. Aus der Gerichtsförmigkeit des Bundesverfassungsgerichts selbst kann nur sehr bedingt auf seine Kompetenzen geschlossen werden. [608]

Auch der jeweilige Prüfungsmaßstab könnte Auswirkungen auf die Reichweite der Konkretisierungsbefugnis haben. Im Bereich der Grundrechte ist die Konkretisierungsbefugnis durch Staatspraxis erheblich stärker eingeschränkt als im Bereich des Staatsorganisationsrechts im engeren Sinne. Ein Beispiel dafür ist die – in der Tendenz – wesentlich restriktivere Berücksichtigung der praktischen Handhabung in der Entscheidung zum Umlaufverfahren im Vergleich zur Bundestagsauflösung. Der Entscheidung zum Umlaufverfahren lag eine Verfassungsbeschwerde wegen der Verletzung von Grundrechten aus Art. 12 Abs. 1 und Art. 14 Abs. 1 GG zu Grunde, während die Bundestagsauflösung Rechte und Pflichten des Bundespräsidenten aus Art. 68 Abs. 1 GG bzw. aus dem Abgeordnetenstatus der Antragsteller aus Art. 38 Abs. 1 Satz 2 in Verbindung mit Art. 39 Abs. 1 Satz 1 GG betraf. Aber auch der Vorgang der Auflösung ist nicht ohne Kontrolle. Er unterliegt – wie das Bundesverfassungsgericht anmerkt – „der freien Kontrollentscheidung des Parlaments und der Kritik der Öffentlichkeit". [609] Im Ergebnis liegt daher eine eingeschränkte Bindung des Bundesverfassungsgerichtes an den Konkretisierungsprimat der Staatspraxis vor.

c) Bindung der anderen Staatsorgane an Entscheidungen des BVerfG

Soweit das Bundesverfassungsgericht in seinen Leitentscheidungen zu Fragen der Staatspraxis Stellung genommen hat, sind diese Feststellungen selbst bindend für die anderen Staatsorgane. Die Fragen von Rechtskraft und Bindungswirkung an Entscheidungen des Bundesverfassungsgerichts gehören dabei zu den umstrittensten Fragen des Verfassungsprozessrechts. [610] Hier sollen nur diejenigen Fragen angesprochen werden, die im Zusammenhang mit der Staatspraxis von besonderem Interesse sind.

(1) Rechtskraft

Da es gegenüber dem Bundesverfassungsgericht keinen weiteren Instanzenzug mehr gibt, erwachsen seine Entscheidungen im Rahmen des BVerfGG zunächst

608 Kritisch *Schlaich / Korioth*, a.a.O. (Fn. 44), S. 362 Rn. 519ff..
609 E 62, 1 (49) – Bundestagsauflösung.
610 *Bryde*, Verfassungsentwicklung, a.a.O. (Fn. 33), S. 400.

in formeller Rechtskraft. Sie sind unwiderruflich und unanfechtbar. [611] Eine Folge dieser formellen Rechtskraft ist die materielle Rechtskraft. [612] Hat das Bundesverfassungsgericht einmal entschieden, dann führt die materielle Rechtskraft als negative Sachentscheidungsvoraussetzung im späteren Prozess zur Unzulässigkeit des Antrages. [613] Eine große prozessuale Hürde für die erneute Überprüfung einer Staatspraxis bildet die Rechtskraft jedoch nicht.

Wie oben festgestellt, ist es gerade ein besonderes Merkmal der Staatspraxis, dass es sich um (unterschiedliche) Einzelfall-überschreitende Sachverhalte handelt. Gerade im Verfassungsprozess wird dafür plädiert, die materielle Rechtskraft weiter einzuschränken. [614] Dem entspricht auch die ständige Rechtsprechung des Bundesverfassungsgerichts: Seine Entscheidungen erwachsen in materieller Rechtskraft, die sich aber objektiv auf den Tenor (ohne Gründe), subjektiv auf die Prozessbeteiligten beschränken. [615] Das Institut der materiellen Rechtskraft dient der Rechtsklarheit und dem Rechtsfrieden. [616] Widersprüchliche Urteile hinsichtlich desselben Streitgegenstandes sind ebenso zu vermeiden wie Wiederholungen desselben Verfahrens. Das Bundesverfassungsgericht wird daher um der Rechtskraft willen möglicherweise auch an einem „falschen" Urteil festhalten müssen. [617] Genauso sollte aber vermieden werden, dass mittels Rechtskraft eine „falsche" Auslegung des Verfassungsrechts auf Dauer festgeschrieben wird.

Hierin liegt ein entscheidender Unterschied zwischen der Rechtsprechung des Bundesverfassungsgerichts und der praktischen Handhabung der Verfassung durch Staatspraxis. Sind die Fachgerichte beispielsweise gehindert, eine ihrem

---

611 Vgl. *Schlaich / Korioth*, a.a.O. (Fn. 13), S. 333 Rn. 477 Fn 85; *Benda / Klein*, Verfassungsprozeßrecht, S. 535, Rn. 1292, Fn. 9.

612 Vgl. *Meyer* in *von Münch / Kunig*, Grundgesetz-Kommentar, Band 3, 2. Auflage 1983, Art. 94 Rn. 21: aus dem Rechtsstaatsprinzip oder formellem Verfassungsrecht; kritisch *Detterbeck*, a.a.O. (Fn. 331), S. 328 mwN.; *Sachs*, Bindung des Bundesverfassungsgerichts, S. 21ff. mwN.: Analogie zu den Vorschriften der sonstigen Prozessgesetze. Einige Stimmen in der Literatur sehen in §§ 41, 47, 61 und 69 BVerfGG Regelungen der materiellen Rechtskraft, vgl. *Seyfarth*, a.a.O. (Fn. 337), S. 185 Fn. 9 mwN).

613 Vgl. *Benda / Klein*, a.a.O. (Fn. 611), S. 536 Rn. 1296.

614 Vgl. *Bryde*, Verfassungsentwicklung, a.a.O. (Fn. 33), S. 404; weitergehender *Kriele*, Theorie der Rechtsgewinnung, S. 294ff.; Umgekehrt wurde auch gefordert, die materielle Rechtskraft auszuweiten, vgl. *Vogel*, Rechtskraft und Gesetzeskraft der Entscheidungen des Bundesverfassungsgerichts, in Festgabe Bundesverfassungsgericht, Band I, 1976, 589f.); zumindest sollen für die akstrakte Normenkontrolle keine subjektiven Grenzen bestehen, vgl. *Benda / Klein*, a.a.O. (Fn. 611), S. 537 Rn. 1300, Fn. 31; vgl. auch E 20, 56 (86); E 86, 148 (211).

615 St. Rspr. seit: E 4, 1 (38).

616 Vgl. E 47, 146 (161); vgl. *Bryde*, Verfassungsentwicklung, a.a.O. (Fn. 33), S. 402: „Richtigkeit von" und der „Rechtssicherheit durch" Entscheidungen.

617 Auch das BVerfG kann möglicherweise falsch entscheiden, vgl. *Bryde*, Verfassungsentwicklung, a.a.O. (Fn. 33), S. 409 und S. 428.

Wortlaut nach unveränderte Norm erneut vorzulegen, besteht die Gefahr einer „Versteinerung" der Verfassungsrechtsprechung. Aus der ursprünglichen Staatspraxis droht dann eine kaum noch überprüfbare Rechtsprechung des Bundesverfassungsgerichts zu werden. Wegen der Vielzahl potentieller Beschwerdeführer ist das Risiko einer Erstarrung des Rechts für das Verfahren der Verfassungsbeschwerde aber gering: Verfahrensgegenstand ist stets die individuelle Grundrechtsverletzung. Weil es sich um unterschiedliche Verfahrensgegenstände handelt, kann auch die Rechtskraft einer Normenkontrollentscheidung nicht im Verfahren der Verfassungsbeschwerde wirken. [618] Ähnliches gilt auch für das Organstreitverfahren, in dem es primär um subjektiv bestimmte Rechte bzw. Kompetenzen der Antragssteller geht. Der Kreis von Antragstellern ist hier erheblich weiter eingegrenzt. Sofern alle Betroffenen am Verfahren bereits beteiligt waren, droht eine Schließung der Verfassung durch die Rechtskraft einzutreten. Dies könnte eine Verfassungsentwicklung erschweren.

Interessanterweise hat sich gerade Bryde für eine „Schließung der Verfassung" im Bereich der Staatsorganisation ausgesprochen. Er verweist dabei auf die Kompetenz- und Verfahrensvorschriften. [619] Die Gefahr der Erstarrung bei Kompetenz- und Verfahrensvorschriften könne man auch über Art. 2 GG vermeiden. In einem solchen Verfahren mit anderen Beteiligten stelle sich die rechtskräftig entschiedene Frage als Vorfrage dar, auf die sich die Rechtskraft nicht erstrecke. [620] In vielen ist die Frage in der Praxis dadurch entschärft, dass selten oberste Bundesorgane als Kläger auftreten, sondern in aller Regel Fraktionen und oder Parteien. Sofern die obersten Bundesorgane nicht beitreten, aber hätten beitreten können, besteht kein praktisches Bedürfnis für eine Ausweitung der Rechtskraft neben der Bindungswirkung aus §31 BVerfGG. [621] Dafür sprechen auch periodisch wiederkehrende Wahlen und Amtszeitbegrenzungen. Sie sorgen dafür, dass es sich in der Regel um verschiedene Beteiligte und unterschiedliche Verfahrensgegenstände handelt. [622] Gerade im Bereich der Normenkontrollen werden Grenzen der Rechtskraft gefordert. Selbst wenn man in der Normenkontrolle einen Vorgang der Rechtsprechung sieht, in dem eine Norm (vergleichbar einem Sachverhalt) an der Verfassung gemessen wird [623], bestehen

---

618 Vgl. E 78, 320 (328).

619 Verfassungsentwicklung ‚sub constitutione' müsse durch Konventionen, übereinstimmendes Verhalten, Verträge und andere Formen erleichtert werden, vgl. *Bryde*, Verfassungsentwicklung, a.a.O. (Fn. 33), S. 278f. und 405.

620 *Bryde*, Verfassungsentwicklung, a.a.O. (Fn. 33), S. 405 Fn. 248.

621 Vgl. *Schlaich / Korioth*, a.a.O. (Fn. 44), S. 334 Rn. 479. So aber *Vogel*, Rechtskraft, S. 593.

622 Beispiel: Bundestagsauflösung und Haushaltsüberschreitung. Eine Rechtsnachfolge des nachfolgenden Bundestages findet nicht statt, vgl. *Sachs*, Bindung des Bundesverfassungsgerichts, S. 201 Fn. 57; vgl. auch *Pestalozza*, Verfassungsprozessrecht, 3. Auflage 1991, § 20 Rn. 63 Fn. 161.

623 Vgl. *Schlaich / Korioth*, a.a.O. (Fn. 44), S. 89 Rn. 118.

doch einige Besonderheiten auch für das Verständnis der Rechtskraft. Es handelt sich bei der Normenkontrolle um ein objektives Normprüfungsverfahren im öffentlichen Interesse. Bei der konkreten Normenkontrolle fehlt sogar ein Antragsteller.

Praktische Bedeutung hat die Frage dann, wenn Gerichte ein Gesetz nach Art. 100 GG vorlegen wollen, dessen Verfassungsmäßigkeit bereits bestätigt wurde. Das Bundesverfassungsgericht hält dies unter Umständen für zulässig; das vorlegende Gericht müsse sich aber erkennbar auf den Boden der Rechtsauffassung des früheren Entscheidung des Bundesverfassungsgerichtes stellen und darlegen, welche der eingetretenen Veränderungen eine andere Entscheidung des Bundesverfassungsgerichtes ermöglichen. [624]

Praktisch entschärft sich die dogmatische Frage durch die gesetzliche Regelung des § 31 Abs. 2 BVerfGG. Auch im Verfahren der abstrakten Normenkontrolle gibt es objektive, subjektive und zeitliche Grenzen der Rechtskraft. [625] Die materielle Rechtskraft trägt daher wenig zur Beantwortung der Frage bei, wie Feststellungen des Bundesverfassungsgerichts zur Staatspraxis normativ verbindlich werden können.

(2) Bindungswirkung im weiteren Sinne

Über die Rechtskraft „inter partes“ hinaus ordnet § 31 Abs. 1 BVerfGG die Bindung aller Verfassungsorgane des Bundes und der Länder sowie aller Gerichte und Behörden „inter organes“ an. Eine Bindung der natürlichen Personen und privatrechtlich verfassten juristischen Personen tritt nicht ein. [626]

(aa) Gegenstand der Bindungswirkung: „tragende Gründe“

Wenn die Tragweite der Bindung anhand der Entscheidungsformel nicht zu ermitteln ist, können die Gründe der Entscheidung, d.h. Tatbestand und Entscheidungsgründe, zur Auslegung mit herangezogen werden. Das ist unumstritten. [627] Nach der Vorstellung des Bundesverfassungsgerichts entfalten seine Entscheidungen „eine über den Einzelfall hinausgehende Bindungswirkung inso-

---

624 Vgl. E 33, 199 (203ff.); E 82, 198 (205); E 86, 341. Für „Großzügigkeit“ plädieren auch *Schlaich / Korioth*, a.a.O. (Fn. 44), S. 342 Rn. 481. *Bryde*, Verfassungsentwicklung, a.a.O. (Fn. 33), S. 406.

625 Bei kleinen Änderungen im Gesetzentwurf steht einer erneuten Überprüfung nichts im Wege, vgl. *Benda / Klein*, a.a.O. (Fn. 611), S. 537 Rn 1300, Fn. 31 mwN. (Verzicht auf eine subjektive Begrenzung der Rechtskraft); *Bryde* betont dagegen die Bedeutung des Gesetzgebungs*verfahrens*, vgl. *ders.*, Verfassungsentwicklung, a.a.O. (Fn. 33),, S. 407.

626 Vgl. aber die Normenkontrolle (§ 31 Abs. 2 BVerfGG). Ob § 31 Abs. 1 BVerfGG wiederum auch das Verständnis der Rechtskraft qualitativ verändert, ist in der Literatur umstritten, vgl. *Schlaich / Korioth*, a.a.O. (Fn. 44), S. 335 Rn. 482 mwN. Fn. 85.

627 Vgl. *Lechner / Zuck*, BVerfGG, § 31 Rn. 16, *Schlaich / Korioth*, a.a.O. (Fn. 44), S. 340 Rn. 485.

fern, als dass die sich aus dem Tenor und den tragenden Gründen der Entscheidung ergebenden Grundsätze für die Auslegung der Verfassung von den Gerichten in allen künftigen Fällen beachtet werden müssen". [628] Die Bindungswirkung reiche soweit, „wie die Funktion des Bundesverfassungsgerichts als maßgeblicher Interpret und Hüter der Verfassung dies erfordert."[629] Diese Auffassung ist in der Literatur seit langem umstritten. [630] Kritiker befürchten eine „Kanonisierung" von Sätzen des Bundesverfassungsgerichts, an die alle Staatsorgane gebunden wären. [631] In der Vorprägung des Handelns der anderen Staatsorgane wird ein „Verlust an innovativer Schubkraft" gesehen, der jedenfalls tendenziell zu einer „Versteinerung" des Verfassungsrechts führen könne. [632]

Ob die Staatspraxis normativ bedeutsam ist, wird daher wesentlich davon abhängen, ob sie sich noch gegen eine solch weitgehende Bindungswirkung durchsetzen kann oder nicht. Umgekehrt stellt sich die Frage, ob sie dann nicht wenigstens an der Verbindlichkeit dieser Entscheidungen teilhat.

Die Kritiker einer Einbeziehung der Gründe setzen überwiegend an den Kompetenzen bzw. an der Gerichtsförmigkeit des Bundesverfassungsgerichtes an. Kritisiert wird, dass sich das Bundesverfassungsgericht selbst „als maßgeblichen Interpreten und Hüter der Verfassung" [633] bezeichne und damit eine „authentische Interpretation" für sich beanspruche. Diese Aufgaben sei aber dem Gesetzgeber bzw. Verfassungsgesetzgeber vorbehalten. [634] Zwar wird zugestanden, dass es die Aufgabe des Bundesverfassungsgerichtes sei, „Rechtsfragen von grundsätzlicher verfassungsrechtlicher Bedeutung zu behandeln", aber eine Teilhabe an der Verfassungsgesetzgebung wird abgelehnt. [635] Der Meinungsstreit in der Literatur verläuft insgesamt weniger dogmatisch, als vielmehr

628 E 40, 88 (93f.) – Führerschein; vgl. bereits E 1, 114 (37) – Südweststaat; E 19, 377 (392); E 20, 56 (87); diese Auffassung wurde vor allem von *Geiger* entwickelt, vgl. *ders.*, NJW 1954, S. 1058 vgl. *Schlaich / Korioth*, a.a.O. (Fn. 44), S. 340, Rn. 486 mwN. Fn. 112.

629 E 40, 88 (93f.) – Führerschein.

630 Vgl. *Benda / Klein*, a.a.O. (Fn. 611), S. 546 Rn. 1324 Fn. 93 mwN.; **Gegen** eine Bindungswirkung der tragenden Gründe sind *Arndt*, DVBl. 1952, S. 2; *Biehler*, DVBl. 1991, S. 1237; *Hoffmann-Riem*, Beharrung oder Innovation, in Der Staat 13 (1974), S. 339; *Klein*, NJW 1977, S. 700; *Schnapp / Henkenkötter*, JuS 1994, S. 124 mwN. **Dafür** sind *Benda / Klein*, a.a.O. (Fn. 611), S. 546 Rn. 1329; *Bryde*, Verfassungsentwicklung, a.a.O. (Fn. 33), S. 420f., *Detterbeck*, a.a.O. (Fn. 331), S. 357ff., *Rennert* in *Umbach / Clemens*, BVerfGG, 1992, § 31 Rn. 72; *Ziekow*, JURA 1995, S. 527.

631 *Schlaich / Korioth*, a.a.O. (Fn. 44), S. 341 Rn. 487; *Schlaich*, Die Verfassungsgerichtsbarkeit im Gefüge der Staatsfunktionen, in VVDStRL 39 (1981), S. 138.

632 Vgl. *Hoffmann-Riem*, in Der Staat 13 (1974), S. 349ff.; *Vogel* in *Starck (Hrsg.)*, Bundesverfassungsgericht und Grundgesetz, Band I (1976), S. 575ff..

633 Vgl. E 40, 88 (93).

634 Vgl. *Schlaich / Korioth*, a.a.O. (Fn. 44), S. 340 Rn. 486.

635 Vgl. zur Stellung des BVerfG „im Gefüge der Staatsfunktionen": *Schlaich / Korioth*, a.a.O. (Fn. 44), S. 351, Rn. 501ff. mwN.; a. A.: *Böckenförde*, NJW 1976, S. 2099 Fn. 1033.

pragmatisch. Wie bereits festgestellt, ist die Aufgabe des Bundesverfassungsgerichtes stark mit der des Gesetzgebers verschränkt, sodass eine rein formale Betrachtung der Gewaltenteilung nicht weiter hilft, sondern eine funktionell-rechtliche Betrachtungsweise erforderlich wird. Damit ist es möglich, auch die praktischen Folgen einer weitreichenden Bindungswirkung bei der Abwägung der Argumente zu berücksichtigen.

Für eine weitgehende Bindungswirkung spricht zunächst die Gefahr von Parallel- und Folgefällen. [636] Dem wird entgegengehalten, dass eine ausreichende faktische Bindung vorhanden sei. Es bestehe eher die Gefahr des richterlichen „overstatement". [637] Für eine weitergehende Bindungswirkung spricht wieder, dass § 31 Abs. 1 BVerfGG kaum einen eigenständigen Sinn hätte, wenn er nicht die tragenden Gründe erfasst. Dem wird entgegengehalten, dass die Vorschrift jenseits von Normenkontrollen die Bindungswirkung in subjektiver Hinsicht erweitere. Für eine Bindungswirkung spricht schließlich auch Art. 100 Abs. 3 GG, der eine Divergenzvorlage für Landesverfassungsgerichte vorschreibt. Dagegen wird jedoch eingewandt, dass es sich um eine „Spezialfrage" handele. Als Sondervorschrift wäre sie nicht analogiefähig. [638]

Gegen eine weitreichende Bindungswirkung spricht zunächst die unbestrittene praktische Schwierigkeit, diese tragenden Gründe zu ermitteln. [639] Darüber hinaus wird aber auch mit dem BVerfGG argumentiert. Das Bundesverfassungsgericht könne aussprechen, dass auch jede Wiederholung das Grundgesetz verletzt (§ 95 Abs. 1 S. 2 BVerfGG). Das Bundesverfassungsgericht könne auch gleichzeitig eine erhebliche Rechtsfrage mitentscheiden (§ 67 S. 3 BVerfGG). Dieser Regelungen hätte es nicht bedurft, wenn eine Bindung an die tragenden Gründe bestehe (argumentum e contrario). [640] Dem wird entgegengehalten, dass die in diesen Vorschriften vorgesehene Bindung auch nicht ohne Heranziehung der tragenden Gründe auskomme und dass den Vorschriften insoweit gar kein eigenständiger Regelungsgehalt zukomme. [641]

Schließlich wird darauf hingewiesen, dass § 30 BVerfGG zwischen der „Entscheidung" und „deren Begründung" unterscheide. Eine systematische Auslegung des § 31 BVerfGG ergebe, dass dem Begriff „Entscheidung" dort die gleiche Bedeutung zukommen müsse. Dem wird entgegengehalten, dass § 31 selbst zwischen „Entscheidung" und „Entscheidungsformel" unterscheide und eine systematische Auslegung eher dafür spreche, dass der Begriff „Entscheidung" die

636 „Einzelfall-überschreitende Wirkung der Entscheidungen", vgl. *Bryde*, Verfassungsentwicklung, a.a.O. (Fn. 33), S. 425.

637 Vgl. *Korioth*, Die Bindungswirkung normverwerfender Entscheidungen, in Der Staat 30 (1991), S. 552ff..

638 *Schlaich / Korioth*, a.a.O. (Fn. 44), S. 343 Rn. 490 und S. 130 Rn. 180 mwN.

639 *Schlaich / Korioth*, a.a.O. (Fn. 44), S. 341 Rn. 488; dazu sogleich.

640 Vgl. *Klein*, NJW 1977, S. 698.

641 *Rennert* in *Umbach / Clemens*, BVerfGG, § 31 Rn. 58: „keine eigenständige Bedeutung".

Begründung umfasse. Eine historische Interpretation des Gesetzes ergebe, dass es der erkennbare Wille des Gesetzgebers gewesen sei, die Organe in Bund und Ländern an die verfassungsrechtlichen Entscheidungen über den konkreten Einzelfall hinaus zu binden. Sie sollten „künftig bei ihren Maßnahmen die Entscheidung, solange das BVerfG seine Rechtsprechung nicht ändert, zu beachten" haben.[642] Der vom Bundesverfassungsgericht festgestellte Inhalt sollte für alle staatlichen Organe über den konkreten Anlass hinaus „für alle gleichliegenden Anlässe" verbindlich sein.[643] Gegen eine weitreichende Bindungswirkung spricht schließlich auch die „Offenheit des Verfassungsrechts", die auch vom Bundesverfassungsgericht immer wieder betont wird. Sie droht durch die Bindungswirkung von Gründen vorbehaltlich einer Änderung der Rechtsprechung „zementiert" zu werden.[644]

Dem ist entgegen zu halten, dass die Bindung auf gleichgelagerte Fälle beschränkt werden kann, die ausreichend „Spielraum für Differenzierungsmöglichkeiten" lassen.[645] Im Übrigen ergeben sich weitere Möglichkeiten zur Differenzierung allein schon durch die festgestellte praktische Schwierigkeit, diese tragenden Gründe überhaupt zu ermitteln. Hintergrund dieser Schwierigkeit ist auch die Notwendigkeit für den Richter, eine Argumentation oft auf mehrere Argumente gleichzeitig zu stützen. Die wirklichen Gründe könnten zudem hinter den genannten Gründen nicht immer kenntlich gemacht sein.[646]

Eine Abwägung der Argumente ergibt, dass die Bindungswirkung zwar auch die tragenden Gründe erfasst, dabei jedoch genauer zu differenzieren ist. Die Auslegung einfacher Gesetze kann nicht zur Auslegung der Kompetenzverteilung in der formellen Verfassung herangezogen werden. Damit kommen wir wieder zu unserem Ausgangspunkt zurück, und der Frage nach der verfassungsrechtlichen Aufgabe des Bundesverfassungsgerichts. In der Literatur wird zum einen stärker die Funktion der Richtigkeitsgewähr betont oder die Befriedungsfunktion. Wie bereits festgestellt, besteht die Aufgabe jedoch tatsächlich auch in der „Herstellung der Einheitlichkeit des Staatshandelns und Kontinuität der Entwicklung".[647] Die Beschränkung der Bindung auf den Tenor ist verfehlt, denn sie vernachlässigt auch die Einheitlichkeit der Ausübung der Staatsgewalt, die das Bundesverfassungsgericht gerade sichern soll.[648]

---

642 Regierungsbegründung zu § 27 (Entwurf BVerfGG), BT-Drs. I/788 zitiert nach *Benda / Klein*, a.a.O. (Fn. 611), S. 548 Rn. 1329.

643 Vgl. die Ausführungen des Berichterstatters des Rechtsausschusses Abgeordneter *Wahl*, Sten. Ber. BT – I/4226 B. zitiert nach *Benda / Klein*, a.a.O. (Fn. 611), S. 548 Rn. 1329.

644 *Schlaich / Korioth*, a.a.O. (Fn. 44), S. 343 Rn. 490.

645 *Benda / Klein*, a.a.O. (Fn. 611), S. 548 Rn. 1330.

646 *Bryde*, Verfassungsentwicklung, a.a.O. (Fn. 33), S. 422, mwN.

647 *Bryde*, Verfassungsentwicklung, a.a.O. (Fn. 33), S. 421, vgl. auch Fn. 126.

648 Vgl. *Geiger*, NJW 1954, S. 1058.

Die Ausweitung der Bindung auf alle tragenden Gründe ist aber auch abzulehnen. Sie verschaffte dem Bundesverfassungsgericht eine sehr starke Stellung bei der Interpretation gegenüber den anderen Verfassungsorganen. Vermittelnde Meinungen knüpfen hier an, indem sie eine Einzelfall-überschreitende Bindung fordern. Sie unterscheiden sich vor allem darin, ob sie eher die Art der tragenden Gründe beschreiben, die davon potentiell erfassten Sachverhalte oder aber die Ursache der Bindungswirkung.

Nach einer Ansicht soll eine Einzelfall-überschreitende Bindung vorhanden sein, die aber nicht alle tragenden Gründe, sondern nur das „konkrete Rechtsgebot" erfasse.[649] Daran wird kritisiert, dass die Festlegung in der Hand des Bundesverfassungsgerichtes bleibt. Nach anderer Ansicht soll eine Einzelfall-überschreitende Bindung vorhanden sein, die nur die „ratio" erfasse.[650] Daran wird kritisiert, dass die Erweiterung der Rechtsannahme in Kauf genommen wird und zwar noch über die tragenden Gründe hinaus. Andere sprechen von einer Einzelfall-überschreitenden Bindung nur für „ähnliche Fälle".[651] Das ist offensichtlich sehr unbestimmt. Schließlich wird sogar vorgeschlagen, dass das Bundesverfassungsgericht hier befugt sein müsse, Richterrecht zu setzen. Diese Bindung umfasse auch Parallel- und Folgefälle[652], schreibe aber keiner Gebotsnorm des Bundesverfassungsgerichts Bindungswirkung zu, sofern seiner Tätigkeit nicht ein konkreter Lebenssachverhalt zugrunde liege.[653] Dagegen spricht, dass das Bundesverfassungsgericht Rechtsfragen von grundsätzlicher verfassungsrechtlicher Bedeutung zu behandeln hat und eine stärkere Einzelfall-Rechtsprechung (Kasuistik) der Entscheidungen dem entgegenstünde.

Überzeugender ist daher eine Einzelfall-überschreitende Bindung für „gleichgelagerte Fälle", wobei zugleich auf die ratio decidendi abgestellt wird.[654] Somit ist es dem Bundesverfassungsgericht vorbehalten, seine Gründe darzulegen. Den übrigen Interpreten bliebe ein gewisser Spielraum, um die ratio decidendi zu interpretieren. Der Gesetzgeber unterliegt dabei einer weniger intensiven Bindungswirkung und Private werden davon ohnehin nicht erfasst.

Steht einmal fest, dass tragende Gründe von der Bindungswirkung erfasst werden, stellt sich die Frage, wie die tragenden Gründe von nicht-tragenden zu unterscheiden sind, bzw. ob auch Hilfsargumentationen und obiter dicta erfasst

---

649 *Vogel* in *Starck (Hrsg.)*, Bundesverfassungsgericht und Grundgesetz, Band I, S. 589ff.; ähnlich auch *Rennert* in *Umbach / Clemens*, BVerfGG, § 31, Rn. 72: Bindung „nur in Ansehung auf den konkreten Streitgegenstand, d.h. die festgestellten Rechtsgrundsätze binden nicht in abstracto".

650 *Kriele*, Theorie der Rechtsgewinnung, S. 269.

651 Vgl. *Bachof*, NJW 1954, S. 510.

652 Vgl. *Bryde*, Verfassungsentwicklung, a.a.O. (Fn. 33), S. 425: „Einzelfall-überschreitende Wirkung der Entscheidungen".

653 *Bryde*, Verfassungsentwicklung, a.a.O. (Fn. 33), S. 425.

654 *Benda / Klein*, a.a.O. (Fn. 611), S. 548, Rn. 1330.

werden können. Gerade in diesem eher vom konkreten Fall eher losgelösten Bereich finden sich oftmals Ausführungen zur Staatspraxis.[655]

Das Bundesverfassungsgericht beanspruchte früh das Recht, die tragenden Gründe selbst zu definieren.[656] Die Literatur kritisiert diese Rechtsprechung und behilft sich zur Bestimmung dieser Gründe mit Faustformeln: Tragend sei der Teil der Begründung, mit dem „der Tenor steht und fällt".[657] Zwischenzeitlich folgten einige weniger klare Ausführungen des Bundesverfassungsgerichts.[658] In einer jüngeren Entscheidung führte das Bundesverfassungsgericht aus, dass jene Rechtssätze tragend seien, „die nicht hinweggedacht werden können, ohne dass das konkrete Entscheidungsergebnis nach dem in der Entscheidung zum Ausdruck gekommenen Gedankengang entfiele."[659] Nicht tragend seien dagegen Rechtsausführungen „bei Gelegenheit", die außerhalb des Begründungszusammenhangs zwischen genereller Rechtsregel und konkreter Entscheidung stünden.[660] Indem das Bundesverfassungsgericht den objektiven Gehalt betont und es weniger darauf ankommen soll, ob die Rechtsauffassungen den Richtern wichtig erscheinen, hat sich das Bundesverfassungsgericht hiermit stärker gegen die Berücksichtigung von Wertungen ausgesprochen. Wertungen, erst recht solche bei Gelegenheit der Entscheidung, sind also obiter dicta und damit nicht tragend.[661] In der Literatur wird der eigentliche Grund dafür, warum ein obiter dictum von der Bindungswirkung auszunehmen ist, in der fehlenden Richtigkeitsgewähr gesehen.[662] Es fehle die sonst gewährleistete „Einzelfallerprobung".

Im Verfahren zur Bundestagsauflösung I hat das Bundesverfassungsgericht zunächst (C.II.) den verfassungsrechtlichen Maßstab dargelegt, um dann (C.III.) zu überprüfen, ob dieser Maßstab verletzt wurde. Sofern das Bundesverfas-

---

655 Beispiele: E 91, 148 (171) und E 62, 1 (45). Dazu sogleich.

656 E 36, 1 (36) – Grundlagenvertrag: „Alle Ausführungen der Urteilsbegründung".

657 Vgl. *Schlaich / Korioth*, a.a.O. (Fn. 44), S. 341 Rn. 488 Fn. 122 mwN. Beispiel bei *Pestalozza*, Verfassungsprozeßrecht, 3. Auflage 1991, S. 326 Rn. 80.

658 Vgl. E 20, 56 (88) – Parteienfinanzierung: „Ausführungen des Gerichts zu dieser Frage wären geeignet gewesen, eine Entscheidungsformel zu tragen". Das *BVerwG* hat sich zwischenzeitlich damit beholfen, die *Leitsätze der Entscheidung* heranzuziehen, vgl. *BVerwGE* 73, 263 und *BVerwGE* 77, 258.

659 E 96, 375 (404) – Kind als Schaden: „von der niedergelegten Begründung in ihrem objektiven Gehalt auszugehen".

660 E 96, 375 (404) – Kind als Schaden.

661 Vgl. *Schlaich / Korioth*, a.a.O. (Fn. 44), S. 342 Rn. 488.

662 Vgl. *Bryde*, Verfassungsentwicklung, a.a.O. (Fn. 33), S. 414 (zur Bindungswirkung) sowie S. 374 (verfassungsprozessuale Schranken der Verfassungsentwicklung) und S. 396 (insbesondere sog. Appelle im Verhältnis zum Gesetzgeber). Für *Bryde* spricht bereits die Tatsache, dass nur das Ergebnis von einer Senatsmehrheit geteilt wird, gegen einen tragenden Grund, vgl. *ders.*, a.a.O. (Fn. 33), S. 415; E 62 war zu Abschnitt B ist einstimmig, zu den Abschnitten C I und II mit 7 zu 1 und zu Abschnitt III im Ergebnis mit 6 zu 2 Stimmen ergangen. Vgl. die Sondervoten von *Zeidler* (E 62, 1 (64)), *Rinck* (E 62, 1 (70)) und *Rottmann* (E 62, 1 (108)).

sungsgericht dabei im Rahmen der historischen Auslegung prüfte, die es ja nur „unterstützend" heranziehen will [663], könnte es sich bei den Ausführungen zur Staatspraxis auch um eine bloße Hilfsargumentation handeln. Andererseits lässt das Bundesverfassungsgericht dahinstehen, ob diese einfachgesetzlichen Auslegungsgrundsätze auch im Rahmen der Verfassungsinterpretation gelten sollen. Die Staatspraxis könne jedenfalls – so das Gericht – „nicht völlig unberücksichtigt bleiben". [664] Zudem stellt das Gericht fest, dass diese Ausführungen tatsächlich „berücksichtigt und in die festgestellten tatbestandlichen Grenzen des Art. 68 GG einbezogen" werden. Dann aber können die Ausführungen auch nur solche sein, die tragend sind.

In der Entscheidung zum Umlaufverfahren hat das Bundesverfassungsgericht zunächst die Staatspraxis als Legitimationsquelle im konkreten Fall verworfen und dann allgemeine Ausführungen zur Bedeutung einer Staatspraxis bei der Auslegung gemacht. [665] Die Feststellung (Staatspraxis als Legitimationsquelle zu verwerfen) selbst ist also tragend, aber es werden dafür gleich mehrere Gründe alternativ angeführt. Solange hier ein Grund davon bestehen bleibt, können die anderen Gründe eigentlich unproblematisch hinweg gedacht werden. Das könnte für ein obiter dictum sprechen.

Im Einzelnen geht es dabei in der Entscheidung um die Forderung, dass eine Staatspraxis „im Auslegungsrahmen der Verfassung" bleiben müsse. Bei der Auslegung des Begriffs der „Bundesregierung" hatte die Staatspraxis den Auslegungsrahmen überschritten. Entsprechend hat das Gericht die Staatspraxis hier im Ergebnis auch (noch) nicht herangezogen, wohl aber später bei der Auslegung des Rechtsstaatsprinzips unter dem Gesichtspunkt des Vertrauensschutzes. [666] Sie ist also nicht nur bei Gelegenheit gemacht worden und trägt daher die Gründe mit. Dann wird weiter gefordert, dass eine Staatspraxis bei „Zweifeln über den Sinn einer Norm" heranzuziehen sei.

Im vorliegenden Fall waren auch Zweifel hinsichtlich des Rechtsstaatsprinzips gegeben. Das spricht ebenfalls gegen ein obiter dictum. Schließlich könne die Staatspraxis – wie im vorliegenden Fall – auch nicht „die eindeutigen oder durch Auslegung ermittelten Anforderungen einer Verfassungsnorm verdrängen". Hierbei handelt es sich hinsichtlich der Auslegung des Begriffs „Bundesregierung" ebenfalls um einen tragenden Grund. Die Ausführungen des Ersten Senates zur Entscheidung des Zweiten Senates sind daher kein Beispiel für bloß „bei Gelegenheit" gemachte Rechtsausführungen. Die Richter des Ersten Senates nahmen aber möglicherweise an, dass schon die Ausführungen des Zweiten Senates nicht tragend waren. Divergierende Fragestellungen zu klären, wäre eigentlich Aufgabe des Plenums (§ 16 BVerfGG). Wie bereits oben zum Umlauf-

663 Vgl. E 62, 1 (45) – Bundestagsauflösung I..

664 Nachfolgende Zitate vgl. E 62, 1 (49) – Bundestagsauflösung I.

665 Nachfolgende Zitate vgl. E 91, 148 (171) – Umlaufverfahren.

666 E 91, 148 (175) – Umlaufverfahren.

verfahren festgestellt, können die Aussagen jedoch so gedeutet werden, dass zwischen beiden Senaten im Ergebnis gar kein Widerspruch besteht: Der Zweite Senat setzt an der „Offenheit" des Verfassungsrechts an, der Erste Senat will Staatspraxis hingegen nur bei „Zweifeln" der Auslegung berücksichtigen.

Keiner der beiden Senate behandelt Staatspraxis als eigenständige Rechtsquelle, beide berücksichtigen sie jedoch bei der Auslegung. Im Ergebnis besteht eine Bindungswirkung an die Aussagen zur staatspraktischen Verfassungskonkretisierung bzw. Auslegung.

(bb) Adressaten der Bindungswirkung: auch das Parlament?

Die Entscheidungen des Bundesverfassungsgerichts (auch die betreffenden Aussagen zur Berücksichtigung einer Staatspraxis) binden „die Verfassungsorgane des Bundes und der Länder sowie alle Gerichte und Behörden" (§ 31 Abs. 1 BVerfGG). Der Grund für diese Gehorsamspflicht ist die Bindung der Staatsorgane an die Verfassung, die durch die verfassungsgerichtliche Entscheidung konkretisiert wird. [667] Die Bürgerinnen und Bürger können sich dagegen nicht unmittelbar auf die tragenden Gründe einer Entscheidung berufen. [668]

Den Behörden kann durch Gesetz ein eigenständiger Beurteilungsspielraum bei unbestimmten Rechtsbegriffen eingeräumt worden sein. [669] Sofern die Fachgerichte hier nur eingeschränkt überprüfen, stellt dies keine Ausnahme von der strikten Bindung an Entscheidungen des Bundesverfassungsgerichtes dar, sondern eine Grenze, deren Einhaltung im Hinblick auf Art. 19 Abs. 4 GG (verfassungs)gerichtlich nachgeprüft wird. [670] Es kommt aber auch vor, dass Entscheidungen des Bundesverfassungsgerichtes von untergeordneten Gerichten nicht befolgt werden. [671] Setzt sich eine Behörde oder ein Gericht in Widerspruch zu den tragenden Gründen einer Entscheidung des Bundesverfassungsgerichts, dann verstößt es gegen § 31 BVerfGG und handelt rechtswidrig.[672] Nach Auffassung des Bundesverfassungsgerichtes liegt darin eine Verletzung von Art.

667 *Bryde*, Verfassungsentwicklung, a.a.O. (Fn. 33), S. 428, der jedoch den Staatsorganen die Möglichkeit zu „prospektiven Überlegungen über die wahrscheinliche Haltung des BVerfG" einräumen will (S. 430).

668 Vgl. *Detterbeck*, a.a.O. (Fn. 331), S. 364.

669 Vgl. *Maurer*, Verwaltungsrecht, § 7 S. 200 Rn. 37f. und Rn. 43. Dies gilt etwa bei verteidigungspolitischen Entscheidungen (BVerwG NJW 1994, 535: Militärische Tiefflüge), bei Instanzen mit gesellschaftlicher Repräsentanz (E 83, 130 (138): zur Bundesprüfstelle), beamtenrechtlichen Beurteilungen (BVerfG, NVwZ 2002, 848: Persönliche Eignung) und Prüfungsentscheidungen (E 84, 34 (53): Prüfungsspezifische Wertungen).

670 In Prüfungsangelegenheiten hat das BVerfG den Beurteilungsspielraum eingeschränkt, vgl. E 84, 34 (54).

671 Bestandsaufnahme bei *Schlink*, JZ 2007, S. 157: „Es versteht sich nicht mehr von selbst, daß die Entscheidungen des BVerfG von untergeordneten Gerichten befolgt werden; zugleich werden sie vom EGMR korrigiert".

672 Vgl. *Leipold* in *Stein / Jonas*, 20. Auflage 1988, § 322 Rn. 309.

20 Abs. 3 GG.[673] Bei der Ermöglichung einer erneuten Vorlage durch die Fachgerichte ist Großzügigkeit angebracht. [674] Ob auch ein Wandel der allgemeinen Rechtsauffassung die erneute Prüfung einer bereits entschiedenen Vorlagefrage ermöglicht, ließ das Bundesverfassungsgericht offen. [675]

Nach dem klaren Wortlaut sind auch die Landesverfassungsgerichte gebunden, beispielsweise dann, wenn sie zur Beantwortung einer Vorfrage Bundesverfassungsrecht auslegen. Art. 100 Abs. 3 GG durchbricht diesen Grundsatz nicht. Die Vorschrift erlaubt den Landesverfassungsgerichten die Anfrage, ob das Bundesverfassungsgericht am Inhalt seiner bindenden Entscheidung festhalten will. [676]

Bevor auf die Bindung des Gesetzgebers einzugehen ist, soll zunächst noch einmal die Bindungswirkung der Normenkontroll-Entscheidungen angesprochen werden. § 31 Abs. 2 BVerfGG bewirkt, dass die Entscheidungen gegenüber allen Bürgerinnen und Bürgern wirken (personelle Erstreckung der Bindungswirkung). [677] Die Bindung des Gesetzgebers stand lange Zeit außer Frage. [678] Mit der Entscheidung zum Arbeitnehmerüberlassungsgebot im Jahre 1987 hat sich das geändert: Hier nahm der Erste Senat Stellung zu der Frage, ob und wie weit der Gesetzgeber nach einer normverwerfenden Entscheidung des Bundesverfassungsgerichts an einer Normwiederholung gehindert sei. Seitdem unterscheiden sich die Auffassungen beider Senate des Bundesverfassungsgerichtes: Für den Zweiten Senat besteht weiterhin ein Normwiederholungsverbot „derart, daß ein Bundesgesetz desselben Inhalts nicht noch einmal erlassen werden kann“ [679], für

673 Vgl. E 40, 88 (93f.) oder aber Art. 19 Abs. 4 GG (BVerfG NJW 88, 249) hierzu und zur Verfassungsbeschwerde vgl. *Benda / Klein*, a.a.O. (Fn. 611), S. 555, Rn. 1348; kritisch zur Beschwerde: *Ziekow*, JURA 1995, S. 528.

674 *Schlaich / Korioth*, a.a.O. (Fn. 44), S. 335 Rn. 481.

675 E 65, 179 (181); E 70, 242 (249); E 88, 198 (201); E 89, 329 (336f.); E 97, 49 (60); vgl. zur Wiedervorlage: BVerfG, Beschluss vom 29. Juni 2004 in *StV* 1994, S. 299.

676 Vgl. E 3, 261 (265); E 96, 345 (372ff.); *Ziekow*, JURA 1995, S. 525; nun ebenso *Heusch* in *Umbach / Clemens*, BVerfGG, (2. Auflage 2005) §31 Rn. 65 mwN. (anders *Rennert* a.a.O. in der Vorauflage, 1. Auflage 1992, § 31 Rn. 82).

677 Vgl. *Schlaich / Korioth*, a.a.O. (Fn. 44), S. 346 Rn. 496.

678 Vgl. *Maunz* in *ders. / Schmidt-Bleibtreu / Ulsamer / Klein. (Hrsg.)*, BVerfGG, § 31 Rdnr. 24.

679 **Gegen die Wiederholungsmöglichkeit:** E 1, 14 (37) – Südweststaat; E 69, 112 (115); **Dafür:** vgl. E 76, 84 - Arbeiterleihe; E 77, 84 (103f.) – Arbeitnehmerüberlassung. Die Abweichung erfolgte ohne Anrufung des Plenums, da es sich in E 1, 14 (37) nicht um tragende Gründe gehandelt habe: „Von dieser Rechtsauffassung kann der erkennende Senat ausgehen, ohne nach § 16 Abs. 1 BVerfGG das Plenum des Bundesverfassungsgerichts anzurufen. Die vom Zweiten Senat des Bundesverfassungsgerichts im Urteil vom 23. Oktober 1951 (BVerfGE 1, 14 [15, 37]; zum sog. ‚Normwiederholungsverbot' bei normverwerfenden verwaltungsgerichtlichen Entscheidungen vgl. BVerfGE 69, 112 [115ff.]) vertretene Rechtsauffassung zum Umfang der Bindungswirkung war für diese Entscheidung

den Ersten Senat ist der Gesetzgeber nicht daran gehindert. Der Erste Senat begründet seine Auffassung damit, dass der Gesetzgeber (nur) an die verfassungsmäßige Ordnung gebunden sei: [680]

> Der Gesetzgeber war am Erlaß des § 12 a AFG nicht wegen des Urteils des Bundesverfassungsgerichts vom 4. April 1967 (BVerfGE 21, 261) gehindert. § 31 BVerfGG und die Rechtskraft normverwerfender verfassungsgerichtlicher Entscheidungen **hindern den Gesetzgeber nicht**, eine inhaltsgleiche oder inhaltsähnliche Neuregelung zu beschließen. Das folgt bereits daraus, daß die gesetzgebende Gewalt im Unterschied zur vollziehenden und zur rechtsprechenden Gewalt in Art. 20 Abs. 3 GG **nur an die verfassungsmäßige, nicht auch an die einfachgesetzliche Ordnung gebunden** ist, als deren Urheberin sie gerade fungiert. Ebensowenig wie die von der Rechtskraft zu unterscheidende Bindungswirkung für das Bundesverfassungsgericht selbst besteht (vgl. BVerfGE 4, 31 [38]; 20, 56 [86 f.]; st. Rspr.), verwehrt diese einfachgesetzlich angeordnete Bindung es dem Gesetzgeber, seiner Gestaltungsfreiheit und Gestaltungsverantwortung durch Verabschiedung einer inhaltsgleichen Neuregelung nachzukommen, wenn er sie für erforderlich hält (vgl. auch aus der Entstehungsgeschichte des Grundgesetzes JöR N. F. Bd. 1 [1951], S. 686).

Neben der Betonung der „Gestaltungsfreiheit und Gestaltungsverantwortung“ des Gesetzgebers zieht der Erste Senat auch funktionell-rechtliche Argumente heran [681]:

> Diese Beurteilung entspricht der besonderen Verantwortung des demokratisch legitimierten Gesetzgebers für die Anpassung der Rechtsordnung an wechselnde soziale Anforderungen und veränderte Ordnungsvorstellungen. Sie trägt zugleich den **funktionellen und institutionellen Grenzen** verfassungsgerichtlichen Rechtsschutzes, namentlich dem Umstand Rechnung, daß das Bundesverfassungsgericht Akte der gesetzgebenden Gewalt **an der Verfassung selbst und nicht an verfassungsgerichtlichen Präjudizien zu messen** hat und seine Rechtsprechung nicht aus eigener Initiative **korrigieren** kann; sie beugt einer mit der rechts- und sozialstaatlichen Demokratie unvereinbaren **Erstarrung der Rechtsentwicklung** vor, ohne die Aufgaben und Befugnisse des Bundesverfassungsgerichts zur rechtsverbindlichen Auslegung der Verfassung und Gewährung wirksamen verfassungsgerichtlichen Rechtsschutzes zu gefährden.

Der Erste Senat hat seine Gründe gegen ein Normwiederholungsverbot weiter präzisiert. Eine Normwiederholung verlange ihrerseits „besondere Gründe“, die sich vor allem aus einer „wesentlichen Änderung“ der für die verfassungsrechtliche Beurteilung „maßgeblichen tatsächlichen oder rechtlichen Verhältnisse“ oder der ihr zugrunde liegenden Anschauungen ergeben könnten. [682] In ei-

---

ersichtlich nicht tragend; Gegenstand der Prüfung war kein ‚Normwiederholungsakt'“. Kritisch dazu *Ulsamer* in *Maunz / Schmidt-Bleibtreu / ders. / Klein*, BVerfGG, § 16 Rn. 5.

680 E 77, 84 (103f.) – Arbeitnehmerüberlassung.

681 E 77, 84 (103ff.) – Arbeitnehmerüberlassung.

682 E 96, 260 (263) – Normwiederholung.

ner weiteren Entscheidung hat das Gericht dem Gesetzgeber bescheinigt, „im Bereich seines Gestaltungsraums" geblieben zu sein und „gewichtige Gründe" gehabt zu haben. [683]

In der Literatur ist die Möglichkeit der Normwiederholung umstritten. [684] Gegen die Möglichkeit der Normwiederholung könnte die materielle Rechtskraft sprechen. Die materielle Rechtskraft ist aber kein großes Hindernis für eine Normwiederholung. [685] Gegen die Möglichkeit einer Normwiederholung könnte auch § 95 Abs. 1 S. 2 BVerfGG sprechen. Wenn das Bundesverfassungsgericht bei Verfassungsbeschwerden aussprechen kann, dass auch jede Wiederholung der beanstandeten Maßnahme das Grundgesetz verletzt, dann muss dies für jedes Gesetz gelten. [686] Die Befürworter einer Normwiederholung legen diese Vorschrift daher restriktiv aus. [687] Vor allem der Wortlaut des § 31 Abs. 1 BVerfGG wird gegen die Normwiederholung ins Feld geführt. Teilweise wird § 31 BVerfGG auch für verfassungswidrig gehalten, da der Gesetzgeber nur an die verfassungsmäßige Ordnung gebunden sein könne. [688] Andere stellen deshalb auf die Verfassung selbst ab, indem sie eine verfassungsrechtliche Gehorsamspflicht herleiten. [689] Dagegen spricht, dass der demokratisch gewählte Gesetzgeber die Verantwortung für die Anpassung der Rechtsordnung an den sozialen Wandel trägt. Er dürfe nicht zu stark durch verfassungsrechtliche Präjudizien eingeschränkt werden. [690] Wieder andere betonen die Gerichtsförmigkeit des Bundesverfassungsgerichtes. [691] Für die Möglichkeit der Normwiederholung

683 E 102, 127 (141f.) – Lohnersatzleistungen.

684 **Für die Möglichkeit der Norwiederholung ist die wohl h.M.**: *Rennert* in *Umbach / Clemens*, BVerfGG, § 31 Rn. 67; *Hesse*, JZ 1995, S. 268; *Stricker*, DÖV 1995, S. 981; *Häberle*, in JöR 45 (1997), S. 128; *Ziekow*, JURA 1995, S. 522ff.; *Korioth*, Die Bindungswirkung normverwerfender Entscheidungen, in Der Staat 30 (1991), S. 549ff.; *Schlaich / Korioth*, a.a.O. (Fn. 44), S. 312 Rn. 448. **Dagegen**: *Benda / Klein*, a.a.O. (Fn. 611), S. 552, Rn. 1340: „Argumentation des Gerichts bedenklich"; *Detterbeck*, Normwiederholungsverbote aufgrund normverwerfender Entscheidungen des Bundesverfassungsgerichts?, in AöR 116 (1991), S. 391ff. (differenzierend auf S. 442ff.); *Häußler*, Der Konflikt zwischen Bundesverfassungsgericht und politischer Führung, S. 120ff.; *Sachs*, Zur Verbindlichkeit bundesverfassungsgerichtlicher Entscheidungen, in FS Kriele, S. 452; *Kischel*, Darf der Gesetzgeber das Bundesverfassungsgericht ignorieren?, in AöR (131) 2006, S. 219ff.: „grundsätzlich […] anzuerkennen".

685 Das übersieht *Detterbeck*, a.a.O. (Fn. 684), S. 391ff.; vgl. auch *Bryde*, Verfassungsentwicklung, a.a.O. (Fn. 33), S. 407, der die Bedeutung des Gesetzgebungsverfahrens betont.

686 Vgl. *Kube*, DÖV 2002, S. 737 Fn. 5 mwN.

687 *Heusch* in *Umbach / Clemens*, BVerfGG, § 31 Rn. 64, S. 518.

688 Vgl. *Seyfarth*, a.a.O. (Fn. 337), S. 206.

689 *Häußler*, a.a.O. (Fn. 684), S. 120ff..

690 Vgl. *Schulze-Fielitz*, Wirkung und Befolgung verfassungsgerichtlicher Entscheidungen, in: FS 50 Jahre BVerfG, S. 392.

691 *Sachs*, Zur Verbindlichkeit bundesverfassungsgerichtlicher Entscheidungen, in FS Kriele, S. 452.

spricht, dass es in der deutschen Rechtsordnung keine Bindung an verfassungsgerichtliche Präjudizien gibt. Andere interpretieren §31 BVerfGG aber genau in diesem Sinne. Für die Möglichkeit der Normwiederholung spricht schließlich auch die herausgearbeitete funktionelle Arbeitsteilung zwischen Bundesverfassungsgericht und Gesetzgeber. Das Bundesverfassungsgericht hat kein Auslegungsmonopol. Die Normwiederholung schafft eine Korrekturmöglichkeit für das Bundesverfassungsgericht. Eine eher vermittelnde Position nehmen schließlich auch diejenigen ein, die abstellen auf den ungeschriebenen Grundsatz der Verfassungsorgantreue [692]: Er verbietet dem Gesetzgeber, in direktem zeitlichen Anschluss dieselbe Norm unverändert zu erlassen und das Bundesverfassungsgericht offen zu brüskieren. [693] Normwiederholungen sind also grundsätzlich zulässig, aber nur innerhalb des genannten Grundsatzes.

Der Regelungsgehalt von § 32 Abs. 2 BVerfGG ist begrenzt. Gegenüber Abs. 1, der bereits die Bindung zwischen den Staatsorganen anordnet (inter organes), wird die Bindung personell auf jedermann erstreckt (inter omnes). § 32 Abs. 2 BVerfGG stellt klar, dass diese Entscheidung nicht nur zwischen den Staatsorganen, sondern allgemein verbindlich ist.

d) Selbstbindung des Bundesverfassungsgerichts?

Je weiter die Bindung der Entscheidungen reicht, umso dringender wird das Bedürfnis, nach Möglichkeit davon abweichen zu können. Dies gilt auch für das Bundesverfassungsgericht selbst. Eine (begrenzte) Selbstbindung des Bundesverfassungsgerichtes tritt bereits durch die Rechtskraft ein. Darüber hinaus kann es aber zu einer erneuten Vorlage durch ein Fachgericht kommen. Das Bundesverfassungsgericht hat sich selbst von der Bindungswirkung nach § 31 Abs. 1 BVerfGG ausgenommen. [694]

Die Literatur hat sich dem überwiegend angeschlossen, weist aber auch auf „präjudizielle" Wirkungen hin. [695] Für eine Selbstbindung spricht immerhin der

692 *Heusch* in *Umbach / Clemens*, BVerfGG, § 31 S. 518 Rn. 64; *Korioth*, Die Bindungswirkung normverwerfender Entscheidungen, in Der Staat 30 (1991), S. 549ff..

693 Vgl. *Korioth*, Die Bindungswirkung normverwerfender Entscheidungen, in Der Staat 30 (1991), S. 549ff.; ihm zustimmend *Voßkuhle*, NJW 1997, S. 2218, vgl. *Schlaich / Korioth*, a.a.O. (Fn. 44), S. 338 Rn. 484 mwN.

694 St. Rspr. seit E 2, 79 (92); vgl. E 20, 56 (87); E 44, 199 (203); 70, 242 (249); E 77, 84 (104); 82, 198 (205); E 104, 151 (197). Vgl. jedoch die Aussagen zur Bindung an eine Staatspraxis in E 91, 148 (172) – Umlaufverfahren und E 62, 1 (49) – Bundestagsauflösung I.

695 *Lechner / Zuck*, BVerfGG, Rn. 29; *Schlaich / Korioth*, a.a.O. (Fn. 44), S. 311 Rn. 446; vgl. *Detterbeck*, a.a.O. (Fn. 331), S. 369 mwN. Fn. 94: „Abweichung von einer früher geäußerten Auffassung nur bei ‚entscheidend besseren Argumenten'"; ähnlich auch *Bryde*, Verfassungsentwicklung, a.a.O. (Fn. 33), S. 428., *Sachs*, Bindung des Bundesverfassungsgerichts, S. 111ff., *Kriele*, Theorie der Rechtsgewinnung, S. 299ff.; vgl. *Isensee* in HdStR

Wortlaut des § 31 Abs. 1 BVerfGG. Bevor darauf einzugehen ist, inwieweit diese Vorschrift verfassungsrechtlich fundiert ist (oder ob eine verfassungskonforme Auslegung möglich ist) soll die Vorschrift zunächst als solche ausgelegt werden.

(1) § 31 Abs. 1 BVerfGG

Die Bindung an Entscheidungen des Bundesverfassungsgerichts gilt für die „Verfassungsorgane des Bundes". Das Bundesverfassungsgericht selbst ist auch ein Verfassungsorgan des Bundes. Zwar handele es hier nicht als Verfassungsorgan, sondern als Gericht [696], jedoch sind ja auch alle anderen Gerichte gebunden. Eine systematische Betrachtung spricht gegen eine Selbstbindung. Andere Vorschriften des BVerfGG lassen erkennen, dass das Bundesverfassungsgericht von seinen Entscheidungen abweichen kann. Gemäß § 16 Abs. 1 BVerfGG kann beispielsweise ein Senat von der Rechtsauffassung des anderen Senats abweichen. Die historische Auslegung hat bereits ergeben, dass der Gesetzgeber mit § 31 Abs. 1 BVerfGG eine den konkreten Einzelfall überschreitende Bindungswirkung beabsichtigte.

Nimmt man beim Wortlaut stärker in den Blick, was eigentlich die anderen Bundesorgane bindet, dann verändert sich der Aussagegehalt des Satzes. Dann stellt § 31 Abs. 1 das Bundesverfassungsgericht mit seinen Entscheidungen den anderen Verfassungsorganen gegenüber. Allerdings spricht das Gesetz weder ausdrücklich von den „anderen" Verfassungsorganen, noch hat es den klarstellenden Satz hinzugefügt: „Das Bundesverfassungsgericht selbst ist nicht gebunden". Bei der restriktiveren Variante der Auslegung des Wortlautes (Gegenüberstellung) wird also stärker auf den Sinn und Zweck der Regelung zurückgegriffen. Es handelt sich um eine teleologische Reduktion des Wortlautes. Sinn und Zweck der Vorschrift sind aber umstritten.

Während für die einen der „eigentliche Gehalt" der Vorschrift darin liege, dass durch die Bindungswirkung die Rechtskraft der Entscheidungen des Bundesverfassungsgerichts personell erstreckt werde [697], unterscheidet das Bundesverfassungsgericht Rechtskraft und Bindungswirkung. [698] Teilweise wird sogar

---

VII, § 162 S. 141 Rn. 65: „Rechtfertigungslast nimmt zu". Für eine partielle rechtliche Selbstbindung in den Grenzen der von ihm sog. „nachziehenden Rechtsprechungsänderungsbefugnis" plädiert *Seyfarth*, a.a.O. (Fn. 337), S. 279ff., S. 294: „Diese [bisher bindungsfreie, M.R.] Rechtslage hat sich aus verfassungstheoretischer Sicht als unbefriedigend erwiesen". Ähnlich auch *Bydlinsky*, Methodenlehre, S. 376ff., S. 506; *Larenz / Canaris*, Methodenlehre, S. 256ff..

696 *Lechner / Zuck*, BVerfGG, Rn. 29.

697 *Schlaich / Korioth*, a.a.O. (Fn. 44), S. 335 Rn. 482; kritisch zu dieser prozeßrechtlichen Deutung *Roellecke* in HdStR II, § 54 S. 690f. Rn. 19f..

698 Vgl. E 20, 56 (87); E 77, 84 (104) – Arbeitnehmerüberlassung.

angenommen, dass § 31 Abs. 1 BVerfGG auch „verfassungsrechtlich fundiert" ist. [699]

(2) Verfassungsrechtliche Argumente

Sowohl die Folgen einer Selbstbindung als auch die Folgen ihres Fehlens sind allerdings sehr weitreichend, auch für die anderen Verfassungsorgane. [700] Um Sinn und Zweck der Vorschrift genauer zu ermitteln, sind die Auswirkungen einer strikten Selbstbindung für das Bundesverfassungsgericht und die anderen Verfassungsorgane und das völlige Fehlen einer solchen Selbstbindung miteinander zu vergleichen. Für die Entscheidung werden dabei Argumente aus der Verfassungstheorie herangezogen.

Die strikte Selbstbindung inklusive der Bindung an die tragenden Gründe bedeutete, dass (auch) das Bundesverfassungsgericht an abstrakte Rechtsaussagen gebunden wäre. Ginge diese Bindung über die zeitlich begrenzte Rechtskraft hinaus, dann träte sie auch für die Zukunft ein. Im Ergebnis bedeutete dies eine verbindliche Konkretisierung und Festschreibung der Verfassung für die Zukunft. Es gäbe nur geringe Möglichkeiten zu einer späteren Änderung der Verfassungsrechtsprechung. Die Entscheidungen wären nicht nur faktisch, sondern auch rechtlich verbindlich. Die Entscheidungen des Bundesverfassungsgerichts hätten zumindest gesetzesähnliche Wirkung. Der einfache Gesetzgeber wäre damit von der Entwicklung der Verfassung weitgehend ausgeschlossen. Es bestünde die Gefahr der Erstarrung der Verfassung – entgegen der oben aufgezeigten Möglichkeiten für informelle Veränderungen im Rahmen des Art. 79 GG. Eine solche weitgehende Bindung ist mit dem Vorgang der Rechtsprechung nicht vereinbar und wird auch nicht vertreten. Stattdessen ist es gerade die Aufgabe des Bundesverfassungsgerichtes, auch zur Verfassungsfortbildung beizutragen. [701]

Das völlige Fehlen einer Selbstbindung wiederum würde beim Bundesverfassungsgericht möglicherweise dazu führen, dass Änderungen der Rechtsprechung häufiger auftreten würden. Änderungen der Rechtsprechung sind der deutschen Rechtsordnung nicht unbekannt. [702] Dies wäre unbedenklich, wenn es sich dabei um generell-abstrakte Normen handelte und es wäre unbedenklich, wenn es sich

---

699 Vgl. *Heusch* in *Umbach / Clemens*, BVerfGG, § 31 Rn. 54 mwN; *Kube*, DÖV 2002, S. 738: „verfassungsrechtlich fundierten Kern"; dagegen *Ziekow*, JURA 1995, S. 524ff..

700 Vgl. zur mangelnden Selbstbindung *Schlink*, JZ 2007, S. 157: „Selbstbindungsverzicht bedeutet Fremdbindungsverlust - und verändert die Verfassungsrechtswissenschaft grundlegend".

701 Vgl. *Walter*, a.a.O. (Fn. 34), S. 538 mwN Fn. 90. Keine Kompetenz zur Verfassungswandlung für das BVerfG sieht dagegen *Böckenförde*, NJW 1976, S. 2099: Rechtsfortbildung weit, Wandlung eng verstanden, vgl. *ders.*, FS Lerche, S. 6.

702 Vgl. zur höchstrichterlichen Rechtsprechung *Robbers*, Rückwirkende Rechtsprechungsänderung, JZ 1988, S. 481ff., mwN.

nur auf Einzelfälle beschränkte. Die Tätigkeit des Bundesverfassungsgerichtes befindet sich aber in etwa in der Mitte zwischen beiden Extremen. Das Bundesverfassungsgericht ist sowohl an die Rechtskraft seiner Urteile gebunden (Bindung an Einzelfälle [703]) als auch an die Verfassung als solche (Bindung an generell-abstrakte Normen). In einigen Bereichen sind Rechtsprechungsänderungen besonders häufig. [704] Mit sehr kurzfristigen Rechtsprechungsänderungen kann auch Rechtsunsicherheit entstehen. [705]

Die dargestellten möglichen Rechtsfolgen bewegen sich zwischen den beiden verfassungsrechtlichen Polen der Normativität und Faktizität bzw. zwischen Stabilität und der Dynamik und verweisen damit auf die Ausführungen zur Verfassungstheorie. In der Literatur ist eigentlich nicht umstritten, ob überhaupt eine Auseinandersetzung mit einer Rechtsprechung stattzufinden habe, sondern nur wie und warum. Das Bundesverfassungsgericht kann danach also abweichen, so sehr eine solche Abkehr von eigenen Präjudizien auch der Begründung bedarf. [706] Sofern Präjudizien der Status der Rechtsquelle verweigert wurde, könnte eine Selbstbindung nicht nur förmlicher Natur sein. Sie ist auch nicht Selbstzweck: Die Bindung ist im Wesentlichen dadurch begrenzt, dass das Bundesverfassungsgericht mit verfassungsrechtlichen Argumenten zu überzeugen hat. Tatsächlich bilden Änderungen der Rechtsprechung des Bundesverfassungsgerichts bislang die absolute Ausnahme.[707] Dieser Rechtsprechung liegt ersichtlich ebenfalls die Annahme zugrunde, dass Kontinuität das Vertrauen in die Rechtsordnung stärkt. [708] Fänden die Entscheidungen keine Akzeptanz in der Öffentlichkeit, dann könnte auch eine entsprechende Interpretation der Bindungswirkung aus § 31 Abs. 1 BVerfGG wohl nichts daran ändern: „Die Wirksamkeit von BVerfG-Entscheidungen lebt von Voraussetzungen, die das BVerfG nur sehr begrenzt erzwingen könnte, wenn es ihm nicht gelänge, inhaltlich zu über-

703 Vgl. zur Präjudizwirkung (nur) höchstrichterlicher Rechtsprechung *Maurer* in HdStR IV, § 54 S. 464 Rn. 135 Fn. 327: „Das [Entscheidungen Einzelfälle betreffen] gilt nur bedingt für die Verfassungsgerichtsbarkeit, die im folgenden ausgeklammert wird".

704 Vgl. E 85, 264 – Parteienfinanzierung IV.

705 Vgl. E 92, 1 – Sitzblockaden II.

706 Vgl. *Bryde*, Verfassungsentwicklung, a.a.O. (Fn. 33), S. 425ff.; *Sachs*, Bindung des Bundesverfassungsgerichts, S. 443f.; *Kriele*, Theorie der Rechtsgewinnung, S. 268ff..

707 Vgl. *Seyfarth*, a.a.O. (Fn. 337), S. 106ff; *Detterbeck*, a.a.O. (Fn. 331), S. 372; *Bryde*, Verfassungsentwicklung, a.a.O. (Fn. 33), S. 163ff..

708 Vgl. *Würtenberger*, Zur Legitimität des Verfassungsrichterrechts, S. 57ff. (78f.); *Schulze-Fielitz*, Wirkung und Befolgung verfassungsgerichtlicher Entscheidungen, S. 393, der „erhebliche faktischen Bindungswirkungen" der Spruchpraxis der Verfassungsgerichte für diese selbst; vgl. auch das „Gebot der Wahrung der Verfassungskontinuität" bei *Bryde*, Verfassungsentwicklung, a.a.O. (Fn. 33), S. 425.

zeugen.“ [709] Im Ergebnis ist daher eine eingeschränkte Selbstbindung festzustellen.

Entsprechend sah sich das Bundesverfassungsgericht in der Entscheidung zur Bundestagsauflösung II (2005) daran gebunden, was der Senat bereits 1983 in einem vergleichbaren Fall festgestellt hatte: Der Bundespräsident sei [nur] verpflichtet zu prüfen, ob nicht eine andere, die Auflösung verwehrende Einschätzung der politischen Lage der Einschätzung des Bundeskanzlers eindeutig vorgezogen werden müsse. [710] Der Senat sah sich 2005 auch daran gebunden, dass der Bundeskanzler den Bundestag nur auflösen dürfe, wenn die politischen Kräfteverhältnisse „seine Handlungsfähigkeit so beeinträchtigen oder lähmen, daß er eine vom stetigen Vertrauen der Mehrheit getragene Politik nicht sinnvoll zu verfolgen vermag.“ [711] In der rechtlichen Begründung unterscheiden sich beide Entscheidungen jedoch: 1983 wird als „ungeschriebenes Tatbestandsmerkmal“ des Art. 68 GG festgestellt, dass der Bundeskanzler „der stetigen parlamentarischen Unterstützung durch die Mehrheit des Bundestages nicht sicher sein“ dürfe, während 2005 aus dem „Zweck des Art. 68“ hergeleitet wird, dass das Grundgesetz eine „handlungsfähige Regierung“ anstrebe. [712] Wie bereits festgestellt, ist der Richter letztlich nicht verpflichtet, dem Präzedenzfall zu folgen. Es handelt sich hier um den seltenen Fall, dass es im Rahmen einer Norm möglicherweise nahezu gleichwertige Lösungen gibt.

Bydlinsky und Canaris gehen für diesen Fall davon aus, dass von der Entscheidung selbst dann nicht mehr abgewichen werden darf, wenn hierfür gute oder sogar überwiegende Gründe sprechen. Demgegenüber fordern aber Kriele, Sachs und Bryde dafür sogar „bessere Gründe“. Insofern ist es nicht unproblematisch, dass der Senat 2005 zwar die Gründe für seine Rechtsauffassung, nicht aber für sein Abweichen dargelegt hat. [713] Dass solche Gründe in einem der Sondervoten angesprochen wurden, ist kein Ersatz, zumal nach dieser Ansicht die „verfehlte Rechtsbedingung“ der Sache nach bereits in der früheren Entscheidung angelegt war.

709 Vgl. *Schulze-Fielitz*, Wirkung und Befolgung verfassungsgerichtlicher Entscheidungen, S. 393f. mwN.

710 E 62, 1 (52) und Leitsatz 8b) und E 114, 121 (161).

711 Vgl. E 62, 1 (42, 44) und Leitsatz 6 sowie E 114, 121 (156).

712 E 114, 121 (149): „Handlungsfähigkeit“, a.A. Sondervotum *Jentsch*, S. 176: „Systematisch betrachtet ist die Vertrauensfrage daher auf Erhalt der Regierungsfähigkeit gerichtet“.

713 Vgl. *Jentsch*, a.a.O., S. 174: „weiter Entscheidungsspielraum“ [...] in Widerspruch zur bisherigen Rechtsprechung“ und „de facto die Preisgabe der materiellen Voraussetzungen“ von 1983; Gründe dafür bei *Lübbe-Wolff*, S. 187: „scheinen [...] gelockert“, S. 195: „verfehlte Rechtsbedingung“.

e) Bindung der anderen Staatsorgane an ihre Entscheidungen

§ 31 Abs. 1 BVerfGG gilt nur für „Entscheidungen des Bundesverfassungsgerichts", nicht für eine Staatspraxis. In der Literatur wurde gleichwohl der Vergleich zur Bindung des Bundesverfassungsgerichts an seine eigenen Entscheidungen gezogen. [714] Kann § 31 Abs. 1 BVerfGG aber schon nicht für eine Selbstbindung des Bundesverfassungsgerichts herangezogen werden, dann kann dadurch erst recht nicht die Selbstbindung anderer Staatsorgane begründet werden. Andere Rechtsquellen als Verfassung und ihre Interpretation kommen dafür aus den oben genannten Gründen nicht in Frage.
So ist im Verwaltungsrecht eine Selbstbindung der Verwaltung in Verbindung mit dem Gleichheitssatz allgemein anerkannt. [715] Hier gilt jedoch der Vorrang des Gesetzes. Diese Selbstbindung kann daher auf die obersten Staatsorgane im Verfassungsrecht nicht übertragen werden.

Soweit es sich um Konventionen des materiellen Verfassungsrechts handelt, findet dagegen eine Selbstbindung in ähnlicher Weise statt wie bei den nicht justiziablen conventions. [716] Dem entspricht die besondere Berücksichtigung von „Tradition und Praxis" durch das Bundesverfassungsgericht in diesem Bereich. [717] Eine authentische Auslegung findet ebenfalls nur in diesem engen Bereich statt. [718]

Sofern die Tätigkeit des Bundesverfassungsgerichts darauf ausgerichtet ist, Kontinuität zu wahren und Vertrauen zu gewinnen, wird man dies grundsätzlich auch im Hinblick auf die anderen Staatsorgane annehmen können: Dies erklärt, warum es überhaupt zu einer ständigen Praxis kommt. Insofern entfaltet auch die Verfassungspraxis aller anderen Staatsorgane erhebliche faktische Bin-

---

714 *Bryde*, Verfassungsentwicklung, a.a.O. (Fn. 33), S. 441f., S. 426f..

715 So kann zum Beispiel die tatsächliche Vergabepraxis zu einer Selbstbindung der Verwaltung führen, vgl. E 73, 280 (299f.); E 111, 54 (108); BVerwGE 35, 159 (161); *BVerwGE* 104, 220 (223); *BGHZ* 139, 259 (267).

716 Vgl. dazu *Rädler*, a.a.O. (Fn. 33), S. 614: Begriff Selbstbindung „in der englischen Diskussion nicht gebräuchlich", vielmehr Identität von „Rechtserzeugungsorgan und Regelungsadressat".

717 StRspr., seit E 144, 1 – Geschäftsordnungsautonomie.

718 Vgl. zum materiellem Verfassungsrecht: E 95, 335 (347f.) – Überhangmandate II: „Vor allem aber hat der Deutsche Bundestag als das nach Art. 41 Abs. 1 Satz 1 GG zur Wahlprüfung berufene Staatsorgan in 40jähriger Spruchpraxis die §§ 6 und 7 BWG stets im Sinne der herrschenden Auffassung angewandt. Er hat damit die von ihm selbst geschaffenen Regelungen *authentisch* im Sinne des herrschenden Verständnisses interpretiert." [Hervorhebung M.R.]; Gegen authentische Interpretation sonst ist *Schlaich / Korioth*, a.a.O. (Fn. 44), S. 90 Rn. 119, dafür ist *Böckenförde*, NJW 1976, S. 2099 Anm. 113. Vgl. zum formellem Verfassungsrecht auch E 12, 45 (53) – Kriegsdienstverweigerung I: „Eine authentische Interpretation der Verfassung ist ihm [dem einfachen Gesetzgeber, M.R.] verwehrt".

dungswirkungen für diese selbst.[719] Eine Selbstbindung folgt auch nicht praeter legem aus dem Prinzip des Rechtsstaats: Sofern das Bundesverfassungsgericht bei der Auslegung von Kompetenznormen einmal die durch eine Staatspraxis bewirkten „Bestandsgarantie“ festgestellt hat, ist diese Entscheidung ein Einzelfall geblieben.[720] Solange die Staatspraxis durch das Bundesverfassungsgericht überprüft wird, könnte auch eine Selbstbindung nicht zu einer Verfassungsänderung jenseits des Art. 79 Abs. 1 GG führen. Über die dargestellte Wahrung der Kontinuität hinaus bestehen keine normativen Bindungen.

Ergebnis zu 3)

Es besteht eine verfassungsrechtliche Bindung der Staatsorgane an die Verfassung, nicht an die Staatspraxis als solche. Allerdings können auch mit den anerkannten Mitteln der Auslegung nicht alle Zweifel bei der Interpretation ausgeräumt werden. Bei solchen „Zweifeln“ und bei „offenen“ Normen der Verfassung berücksichtigt das Bundesverfassungsgericht die Staatspraxis.

Bei der historischen Auslegung hat die Staatspraxis ihre wohl größte Bedeutung. Im Bereich zwischen Bund und Ländern hat die Staatspraxis bei der Auslegung von Kompetenznormen „besonderes Gewicht“.

Eine Bindung des Bundesverfassungsgerichts an andere Staatsorgane besteht grundsätzlich nicht, auch keine Selbstbindung. Die Staatspraxis kann aber Bindungswirkung für die anderen Staatsorgane entfalten, soweit sich diese aus den Entscheidungen des Bundesverfassungsgerichts ergibt (§ 31 Abs. 1 BVerfGG). Dabei ist die Gefahr der „Versteinerung“ der Verfassung zu beachten.

4) Prinzipien als Optimierungsgebote für die Staatspraxis

Dort, wo der begrenzte Anwendungsbereich von Verfassungsregeln Spielräume für die anderen Verfassungsorgane eröffnet bzw. Regelungslücken schafft, kann und darf sich eine Staatspraxis entwickeln. Die Staatsorgane sind dabei aber gehalten, die Prinzipien der Demokratie, des Bundes-, Sozial- und Rechtsstaates zu verwirklichen: Staatspraxis praeter legem in diesem Sinne stellt dann die Konkretisierung eines Verfassungsprinzips dar.

Prinzipien sind Normen, die gebieten, dass etwas in einem relativ auf die rechtlichen und tatsächlichen Möglichkeiten möglichst hohen Maße realisiert

---

719 Vgl. *Schulze-Fielitz*, Wirkung und Befolgung verfassungsgerichtlicher Entscheidungen, S. 393: „Das gilt aber auch für alle anderen Staatsorgane, unabhängig von der gesetzlichen Bindungswirkung nach § 31 Abs. 1 BVerfGG.“

720 Vgl. *Rädler*, a.a.O. (Fn. 33), S. 643: „Kontinuitätsgewähr wird man aber weitgehend dem Bereich der Verfassungsorgantreue zuzuordnen haben“.

wird. Demgegenüber sind Regeln Normen, die stets nur entweder erfüllt oder nicht erfüllt werden können. Sie enthalten Festsetzungen im Raum des tatsächlich und rechtlich Möglichen. [721] Auch im Staatsorganisationsrecht gibt es Kompetenznormen mit einem nur begrenzten sachlichen Regelungsgehalt auf der einen Seite, denen Prinzipien mit überschießender Tendenz auf der anderen Seite gegenüberstehen. [722] Daher wird im Folgenden zwischen dem Regel- und Prinzipiencharakter von Rechtsnormen unterschieden.

a) Demokratie

Problematisch sind staatliche oder gesellschaftliche Einflussnahmen im Vorfeld oder im Vorgang der Legitimation selbst: Dies gilt vor allem für die Wahlen. Hier hat das Bundesverfassungsgericht den Grundsatz der Staatsfreiheit, des Legitimationsniveaus und die Wesentlichkeitstheorie entwickelt.

(1) Staatsfreiheit

Zu diesem Grundsatz gehören die Staatsfreiheit der Medien und der Parteien. Einer Staatspraxis sind hier enge Grenzen gesetzt.

So hat das Bundesverfassungsgericht der Öffentlichkeitsarbeit der Bundesregierungen einen Riegel vorgeschoben. Die Bundesregierung hatte vor der Bundestagswahl 1976 durch Anzeigenserien, Faltblätter und sonstige Publikationen werbend in den Wahlkampf eingegriffen. [723] Die Bundesregierung hatte nicht bestritten, diese Publikationen hergestellt zu haben. Sie wies darauf hin, dass es „Praxis“ sei, allen Fraktionen des Deutschen Bundestages diese Publikationen für ihre Informationsarbeit zu Verfügung zu stellen.

Das Bundesverfassungsgericht entwickelte aus dem Demokratieprinzip die Forderung, dass Wahlen vom Staat und seinen Organen nicht beeinflusst werden dürfen. [724] Dabei unterscheidet das Bundesverfassungsgericht zwischen der Willensbildung der Staatsorgane und der Willensbildung des Volkes. Die Freiheit der letzteren bei Wahlen dürfe durch den Staat nicht beeinträchtigt werden. [725] Richter Geiger macht in seinem Sondervotum zum einen deutlich, dass diese Praxis der Öffentlichkeitsarbeit sich längst nicht auf die damalige Bundesregierung beschränkte. Zum anderen identifizierte er damit eine vieljährige Staatspraxis, die durch den formellen Streitgegenstand verdeckt wurde. Eine Recht-

---

721 Vgl. *Alexy*, Theorie der Grundrechte, S. 75f..

722 Vgl. Artt. 39; 5 1; 54; 62 GG einerseits und Artt. 20 Abs. 1, Art. 28 Abs. 1 GG andererseits, vgl. aber auch die Normen mit ambivalentem Charakter z.B. Art. 38; 50; 65 GG.

723 E 44, 125 (135) – Öffentlichkeitsarbeit I.

724 E 44, 125 (139) – Öffentlichkeitsarbeit I.

725 E 44, 125 (140f.) – Öffentlichkeitsarbeit I: „Im Wahlakt muß sich - dieser Sinn ist in Art. 20 Abs. 2 GG angelegt - die Willensbildung vom Volk zu den Staatsorganen hin vollziehen, nicht umgekehrt von den Staatsorganen zum Volk hin.“

fertigung aus Gewohnheitsrecht oder ein Verfassungswandel sei wegen der öffentlichen Ablehnung dieser Praxis ausgeschlossen [726]:

> Die Bundesregierung hat nicht erst bei der Bundestagswahl 1976 damit angefangen, in den Wahlkampf einzugreifen. Ihrem Verhalten geht eine viele Jahre hindurch bei fast allen Wahlen zu beobachtende, allerdings **von Mal zu Mal aufwendigere, drastischere und umfangreichere Praxis** voraus, die mittlerweile bei den dafür unmittelbar Verantwortlichen **zu einer selbstverständlichen Gewohnheit geworden** ist. **Sie wird keineswegs von der öffentlichen Meinung oder von den Bürgern allgemein akzeptiert**. Sie hat auch in der Literatur Widerspruch erfahren. Sie wurde schon einmal als verfassungswidrig bekämpft, ua von der Opposition im Bundestag im Jahre 1965/66 in einem Verfassungsstreitverfahren (2 BvE 1/66) und in einem Normenkontrollverfahren (2BvF 1/66); die Verfahren erledigten sich durch Rücknahme der Anträge. Auf diesem Hintergrund **kann von einer jahrelangen unangefochtenen Verfassungspraxis**, die für die rechtliche Beurteilung der vorliegenden Streitigkeit von Bedeutung sein könnte, **nicht die Rede sein**. Weder können Verfassungsgrundsätze dadurch einen **Bedeutungswandel** erfahren haben, noch kann sich eine **Rechtsüberzeugung** gebildet haben, die Grundlage eines Verfassungsgewohnheitsrechts sein könnte.

Eine andere Einwirkung auf den demokratischen Willensprozess sah das Bundesverfassungsgericht im Bereich der Parteienfinanzierung. Auch hier tauchte das Problem der Wahlkampfkostenerstattung auf, die sich in der Praxis längst zu einer teilweisen Basisfinanzierung der Parteien entwickelt hatte. Parteien im Sinne des Artikels 21 GG nehmen nach inzwischen gefestigter Rechtsprechung des Bundesverfassungsgerichts eine besondere Stellung an der Schnittstelle zwischen Staat und Gesellschaft ein. [727] Parteien werden der gesellschaftlichen Sphäre zugerechnet, ihre Funktion ist dagegen die Vermittlung zwischen Staat und Gesellschaft. [728]

Versuchen, staatlichen Einfluss auf politische Parteien zu nehmen, ist das Bundesverfassungsgericht entgegengetreten. Schutz vor der Einflussnahme durch Individuen gewähre die Verfassung dagegen nicht.[729] Dies ist letztlich eine Folge der Verengung des Demokratieprinzips auf den staatsorganisatorischen Bereich. [730]

Ursprünglich ging das Bundesverfassungsgericht davon aus, dass der Grundsatz der Staatsfreiheit eine staatliche Finanzierung der Parteien ausschließt.

---

726 E 44, 125 (171) – Öffentlichkeitsarbeit I; Ebenso: *Häberle*, JZ 1977, S. 362.

727 Vgl. E 20, 56 (100f.); 52, 63 (82f.); 73, 1 (33).

728 E 85, 264 (284f.) – Parteienfinanzierung II.

729 E 20, 56 (105) – Parteienfinanzierung I:„Art. 21 GG gewährleistet den Parteien Freiheit vom Staat, nicht jedoch Schutz vor dem Einfluß finanzkräftiger Einzelpersonen, Unternehmen oder Verbände. [...] Abgrenzung zwischen legitimer und die freie politische Willensbildung störender Einflußnahme der Spender ist verfassungsrechtlich nicht fassbar.“

730 Kritisch *Stein* in AK-GG, 2. Auflage 1989, Art. 20 Rn. 46; *Abendroth*, Das Grundgesetz, S. 75. Dagegen *Stern*, (Fn. 33), S. 627ff.

Dann änderte es seine Rechtsprechung, nicht zuletzt aufgrund der vorausgegangenen Praxis. [731] Heute gilt, dass die staatliche Finanzierung die Summe der selbst erwirtschafteten Einnahmen der Parteien nicht übersteigen darf. Weiterhin darf der Staat die vorgefundene Wettbewerbslage nicht verfälschen. [732] Der Grundsatz der Staatsfreiheit erlaube jedoch nur eine Teilfinanzierung der allgemeinen Tätigkeit der politischen Parteien aus staatlichen Mitteln. [733] Darüber hinaus hat das Bundesverfassungsgericht festgestellt, dass das Recht der Parteienfinanzierung das Entstehen neuer Parteien nicht über Gebühr erschweren und die Betätigung kleiner Parteien nicht beeinträchtigen dürfe. [734]

Damit hat das Bundesverfassungsgericht wichtige Mindestanforderungen an eine demokratische Legitimation gezogen. Überall dort, wo der Staat einer Legitimation bedarf, soll er von einer Einflussnahme auf die Willensbildung absehen. Die verfassungsrechtlichen Anforderungen für den „Wahlkampf" sind dabei vergleichsweise hoch, die Anforderungen an die Wirksamkeit einer einmal durchgeführten Wahl dagegen vergleichsweise niedrig. [735]

(2) Legitimationsniveau

Das Bundesverfassungsgericht hat weitere Forderungen an die Legitimation einer Staatspraxis aus dem Demokratieprinzip abgeleitet. Dabei geht es zum einen um die Rückkoppelung der Staatsgewalten an das Volk und zum anderen um den Grundsatz der sog. Gewaltenteilung (zwischen den Organen). Für das Bundesverfassungsgericht gibt es zunächst unter den Organen keine Rangordnung in der demokratischen Legitimation. [736] Es gibt verschiedene Formen demokratischer Legitimation. Uneingeschränkte personelle Legitimation besitze, wer entweder durch einen seinerseits personell legitimierten Amtsträger oder wenigstens durch ein Gremium mit mehrheitlich demokratisch legitimierten Mitglie-

731 E 85, 264 (286f.) – Parteienfinanzierung II: „Wirklichkeit der staatlichen Parteienfinanzierung hat sich davon [nur Kostenerstattung eines angemessenen Wahlkampfes] - mit grundsätzlicher Billigung durch die Rechtsprechung des Bundesverfassungsgerichts - auch längst gelöst. [...] hat sich [...] zu einer teilweisen Basisfinanzierung der Parteien entwickelt (vgl. BVerfGE 73, 40 [116] – Abweichende Meinung des Richters *Böckenförde*)"; vgl. zum Parallelproblem im Rundfunk E 12, 205 (263) – 1. Rundfunkentscheidung und E 121, 30 (51ff.) – Parteibeteiligung an Rundfunkunternehmen (mwN.).

732 BVerfG NVwZ 2004, S. 1473; E 69, 92 (109), E 73, 40 (89); E 85, 264 (297); E 104, 287 (300).

733 E 85, 264 (286f.) – Parteienfinanzierung II.

734 BVerfG, Urteil vom 26.10.2004 abgedruckt in NVwZ 2004, S. 1473.

735 Vgl. E 103, 111 (127f.) – Wahlprüfung Hessen: „Praxis der Wahlprüfungsorgane" seit 1871 zu Wahlbeeinflussung (Zurückhaltung bei Einwirkungen Dritter) u.a. zu Art. 31 WRV und Art. 78 Abs. 2 HV, positiv festgestellt, übertragbar, verfassungsgemäß (restriktive Auslegung, „im rechtswissenschaftlichen Schrifttum überwiegend Zustimmung gefunden")

736 E 49, 89 (124f.) – Kalkar.

dern bestellt wurde, die wiederum mehrheitlich dafür waren (sog. doppelte Mehrheit).[737] Es genüge nicht, dass der Amtswalter überhaupt demokratisch legitimiert sei, seine Legitimation muss sich vielmehr gerade auf sein Amt und seinen Tätigkeitsbericht beziehen.[738] Verfassungsrechtlich kommt es also nicht entscheidend auf die Form der demokratischen Legitimation staatlichen Handelns an, sondern auf deren Effektivität. Notwendig ist ein bestimmtes „Legitimationsniveau".[739]

Das Bundesverfassungsgericht hat die Anforderungen im Hinblick auf das Legitimationsniveau teilweise gelockert: Das Erfordernis lückenloser personeller demokratischer Legitimation gelte nicht im Bereich der Selbstverwaltung.[740]

(3) Vorbehalt des Gesetzes

Bereiche, für die ein Gesetz erforderlich ist, sind der Staatspraxis denknotwendig entzogen. Der Vorbehalt des Gesetzes ist daher eine negative Kompetenzschranke für eine Staatspraxis, zugunsten des Parlamentes.

Die Verfassung enthält vielfach konkrete Gesetzesvorbehalte. Bundesverfassungsgericht und Literatur erkennen aber auch einen allgemeinen Gesetzesvorbehalt an, dessen Grundlage und Reichweite im Einzelnen umstritten ist.

Der Ursprung des Vorbehaltes kann bis in die Anfänge des Konstitutionalismus zurückverfolgt werden.[741] Der Vorbehalt des Gesetzes ist zunächst ein Formvorbehalt. Bestimmte Sachbereiche sind einem Gesetz vorbehalten. Der Vorbehalt des Gesetzes ist aber auch ein Sachvorbehalt. Bestimmte Sach- und Lebensbereiche sollen einem Gesetz vorbehalten und damit einer autonomen Regelung durch die Verwaltung entzogen sein. Welche Sachbereiche dem Gesetz vorbehalten sind, kann der Rechtsfigur selbst nicht unmittelbar entnommen werden. Entsprechend hat sich der Vorbehalt des Gesetzes in der Verfassungsgeschichte kontinuierlich verändert und wurde insbesondere in der Rechtsprechung des Bundesverfassungsgerichts kontinuierlich weiter entwickelt.

Ausdrücklich normiert ist in Art. 20 GG nur der Vorrang des Gesetzes. Die verfassungsrechtliche Verankerung des allgemeinen Gesetzesvorbehalts, also der Forderung, dass alle Maßnahmen der Exekutive einer gesetzlichen Grundlage bedürfen, ist heute immer noch umstritten. Das Bundesverfassungsgericht hat sich in verschiedenen Entscheidungen dabei sowohl auf Artikel 20 GG be-

---

737 Vgl. E 93, 37 (66f.) – Mitbestimmungsgesetz Schleswig-Holstein. Diese doppelte Mehrheit wurde im Anschluss an *Böckenförde* gefordert, vgl. *ders.*, HdStR I, § 22 S. 897ff. Rn. 18f..

738 Vgl. E 93, 37 (66f.) – Mitbestimmungsgesetz Schleswig-Holstein.

739 Vgl. E 93, 37 (66f.) – Mitbestimmungsgesetz Schleswig Holstein.

740 E 107, 59 (91) – Lippeverband.

741 Vgl. *Grawert*, „Gesetz" in *Conze / Brunner / Koselleck (Hrsg.)*: Grundbegriffe, S. 905 sowie *Ossenbühl*, HdStR III, § 62 S. 320 Rn. 8.

zogen als auch auf spezielle Gesetzesvorbehalte gestützt. [742] Dort, wo keine spezielleren Gesetzesvorbehalte greifen, kann auf den allgemeinen Gesetzesvorbehalt zurückgegriffen werden. [743] Nachdem das Parlament in der Staatspraxis der Bundesrepublik Deutschland faktisch zum „obersten" Verfassungsorgan avanciert war, stellte dies die bisherige Kompetenzverteilung zwischen Exekutive und Legislative durch die Literatur in Frage. [744] Eine inhaltliche Erweiterung des Gesetzesvorbehaltes konnte entweder bei der rechtsstaatlichen oder bei der demokratischen Komponente des Vorbehaltes ansetzen.

In der Literatur wurde eine Ausweitung des Vorbehaltes auf alle Sachbereiche gefordert (sog. Totalvorbehalt). Diese kann sowohl mit der rechtsstaatlichen als auch mit der demokratischen Komponente begründet werden: Für die einen war die demokratische Forderung des Parlamentes nach Beteiligung gegenüber der Exekutive weiter zu vollenden, selbst wenn dadurch die Autonomie der Exekutive eingeschränkt würde. [745] Für die anderen war so die rechtsstaatliche Forderung des Einzelnen nach Schutz zu verbessern, indem man auch Rechte auf positive Leistung einräumte. „Freiheit" sei nicht nur die Abwesenheit von Eingriffen, sondern auch die „Teilhabe" an staatlichen Leistungen. [746] Die einen suchen die Lösung für die neuen Herausforderungen durch eine Verschiebung von Kompetenzen (also auf der Ebene des Staates), die anderen durch einen erweiterten Freiheitsbegriff gegenüber dem Staat (auf der Ebene des Individuums). Beides schließt sich gegenseitig nicht aus, beides stößt aber auf praktische Bedenken. [747]

Das Bundesverfassungsgericht hat sich beiden Forderung der Literatur nicht angeschlossen. Es verfolgte dogmatisch noch einen dritten Weg. In der Elfes-Entscheidung erklärte es die allgemeine Handlungsfreiheit systematisch zum Auffanggrundrecht für alle unbenannten Freiheiten. [748] Am allgemeinen Gesetzesvorbehalt hat das Bundesverfassungsgericht dagegen weiter festgehalten, selbst wenn dieser allgemeine Gesetzesvorbehalt mit jener Entscheidung scheinbar seine Auffangfunktion gegenüber den speziellen Grundrechtsvorbehalten verloren hatte. [749] Die höchstrichterliche Rechtsprechung behalf sich in der Folgezeit damit, die Anforderungen an eine gesetzliche Legitimation für den Bereich der Leistungsverwaltung formell und materiell zu reduzieren. Bereits der

---

742 Art. 20 GG: E 40, 237 (248); E 77, 170 (230f.); E 78, 179 (197); Spezielle Vorbehalte: E 67, 157 (172), E 68, 1 (109, 130); E 71, 108, (114); E 76, 171 (184).

743 Anders wohl E 77, 170 (230f.).

744 *Ossenbühl*, a.a.O. (Fn. 714), S. 325 Rn 17ff..

745 Vgl. *Ossenbühl*, a.a.O. (714), S. 320 Rn. 19 Fn. 31.

746 Vgl. *Ossenbühl*, a.a.O. (Fn. 714), S. 326 Rn. 19 Fn. 60.

747 Vgl. *Jellinek*, Allgemeine Staatslehre S. 621 „nur aufgrund von Gesetzen verfahrende Verwaltung wäre nur in einem regierungslosen Staat zu finden".

748 E 6, 32 (36) – Elfes.

749 Vgl. etwa E 49, 89 (127) – Kalkar I.

Haushaltsplan als Bestandteil des förmlichen Haushaltsgesetzes stelle trotz fehlender Außenwirkung eine ausreichende gesetzliche Legitimationsgrundlage dar. [750] Bis Ende der 60er Jahre wurden Reichweite und Intensität des Gesetzesvorbehaltes vorwiegend in der Literatur untersucht, während die Rechtsprechung die Vorbehaltsproblematik umgangen hatte. Seit Anfang der 70er Jahre entzündeten eine Reihe verfassungsgerichtlicher Entscheidungen die Debatte um den Vorbehalt erneut. [751]

Das Bundesverfassungsgericht stellte schließlich mit Blick auf die demokratische Komponente einen Wandel des Vorbehaltes in den letzten Jahren fest. Dadurch sei der Gesetzgeber verpflichtet, – losgelöst vom Merkmal des „Eingriffs" – in grundlegenden normativen Bereichen, zumal im Bereich der Grundrechtsausübung, soweit diese staatlicher Regelung zugänglich sind, alle wesentlichen Entscheidungen selbst zu treffen. [752] Die Wesentlichkeitstheorie ist auch maßgeblich dafür, wie weit diese Regelungen im Einzelnen gehen müssen bzw. welche Regelungsdichte erforderlich ist. [753] Andererseits hat sich das Bundesverfassungsgericht im Einzelfall auch vom Text der Verfassung gelöst und beispielsweise das Gebot einer konstitutiven, grundsätzlich vorherigen Zustimmung des Bundestages für den Einsatz bewaffneter Streitkräfte festgestellt. [754]

Dass „politisch bedeutsame Entscheidungen" – unabhängig von ihrem Regelungsgegenstand – vom Parlament getroffen werden, hatte sich in Theorie und Staatspraxis bereits durchgesetzt, bevor das Bundesverfassungsgericht die Wesentlichkeitstheorie entwickelt hatte. [755] Ging es früher noch darum, das Parlament vor einer Übermacht durch die Exekutive zu bewahren, so musste dafür gesorgt werden, dass das Parlament diese Verantwortung auch wahrnahm. Für den Vorbehalt des Gesetzes stellte dies eine Umkehrung des Bezugspunktes dar:

---

750 Vgl. *BVerwGE* 18, 352 – Honnefer Modell; E 58, 45; E 90, 112 (126).

751 Vgl. zum Schulbereich: E 34, 165 (192 f) – hessische Förderstufe; E 41, 251 (259f.) – Speyer-Kolleg; E 45, 400 (417 f.) – hessische Oberstufenreform; E 47, 46 (78f.) – Sexualkunde; E 58, 257 (267ff.) – Schulentlassung; Zur autonomen Verwaltungseinheit: E 33, 125 – Facharzt; Zum besonderen Gewaltverhältnis: E 40, 237 (248f.) – Justizverwaltungsakt, später dann auch in anderen Sachbereichen, wie dem Hochschulrecht (vgl. E 33, 303; 45, 393 (399)), dem Atomrecht E 49, 89 (126) und dem Rundfunkrecht E 57, 297.

751 E 49, 89 (126f.) – Kalkar I.

752 E 49, 89 (126f.) – Kalkar I; vgl. E 34, 165 (192 f.); E 49, 89 (126); E 49, 89 (127); E 40, 237 (249); E 41, 251 (260); E 45, 400 (417 f.); E 47, 46 (78 ff.); E 48, 210 (221).

753 E 83, 130 (152) – Josephine Mutzenbacher; vgl. E 34, 165 (192); E 49, 89 (127 u. 129; E 57, 295 (327). Kein „Totalvorbehalt für alle ‚objektiv wesentlichen' Entscheidungen" vgl. E 68, 1 (109) – Atomwaffenstationierung.

754 E 90, 286 – Bundeswehreinsatz: „Parlamentsheer"; vgl. zur Staatspraxis bei der Truppenverwaltung *Voigt / Seybold*, Streitkräfte und Wehrverwaltung, S. 62.

755 *Ossenbühl*, a.a.O. (Fn. 741), S. 321 Rn. 10 Fn. 34.

Das (ursprünglich nur gegen die Exekutive gerichtete) Übermaßverbot wendete sich gegenüber der Legislative auch zum Untermaßverbot. [756]

b) Rechtsstaat

Wie bereits ausgeführt, hat auch das Rechtsstaatsprinzip bereits im Grundgesetz in zahlreichen Vorschriften eine nähere Konkretisierung erhalten. Ausdrücklich genannt wird es nur in Art. 28 GG. Dem Rechtsstaatsprinzip zugeordnet werden neben der Bindung an die Grundrechte und an die verfassungsmäßige Ordnung aber auch der Grundsatz der Gewaltenteilung, der Bestimmtheit, der Rechtssicherheit, des Vertrauensschutzes, der Verhältnismäßigkeit und der Vorbehalt des Gesetzes.

Für das Bundesverfassungsgericht gehört zur Rechtsstaatlichkeit nicht nur die Voraussehbarkeit, sondern auch die Rechtssicherheit und die materielle Richtigkeit oder Gerechtigkeit. [757] Von besonderer Bedeutung sind im Hinblick auf die Staatspraxis die Grundsätze der Bestimmtheit von Normen und des Vertrauensschutzes.

(1) Bestimmtheitsgrundsatz

Im Hinblick auf das Bestimmtheitsgebot im Strafrecht hat das Bundesverfassungsgericht bereits mehrfach festgestellt, dass eine langjährige Rechtsprechung zur Bestimmtheit eines Strafgesetzes beitragen kann: Selbst wenn der Wortlaut eine weite Auslegung zulasse, gehöre die Norm zum überlieferten Bestand an Strafrechtsnormen und sei durch eine jahrzehntelange gefestigte Rechtsprechung hinreichend präzisiert worden. [758] Dagegen betont Art. 103 GG, dass die Tat „gesetzlich" bestimmt sein muss. Die Strafbarkeit muss sich bereits aus dem für den Adressaten erkennbaren Wortlaut des Gesetzes ergeben, notfalls mit Hilfe der anerkannten Auslegungsmethoden. [759] Eine gefestigte Rechtsprechung kann die Unbestimmtheit jedenfalls eines neuen Gesetzes nicht kompensieren. [760]

Eine Reihe von Entscheidungen des Bundesverfassungsgerichts betont daher zu Recht einen strengen Gesetzesvorbehalt. [761] In einer frühen Entscheidung

---

756 E 3, 383 (398f.) – Erfordernis eines Unterschriftenquorums kleinerer Parteien im Nordrhein-Westfälischen Wahlrecht: Übermaßverbot; E 88, 203 (254) (Untermaßverbot); vgl. *Isensee* in HdStR V, § 111 S. 232f. Rn. 165f..

757 E 7, 89 (92f.) – Hamburgisches Hundesteuergesetz.

758 E 26, 41 (43) zu § 360 Abs. 1 Nr. 11 StGB: „durch eine jahrzehntelange gefestigte Rechtsprechung hinreichend präzisiert worden"; ähnlich E 4, 352 (358), vgl. E 37, 201 (208); E 57, 250 (262); E 93, 266 (292) und NJW 1998, S. 50 (56).

759 So auch E 71, 108 (115): „in erster Linie" und E 73, 206 (235).

760 Vgl. *Jarras / Pieroth*, GG, Art. 103 Rn. 52 mwN.

761 Vgl. E 71, 108 (114ff.); E 73, 206 (234ff.); E 75, 329 (341); E 78, 374 (382); E 87, 209 (224); E 92, 1 (12); vgl. auch *Stern*, Staatsrecht III, S. 1209.

stellte das Bundesverfassungsgericht fest, dass die „ständige Staatspraxis" nach 1949 (es ging um die bloße Bezugnahme durch Verlängerungsgesetze) auch mit dem Bestimmtheitsgrundsatz vereinbar sei. [762]

(2) Vertrauensschutz

Den Grundsatz, dass „die Vermutung für die Rechtmäßigkeit der Handlungen der obersten Staatsorgane spricht", hat G. Jellinek als eine „politische Erkenntnis" gelehrt. [763] Solange niemand rechtliche Einwände erhebe oder die Handlungen für unwirksam erkläre, müssten sie als rechtmäßig angesehen werden, selbst wenn die buchstäbliche Interpretation zu einem anderen Resultat führen würde. [764] Für Heller ist die Rede stehende Vermutung der Rechtmäßigkeit „eine jederzeit widerlegbare und vom Staatsgerichtshof überprüfbare". [765] Darin liegt zunächst nur eine schlichte Beschreibung der Wirklichkeit des Staatshandelns. [766]

Rechtliche Folgerungen ergeben sich erst daraus, dass diese Beobachtung mit einem verfassungsrechtlichen Prinzip wie der Rechtssicherheit verknüpft wird. [767] In ähnlicher Weise geht ja auch § 15 Abs. 4 S. 3 BVerfGG heute davon aus, dass bei Stimmengleichheit kein Verstoß gegen das Grundgesetz festgestellt werden kann. [768]. Gilt diese Vermutung bereits für das einfache Handeln von Staatsorganen, so gilt sie erst recht für eine längerfristige Staatspraxis. Im Hinblick auf die Rechtssicherheit stellte das Bundesverfassungsgericht fest, dass Verfahrensfehler dann nicht zur Nichtigkeit führen, wenn gemäß einer ständigen Staatspraxis verfahren wurde. Während bei inhaltlichen Fehlern die Nichtigkeit die regelmäßige Folge des Verfassungsverstoßes bilde, führe ein Verfahrens-

---

762 E 8, 274 (320f.) – Preisgesetz. Hier ging es auch noch um die Delegation von Aufgaben auf die Exekutive, diese Delegation enthalte aber im Vergleich zur vollen Delegation der Rechtsetzung auf die Exekutive ein Minus (S. 321).

763 Vgl. *Heller*, Gesammelte Schriften, Band 2, S. 123: „Die Vermutung der Rechtmäßigkeit besteht nicht nur für die Handlungen der obersten Staatsorgane, sondern für alle Staatsakte".

764 Vgl. *Jellinek*, Allgemeine Staatslehre, S. 18.

765 *Heller*, Gesammelte Schriften, Band 2, S. 407.

766 *Isensee* in HdStR VII, § 162 S. 141 Rn. 66: „Die Begründung bezieht sich eigentlich auf die Wirksamkeit des Staatshandelns, jedenfalls nicht direkt auf die Rechtmäßigkeit".

767 *Isensee* in HdStR VII, § 162 S. 141 Rn. 66: „Voraussetzung für die Vermutung ist jedoch, dass das staatliche Handeln nicht evident jenseits des verfassungsrechtlich Zulässigen liegt."; ebenfalls auf das Rechtsstaatsprinzip abstellend bereits *Leibholz*, Die Gleichheit vor dem Gesetz. Eine Studie auf rechtsvergleichender Grundlage, 1925, S. 83: „Vermutung für die Rechtmäßigkeit eines beanstandeten Staatsaktes".

768 St. Rspr. vgl. E 98, 139 – Gysi II; E 102, 254 – EALG; E 111, 10 – Ladenschlussgesetz; E 116, 24 – Erschlichene Einbürgerung. In der Literatur wird auch das ungeschriebene Prinzip genannt, von einer tradierten Praxis nicht ohne Grund abzuweichen, vgl. *Alexy*, Theorie der Grundrechte, S. 89.

fehler nur dann zur Nichtigkeit der Norm, wenn er evident sei. Das gebiete die Rücksicht auf die Rechtssicherheit.[769] Die Staatspraxis gewährleistet hier den erforderlichen Vertrauenstatbestand.

Im Hinblick auf Kompetenznormen wird sogar eine Bestandsgarantie durch Staatspraxis erwogen. Kann die Staatspraxis einen Vertrauenstatbestand begründen, der mit einem Gesetz vergleichbar ist? Die Entscheidung des Bundesverfassungsgerichtes zur Arbeitnehmerweiterbildung beschäftigte sich eigentlich mit der Auslegung einer Kompetenznorm. Dann stellt das Bundesverfassungsgericht eine Staatspraxis fest:

> Sie ist für die Auslegung der Art. 70ff. GG von besonderem Gewicht. Sie zeigt, ob und wie der historische Gesetzgeber seine Kompetenz genutzt hat und inwieweit sich dadurch **unter dem übergeordneten Gesichtspunkt der Kontinuität der Kompetenzordnung eine Bestandsgarantie** herausgebildet hat (BVerfGE 61, 49 [175f.]; 68, 319 [328]).

Allerdings sind die Entscheidungen hierzu eher vereinzelt geblieben. In den beiden angegebenen Entscheidungen wird auch nicht von einer Bestandsgarantie gesprochen. Prüfungsgegenstand war nur, ob der Bund von seinem Gesetzgebungsrecht Gebrauch gemacht hatte, was eine Sperrwirkung zu Lasten der Länder ausgelöst hätte. Eine Bestandsgarantie wäre nur dann bedeutsam, wenn der Bund begehrte, auch in Zukunft noch von seiner bisher nicht in Anspruch genommenen Kompetenz Gebrauch machen zu können. Die Aussage zur Bestandsgarantie war daher gar nicht tragend für die konkrete Entscheidung. Durch die Bezugnahme auf den Grundsatz der Rechtssicherheit geht der Verweis auf die Staatspraxis über eine bloße Auslegungshilfe hinaus.[770]

Ergebnis zu 4)

Das Bundesverfassungsgericht stellt Anforderungen an die demokratische Legitimation der Staatspraxis und verlangt Staatsfreiheit in bestimmten Lebensbereichen. An die bereits legitimierte Staatspraxis werden ebenfalls demokratische Anforderungen gestellt, im Sinne einer Rückkoppelung der Staatsgewalten an das Volk. Der allgemeine Vorbehalt des Gesetzes steht der Entwicklung einer Staatspraxis entgegen. Weitere Grenzen der Staatspraxis ergeben sich auch aus dem Rechtsstaatsprinzip, insbesondere dem Gedanken des Vertrauensschutzes.

---

769 E 91, 148 (175) – Umlaufverfahren; vgl. zur Rechtsfolge von Verfahrensfehlern E 34, 9 (25) – Hessisches Besoldungsanpassungsgesetz.

770 *Rädler*, a.a.O. (Fn. 33), S. 631.

5) Verbot der Verfassungsdurchbrechung (Art. 79 Abs. 1 GG)

Wie die Entscheidungen zur Haushaltsüberschreitung und zum Umlaufverfahren gezeigt haben, tritt das Bundesverfassungsgericht auch einer langjährigen Staatspraxis entgegen, wenn sie mit der Verfassung unvereinbar ist. Jede Umgestaltung der normativen Verfassung verlangt nach Art. 79 Abs. 1 GG eine ausdrückliche Änderung des Grundgesetztextes. Eine Staatspraxis als Konkretisierung contra legem soll damit ausgeschlossen sein.

Einigkeit besteht in der Literatur heute darüber, dass mit dem „Grundgesetz" im Sinne des Art. 79 Abs. 1 S. 1 GG kein Verfassungsrecht im materiellen Sinne gemeint ist. [771] Verfassungswandel durch materielles Verfassungsrecht, etwa bei den Vorschriften zur Wahl der Richterinnen und Richter am Bundesverfassungsgericht oder beim Bundeswahlgesetz, bleibt daher möglich. Es ist aber umstritten, was mit „ändern" gemeint ist. Wie oben festgestellt, werden durch die Verfassung Kompetenzen zur Verfassungsgestaltung intra und praeter legem eingeräumt. [772] Es ist zu prüfen, ob das mit Art. 79 GG im Einklang steht. Bezieht sich die Vorschrift überhaupt auf eine Staatspraxis praeter legem?

Nach einer Ansicht ist der Begriff „ändern" sehr weit auszulegen. Sinn und Zweck der Vorschrift soll in der älteren Literatur sogar ein Wandlungsverbot sein. [773] Sonstige Einflüsse sind denkbar, sollen aber möglichst keine rechtlichen Auswirkungen haben.

Nach anderer Ansicht ist der Begriff „ändern" dagegen eng auszulegen. Die Vorschrift richte sich daher nach ihrem Wortlaut nur an den formellen Gesetzgeber als Adressaten („kann nur durch ein Gesetz geändert werden"). [774] Nach Sinn und Zweck sollen geschriebene Änderungen außerhalb des Verfassungstextes ausgeschlossen werden. Im Umkehrschluss stellten sonstige Einflüsse, denen das Grundgesetz durch Auslegung oder Rechtsfortbildung unterliegt, eben noch keine „Änderungen" dar. Das gilt in erster Linie für Entscheidungen des Bundesverfassungsgerichts, aber eben auch für die Praxis der anderen Staatsorgane. Eine Veränderung der Verfassung durch Staatspraxis ist daher möglich, dies stellt dann nur keine Änderung im technischen Sinne dar.

---

771 *Bryde* in *von Münch / Kunig*, GG, Art. 79 Rn. 2 und 9; *Dreier* in *ders.*, Art. 79 Rn. 20; *Vismann* in AK-GG, Art. 79 Rn 26.

772 Ähnliche Unterscheidung bei Veränderungen der Verfassung durch völkerrechtliche Verträge (Artikel 24 GG), vgl. E 104, 151: „Änderung" und einerseits und zustimmungsfreie „Fortentwicklung" andererseits.

773 *von Mangoldt / Klein*, GG, Art. 79 Anm. III 2 (Stand: 1966); vgl. mwN. zur älteren Literatur *Bryde* in *von Münch / Kunig*, Grundgesetz-Kommentar, Art. 79 Rn. 11; ähnlich auch *Rost*, a.a.O. (Fn. 32), S. 106 und S. 114 (dort „enge Auslegung", gemeint ist die weite Auslegung hier).

774 *Bryde* in *von Münch / Kunig*, Grundgesetz-Kommentar, Art. 79 Rn. 8; *Lücke* in *Sachs*, Grundgesetz, Art. 79 Rn. 17; kritisch *Jestaedt*, a.a.O. (Fn. 34), S. 202 Rn 72.

Nach der wohl überwiegenden Auffassung [775] ist zu differenzieren. Art. 79 Abs. 1 Satz 1 GG ist in erster Linie auf gesetztes Recht zu beziehen, aber auch auf sonstige Einflüsse, soweit diese zu einem Verfassungswandel contra legem führten. Dazu gehört auch eine Staatspraxis contra legem.

Gegen ein Wandlungsverbot und eine weite Auslegung spricht, dass sonst auch Änderungen der Rechtsprechung ausgeschlossen wären. [776] Es drohte folglich eine „Versteinerung" der Verfassung. Das Bundesverfassungsgericht lehnt zudem in ständiger Rechtsprechung eine sog. subjektive Auslegungsmethode ab. Diese liegt einem Wandlungsverbot aber stillschweigend zu Grunde. Die Ansicht, die andere Einflüsse als solche durch Gesetz nicht erfasst sehen will, geht dagegen auch zu weit. Wie bereits gezeigt wurde, haben andere Faktoren als die Gesetzgebung erheblichen Einfluss auf die Verfassung. Sinn und Zweck von Artikel 79 GG ist es auch, „Urkundlichkeit und Einsichtbarkeit jeder Verfassungsänderung" zu gewährleisten. [777] Der Artikel ist daher mehr als nur eine bloße Formvorschrift.

Welche Einflüsse hinzunehmen sind, hängt nicht zuletzt auch davon ab, welches Verständnis von Normativität zu Grunde gelegt wird. Sofern in der Literatur andere Rechtsquellen wie Gewohnheitsrecht oder ungeschriebenes Verfassungsrecht vertreten werden, werden diese Autoren dazu neigen, „ändern" im Sinne von Art. 79 GG eng auszulegen. [778] Sofern diese Rechtsquellen abgelehnt werden, haben die Autoren weniger Kritik an einer weiten Auslegung. [779] Im Sinne der hier vertretenen, stärker wirklichkeitsorientierten Lehre von der offenen Verfassung ist von einer engen Auslegung des Begriffs „ändern" auszugehen. Eine Staatspraxis intra und praeter legem ist daher mit Art. 79 GG vereinbar.

Dann bedarf es aber weiterer Maßstäbe dafür, ob eine Staatspraxis contra legem vorlegt. Nach dem bisherigem Stand der Untersuchung gibt es erste Anhaltspunkte für eine Staatspraxis contra legem: Sie könnte dann vorliegen, wenn weder – wie im Falle der Bundestagsauflösung I – der Wortlaut einer offenen Norm intra legem konkretisiert wird, noch – wie im Falle des Umlaufverfahrens – ein Prinzip der Verfassung praeter legem konkretisiert wird. Es darf auch nicht lediglich ein Fall des materiellen Verfassungsrechts vorliegen. Im Bereich der Grundrechte ist eher von einer contra legem auszugehen, als im Bereich des Staatsorganisationsrechts.

---

775 Vgl. *Stern*, a.a.O. (Fn. 33), S. 69ff.; *Sannwald* in *Schmidt-Bleibtreu / Klein*, Vorb. v. Art. 70 Rn. 7, Art. 79 Rn. 13; *Badura* in HdStR VII, § 160 S. 63 Rn. 13ff.; *Böckenförde*, Anmerkungen zum Begriff Verfassungswandel, FS Lerche, S. 3 ff..

776 Vgl. *Voßkuhle*, Gibt es eine Lehre vom Verfassungswandel?, S. 457.

777 Vgl. E 9, 334 (336).

778 Vgl. *Wolff*, Ungeschriebenes Verfassungsrecht, S. 375.

779 Vgl. *Tomuschat*, Verfassungsgewohnheitsrecht?, a.a.O. (Fn. 29), S. 91f..

Die letzte Entscheidung darüber liegt aber beim Bundesverfassungsgericht. [780] Bei der Haushaltsüberschreitung durch die Bundesregierung handelte es sich um eine Staatspraxis contra legem und bei der Bundestagsauflösung I um eine Staatspraxis praeter legem – aber in beiden Fällen nicht um Verfassungswandel. [781]

Ergebnis zu 5)

Art. 79 Abs. 1 S. 1 GG verhindert die Verfassungsgestaltung durch eine Staatspraxis contra legem, nicht aber eine solche intra oder praeter legem.

6) Maßstäbe für Staatspraxis aus der Rechtsprechung

Es wurde festgestellt, dass die Rechtsprechung bestimmte Fälle der Staatspraxis als verbindlich heranzieht. Angesichts der Weite des Begriffes Staatspraxis sind nachfolgend anhand der Rechtsprechung des Bundesverfassungsgerichts Kriterien dafür zu entwickeln, welche Staatspraxis als Maßstab heranzuziehen ist und welche nicht. [782]

a) Beginn, Fortdauer und Ende der Staatspraxis

Im 1. Kapitel wurde bereits untersucht, wie das Bundesverfassungsgericht trotz des eingeschränkten Verfahrensgegenstandes (Einzelfall) mit einer (den Einzelfall überschreitenden) Praxis umgeht. Nun ist zu prüfen, ob es dabei einen Unterschied macht, wie lange diese Praxis bereits andauert und wann überhaupt von einer Staatspraxis die Rede ist.

In den frühen Entscheidungen hat sich das Bundesverfassungsgericht zur erforderlichen Dauer einer Staatspraxis zunächst gar nicht geäußert. Vorkonstitutionelle Praxis wird ohne Angabe von Zeiträumen unterschiedlichen Verfassungsepochen zugeordnet [783] oder es ist schlicht von „der" Staatspraxis die Re-

780 *Vismann* in AK-GG, Art. 79 Rn 26 Fn 12 mwN.

781 E 45, 1 (33) – Haushaltsüberschreitung; E 62, 1 (49) – Bundestagsauflösung I.

782 Vgl. *Rädler*, a.a.O. (Fn. 33), S. 643: „wäre näher zu untersuchen, ob das Bundesverfassungsgericht diese Kriterien durchgängig angelegt hat".

783 Beispiele: E 1, 14 (60): „Praxis der Weimarer Zeit"; E 1, 351 – Petersberger Abkommen: „Staatspraxis der Weimarer Republik"; E 26, 281 – Gebührenpflicht: „Staatspraxis der Weimarer Zeit"; E 34, 9: „Staatslehre und die Staatspraxis der Weimarer Zeit [...] Die Staatspraxis nach 1949"; eine Ausnahme bildet E 12, 205: „Verwaltungspraxis der Reichspost Behörden des Reiches in der Zeit von 1926 bis Anfang 1933" – diese Zeitspanne soll nicht ausreichen.

de. [784] Bemerkenswert sind auch die Feststellungen zum Petersberger Abkommen. Einerseits soll die „Rechtslage Deutschlands unter der alliierten Besatzung [...] in der Völkerrechtsgeschichte ohne Präzedenz" sein, andererseits wird in derselben Entscheidung sowohl auf die „Staatspraxis der Weimarer Republik" als auch auf die Praxis des „Staatsgerichtshof[es] für das Deutsche Reich" verwiesen. [785] Das Inkrafttreten des Grundgesetzes markiert zwar eine wichtige Unterscheidung für die Dauer einer Staatspraxis. [786] Durch Gewohnheitsrecht und durch die oft weitläufige historische Auslegung nivelliert sich jedoch die Unterscheidung zwischen vor- und nachkonstitutioneller Staatspraxis wieder: Die Dauer einer Staatspraxis ist historisch „rückwärts" verlängerbar.

Selbst wenn die nachkonstitutionelle Staatspraxis (noch) nicht besonders stabil ist, spricht das Bundesverfassungsgericht gleichwohl auch hier schon früh von einer „Staatspraxis". Die erste Entscheidung dazu stammt aus dem Jahre 1957. So habe die deutsche Staatspraxis die besondere Stellung Berlins zunächst nicht klar erkannt: An der Feststellung der Annahme und zu der Ausfertigung des Grundgesetzes in der Schlusssitzung des Parlamentarischen Rates am 23. Mai 1949 hätten zwar gemäß Art. 145 Abs. 1 GG die Berliner Abgeordneten mitgewirkt; Berlin sei jedoch nicht zu den Ländern gezählt worden, deren Volksvertretungen über die Annahme des Grundgesetzes beschließen mussten. [787]

In darauffolgenden Entscheidungen ist dagegen schon von einer „ständigen" oder „überkommenen" Staatspraxis die Rede. [788] Allerdings beschränkt sich dies nicht nur auf nachkonstitutionelle Staatspraxis. Oft geht es darum, Gewohnheitsrecht über eine weit darüber hinausgehende Zeitspanne festzustellen. Diese Entscheidungen weisen aber immer wieder auf die (zu) kurze Dauer der Staatspraxis hin.[789]

Erstmals eine konkrete Zeitspanne für eine nachkonstitutionelle Staatspraxis nennt der Zweite Senat des Bundesverfassungsgerichtes in der Entscheidung zu den Ermächtigungsadressaten [790]:

784 Beispiele: E 2, 347 (370) – Kehler Hafen; E 7, 1 (12) – Berlin Vorbehalt; vgl. auch E 41, 205 (222) – Gebäudeversicherungsmonopol.

785 E 1, 351 (351) – Petersberger Abkommen.

786 Vgl. die Nachweise zur vor- und nachkonstitutionellen Staatspraxis bei *Blankenagel*, a.a.O (Fn. 10), S. 139 Fn. 301.

787 E 7, 1 (12) – Berlin Vorbehalt, vgl. auch E 19, 377.

788 E 8, 274 – Preisgesetz: „Bezugnahme auf verkündetes Gesetz in ständiger Staatspraxis ausreichend"; E 16, 30: „Es bedarf keiner Stellungnahme zu der ständigen Praxis des Bundestages"; E 48, 1: „überkommene Staatspraxis"; „Gesetzgebungspraxis seit 1949"; E 61, 149 (190): „überkommene Staatspraxis".

789 E 2, 213 (223): „eine schwankende Staatspraxis".

790 E 11, 77 (77) – Ermächtigungsadressaten.

Der Tatsache, dass nach 1949 in einer Reihe von Gesetzen die Ermächtigung zum Erlaß von Verordnungen dem Landesminister erteilt worden ist, kommt keine entscheidende Bedeutung zu. Die **Zeitspanne von knapp 10 Jahren ist zu kurz**, um aus einer – durchaus nicht in bewusster Auseinandersetzung mit der Bedeutung des Art. 80 Abs. 1 S. 1 GG entstandenen Übung auf eine **Fixierung des Inhalts jener grundgesetzlichen Vorschrift** zu schließen.

Diese Entscheidung – im zehnten Jahr nach Inkrafttreten des Grundgesetzes – markiert einen ersten Zwischenstand zur Bedeutung der nachkonstitutionellen Staatspraxis. Sie gibt aber noch nicht die Antwort auf die bereits zitierte Feststellung bei der 9. Tagung der Staatsrechtslehrer, dass eine Bindung des Bundesverfassungsgerichts auch durch Staatspraxis stattfindet. [791] Zwar besitzt die Staatspraxis „keine entscheidende“ Bedeutung, aber immerhin. Das Zeitspanne-Argument weckt Erwartungen an weitere Feststellungen der Rechtsprechung. Kommt der Übung auch (noch) keine entscheidende Bedeutung zu, so muss sie schließlich mit zunehmendem Alter des Grundgesetzes weiter anwachsen.

In den nachfolgenden Jahren zeigt sich dabei, dass schon die Darstellung der Dauer einer Staatspraxis durch das Bundesverfassungsgericht sehr unterschiedlich ausfallen kann. Ein Vorgang wird als das (vermeintliche) Ende einer bestehenden Staatspraxis dokumentiert [792], oder als Bestätigung einer Regel durch die Ausnahme. [793] In der Regel sorgen Entscheidungen des Bundesverfassungsgerichts für das Ende einer Staatspraxis. [794] Die Staatsorgane geben das Ende einer Staatspraxis allerdings auch nicht immer „zu Protokoll“. Ein Beispiel für eine solche Nicht-Dokumentation der Staatspraxis-Problematik findet sich in der Entscheidung zu Auslandseinsätzen, wo das Gericht es im Eilverfahren geradezu darauf anlegt, dass im späteren Hauptverfahren nicht mit der Staatspraxis argumentiert werden kann und in der Hauptsache später auch selbst nicht darauf eingeht. [795] Den Vortrag der Beteiligten greift das Bundesverfassungsgericht auch nicht immer auf. Ein positives Gegenbeispiel ist die Entscheidung zur Bundes-

---

791 *Drath*, Grenzen der Verfassungsgerichtsbarkeit, a.a.O (Fn. 28), S. 58.

792 Beispiele: „Staatspraxis, derzufolge durch Bundesgesetz mit Zustimmung des Bundesrates auch einzelne Bundesminister zum Erlaß allgemeiner Verwaltungsvorschriften [...] ermächtigt würden, als Regelung des Verwaltungsverfahrens der Länder“: E 26, 338 einerseits und E 100, 249 andererseits.

793 Vgl. E 36, 193 (203) – Journalisten: Zuordnung des Zeugnisverweigerungsrechts in der Gesetzgebung bestätigt – Ausnahme: Bayern; vgl. auch E 36, 314 (319); vgl. auch das Sondervotum *Geiger* in E 44, 125 (178f.): „wird sich nicht vermeiden lassen, daß sich in der Praxis eine Zone der Zweifelhaftigkeit im Einzelfall bildet“. Ausnahme wird zur Regel: Art. 70 Abs. 1 GG als Regel zu Gunsten der Länder, das „faktische Schwergewicht“ dagegen beim Bund, vgl. E 111, 226.

794 Vgl. zur Praxis der gesetzlichen Festlegung von Grundsätzen und der Ermächtigung einzelner Minister zur Ausgestaltung im Einzelnen E 7, 282 und E 21, 12; zur Praxis des Umlaufverfahrens der Bundesregierung: E 91, 148.

795 Vgl. E 88, 173 – Auslandseinsätze und E 90, 286.

tagsauflösung I. Hier legte die Bundesregierung dar, dass die Auflösung „nur in Ausnahmesituationen in Betracht“ komme und der Senat bestätigte dies entsprechend als an „eng umgrenzte Voraussetzungen gebundene Ausnahmen“. [796]

Andere Vorgänge werden dagegen als bloß „schwankende Staatspraxis“ dargestellt [797] – ein „non-liquet“ bei der historischen Interpretation. Auch innerhalb eines Senates kann die Würdigung diametral gegensätzlich verlaufen. [798] Dabei unterscheidet sich nicht nur die inhaltliche Bewertung dieser Praxis, sondern gerade deren tatsächliche Darstellung. Das Dilemma ist offensichtlich: Je länger die Dauer einer Praxis, umso mehr Ausnahmen lassen sich finden. Und es besteht immer die Gefahr, einzelne Vorgänge nur deshalb zu überschätzen, weil der überprüfte Zeitraum zu kurz ist. Um solche Probleme zu vermeiden, scheint im Einklang mit der bisher untersuchten Rechtsprechung einerseits wenigstens ein Zeitraum von mehreren Jahren erforderlich zu sein. Andererseits legt die bislang untersuchte Rechtsprechung offen, dass sich die erforderliche Übung letztlich „einer präzisen zeitlichen Fixierung entzieht“. [799] Auch die Bindungswirkung der Entscheidungen spricht gegen eine vorschnelle zeitliche Präzisierung. So spricht das Bundesverfassungsgericht positiv auch nur von einer „vieljährigen Praxis“ bei der Haushaltsüberschreitung. [800] Oder es beschränkt sich auf negative Feststellungen, wie oben die Entscheidung über die Ermächtigungsadressaten gezeigt hatte.

Mit Anforderungen an die Dauer ist aber noch nichts gesagt über die Zahl der Vorgänge in diesem Zeitraum. Das Bundesverfassungsgericht reduziert dabei seine Anforderungen an die Zahl der Vorgänge bis auf ein Minimum – je nach Dauer oder Rechtsmaterie.

Das gilt beispielsweise auch für das Prüfungsrecht des Bundespräsidenten. Von einer frühen Staatspraxis abgewichen war der Bundespräsident, als er das Staatshaftungsgesetz trotz erheblicher Zweifel an der Verfassungsmäßigkeit ausfertigte. Die Feststellung seiner Verfassungswidrigkeit mit verbindlicher Wirkung sei dem Bundesverfassungsgericht vorbehalten, das nach Ausfertigung und Verkündung des Gesetzes im Wege des Normenkontrollverfahrens angerufen

---

796 E 62, 1 (30) und 44 – Bundestagsauflösung I.

797 Vgl. E 2, 213 (224) – Straffreiheitsgesetz: nur schwankende Staatspraxis; E 22, 180; E 22, 221; E 24, 184: „Auf sie [Staatspraxis] kann sich weder der Bundesrat noch die Bundesregierung berufen.“; wiederum anders liegt E 26, 281: „Staatspraxis der Weimarer Zeit gibt keinen Anhaltspunkt [...].

798 Vgl. das Sondervotum *Geiger* in E 44, 125 (171) einerseits: „kann von einer jahrelangen unangefochtenen Verfassungspraxis [...], nicht die Rede sein“ und *Rottmann* auf S. 192 andererseits: „seit Jahrzehnten üblich und von keiner Seite ernstlich beanstandet worden.“; vgl. auch *Lübbe-Wolff* in E 106, 310.

799 Vgl. Nachweise zum kanonischen und weltlichen Recht bei *Dreier*, „Gewohnheitsrecht“ in *Görres-Gesellschaft (Hrsg.)*, Staatslexikon, S. 1060.

800 E 45, 1 (51) – Haushaltsüberschreitung: „vieljährige Praxis seit der Bildung der ersten Bundesregierung“

werden könne. [801] Bis dahin war in (nur) zwei vorhergehenden Fällen vorher ein gerichtliches Gutachten eingeholt bzw. über eine einstweilige Anordnung gegen die Verkündung entschieden worden. [802] Da der Vorgang in der Entscheidung zwar dokumentiert, aber kein Streitgegenstand war, blieb die rechtliche Bedeutung dieses Verhaltens in der Entscheidung unklar.

Offen blieb auch, welche tatsächlichen Auswirkungen dieser Vorgang auf die bisherige Praxis hatte. Nach Darstellung des Bundespräsidialamtes hat sich die Staatspraxis zur Ausfertigung inzwischen dahin gehend entwickelt, dass der Bundespräsident in einem Brief an den Bundeskanzler und an die Präsidenten von Bundestag und Bundesrat seine verfassungsrechtlichen Bedenken darlege. [803] Bundespräsident Rau hatte 2002 seine Entscheidung bei der Ausfertigung des Zuwanderungsgesetzes zusätzlich in einer öffentlichen Erklärung erläutert. [804]

Für eine Staatspraxis, die rechtlich bedeutsam ist, um Kompetenznormen wie Artikel 74 Abs. 1 Nr. 1 a.F. auszulegen, verlangt das Bundesverfassungsgericht im gleichen Verfahren eine „klare und beständige Praxis" (der maßgebenden Verfassungsorgane, was es sodann mit umfangreichen Nachweisen aus Weimarer Republik und Kaiserreich belegte). Bei der Prüfung der Kompetenz zur Gesetzgebung stellt sich die Frage, welche Normen mit Blick auf die Weimarer Verfassung oder die Verfassung des Kaiserreiches formuliert worden waren. Einen entsprechend weiten Zeitrahmen decken die Entscheidungen ab. Zur ausschließlichen Gesetzgebung, zur konkurrierenden Gesetzgebung sowie zur sonstigen Gesetzgebung wird oft eine so große Zeitspanne untersucht, dass sich die Dauer der Staatspraxis gar nicht ernsthaft stellt. Hier stellt sich, wie im Falle der Staatshaftungsentscheidung auch die Frage der Vergleichbarkeit der dabei untersuchten Normen.

Wie reagieren fortan die Verfahrensbeteiligten auf diese Präzisierung in der Entscheidung zur Amtshaftung? Wird nachfolgend „Klarheit und Beständigkeit" einer Staatspraxis vorgetragen? Überprüft das Bundesverfassungsgericht diese entsprechend? Im Tatbestand der nachfolgenden Entscheidungen (sowohl desselben wie auch des anderen Senates) wird die Staatspraxis zunächst auffällig wenig erwähnt. In der Entscheidung zur Bundestagsauflösung präzisierte eben-

801 E 61, 149 (162) – Staatshaftung.

802 Vgl. Das Gutachten zum Zweiten Vermögensbildungsgesetz vom 1. Juli 1965 (BGBl. I, S. 585) und E 33, 195 – der Erlass wurde abgelehnt.

803 Übersicht der nicht, bzw. trotz verfassungsrechtlicher Bedenken ausgefertigter Gesetze: www.bundespraesident.de/Amt-und-Funktion/Wirken-im-Inland-,11047/Amtliche-Funktionen.htm [gesehen am 1. Januar 2008].

804 Vgl. E 106, 310 (321): nicht problematisiert, vgl. *Maurer*, Staatsrecht I, § 17 S. 557 Rn. 90: „Literatur findet keine Entsprechung in der Praxis.

falls der Zweite Senat schließlich noch einmal seine Anforderungen an eine „klare und beständige" Praxis [805]:

> Da es sich dabei indes um die Konkretisierung der Verfassung als rechtlicher Grundordnung des Staates handelt, ist zumal ein hohes Maß an Übereinstimmung in der verfassungsrechtlichen wie verfassungspolitischen Beurteilung und Bewertung der in Rede stehenden Sachverhalte zwischen den möglichen betroffenen obersten Verfassungsorganen unabdingbar und eine **auf Dauer angelegte, stetige Handhabung unerläßlich**.

Der Senat stellte zugleich den Beginn einer neuen Staatspraxis fest. Die Vertrauensfrage dürfe mit dem Ziel der Auflösung des Bundestages gestellt werden. Dass ein Bundeskanzler eine solche Vertrauensfrage stelle, sei vor 1982 bereits einmal [!] im Jahre 1972 vorgekommen. [806] Obwohl es also zuvor erst einen einzigen vergleichbaren Vorgang gegeben hatte, wurde damit eine neue Staatspraxis festgestellt.

In seiner abweichenden Meinung kritisierte Richter Rinck zwar, dass 1972 nicht geeignet sei, eine derartige Staatspraxis zu belegen. Die Kritik bezog sich aber darauf, dass die beiden Vorgänge nicht vergleichbar seien. 1982 liege im Unterschied zu 1972 keine Lage der Instabilität vor. [807] Die Kritik bezog sich also weder auf die Dauer der Praxis noch auf die geringe Zahl der Vorgänge.

Auch in der Literatur wurde kritisiert, dass der Staatspraxis in diesem Verfahren eine zu große Bedeutung beigemessen worden sei. [808] Interessanterweise war ein Zeitraum von zehn Jahren [809] diesmal vom Zweiten Senat als nicht als zu kurz empfunden worden. Dabei ist jedoch zu beachten, dass die Zahl der Normadressaten im Bereich der Staatsorganisation im engeren Sinne gering ist. Anders als bei Verfassungsbeschwerden gelangen nur sehr wenige Vorgänge überhaupt vor das Bundesverfassungsgericht. Entsprechend kann hier bereits ein einzelner Fall über Jahre hinweg der Einzige bleiben und so erheblich an Bedeutung gewinnen. Eine vergleichbare Situation gibt es auch im Völkerrecht (Festlandsockel-Fall [810]).

Die Verwendung einer in der Verfassung nicht ausdrücklich genannten Argumentationsfigur wie der Staatspraxis birgt die Gefahr, dass verfassungsrechtlich definierte Kompetenzen sich in der Praxis vermischen oder sich ungeschriebenes Verfassungsrecht ‚für alles und jenes' vermehren kann. Daher ist eine gewisse Zurückhaltung des Bundesverfassungsgerichts verständlich. Als etwa der Bundesminister für Wirtschaft bei der Schornsteinfegerversorgung die „Organleihe" als ein von der Staatspraxis anerkanntes ‚hergebrachtes Rechtsinstitut'

805 E 62, 1 (39) – Bundestagsauflösung I.
806 E 62, 1 (49) – Bundestagsauflösung: „Beginn einer Staatspraxis."
807 E 62, 1 (83) – Bundestagsauflösung.
808 Vgl. die Nachweise in Fn. 508.
809 Vgl. E 11, 77 – Ermächtigungsadressaten.
810 Vgl. ICJ Reports 1969, S. 3.

darstellte [811], folgte ihm der Zweite Senat darin nicht. Ein normativer Gehalt sei mit Klassifikationsbegriffen dieser Art nicht vorgegeben. [812] Die „Betrauung" der Versicherungskammer mit der Geschäftsführung der Versorgungsanstalt sei jedoch mit Art. 87 Abs. 2 GG vereinbar, da der Bund letztlich keine Verwaltungskompetenzen übertragen habe. [813] Auch der Erste Senat verwendet den Begriff Staatspraxis, vor allem im Rahmen der Kompetenznormen. [814]

Abgesehen von den negativen Hinweisen beim Gewohnheitsrecht zu Beginn seiner Tätigkeit, finden sich beim Ersten Senat nur wenige Hinweise darauf, welche Dauer für eine solche Praxis erforderlich ist. In der grundlegenden Facharztentscheidung stellt das Gericht lediglich positiv fest, dass der Bundesgesetzgeber der Absicht des Verfassungsgebers „bis in die jüngste Zeit" gefolgt sei [815]:

> Bei der Bestimmung des Umfangs der einzelnen Materien des Art. 74 sind der Grundsatz des Art. 30 GG und der historische Zusammenhang in der deutschen Gesetzgebung zu beachten; dem **Merkmal des "Traditionellen" oder "Herkömmlichen" kommt dabei wesentliche Bedeutung zu** (BVerfGE 7, 29 [44]; 28, 21 [32]). **Entstehungsgeschichte und Staatspraxis gewinnen deshalb für die Auslegung besonderes Gewicht**.

Auf die Präzisierung zur Bundestagsauflösung durch den Zweiten Senat reagierte der Erste Senat zunächst nicht. [816] Es ist vor allem der Zweite Senat, der immer wieder den Topos einer ständigen Staatspraxis aufgreift. [817] Möglicherweise gibt es methodische Nuancen, durch die sich Erster und Zweiter Senat unterscheiden und die hier zu Tage treten.

Die vom Zweiten Senat in der Entscheidung zur Bundestagsauflösung aufgestellten Kriterien erinnern – wenn auch in veränderter Form – stark an die Voraussetzungen des bereits verdrängt geglaubten Gewohnheitsrechts. Ähnliches findet sich zumindest bei späteren Entscheidungen des Ersten Senates gerade nicht. Dort, wo dieser Senat die Staatspraxis erwähnt, wird sie vor allem als Indiz für die Richtigkeit des anderweitig durch Auslegung gefundenen Ergebnisses gebraucht – oder sie ist Gegenstand der Beurteilung. Auf die Dauer kommt es dabei weniger an. Im Staat-Bürger-Verhältnis wird auf das Gewohnheitsrecht weniger eingegangen als im Staatsorganisationsrecht im engeren Sinne. Die in-

---

811 E 63, 1 (15) – Schornsteinfegerversorgung.

812 E 63, 1 (33) – Schornsteinfegerversorgung.

813 E 63, 1 (42) – Schornsteinfegerversorgung: Diese Entscheidung betont zugleich den „Spielraum [des Bundes] für die organisatorische Ausgestaltung der in seine Zuständigkeit fallenden Verwaltungseinrichtungen" und den weiten Gestaltungsbereich (S. 34).

814 Er hat die klassische Formel mit E 33, 125 ja begründet.

815 E 33, 125 (153).

816 Erst mit E 91, 148 – Umlaufverfahren, dazu sogleich.

817 Beispiele: E 68, 1 (83): kein Zustimmungserfordernis bei einseitigen völkerrechtlichen Willenserklärungen „seit jeher"; vgl. auch E 72, 175 (189f.): „nach ständig geübter und bislang unbeanstandet gebliebener Staatspraxis".

terne Verteilung der Zuständigkeiten bleibt nicht ohne Auswirkung auf das methodische Vorgehen. Umso überraschender ist, dass sich der Erste Senat in der Entscheidung zum Umlaufverfahren sehr viel später wieder unmittelbar auf die Entscheidung zur Bundestagsauflösung bezieht. Bezeichnenderweise ist diese Entscheidung aber nicht ergiebig, wenn es darum geht, die erforderliche Dauer einer Staatspraxis zu ermitteln. Die Entscheidung verfolgt einen anderen methodischen Ansatz.

Das Bundesverfassungsgericht hat also vielfältige Möglichkeiten, einen Vorgang in tatsächlicher und rechtlicher Hinsicht sehr unterschiedlich zu beurteilen: Handelt es sich um einen Präzedenzfall, dann kann dieser Fall erstmalig eine Staatspraxis begründen. Weicht der Vorgang von einer bereits bestehenden Staatspraxis ab und setzt sich durch, dann beendet dieser Vorgang die vorhergehende und begründet eine neue Staatspraxis. Handelt es sich dagegen um einen einmaligen „Ausreißer“, so können zwei Wege beschritten werden: Der Vorgang kann eine neue (alte) Staatspraxis in Gang setzen („Zäsur“) oder als Ausnahme die Regel bestätigen („Ausreißer“).

Stellt das Bundesverfassungsgericht einmal fest, dass eine Staatspraxis gegen eine Bestimmung des Grundgesetzes verstößt, dann bedeutet dies in der Regel das Ende dieser Staatspraxis. [818] In Ausnahmefällen sieht sich das Bundesverfassungsgericht allerdings auch durch eine Staatspraxis dazu veranlasst, seine Rechtsprechung erneut aufzugreifen – sei es um sie regelmäßig als ständige Rechtsprechung zu bekräftigen [819] oder um ausnahmsweise von ihr abzuweichen. [820] Das berührt die bereits erörterte Frage nach der Bindungswirkung seiner Entscheidungen. Es liegt in der Natur der Sache, dass auch die übrigen Beteiligten eine Staatspraxis begründen, verändern oder beenden können. Auf welche Beteiligten kommt es dabei an?

b) Beteiligte an der Staatspraxis

Wie bereits festgestellt, spricht das Bundesverfassungsgericht regelmäßig (nur) von „der“ Staatspraxis. Unklar bleibt dabei, wer im Einzelnen daran beteiligt war oder ist – jedenfalls solange das Bundesverfassungsgericht nicht so viel Aufwand bei den Nachweisen betreibt, wie etwa in der Entscheidung zur Amtshaftung.

Die Rechtsmaterie, d.h. der Kreis der jeweiligen Normadressaten, liefert einen ersten Anhaltspunkt dafür, wer zumindest an einer Staatspraxis beteiligt sein sollte. Nicht immer wird deutlich, wer sich an „der“ Staatspraxis tatsächlich beteiligt. Auch hierzu könnte einen ersten Hinweis geben, wer als Normadressat

---

818 Vgl. E 7, 282 und E 21, 12; E 26, 338; E 100, 249 (obiter).

819 Vgl. E 20, 56 und E 85, 264 – Parteienfinanzierung I+II.

820 Vgl. E 7, 12 und E 21, 12.

genannt ist.[821] Offensichtlich ist jedoch, welche Beteiligten vom Bundesverfassungsgericht die Gelegenheit zur Stellungnahme erhalten haben und wer sich ggf. in einer mündlichen Verhandlung geäußert hat. Darüber hinaus ist zu untersuchen, welche Aufgabe das Bundesverfassungsgericht der wissenschaftlichen Literatur und der Gesellschaft, d.h. dem nicht-staatlichen Bereich, zuweist.

Eine überschaubare Zahl von Beteiligten gibt es im Bund-Länderverhältnis bei den Kompetenzen zur Gesetzgebung. Das Bundesverfassungsgericht prüft aber nicht einfach, ob „Bund" oder „Länder" von der Kompetenz (tatsächlich) Gebrauch gemacht haben, sondern stellt jeweils die spezifische Praxis in unterschiedlichen Regelungsbereichen dar.

Bei der Prüfung der ausschließlichen Kompetenz des Bundes zur Gesetzgebung stellt sich zunächst die Frage, welche Normen mit Blick auf die Weimarer Verfassung oder die Verfassung des Kaiserreiches formuliert worden waren. Hier lautet die Grundregel für die Auslegung: „Soweit es [das Grundgesetz] aber Materien aus der Weimarer Reichsverfassung übernommen hat, muß angenommen werden, daß sie in demselben Sinne zu verstehen sind, wie dies in der Weimarer Reichsverfassung der Fall war".[822] Hier stellt das Bundesverfassungsgericht (auch) auf eine vorkonstitutionelle Praxis ab, um den Sinn zu erfassen, den diese Begriffe hatten und haben. Allerdings kann sich diese Praxis auch zwischenzeitlich verändert bzw. überholt haben.

So ging es in der 1. Rundfunkentscheidung beispielsweise um das „Post- und Fernmeldewesen" im Sinne von Art. 73 Nr. 7 GG. Nach Ansicht der Bundesregierung entsprach dieser Begriff dem des „Post- und Telegraphenwesens" in Art. 6 Nr. 7 und Art. 88 Abs. 1 WRV, der inhaltlich den Funk und – seit dessen Entstehung – auch den Rundfunk umfasst habe. Das Bundesverfassungsgericht widersprach dieser Ansicht, auch wenn die Behörden des Reiches in der Zeit von 1926 bis Anfang 1933 einen nicht unerheblichen Einfluss auf die Organisation der Veranstalter von Rundfunksendungen gehabt hätten und zwar „mittels der Verwaltungspraxis der Reichspost".[823] Seitdem hat jedoch ein Wandel stattgefunden: Den fernmeldetechnischen Einrichtungen kämen schon seit Jahrzehnten nur noch untergeordnete, dienende Funktionen im Bezug auf den Rundfunk als Ganzes zu. Das „Post- und Fernmeldewesen" umfasste im Ergebnis nur den sendetechnischen Bereich des Rundfunks, unter Ausschluss der sogenannten Studiotechnik.

---

821 Vgl. aber E 55, 274 (321): „Auf den benannten Normadressaten kommt es bei der in Frage stehenden Klassifizierung [Beurteilung dessen, was Art. 84 Abs. 1 GG als Verwaltungsverfahren meint] nicht entscheidend an".

822 Vgl. mwN. E 3, 407 (415) – Baugutachten.

823 E 12, 205 (230) – 1. Rundfunkentscheidung: „Es geht jedoch nicht an, hieraus [aus der Verwaltungspraxis] zu schließen, das Fernmeldewesen im Sinne von Art. 73 Nr. 7 GG umfasse den Rundfunk als Ganzes".

In der Entscheidung zur Gebührenpflicht von Bundesbahn und Bundespost stellte das Bundesverfassungsgericht fest, dass die Staatspraxis der Weimarer Zeit „keinen Anhaltspunkt" dafür gebe, dass dem Reich auf Grund seiner Gesetzgebungskompetenz das Recht zugestanden hätte, für die Länder verbindliche Bestimmungen im Verwaltungsgebührenrecht der Länder zu erlassen. [824] In einer anderen Entscheidung ging es auch um die Frage, ob die Befugnis des Bundes zur Regelung des Warenverkehrs gemäß Art. 73 Nr. 5 GG auch die Befugnis umfasse, Filmeinfuhrverbote aus polizeilichen Gründen zu erlassen.

Das Bundesverfassungsgericht nahm eine ausschließliche Kompetenz des Bundes an und rollte die Auseinandersetzung auf, indem es bis zur Reichsverfassung von 1871 zurückging: „In Friedenszeiten scheint diese Kontroverse [ob Ein- und Ausfuhrverbote einen Bezug zum Zollwesen des Reiches hätten] im staatsrechtlichen Schrifttum keine große Bedeutung für die Staatspraxis gewonnen zu haben." [825] Der Verfassungsgeber von Weimar habe sich dann bewusst für eine Reichskompetenz bei Eingriffen in die Warenverkehrsfreiheit entschieden. [826]

Bei der konkurrierenden Gesetzgebung stellt sich ebenfalls die Frage, welche Vorschriften im Hinblick auf frühere Verfassungen entworfen worden waren. In der Entscheidung zur Amtshaftung verlangte das Bundesverfassungsgericht für Artikel 74 Abs. 1 Nr. 1 a.F. einerseits eine „Praxis der maßgebenden Verfassungsorgane". [827] Andererseits werden in dieser Entscheidung mehr staatliche Organe, Einrichtungen und Materialien aufgezählt als in jeder anderen Entscheidung. [828] Weil es bei der konkurrierenden Gesetzgebung entscheidend darauf an-

---

824 E 26, 281 (299) – Gebührenpflicht von Bundesbahn: „Soweit entsprechende Regelungen bestanden, waren sie nicht bahn- oder postrechtlicher Natur".

825 E 33, 52 (62) – Zensur.

826 E 33, 52, a.a.O.: „im wissenschaftlichen Schrifttum zur Weimarer Verfassung, soweit ersichtlich, einmütige Ansicht".

827 E 61, 149 (189) – Hervorhebung durch den Verfasser.

828 Aufgezählt u.a.: „Bundestag und Bundesregierung", „Reichsgesetzgeber", „spätere Gesetzgebung des Reiches", „Mehrere Juristentage", „Gesetzgeber des Bürgerlichen Gesetzbuchs", „Motiven zum ersten Entwurf des Bürgerlichen Gesetzbuchs", „Teilen der Wissenschaft", „Kommission für die zweite Lesung des Entwurfs des Bürgerlichen Gesetzbuchs", „Reichstag", „Reichstags-Kommission", „Staatssekretär des Reichsjustizamts", „verbündete[n] Regierungen und aus der Mitte der Kommission", „Plenum des Reichstags", „Abgeordnete[r des Reichstags]", „Mitte des Reichstags", „Mehrheit des Reichstages", „Einzelstaaten", „Preußen", „Einwendungen von Bundestag und Bundesregierung", „eine Reihe von Bundesstaaten", „zu Anfang dieses Jahrhunderts vertretene Anschauungen in Rechtsprechung und Rechtswissenschaft", „maßgebende[n] Verfassungsorgane", „keineswegs einheitlich vertretene Absichten in Rechtsprechung und Lehre", „Landesgesetzgeber", „Reichsverfassung von 1871", „Weimarer Verfassung", „Reichsgesetzgeber", „Verfassungsgesetzgeber des Jahres 1919", „Gesetzgeber [des Landes]", „Verfassungsgesetzgeber", „Rechtsprechung", „Reichsgericht", „Gegenteilige Ansichten", „Rechtsprechung und Lehre", „einfachen Gesetzgebung", „Zeit zwischen 1933 und 1945",

kommt, ob der Bund Gebrauch gemacht hat, ist zu erwarten, dass das Bundesverfassungsgericht hier generell gesteigerte Anforderungen an die Nachweise einer Staatspraxis stellt.

So ging es in einer Entscheidung aus dem Jahre 1976 um die Auslegung des Art. 74 Nr. 11 GG und die Frage, wer die Befugnis zur Gesetzgebung im Versicherungsrecht (Vertragsinhalt) bzw. Versicherungswesen (Monopolanstalten) hatte. Die Reichweite der Kompetenz des Bundes war streitig gewesen, was mit entsprechenden Protokollen aus Ausschüssen belegt wurde. Letztlich sei den Ländern bei den Monopolanstalten ein Rest an ausschließlicher Gesetzgebung verblieben: „Dieser Auffassung folgte auch die Staatspraxis“. Ergänzend zu dieser „Bestätigung“ wird noch Sinn und Zweck der Vorschrift herangezogen. Die Kompetenzen der Länder dürften keinesfalls „ausgehöhlt“ werden. [829] Das Gericht schiebt hier die Staatspraxis ein, um ein auf anderem Wege sich abzeichnendes Ergebnis zusätzlich zu rechtfertigen. [830]

In einer frühen Entscheidung hatte sich das Bundesverfassungsgericht – nahezu losgelöst von Artikel 74 GG – auch mit der „Geschichte der Amnestiegesetzgebung“ auseinandergesetzt. Von der herrschenden Lehre der Weimarer Zeit war eine Kompetenz für Straftaten abgelehnt worden, über die im ersten Rechtszug Gerichte der Länder zu entscheiden hatten. Das Bundesverfassungsgericht lehnte eine gewohnheitsrechtliche Kompetenz der Bundesländer zur Gesetzgebung ab, weil (auch) das Reich mehrfach von der Kompetenz Gebrauch gemacht hätte. [831] Untersucht das Bundesverfassungsgericht das Verhalten der Länder, so stellt sich die Frage, ob alle Länder beteiligt sein müssen, damit eine Staatspraxis vorliegt. Sofern – wie soeben – eher gewohnheitsrechtlich argumentiert wird, sprechen einige Entscheidungen durchaus dafür.

So ging es in einem Fall (Reform der Jugendpflege) um die Einschaltung der Gemeinden in den Vollzug der Bundesgesetze durch den Bundesgesetzgeber. Das Reichsgesetz hatte es den Ländern überlassen, ob sie Aufgaben der Jugendwohlfahrt als Selbstverwaltungs- oder als Auftragsangelegenheit durch die Gemeinden wahrnehmen lassen wollten. Da bereits in zwei Ländern verschieden davon Gebrauch gemacht worden war, könne die Regelung des Bundes auch

---

„Gesetzgebungskatalog des Grundgesetzes“, „Grundsatzausschuß des Parlamentarischen Rates“ und der „Ausschuß für Zuständigkeitsabgrenzung des Parlamentarischen Rates“ (a.a.O.).

829 E 41, 205 (221ff.).

830 Vgl. *Blankenagel*, a.a.O (Fn. 10), S. 138.

831 E 2, 213 (224) – Straffreiheitsgesetz: Es zählte dabei auch zwei Gesetze auf, die mit verfassungsändernder Mehrheit beschlossen worden waren. Letztlich wurde Art. 74 Nr. 1 iVm. Art. 72 Abs. 2 Nr. 3 GG bejaht (konkurrierende Gesetzgebung).

nicht aus der Staatspraxis gerechtfertigt werden. [832] Die Praxis der übrigen Länder wurde gar nicht untersucht.

Argumentiert das Bundesverfassungsgericht weniger gewohnheitsrechtlich, sondern eher im Rahmen einer Auslegung, dann bestätigt eine Staatspraxis oft lediglich ein anderweitig gefundenes Ergebnis (dazu bereits ausführlich oben oder unten). In diesem Fall stellt das Bundesverfassungsgericht auch eine nur partikuläre Staatspraxis fest – und begibt sich damit auf die Suche nach der herrschenden Meinung. So kennt das Bundesverfassungsgericht beispielsweise eine gemeinsame „Staatspraxis des Bundes und des Landes Hessen", die im vorliegenden Fall mit der im Schrifttum herrschenden Meinung und der Ansicht des Senates übereinstimme. [833]

Nach der klassischen Formel in der Facharztentscheidung gewinnen Entstehungsgeschichte und Staatspraxis für die Auslegung [bei der Auslegung von Kompetenznormen] besonderes Gewicht. [834] Die Regelung der ärztlichen Weiterbildung nach Erteilung der Approbation und damit die gesamte Regelung des Facharztwesens gehöre [anders als die Zulassung, für die der Bund die konkurrierende Zuständigkeit zur Gesetzgebung besitzt] zur ausschließlichen Gesetzgebungszuständigkeit der Länder. Die [d.h. alle] Länder hätten das Facharztwesen nicht unmittelbar durch Gesetze geregelt, sondern in den sogenannten Kammergesetzen den neu errichteten Landesärztekammern – Körperschaften des öffentlichen Rechts – das Recht verliehen, die Berufspflichten der Ärzte in einer Berufsordnung zu regeln. [835] Ausreichend ist es offenbar auch, wenn sich zwar nicht alle, aber fast alle Länder beteiligen. [836]

Bei der Prüfung der konkurrierenden Kompetenz des Bundes zur Gesetzgebung stellt sich auch die Frage des „Bedürfnisses" bzw. der „Erforderlichkeit". Die sog. Sperrklausel des Artikels 72 Abs. 1 GG in ihrer jeweiligen Fassung, ist ein Anwendungsfeld der Staatspraxis. Der gerichtliche Prüfungsumfang war hier zunächst beschränkt. Ob ein Bedürfnis vorliege, das hatte das Bundesverfassungsgericht zunächst als eine Frage pflichtgemäßen Ermessens des Bundesge-

832 E 22, 180 (210): „Demgemäß wurde in Preußen die Fürsorgeerziehung als Auftragsangelegenheit wahrgenommen. In Bayern verwalteten die Stadt- und Landkreise die den Jugendämtern zugewiesenen Aufgaben als Angelegenheiten des übertragenen Wirkungskreises".

833 E 7, 18 (29): von einer „herrschenden Staatspraxis" (der Länder) spricht das BVerfG nicht. Dazu müsste wenigstens die Mehrheit der Bundesländer beteiligt sein. Auf eine gegenteilige Stellungnahme Bayerns im Bundesrat wird a.a.O. hingewiesen. Gelegenheit zur Stellungnahme war gegeben worden: Dem Bundestag, dem Bundesrat, der Bundesregierung, dem Bayerischen Landtag und der Regierung des Freistaates Bayern.

834 E 33, 125 (152f.)

835 E 33, 125 (154f.).

836 Vgl. E 36, 193 (203) – Journalisten [herkömmliche Zuordnung des Zeugnisverweigerungsrechts der Presseangehörigen in der deutschen Gesetzgebung auch nach 1949 bestätigt - mit Ausnahme Bayerns; vgl. E 36, 314 (319)].

setzgebers angesehen. Sie sei einer gerichtlichen Nachprüfung grundsätzlich entzogen. [837]

In späteren Entscheidungen sah sich das Bundesverfassungsgericht auf die Prüfung beschränkt, ob der Bundesgesetzgeber die in Art. 72 Abs. 2 GG verwendeten Begriffe „im Prinzip zutreffend ausgelegt und sich in dem dadurch bezeichneten Rahmen gehalten hat". [838]

In einigen Verfahrensvorschriften des Grundgesetzes ist eine Beteiligung von bestimmten Staatsorganen bereits positivrechtlich vorgeschrieben, so etwa bei der Zustimmungspflichtigkeit von Gesetzen. Stimmt der Bundesrat einem Zustimmungsgesetz nicht zu, dann kommt das Gesetz nicht zustande. Die Reichweite der Zustimmungspflichtigkeit ist allerdings umstritten. [839] Zur Frage der Zustimmungspflichtigkeit hat sich das Bundesverfassungsgericht einerseits gegen eine subjektive Auslegung zugunsten des Verfassungsgebers ausgesprochen, aber gleichzeitig auch gegen die Fixierung der Staatspraxis. Bei der Festlegung von Begriffsinhalten soll stattdessen (auch) dem Gesetzgeber eine herausragende Bedeutung zukommen [840]:

> Art. 84 Abs. 1 GG hebt **nicht auf einen bestimmten, zeitlich fixierten Stand staatsrechtlicher Praxis und dogmatischer Erkenntnisse** ab; er will das ständig wechselnde Kräftespiel im Bundesstaat in den vom Grundgesetz bestimmten Schranken halten und bedarf deshalb einer Auslegung, die die **vom hierfür kompetenten Gesetzgeber** in sachgerechter Entscheidung festgestellten Begriffsinhalte mitberücksichtigt.

---

837 Grundlegend E 1, 264ff.; konkretisiert und verfestigt in E 2, 213 (224) – Straffreiheitsgesetz: „echte Ermessensentscheidung" – „in anbetracht der schwankenden Staatspraxis [kein Gewohnheitsrecht]"; E 33, 224 (229); E 65, 283 (289).

838 Sog. Ermessensüberschreitung: E 26, 338 (382f.) – Eisenbahnkreuzungsgesetz: [mit Artikel 84 Abs. 1 unvereinbare] „Staatspraxis [der Ermächtigung einzelner Bundesminister zum Erlaß allgemeiner Verwaltungsvorschriften durch Bundesgesetz mit Zustimmung des Bundesrats]"; E 67, 299 (327) – Laternengarage; E 78, 249 (270) – Fehlbelegungsabgabe [nur im Vortrag der Antragsteller]. Vgl. zuletzt E 107, 62 (135) – Altenpflegegesetz: „bisherige Staatspraxis in anderen neuen Berufsfeldern des Gesundheitswesens bestätigt dieses Auslegungsergebnis [den Altenpfleger als Gesundheitsfachberuf den Heil(hilfs)berufen iSd. Art. 74 Abs. 1 Nr. 19 GG zuzuordnen]"; E 110, 141 (157f.) – Kampfhundeurteil; E 111, 10 (42) – Ladenschluss und zur Juniorprofessur.

839 BVerfG und h. L. gehen davon aus, dass ein Gesetz insgesamt zustimmungsbedürftig ist, wenn auch nur eine einzige Vorschrift die Zustimmungsbedürftigkeit auslöst, vgl. E 8, 274 (294f.); E 37, 363 (381); 55, 274 (318 und 326f.) und *Stern*, a.a.O. (Fn. 425), S. 145; a. A. *Maurer*, Staatsrecht I, § 17 S. 548 Rn. 73ff. mwN; Vgl. Sondervotum *Rottmann* in E 55, 274 (332): Streit „löste sich bisher in der Praxis überwiegend dadurch auf, daß der Bundesrat [...] unter Aufrechterhaltung seiner gegenteiligen Rechtsansicht zustimmte, die eigentliche Streitfrage daher unentschieden blieb".

840 E 55, 274 (320) – Berufsausbildungsabgabe.

Andererseits stellt sich dann die Frage nach dem Vorrang der Verfassung. Nach der Rechtsprechung des Bundesverfassungsgerichtes kann der Bundestag als einfacher Gesetzgeber die Gesetze(sentwürfe) so aufteilen, dass eine Zustimmungspflicht für einzelne Gesetze vermieden wird. Das sei „in der Praxis nicht selten“. [841] Ausdrücklich offen gelassen hat das Bundesverfassungsgericht die Frage, welche Grenzen der Dispositionsbefugnis des Bundestages hinsichtlich der Aufteilung eines Rechtsstoffes auf mehrere Gesetze gezogen sind, jedenfalls solange die Grenze der Willkür nicht überschritten wird. [842] Der Bundestag verfügt also über einen Gestaltungsspielraum bei der Bestimmung der Zustimmungspflichtigkeit.

Im Bereich der Staatsorganisation im engeren Sinne lassen sich wenig allgemeine Regeln aufstellen, welche Verfassungsorgane an der Staatspraxis zu einer bestimmten Vorschrift beteiligt sein müssen. Normen, die offensichtlich nur einen Adressaten kennen, bilden eher die Ausnahme. [843] Vielfach werden gleich mehrere Adressaten genannt. [844]

In einigen Entscheidungen wird angedeutet, dass bei einer Staatspraxis nur oberste Staatsorgane in Betracht kommen. So berücksichtigt das Bundesverfassungsgericht in der Entscheidung zur Bundestagsauflösung die „Handhabung einer Verfassungsnorm durch oberste Verfassungsorgane“. [845] Damit sind nach allgemeiner Auffassung nur diejenigen Organe gemeint, die – ebenso wie das Bundesverfassungsgericht – keinem anderen Organ unterstellt sind. [846]

Das Bundesverfassungsgericht berücksichtigt allgemein die Bewertung der „in Rede stehenden Sachverhalte zwischen den möglichen betroffenen obersten Verfassungsorganen“. Hier sticht wiederum hervor, dass eine gewisse Betroffenheit vorliegen muss. Bei Artikel 68 GG reicht es insbesondere nicht aus, wenn eine „politisch umstrittene[n] Praxis von Parlaments- und Regierungsmehrheiten“ vorliegt. [847] Dies lässt einerseits erkennen, dass eine Minderheit der Betroffenen nicht ausreichen kann, lässt aber gleichzeitig offen, ob zumindest eine unumstrittene Mehrheit der Beteiligten ausreicht (die wäre wohl jedenfalls nicht geeignet ein „hohes Maß an Übereinstimmung“ oder gar Konsens herzu-

841 vgl. dazu E 105, 313 (338) – Lebenspartnerschaftsgesetz, mwN.

842 E 105, 313/340: „Ob [...] Grenzen gezogen sind und wann solche gegebenenfalls überschritten wären, kann auch hier dahingestellt bleiben“.

843 Beispiel: Art 59 Abs. 1 GG – Bundespräsident.

844 Beispiel: Art. 68 GG – Bundeskanzler, Mehrheit der Mitglieder des Bundestages, Bundespräsident.

845 E 62, 1 (38f.); vgl. *Maurer*, Staatsrecht I, § 12 S. 370 Rn. 23: kritisch zum Begriff „Verfassungsorgan“.

846 *Maurer*, Staatsrecht I, § 12 S. 370 Rn. 23. Parteien erhalten durch die Rechtsprechung des BVerfG die prozessuale Stellung eines Verfassungsorgans, st. Rspr., vgl. E 4, 27; E 82, 322 (335); E 92 , 80 (87). Umstritten: Bundesrechnungshof (vgl. *Stern*, a.a.O. (Fn. 425), S. 449).

847 E 62, 1 (38f.) – Bundestagsauflösung I.

stellen, dazu unten). Artikel 68 GG kennt „drei“ oberste Verfassungsorgane. Im Verfahren haben sich neben den Antragstellern dagegen nur die Bundesregierung und der Bundespräsident geäußert. Alle übrigen Beteiligten werden anders zitiert. Da von den „in Rede stehenden Sachverhalte[n]“ gesprochen wird, ist es denkbar, dass die geforderte „Betroffenheit“ nicht unbedingt durch die Norm hergestellt werden muss. Ist also auch eine faktische Betroffenheit denkbar? Sind die Antragsteller nicht auch in ihrer Rechtsstellung als Abgeordnete unmittelbar betroffen und kommt es dann nicht auch auf ihre Sichtweise an?

Wäre andererseits die persönliche Auffassung der Antragsteller ausschlaggebend, dann wäre ein „hohes Maß an Übersteinstimmung“ nicht mehr zu erzielen. Daher wird die Auffassung des Bundestages zu Recht entsprechend umfangreich dargestellt. Bei anderen Beteiligten handelt es sich prozessual gerade nicht um oberste Bundesorgane, sondern um andere Beteiligte. Auch Rechnungshöfe werden in der Rechtsprechung des Bundesverfassungsgerichts zitiert und haben zu einer Staatspraxis Stellung genommen. [848] Auf einer ersten Ebene stellt sich die Frage, welche individuellen Organe bei der Praxis zu beteiligen sind. Sobald diese Organe verschiedenen Gewalten zugeordnet werden, stellen sich auf einer zweiten Ebene klassische Fragen der Lehre von der Gewaltentrennung. [849]

Zum Verfassungsrecht im materiellen Sinne, insbesondere den parlamentarischen Geschäftsordnungen, hat das Bundesverfassungsgericht bereits früh „besondere Grundsätze für die Auslegung“ festgestellt: Bei der Auslegung sei die „parlamentarische Tradition und Praxis“ mit heranzuziehen. [850] In ähnlicher Weise gilt das auch für die anderen Geschäftsordnungen. [851] Besteht eine Staatspraxis darin, dass eine Mehrheit zu Lasten einer Minderheit etwas durchsetzt, stellt sich die Frage des Minderheitenschutzes. Typische Fälle sind die Besetzung von parlamentarischen Ausschüssen.

Das Bundesverfassungsgericht hat hierzu entschieden, dass einzelne Fraktionen es unter Umständen hinzunehmen hätten, wenn sie bei der Besetzung eines Ausschusses unberücksichtigt blieben. Zu Begründung verwies das Bundesverfassungsgericht darauf, dass es „im Regelfall zulässig ist und parlamentarischer Praxis entspricht“, fraktionslosen Abgeordneten und Gruppierungen ohne Fraktionsstarke die Mitgliedschaft in Ausschüssen zu verwehren. [852] Normativität

848 E 102, 224 (230) – Funktionszulagen.

849 Vgl. oben, S. 159ff. (Prinzipien als Optimierungsgebote für die Staatspraxis).

850 E 1, 144 (149f.) – der Antrag gegen die übrigen vier Fraktionen wurde zurückgewiesen, drei der Fraktionen hatten sich jedoch zu der Sache geäußert.

851 Vgl. E 91, 148 (167 und 171): Bundesregierung; E 106, 310 (342): Bundesrat; E 106, 253: Vermittlungsausschuss.

852 E 70, 324 (366).

und Praxis werden hier fast im Sinne eines Regel- Ausnahmeverhältnisses gegenübergestellt. [853]

Ein weiteres Beispiel war die Besetzung des Gemeinsamen Ausschusses, nachdem vorher die Fraktionsmindeststärke zu Lasten einer Gruppe heraufgesetzt worden war. [854] Die durch Art. 40 GG garantierte Geschäftsordnungsautonomie kann den Bundestag nicht von der Einhaltung verfassungsgerichtlich überprüfbarer Prinzipien frei stellen. Ausdrücklich offen gelassen hat das Bundesverfassungsgericht, ob die „ständige[n] Praxis des Bundestages" mit der Verfassung vereinbar ist, nach der er im Wahlprüfungsverfahren die Übereinstimmung der wahlgesetzlichen Bestimmungen mit dem Grundgesetz nicht zu prüfen hat. [855]

Die Literatur oder Wissenschaft wird ganz allgemein nicht zu denjenigen gezählt, die an einer Staatspraxis beteiligt sein muss. Ihre besondere Bedeutung liegt darin, dass sie Gewähr für die Richtigkeit oder Reichweite einer Rechtsüberzeugung bietet. Die Bevölkerung oder die Gesellschaft insgesamt kann ebenfalls nicht an einer Staatspraxis beteiligt sein. Wissenschaft und Gesellschaft bilden in diesem Sinne die beiden Komplementärbegriffe zu dem Begriff der Staatspraxis. Allerdings kann eine Staatspraxis mit einer allgemeinen Rechtsauffassung identisch sein, die auch in der Gesellschaft und womöglich auch noch in der Wissenschaft vorherrschend ist. Dann spricht das Gericht beispielsweise von „allgemeiner Auffassung" [856], dem „Rechtsbewußtsein der Allgemeinheit" [857] oder dem „allgemeinen Sprachgebrauch". [858] In der Regel handelt es sich also um unbestrittene Auffassungen, d.h. alle Genannten sind an dieser Praxis beteiligt.

Die Beteiligten bestimmen sich also in erster Linie danach, wer Normadressat ist, in zweiter Linie stellt das Bundesverfassungsgericht auf diejenigen Kompetenzträger ab, denen gegenüber die Entscheidung in sonstiger Weise wirkt. Entscheidend ist aber nach der Rechtsprechung nur die Sichtweise betroffener oberster Verfassungsorgane.

Zwischen einzelnen Verfassungsorganen wird gelegentlich differenziert. Die Bevölkerung oder gar die Gesellschaft wird grundsätzlich nicht als Beteiligter angesehen. Nachweise aus der Literatur werden zwar herangezogen, die Litera-

---

853 Vgl. das Sondervotum *Mahrenholz* in E 70, 324 (373): „Wird die Auslegung der Fundamentalnorm der Verfassung [Art. 20 GG] vom Ausnahmefall her bestimmt, über dessen Vorliegen die Mehrheit entscheidet, dann schwächt die Mehrheit die normierende Kraft der Verfassung".

854 E 84, 304 (335f. und 337f.) – PDS/Linke Liste: Besetzungsregelung „entsprechend dem Stärkeverhältnis der Fraktionen" (Art. 53a GG).

855 E 16, 30 (17).

856 E 19, 377 (389).

857 E 39, 1 (66).

858 E 115, 118 –Luftsicherheitsgesetz.

tur ist aber selbst kein Beteiligter der Staatspraxis. Auf die Literatur kommt es aber möglicherweise bei der Überzeugung von der Richtigkeit der Staatspraxis an – die nachfolgend zu untersuchen ist.

c) Überzeugung von der Richtigkeit oder Zweckmäßigkeit?

Welche inhaltlichen Kriterien sind an die Praxis zu stellen – wer muss alles dafür sein? Ist Widerspruch ist erlaubt? Welche Bedeutung hat das Bundesverfassungsgericht?

Das Bundesverfassungsgericht hat erstmals in der Entscheidung zur Amtshaftung klargestellt, dass ein Mindestmaß an Übereinstimmung erforderlich ist, wenn von einer tatsächliche Praxis abgewichen werden soll – allerdings ist negativer Weise [859]:

> Hat sich eine **klare und beständige Praxis** der maßgebenden Verfassungsorgane in Auslegung der Verfassung gebildet, so kann diese **nicht** unter Hinweis auf **keineswegs einheitlich vertretene Absichten** in Rechtsprechung und Lehre entkräftet werden.

Im Umkehrschluss ergibt sich daraus nicht etwa, dass die Praxis der Verfassungsorgane selbst überhaupt keine Anforderungen an die Überzeugung erfüllen muss. Vielmehr soll die Praxis „klar" sein, d.h. die Verfassungsorgane müssen womöglich sogar einvernehmlich handeln. Etwas weniger verlangt das Bundesverfassungsgericht in der Entscheidung zur Bundestagsauflösung – wo es sich aber erstmals positiv mit der Frage auseinander setzt [860]:

> Da es sich dabei indes um die Konkretisierung der Verfassung als rechtlicher Grundordnung des Staates handelt, ist zumal ein **hohes Maß an Übereinstimmung in der verfassungsrechtlichen wie verfassungspolitischen Beurteilung und Bewertung** der in Rede stehenden Sachverhalte zwischen den möglichen betroffenen obersten Verfassungsorganen **unabdingbar** und eine auf Dauer angelegte, stetige Handhabung unerläßlich. Diese Übereinstimmung kann für die Auslegung der Verfassung von Gewicht sein. Eine **politisch umkämpfte und rechtlich umstrittene Praxis** von Parlaments- und Regierungsmehrheiten reicht als solche hierfür nicht aus.

Wie dieses „hohe Maß an Übereinstimmung" aussehen soll, das bleibt zunächst offen. Ein hohes Maß ist zunächst einmal weniger als der Konsens aller betroffenen obersten Verfassungsorgane. Zwar soll es nicht ausreichen, wenn es sich um eine „politisch umkämpfte und rechtlich umstrittene Praxis" handelt, aber die Praxis braucht auch nicht völlig unumstritten zu sein. Der Nachweis der Unumstrittenheit dürfte praktisch kaum zu führen sein, erst recht dann, wenn auch die Auffassungen der Literatur berücksichtigt werden.

---

859 E 61, 149 (189f.) – Amtshaftung.

860 E 62, 1 (39) – Bundestagsauflösung I.

Verhalten und Überzeugung sind eng miteinander verwoben und oft kaum zu trennen. Die Zustimmungspflichtigkeit von Gesetzen im Bund-Länderverhältnis führt(e) über Jahrzehnte zu unterschiedlichen Auffassungen zwischen Bundesrat und Bundestag und ist daher gut geeignet, um das Problem zu skizzieren. Dabei ging es um das Argument der Bundesregierung, ob denn der Bundesrat einer Verordnung gemäß Art. 80 Abs. 2 GG sollte zustimmen müssen, wenn ein Gesetz gleichen Inhalts nicht zustimmungsbedürftig gewesen wäre. Dieses Argument lehnte das Bundesverfassungsgericht ab. Auf die Staatspraxis könne sich in diesem Fall niemand berufen [861]:

> **Einerseits** hat die Bundesregierung Rechtsverordnungen ohne Zustimmung des Bundesrates erlassen, die nach Ansicht des Bundesrates seiner Zustimmung bedurft hätten, ohne daß der Bundesrat daraus Konsequenzen gezogen hat. **Andererseits** hat die Bundesregierung auch solche Rechtsverordnungen dem Bundesrat zur Zustimmung zugeleitet, bei denen **nach ihrer Rechtsauffassung eine Zustimmung des Bundesrates nicht geboten** gewesen wäre. Die Staatspraxis ist also **nicht eindeutig**. Auf sie kann sich weder der Bundesrat noch die Bundesregierung berufen.

Hier wird nicht lediglich die Frage angesprochen, ob die Praxis lang genug andauert, sondern zugleich die Frage, ob beide Seiten sich entsprechend ihrer Rechtsansichten verhalten haben. Die Staatspraxis ist hier (auch) ein Indiz für das Vorhandensein der von den Beteiligten vorgetragene Rechtsüberzeugung. Umgekehrt ist der Schluss von einer vorgetragenen Rechtsüberzeugung auf die tatsächliche Befolgung in der Praxis nicht zwingend. Hier verlässt sich das Bundesverfassungsgericht gelegentlich auf die Ergebnisse einer Anhörung. [862]

In der Entscheidung zur Amtshaftung hat das Bundesverfassungsgericht die Frage offen gelassen, welche Grenzen der Richtigkeitsgewähr für die Staatspraxis bestehen [863]:

> Ob einer **eindeutigen Staatspraxis gegenüber jedem anderen Ergebnis juristischer Meinungsbildung ausnahmslos der Vorzug** gebührt oder ihr jedenfalls dann die **Anerkennung zu versagen ist**, wenn sie die Tragweite der Verfassung offenkundig verkannt hat, ist **hier nicht zu klären**. Ein derartiger Fall liegt nicht vor.

Ein wichtiger Indikator für die Richtigkeit ist die Literatur. Selten wird das Verhältnis von Theorie und Praxis in so idealtypischer Weise beschrieben, wie in der Entscheidung „Prüfingenieure". Hier nahm das Bundesverfassungsgericht eine restriktive Auslegung des Zitiergebots vor: Die Staatspraxis sei der Rechtsprechung gefolgt, die Rechtsprechung habe im Schrifttum (weitgehend) Zu-

---

861 E 24, 184 (201).

862 Vgl. *Bryde*, Tatsachenfeststellung und soziale Wirklichkeit, FS BVerfG (2001) 1, S. 555: zum Prüfungsinstrumentarium.

863 E 61, 149 (190) – Amtshaftung.

stimmung gefunden. Nachdem sich die Staatspraxis darauf eingestellt habe (ohne erkennbare Nachteile für den Grundrechtsschutz), bestehe auch kein Anlass, von dieser Rechtsprechung abzugehen. [864]

Im Gegensatz dazu stellt sich das Verhältnis oft auch nach dem Motto dar: „Praxis ignoriert Theorie". So hatte die Weimarer Lehre problematisiert, ob Einfuhrverbote aus polizeilichen Gründen in die Kompetenz der Länder unterfielen. Das Gericht stellte fest, dass „diese Kontroverse im staatsrechtlichen Schrifttum keine große Bedeutung für die Staatspraxis gewonnen" hatte. [865] Den umgekehrten Fall – „Theorie ignoriert Praxis" – gibt es natürlich auch, vor allem aus Sicht der von der Senatsmehrheit abweichenden Meinungen. [866]

Ergebnis zu 6)

Für die Dauer einer Staatspraxis ist wohl ein Zeitraum von mehreren Jahren anzulegen, verbunden mit einer auf Dauer angelegten, stetigen Praxis. Wie das Bundesverfassungsgericht dabei mit „Ausreißern" umgeht, ist der Rechtsprechung nicht zu entnehmen.

Die Beteiligung der direkten Normadressaten (in der Regel oberster Verfassungsorgane) ist notwendig, aber nicht hinreichend. Die Zustimmung durch Wissenschaft und Gesellschaft ist ebenfalls anzustreben. Bei den Bundesländern lässt bereits das Ausscheren einzelner Länder die Legitimation durch Staatspraxis scheitern.

Bei der hier nachgezeichneten Staatspraxis handelt es sich zwar nicht um echtes Gewohnheitsrecht, aber auch um mehr als eine „herrschende Meinung". Es handelt sich nicht um eine Rechts-, aber um eine Rechtserkenntnisquelle. [867]

---

864 E 64, 72 (80).

865 E 33, 52 (62) – Zensur, vgl. das Sondervotum *Rupp-v. Brünneck* und *Simon* auf S. 78.

866 Vgl. die Sondervoten *Rottmann* in E 52, 131 (175) – Arzthaftungsprozeß: „die Gesetzgebungspraxis seit 1949 zu Art 2 Abs 2 Satz 3 GG, die bei einem so beschränkten Verständnis bislang weithin überflüssig gewesen wäre" und in E 55, 274 (335f.) – Berufsausbildungsabgabe: vorgeschlagene enge Auslegung „zur Präzisierung der für die Staatspraxis kaum noch erkennbaren Abgrenzung von zustimmungsfreien und zustimmungsbedürftigen Gesetzen".

867 Ähnlich wie hier: *Häberle*, JZ 1975, S. 298; *Blankenagel*, a.a.O. (Fn. 10), S. 139; *Schneider*, Verfassungsinterpretation, FS Hesse, S. 47; *Rädler*, a.a.O. (Fn. 33), S. 642; *Schultze-Fielitz*, Das Verhältnis von formaler und informaler Verfassung, S. 48; *Walter*, Hüter oder Wandler der Verfassung?, in AöR 125 (2000), S. 522; *Cremer*, Anwendungsorientierte Verfassungsauslegung, S. 366; *Bryde*, Verfassungsentwicklung, a.a.O (Fn. 33), S. 190, S. 301, S. 440; *Herdegen* in *Maunz / Dürig*, Grundgesetz, S. 21 Rn. 32 (vgl. Nachweise oben in Fn. 34).

Ergebnis zum 3. Kapitel

Die Übergänge zwischen Änderung der Verfassung und Veränderung durch Staatspraxis sind bisweilen fließend. So nehmen formelle Verfassungsänderungen nicht selten eine gewachsene Staatspraxis auf, die auf diese Weise das geltende Verfassungsrecht prägt.

Wie wir gesehen haben, sieht die Kompetenzordnung Spielräume für eine Verfassungsgestaltung durch Staatspraxis vor. Sie ist vergleichbar mit der Rechtsfortbildung durch das Bundesverfassungsgericht. Eine verfassungsrechtliche Bindung besteht aber nur an die Verfassung, nicht an die Staatspraxis. Methodisch kann eine verfassungskonkretisierende Staatspraxis überall dort als Maßstab wirksam werden, wo der Normtext mit Mängeln behaftet ist. Bei der historischen Auslegung hat die Staatspraxis ihre wohl größte Bedeutung. Im Bereich zwischen Bund und Ländern hat die Staatspraxis bei der Auslegung von Kompetenznormen „besonderes Gewicht".

Eine Bindung des Bundesverfassungsgerichts an andere Staatsorgane besteht grundsätzlich nicht, auch keine Selbstbindung. Die Staatspraxis kann aber Bindungswirkung für die anderen Staatsorgane entfalten, soweit sich diese aus den Entscheidungen des Bundesverfassungsgerichts ergibt (§ 31 Abs. 1 BVerfGG). Dabei ist die Gefahr der „Versteinerung" der Verfassung zu beachten.

Verfassungsdurchbrechungen überprüft das Bundesverfassungsgericht. Art. 79 Abs. 1 S. 1 GG verhindert zwar die Verfassungsgestaltung durch eine Staatspraxis contra legem, steht aber einer Staatspraxis praeter legem nicht entgegen.

Bei der hier nachgezeichneten Staatspraxis handelt es sich nicht um echtes Gewohnheitsrecht, aber auch um mehr als die bekannte „herrschende Meinung". Es handelt sich um keine Rechtsquelle, aber um eine Rechtserkenntnisquelle. Hält sich die Staatspraxis an die herausgearbeiteten Maßstäbe aus der Rechtsprechung des Bundesverfassungsgerichts, handelt es sich nicht um eine Staatspraxis contra legem.

C. Zusammenfassung in Thesen

1. Aufgabe dieser Arbeit ist es, den Begriff der „Staatspraxis“ und seine Bedeutung in der Rechtsprechung des Bundesverfassungsgerichts zu untersuchen.
2. Der Begriff steht zunächst ganz allgemein für ein Handeln des Staates.
3. Beispiele sind die auflösungsgerichteten Vertrauensfragen durch den Bundeskanzler, das Umlaufverfahren der Bundesregierung und die Stimmführerschaft im Bundesrat.
4. Wie die Entscheidungen dazu aufzeigen, sind Normen der Verfassung gegenüber einfachen Gesetzen in einem hohen Maße abstrakt. Die Verfassung war jeweils offen für diese Praxis.
5. Die Untersuchung beschränkt sich auf die amtliche Sammlung des Bundesverfassungsgerichts Untersucht wird die vor und die nachkonstitutionelle Staatspraxis. Nicht untersucht wird die „Staatenpraxis“.
6. Das Bundesverfassungsgericht kann über einen längeren Zeitraum nicht entscheiden, wenn es nicht angerufen wird.
7. Wenn das Bundesverfassungsgericht entscheiden kann, dann darf es nur Ausschnitte der nachkonstitutionellen Staatspraxis überprüfen.
8. Für eine künftige Staatspraxis hat das Bundesverfassungsgericht den Grundsatz der fairen und loyalen Anwendung von Normen entwickelt.
9. Zur Rechtfertigung argumentieren die Verfahrensbeteiligten auch mit der vorkonstitutionellen Staatspraxis.
10. Staatspraxis wird herangezogen im Verhältnis zur Verfassung, zu Prinzipien der Verfassung und zu materiellem Verfassungsrecht – die Staatspraxis ist daher mehr als nur ein „Gegenstand“ verfassungsgerichtlicher Beurteilung.
11. Die von G. Jellinek untersuchte Staatspraxis betraf den politischen und damit einen der Rechtsprechung im Wesentlichen entzogenen Kern des Staatsorganisationsrechts.
12. Der Staatsgerichtshof war im Wesentlichen für Streitigkeiten unter den Ländern zuständig, während die Grundrechte dort nicht einklagbar waren.
13. Die Literatur nach 1949 sieht in dem Verhältnis von rechtlicher Verfassung und politischer und sozialer Wirklichkeit ein Kernproblem der Verfassungstheorie.
14. Auszugehen ist von einer offenen Verfassung, die der Staatspraxis eine insgesamt größere Rolle bei der Verfassungsentwicklung zuweist als die Lehre von der Rahmenordnung.
15. Die Befugnis zur Verfassungsentwicklung kommt aber nicht allein dem Bundesverfassungsgericht, sondern auch anderen obersten Verfas-

sungsorganen zu, sowie der offenen Gesellschaft der Verfassungsinterpreten.

16. Ungeschriebenes (Verfassungs-)Gewohnheitsrecht, Richterrecht, geschriebenes Verfassungsrecht oder gar eine Rechtsquelle eigener Art liegen nicht vor.
17. Das Bundesverfassungsgericht hat stattdessen die Praxis der obersten Organe bei der Konkretisierung der Verfassungsnormen berücksichtigt, d.h. bei der Interpretation.
18. Aus kompetenzrechtlicher Perspektive entwickelt sich eine Staatspraxis typischerweise dort, wo das Bundesverfassungsgericht seine Kontrollkompetenz nicht ausübt, weil es faktisch nicht angerufen wird (vgl. 1. Kapitel) aber auch, weil es vorhandene Spielräume für andere Staatsorgane anerkennt.
19. Die Kontrollkompetenz des Bundesverfassungsgerichts ist hinsichtlich des Prüfungsmaßstabes und des Prüfungsumfanges funktionell-rechtlich reduziert. Dadurch entstehen Spielräume für Verfassungsgestaltung durch andere Staatsorgane.
20. Es besteht eine (verfassungsrechtliche) Bindung der Staatsorgane an die Verfassung.
21. Der Bindung steht die (begrenzte) Freiheit zur Interpretation und Auslegung gegenüber.
22. Das Bundesverfassungsgericht wendet Staatspraxis als Auslegungshilfe intra legem an.
23. An die tragenden Gründe solcher Entscheidungen sind die anderen Staatsorgane gebunden – aber nicht das Bundesverfassungsgericht selbst und der Gesetzgeber nur begrenzt.
24. Eine begrenzte Selbstbindung durch sog. conventions besteht ebenfalls, diese kann aber nicht anders durchgesetzt werden als über die öffentliche Meinung.
25. Zur Konkretisierung von Prinzipien der Verfassung wendet das Bundesverfassungsgericht eine Staatspraxis praeter legem an.
26. Absolute Grenzen der Verfassungsdurchbrechung (contra legem) überprüft das Bundesverfassungsgericht.
27. Art. 79 Abs. 1 S. 1 GG steht einer Staatspraxis contra legem entgegen, nicht aber einer Verfassungsgestaltung durch eine Staatspraxis praeter legem.
28. Der Rechtsprechung sind bestimmte Kriterien hinsichtlich des Beginns, der Dauer, der Beteiligten und der Überzeugung von der Richtigkeit der Staatspraxis zu entnehmen.
29. Bei der Staatspraxis handelt sich um keine Rechtsquelle, aber um eine Rechtserkenntnisquelle.

D. Summary

1. This study examines the term "state practice" and its legal implications in constitutional court decisions.
2. "State practice" generally stands for any action by the state.
3. Important examples in this study are the votes of confidence initiated by the chancellor himself in order to dissolve Parliament ("auflösungsgerichtete Vertrauensfrage"), the procedure of decision-making within the cabinet by lack of disagreement instead of explicit consent ("Umlaufverfahren") and the acceptance of leading votes ("Stimmführerschaft") on behalf of the states ("Länder") within the Bundesrat's approval procedure.
4. This study will only examine the official published decisions of the court. It examines pre und post constitutional state practice. However, it does not examine the practices of other nation-states or among nation-states ("Staatenpraxis").
5. For future constitutional state practice, the court has developed the principle of "fair and loyal application" of provisions by the state. It is a presumption of good faith.
6. The constitutional court cannot decide, if there is no one bringing a case.
7. When there is a case, the court may only examine a certain area of post constitutional state practice.
8. For future constitutional state practice, the court has developed the principle of "fair and loyal application" of provisions by the state. It is a presumption of good faith.
9. Parties also claim and argue their cases with pre constitutional state practices in order to legitimize their position.
10. State practice is applied by the court in relation to rules, principles and material law of the constitution; state practice is therefore more than just an object in the court's decision-making process.
11. State practice as examined by G. Jellinek at the beginning of the 20th century had mainly political implications and was therefore beyond the jurisdiction of courts.
12. The Staatsgerichtshof in the Weimar Republic had jurisdiction for disputes between the federal states (Länder), whereas violations of individual fundamental rights could not be examined.
13. Legal scholars after 1949 regarded the relationship between the constitutional norm and the political as well as social reality as one of the main issues of constitutional theory.
14. The starting point for this study is the theory of an open constitution ("Lehre von der offenen Verfassung"). This theory gives state practice

a more important role in constitutional development than the theory of the constitution as a framework ("Verfassung als Rahmenordnung").

15. The right to develop the constitution is given not only to the constitutional court, but also to other superior constitutional bodies, as well as to the open society of constitutional interpreters. The development of the constitution is a pluralistic political process.
16. State practice cannot derive legal authority from unwritten constitutional law and custom, from case law, written constitutional law, and a legal source of its own (sui generis).
17. Instead, the court has taken into consideration state practice by other superior constitutional bodies when using its constitutional discretion by interpreting, concretizing and fixing constitutional norms.
18. From the perspective of legal competence, a state practice typically evolves where the court does not apply its controlling powers, either because there is no case or the court acknowledges the competence of other constitutional bodies in a way of jurisdictional self-restraint.
19. The controlling power of the court is reduced with regard to its scrutiny ("Prüfungsmaßstab") and scope ("Prüfungsumfang"). In this realm, state practice by other constitutional bodies can evolve.
20. Constitutional bodies are obliged to adhere to the constitution. Constitutional bodies are obliged to adhere to the constitution.
21. The obligation to adhere to the constitution is contrasted with the (limited) freedom of constitutional interpretation.
22. The court applies state practice as a means of interpreting constitutional provisions within the law ("intra legem.").
23. The court's reasoning is binding for other constitutional bodies, but not for the court itself and, to a certain extent, not for parliament.
24. There is also a restricted obligation for these bodies to follow constitutional conventions, however these are only enforceable through public opinion, not law.
25. The court also applies state practice beyond the law ("praeter legem") in order to fix and concretize the meaning of constitutional prinicples.
26. The court examines the limits of interpretation contrary to the law ("contra legem").
27. Art. 79 para. 1 sec. 1 GG is not open to a state practice "contra legem", however it does not prohibit a state practice "praeter legem".
28. The jurisdiction reveals certain criteria that indicate which of the state practices are of legal importance and which are not. These criteria concern the beginning of state practice, its duration, its participants and the conviction that it is in accordance with the constitution.
29. State practice is not a primary but rather a secondary source of legal authority, similar to that of the opinion of legal scholars.

E. Literaturverzeichnis

Abendroth, Wolfgang, Das Grundgesetz. Einführung in seine politischen Probleme. Pfullingen: 1966 (zitiert: Abendroth, Das Grundgesetz).

Achterberg, Norbert, Vertrauensfrage und Auflösungsanordnung, Deutsche Verwaltungsblätter 1983, S. 477f, (zitiert: Achterberg, DVBl. 1983).

Alexy, Robert, Theorie der Grundrechte, Suhrkamp, Frankfurt am Main 1. Auflage 1994 (zitiert: Alexy, Theorie der Grundrechte).

Arndt, Adolf, Das Bundesverfassungsgericht, in Deutsches Verwaltungsblatt 1952, S. 297ff. (zitiert: Arndt, DVBl. 1952).

Bachof, Otto, Der Verfassungsrichter zwischen Recht und Politik, in ders. (Hrsg.), Summum Ius, Summa Iniuria, Tübinger Rechtswissenschaftliche Abhandlungen Band 9 1963, S. 41ff. (Bachof, Summum Ius, Summa Iniuria).

Bachof, Otto, Anmerkungen zur Entscheidung des BGH vom 23. Januar 1954, in Neue Juristische Wochenschrift 1954, S. 510ff. (zitiert: Bachof, NJW 1954).

Badura, Peter, Staatsrecht. Systematische Erläuterung des Grundgesetzes für die Bundesrepublik Deutschland, München: C. H. Beck, 3. Auflage 2003 (zitiert: Badura, Staatsrecht).

Badura, Peter, Verfassung und Verfassungsgesetz, in Ehmke, Horst et al. (Hrsg.), Festschrift für Ulrich Scheuner zum 70. Geburtstag. Berlin: Duncker & Humblot 1973, S. 19ff. (zitiert: Badura, Verfassung und Verfassungsgesetz, in FS Scheuner).

Badura, Peter, § 160: Verfassungsänderung, Verfassungswandel, Verfassungsgewohnheitsrecht, S. 57ff., in Isensee / Kirchhof (Hrsg.), Handbuch des Staatsrechts der Bundesrepublik Deutschland, Band VII: Normativität und Schutz der Verfassung, Heidelberg: C. F. Müller, 1. Auflage 1992, (zitiert: Badura in HdStR VII, § 160).

Bauer, Hartmut, § 14: Die Verfassungsentwicklung des wiedervereinigten Deutschland, S. 699ff., in Isensee / Kirchhof (Hrsg.), Handbuch des Staatsrechts der Bundesrepublik Deutschland, Band I: Historische Grundlagen, Heidelberg: C. F. Müller, 3. Auflage 2003 (zitiert: Hofmann in HdStR I, § 14).

Beck, Christian August (1720-84), Versuch einer Staatspraxis oder Canzleyübung aus der Politik, dem Staats- und Völkerrechte, Wien 1754 (zitiert: Beck, Versuch einer Staatspraxis oder Canzleyübung aus der Politik, dem Staats- und Völkerrechte).

Benda, Ernst / Eckart Klein, Lehrbuch des Verfassungsprozeßrechts, Heidelberg: Müller, 2. Auflage 2001 (zitiert: Benda / Klein, Verfassungsprozeßrecht).

Benda, Ernst / Werner Maihofer / Hans-Jochen Vogel (Hrsg.), Handbuch des Verfassungsrechts der Bundesrepublik Deutschland, Berlin: de Gruyter, 2. Auflage 1994. 2 Bände. (zitiert: BearbeiterIn, Artikel, in Benda / Maihofer / Vogel (Hrsg.), Handbuch des Verfassungsrechts, Band).

Bettermann, Karl August, § 73: Die rechtsprechende Gewalt, S. 775ff., in Isensee / Kirchhof (Hrsg.), Handbuch des Staatsrechts der Bundesrepublik Deutschland, Band III: Das Handeln des Staates, Heidelberg: C. F. Müller, 2. Auflage 1996. (zitiert: Bettermann in HdStR III).

Biehler, Gernot, Die Bindungswirkung von Urteilen des Bundesverfassungsgerichts, in Deutsches Verwaltungsblatt 1991, S. 1236 ff. (zitiert: Biehler, DVBl. 1991).

Blankenagel, Alexander, Tradition und Verfassung: Neue Verfassung und alte Geschichte in der Rechtsprechung des Bundesverfassungsgerichts, Baden-Baden: Nomos 1987 (zitiert: Blankenagel, Tradition und Verfassung).

Bleckmann, Albert, Zu den Methoden der Gesetzesauslegung in der Rechtsprechung des BVerfG, Juristische Schulung 2002, S. 942ff. (zitiert: Bleckmann, JuS 2002).

Böckenförde, Ernst-Wolfgang, § 22: Demokratie als Verfassungsprinzip, S. 887ff., in Isensee / Kirchhof (Hrsg.), Handbuch des Staatsrechts der Bundesrepublik Deutschland, Band I: Grundlagen von Staat und Verfassung, Heidelberg: C. F. Müller, 2. Auflage 1995. (zitiert: Böckenförde in HdStR I, §22).

Böckenförde, Ernst-Wolfgang, Die Methoden der Verfassungsinterpretation – Bestandsaufnahme und Kritik, in Neue Juristische Wochenschrift 1976, S. 2089ff. (zitiert: Böckenförde, NJW 1976).

Böckenförde, Ernst-Wolfgang, Anmerkungen zum Begriff Verfassungswandel, in Peter Badura / Rupert Scholz (Hrsg.): Wege und Verfahren des Verfassungslebens. Festschrift für Peter Lerche zum 65. Geburtstag, München: C. H. Beck, 1993, S. 1-14 = Böckenförde, Ernst-Wolfgang in ders. (Hrsg.), Staat, Nation, Europa. Studien zur Staatslehre, Verfassungstheorie und Rechtsphilosophie. Frankfurt am Main: Suhrkamp, 2. Auflage 2000, S. 141-182. (Böckenförde, Anmerkungen zum Begriff Verfassungswandel, FS Lerche).

Böckenförde, Ernst-Wolfgang, Grundrechte als Grundsatznormen. Zur gegenwärtigen Lage der Grundrechtsdogmatik, in Der Staat, Band 29 (1990), S. 1 ff. (zitiert: Böckenförde, Grundrechte als Grundsatznormen, in Der Staat 29 (1990)).

Böckenförde, Ernst-Wolfgang, Verfassungsgerichtsbarkeit: Strukturfragen, Organisation, Legitimation, Neue Juristische Wochenschrift 1999, S. 9ff. (zitiert: Böckenförde, NJW 1999).

Böckenförde, Ernst-Wolfgang, Recht – Staat – Freiheit, Studien zur Staatstheorie und zum Verfassungsrecht. Frankfurt am Main: Suhrkamp, 2. Auflage 1992 (zitiert: Böckenförde, Recht – Staat – Freiheit).

Brugger, Winfried, Einführung in das öffentliche Recht der USA, München: C. H. Beck, 2. Auflage 2001 (zitiert: Brugger, Einführung in das öffentliche Recht der USA).

Schmidt-Bleibtreu, Bruno / Franz Klein, Kommentar zum Grundgesetz, Darmstadt: Luchterhand, 11. Auflage 2008 (zitiert: BearbeiterIn in Schmidt-Bleibtreu / Klein).

Bryde, Brun-Otto, Verfassungsentwicklung. Stabilität und Dynamik im Verfassungsrecht der Bundesrepublik Deutschland, Baden-Baden: Nomos 1982 (zitiert: Bryde, Verfassungsentwicklung).

Bryde, Brun-Otto, Tatsachenfeststellung und soziale Wirklichkeit in der Rechtsprechung des Bundesverfassungsgerichts, in Badura / Dreier (Hrsg.), Festschrift 50 Jahre Bundesverfassungsgericht, Band I: Verfassungsgerichtsbarkeit, Verfassungsprozess, Tübingen: Mohr Siebeck 2001, S. 533ff. (zitiert: Bryde, Tatsachenfeststellung und soziale Wirklichkeit, FS BVerfG (2001) 1).

Ritzel, Heinrich G. / Bücker (Hrsg.), Handbuch für die Parlamentarische Praxis, Frankfurt am Main: Kommentator, Bearbeitung 1993 (zitiert: BearbeiterIn in Ritzel, Heinrich G. / Bücker (Hrsg.), Handbuch für die Parlamentarische Praxis).

Bundesrechnungshof (Hrsg.), Gutachten des Präsidenten des Bundesrechnungshofes zur Modernisierung der Verwaltungsbeziehungen von Bund und Ländern, Berlin: Oktober 2007 (zitiert: Bundesrechnungshof (Hrsg.), Gutachten).

Bydlinski, Franz, Juristische Methodenlehre und Rechtsbegriff. Wien: Springer, 2. Auflage 1991 (zitiert: Bydlinski, Juristische Methodenlehre).

Conze / Brunner / Koselleck (Hrsg.), Geschichtliche Grundbegriffe – Historisches Lexikon zur politisch sozialen Sprache, Stuttgart 2004 (zitiert: BearbeiterIn, Artikel in Conze / Brunner / Koselleck (Hrsg.), Grundbegriffe).

Cremer, Hans-Joachim, Anwendungsorientierte Verfassungsauslegung. Der Status des Bundestagsabgeordneten im Spiegel der Rechtsprechung des Bundesverfassungsgerichts, Baden-Baden: Nomos 2000 (zitiert: Cremer, Anwendungsorientierte Verfassungsauslegung).

Denninger, Erhard / Wolfgang Hoffmann-Riem / Hans-Peter Schneider / Ekkehard Stein (Hrsg.), Alternativkommentar, Kommentar zum Grundgesetz für die Bundesrepublik Deutschland, Neuwied: Luchterhand, 3. Auflage 2001 (zitiert: BearbeiterIn in AK-GG).

Detterbeck, Steffen, Streitgegenstand und Entscheidungswirkungen im Öffentlichen Recht. Grundlagen des Verfahrens vor den allgemeinen Verwaltungsgerichten und vor dem Bundesverfassungsgericht. Tübingen: Mohr Siebeck 1995 (zitiert: Detterbeck, Streitgegenstand und Entscheidungswirkungen).

Detterbeck, Steffen, Normwiederholungsverbote aufgrund normverwerfender Entscheidungen des Bundesverfassungsgerichts?, in Archiv des öffentlichen Rechts, Band 116 (1991), S. 391 ff. (zitiert: Detterbeck, Normwiederholungsverbote aufgrund normverwerfender Entscheidungen des Bundesverfassungsgerichts?, in AöR 116 (1991)).

Dicey, Albert Venn, An Introduction to the Study of the Law of the Constitution, 1. Auflage, Oxford 1885; Nachdruck: 10. Auflage 1959 (zitiert: Dicey, An Introduction to the Study of the Law of the Constitution).

Drath, Martin, Die Grenzen der Verfassungsgerichtsbarkeit, in Veröffentlichungen der Vereinigung der Deutschen Staatsrechtslehrer (Mitbericht), Band 9 (1952), (zitiert: Drath, Die Grenzen der Verfassungsgerichtsbarkeit in VVDStRL 9 (1952))

Dreier, Horst (Hrsg.), Grundgesetz. Kommentar, Tübingen: Mohr Siebeck, seit 1996 (zitiert: BearbeiterIn in Dreier, Grundgesetz).

Dreier, Ralf, Probleme der Rechtsquellenlehre, in Christian-Friedrich Menger (Hrsg.), Fortschritte des Verwaltungsrechts. Festschrift für Hans J. Wolff zum 75. Geburtstag. München: C. H. Beck 1973 (zitiert: Dreier, Probleme der Rechtsquellenlehre, in FS Wolff).

Dreier, Ralf / Friedrich Schwegmann (Hrsg.), Probleme der Verfassungsinterpretation: Dokumentation einer Kontroverse. Baden-Baden: Nomos 1976 (zitiert: Dreier / Schwegmann, Probleme der Verfassungsinterpretation).

Ehmke, Horst, Prinzipien der Verfassungsinterpretation (Mitbericht), S. 1ff., in Veröffentlichungen der Vereinigung der Deutschen Staatsrechtslehrer, Band 20 (1971), Prinzipien der Verfassungsinterpretation. Gefährdungshaftung im öffentlichen Recht. Aussprache zu den Berichten in den Verhandlungen der Tagung der Vereinigung der Deutschen Staatsrechtslehrer zu Freiburg vom 4. bis 7. Oktober 1961 (zitiert: Ehmke, Prinzipien der Verfassungsinterpretation, in VVDStRL 20 (1971)).

Fiedler, Wilfried, „Verfassungsentwicklung“ und politischer Prozess, Juristenzeitung 1985, S. 18ff., zugleich Buchbesprechung zu Brun-Otto Bryde, Verfassungsentwicklung (zitiert: Fiedler, JZ 1985).

Forsthoff, Ernst, Zur Problematik der Verfassungsauslegung, Stuttgart: Kohlhammer 1961 (zitiert: Forsthoff, Zur Problematik der Verfassungsauslegung).

Freitag, Hans Otto, Gewohnheitsrecht und Rechtssystem. Eine rechtstheoretische und verfassungsrechtliche Untersuchung zum Gewohnheitsrecht, insbesondere in der Eingriffsverwaltung, Berlin: Duncker und Humblot, 1976 (Freitag, Gewohnheitsrecht und Rechtssystem).

Frotscher, Werner / Bodo Pieroth, Verfassungsgeschichte, München: C. H. Beck, 3. Auflage 2002 (zitiert: Frotscher / Pieroth, Verfassungsgeschichte).

Frowein, Jochen Abraham / Thorsten Stein (Hrsg.), Rechtliche Aspekte einer Beteiligung der Bundesrepublik Deutschland an Friedenstruppen der Vereinten Nationen, Beiträge zum ausländischen öffentlichen Recht und Völkerrecht, Band 101, Heidelberg: Springer Verlag 1990 (zitiert: Teilnehmer in Frowein / Stein (Hrsg.), Rechtliche Aspekte einer Beteiligung der Bundesrepublik Deutschland an Friedenstruppen der Vereinten Nationen, Beiträge zum ausländischen öffentlichen Recht und Völkerrecht 101 (1990)).

Geiger, Willi, Die Grenzen der Bindung verfassungsgerichtlicher Entscheidungen (§ 31 Abs. 1 BVerfGG), Neue Juristische Wochenschrift 1954, S. 1057ff. (zitiert: Geiger, NJW 1954).

Glaeßner, Gert-Joachim / Werner Reutter / Charly Jeffery (Hrsg.), Verfassungspolitik und Verfassungswandel. Deutschland und Großbritannien im Vergleich, Wiesbaden: VS Verlag, Westdeutscher Verlag, 2001 (zitiert: Glaeßner / Reutter / Jeffery (Hrsg.), Verfassungspolitik und Verfassungswandel).

Göldner, Detlef Christoph, Verfassungsprinzip und Privatrechtsnorm in der verfassungskonformen Auslegung und Rechtsfortbildung, Verfassungskonkretisierung als Methoden- und Kompetenzproblem. Berlin: Duncker & Humblot 1969 (zitiert: Göldner, Verfassungsprinzip und Privatrechtsnorm).

Görres-Gesellschaft (Hrsg.), Staatslexikon, Freiburg im Breisgau: Herder, 7. Auflage 1993. Mehrere Bände (zitiert: BearbeiterIn, Artikel in Görres-Gesellschaft (Hrsg.), Staatslexikon).

Grimm, Dieter, Staatsrechtslehre und Politikwissenschaft, in: ders. (Hrsg.), Rechtswissenschaft und Nachbarwissenschaften II, München: C. H. Beck, 2. Auflage 1976 (zitiert: Grimm, Staatslehre und Politikwissenschaft).

Häberle, Peter, Die offene Gesellschaft der Verfassungsinterpreten, in Juristenzeitung 1975, S. 297ff. (zitiert: Häberle, JZ 1975).

Häberle, Peter, Zeit und Verfassung (1974), S. 82ff. in: ders., Verfassung als öffentlicher Prozess. Materialien zu einer Verfassungstheorie der offenen Gesellschaft, Berlin: Duncker & Humblot 1978 (zitiert: Häberle, Verfassung als öffentlicher Prozess).

Häberle, Peter, Die Verfassungsbeschwerde im System der bundesdeutschen Verfassungsgerichtsbarkeit Jahrbuch des Öffentlichen Rechts der Gegenwart, Band 45 (1997) S. 89ff. (zitiert: Häberle, in JöR n. F. 45 (1997)).

Häberle, Peter, Verfassungsgerichtsbarkeit zwischen Politik und Rechtswissenschaft: Recht aus Rezensionen; Verfassungsgerichtsbarkeit als politische Kraft; 2 Studien, Königstein/Taunus: Athenäum 1980 (zitiert: Häberle, Verfassungsgerichtsbarkeit).

Häberle, Peter, Öffentlichkeitsarbeit der Bundesregierung zwischen Parteien- und Bürgerdemokratie, Juristenzeitung 1977, S. 361ff. (zitiert: Häberle, JZ 1977).

Häußler, Richard, Der Konflikt zwischen Bundesverfassungsgericht und politischer Führung. Berlin: Duncker & Humblot 1994 (zitiert: Häußler, Der Konflikt zwischen Bundesverfassungsgericht und politischer Führung).

Heller, Herrmann, Gesammelte Schriften, herausgegeben von Christoph Müller in Verbindung mit Martin Drath, Otto Stammer, Gerhart Niemeyer, Fritz Borinsky, Band 2: Recht, Staat, Macht, Tübingen: Mohr Siebeck, 2. Auflage 1992 (zitiert: Heller, Gesammelte Schriften).

Heller, Herrmann, Gesammelte Schriften, herausgegeben von Christoph Müller in Verbindung mit Martin Drath, Otto Stammer, Gerhart Niemeyer, Fritz Borinsky, Band 3: Staatslehre als politische Wissenschaft, Tübingen: Mohr Siehbeck, 2. Auflage 1992 (zitiert: Heller, Gesammelte Schriften, Band 3).

Herdegen, Matthias, Verfassungsinterpretation als methodische Disziplin, in Juristenzeitung 2004, S. 873ff. (zitiert: Herdegen, JZ 2004).

Hesse, Konrad, Grundzüge des Verfassungsrechts der Bundesrepublik Deutschland, Heidelberg: Müller, 20. Auflage 1999 (zitiert: Hesse, Grundzüge).

Hesse, Konrad, Die normative Kraft der Verfassung. Tübingen: Mohr 1959 (zitiert: Hesse, Normative Kraft der Verfassung).

Hesse, Konrad, Funktionelle Grenzen der Verfassungsgerichtsbarkeit, in Recht als Prozeß und Gefüge, Festschrift für Hans Huber zum 80. Geburtstag, Bern: Stämpfli 1981, S. 261ff. (zitiert: Hesse, Funktionelle Grenzen).

Hesse, Konrad, Grenzen der Verfassungswandlung, in Horst Ehmke et al. (Hrsg.), Festschrift für Ulrich Scheuner zum 70. Geburtstag. Berlin: Duncker & Humblot 1973, S. 123ff. (zitiert: Hesse, Grenzen der Verfassungswandlung, in FS Scheuner).

Hippel, Ernst von, Ungeschriebenes Verfassungsrecht, S. 1ff. in: Veröffentlichungen der Vereinigung der Deutschen Staatsrechtslehrer, Band 10 (1966): Ungeschriebenes Verfassungsrecht. Enteignung und Sozialisierung. Verhandlungen der Tagung der Vereinigung der Deutschen Staatsrechtslehrer zu Göttingen am 18. und 19. Oktober 1951 (zitiert: von Hippel, Ungeschriebenes Verfassungsrecht, in VVDStRL 10 (1966)).

Hochrathner, Uwe J., Anwendungsbereich und Grenzen des Parlamentsauflösungsrechts nach dem Bonner Grundgesetz, Frankfurt am Main / Bern / New York: Lang 1985, S. 61ff. (zitiert: Hochrathner, Anwendungsbereich und Grenzen des Parlamentsauflösungsrechts nach dem Bonner Grundgesetz).

Hofmann, Hasso, § 7: Die Entwicklung des Grundgesetzes nach 1949, S. 316ff., in Isensee / Kirchhof (Hrsg.), Handbuch des Staatsrechts der Bundesrepublik Deutschland, Band I: Grundlagen von Staat und Verfassung, Heidelberg: C. F. Müller, 2. Auflage 1995 (zitiert: Hofmann in HdStR I, § 7).

Hoffmann-Riem, Wolfgang, Beharrung oder Innovation – Zur Bindungswirkung verfassungsgerichtlicher Entscheidungen, in Der Staat, Band 13 (1974), S. 335ff.. (zitiert: Hoffmann-Riem, Beharrung oder Innovation, in Der Staat 13 (1974)).

Hollerbach, Alexander, Auflösung der rechtsstaatlichen Verfassung?, Archiv des öffentlichen Rechts, Band 55 (1960), S. 241 ff. (zitiert: Hollerbach, Auflösung der rechtsstaatlichen Verfassung?, in AöR 55 (1960)).

Holubek, Reinhard, Allgemeine Staatslehre als empirische Wissenschaft. Eine Untersuchung am Beispiel von Georg Jellinek, Bonn 1961 (zitiert: Holubek, Allgemeine Staatslehre als empirische Wissenschaft).

Holzner, Thomas, Die normative Kraft des Faktischen: Die Vertrauensfrage nach Art. 68 GG – stiller Verfassungswandel hin zu einem Selbstauflösungsrecht?, Berlin: Duncker & Humblot 2009 (zitiert: Holzner, Die normative Kraft des Faktischen: Die Vertrauensfrage nach Art. 68 GG).

Hsü, Dau-Lin, Die Verfassungswandlung, Berlin: de Gruyter 1932 (zitiert: Hsü, Verfassungswandlung).

Ipsen, Jörn, Die Kompetenzverteilung zwischen Bund und Ländern nach der Föderalismusnovelle, in Neue Juristische Wochenschrift 2006, S. 2801ff. (zitiert: Ipsen, NJW 2006).

Isensee, Josef, § 162: Verfassungsrecht als „politisches Recht", S.103ff., in ders. / Kirchhof (Hrsg.), Handbuch des Staatsrechts der Bundesrepublik Deutschland, Band VII: Die Normativität des Grundgesetzes, Heidelberg: C. F. Müller, 1. Auflage 1992, S. 103ff. (zitiert: Isensee in HdStR VII, § 162).

Isensee, Josef, § 111: Das Grundrecht als Abwehrrecht und als staatliche Schutzpflicht, S. 142ff., in ders. / Kirchhof (Hrsg.), Handbuch des Staatsrechts der Bundesrepublik Deutschland, Band V: Allgemeine Lehre der Grundrechte, Heidelberg: C. F. Müller, 1. Auflage 1992 (zitiert: Isensee in HdStR V, § 111).

Jarass, Hans D. / Bodo Pieroth, Grundgesetz für die Bundesrepublik Deutschland. Kommentar, München: C. H. Beck, 10. Auflage 2009 (zitiert: Jarras / Pieroth, Grundgesetz).

Jellinek, Georg, Allgemeine Staatslehre (1900), Neudruck Berlin: Julius Springer, 3. Auflage 1922 (zitiert: G. Jellinek, Allgemeine Staatslehre).

Jellinek, Georg, Verfassungsänderung und Verfassungswandlung. Eine staatsrechtliche-politische Abhandlung, Berlin: Haering 1906; neu herausgegeben von Walter Pauly, Goldbach: Keip 1996 (zitiert: G. Jellinek, Verfassungswandlung).

Jellinek, Georg, Gesetz und Verordnung. Staatsrechtliche Untersuchungen auf rechtsgeschichtlicher und rechtsvergleichender Grundlage (1887); Neudruck: Alen: Scientia 1964 (zitiert: G. Jellinek, Gesetz und Verordnung).

Jellinek, Georg, System der Subjektiven Öffentlichen Rechte (1892); Neudruck der 2. Auflage Tübingen 1919: Aalen: Scientia 1979 (zitiert: G. Jellinek, System der Subjektiven Öffentlichen Rechte).

Jestaedt, Matthias, Verfassungsgerichtspositivismus. Die Ohnmacht des Verfassungsgesetzgebers im verfassungsgerichtlichen Jurisdiktionsstaat, in Otto Depenheuer / ders. / Markus Heintzen / Peter Axer (Hrsg.), Nomos und Ethos. Festschrift für Josef Isensee zum 65. Geburtstag, Berlin: Duncker & Humblot (zitiert: Jestaedt, Verfassungsgerichtspositivismus, FS Isensee).

Kant, Immanuel, Über den Gemeinspruch: Das mag in der Theorie richtig sein, taugt aber nicht für die Praxis (1793); Neudruck Hamburg: Meiner 1992 (zitiert: Kant, Über den Gemeinspruch).

Kaufmann, Arthur, Das Verfahren der Rechtsgewinnung. Eine rationale Analyse, München: C. H. Beck, 1999, (zitiert: Kaufmann, Das Verfahren der Rechtsgewinnung).

Kelsen, Hans, Hauptprobleme der Staatsrechtslehre, Wien 1911 (zitiert: Kelsen, Hauptprobleme).

Kersten, Jens, Georg Jellinek und die klassische Staatslehre. Tübingen: Mohr Siebeck 2000 (zitiert: Kersten, Georg Jellinek und die klassische Staatslehre).

Kischel, Uwe, Darf der Gesetzgeber das Bundesverfassungsgericht ignorieren? - Zum erneuten Erlaß für nichtig erklärter Gesetze, Archiv des öffentlichen Rechts 2006, S. 219ff. (zitiert: Kischel, Darf der Gesetzgeber das Bundesverfassungsgericht ignorieren?, in AöR 131 (2006)).

Klein, Hans-Hugo, Probleme der Bindung des „einfachen Richters" an Entscheidungen des BVerfG, in Neue Juristische Wochenschrift 1977, S. 697ff. (zitiert: Klein, NJW 1977).

Koch, Hans-Joachim, Helmut Rüssmann, Juristische Begründungslehre. Eine Einführung in Grundprobleme der Rechtswissenschaft. München: C. H. Beck 1982 (zitiert: Koch / Rüssmann, Begründungslehre).

Korioth, Stefan, Die Bindungswirkung normverwerfender Entscheidungen des Bundesverfassungsgerichts für den Gesetzgeber, in Der Staat, Band 30 (1991), S. 549ff. (zitiert: Korioth, Die Bindungswirkung normverwerfender Entscheidungen, in Der Staat 30 (1991)).

Kriele, Martin, Einführung in die Staatslehre. Stuttgart: Kohlhammer, 6. Auflage 2003 (zitiert: Kriele, Einführung in die Staatslehre).

Kriele, Martin, Theorie der Rechtsgewinnung, entwickelt am Problem der Verfassungsinterpretation, Berlin: Duncker & Humblot 1967 (zitiert: Kriele, Theorie der Rechtsgewinnung).

Krüger, Herbert, Allgemeine Staatslehre, Stuttgart: Kohlhammer, 2. Auflage 1966 (zitiert: Krüger, Allgemeine Staatslehre).

Kube, Hanno, Die Bindungswirkung der Normverwerfung, Die Öffentliche Verwaltung 2002, S. 737ff. (zitiert: Kube, DÖV 2002).

Kunst, Hermann (Hrsg.), Evangelisches Staatslexikon, Stuttgart: Kreuz-Verlag, 1. Auflage 1966 (zitiert: BearbeiterIn, Artikel in Kunst (Hrsg.), Evangelisches Staatslexikon).

Laband, Paul, Wandlungen der Reichsverfassung, 1895, (zitiert: Laband, Wandlungen).

Landau, Peter, Die Rechtsquellenlehre in der deutschen Rechtswissenschaft des 19. Jahrhunderts, in Juristische Theoriebildung und Rechtliche Einheit, Rätshistoriska Studier, Nittande Bondet, Lund: Blom 1993, S. 69ff. (zitiert: Landau, Die Rechtsquellenlehre in der deutschen Rechtswissenschaft des 19. Jahrhunderts).

Larenz, Karl, Methodenlehre der Rechtswissenschaft, Berlin: Springer 6. Auflage 1991 (zitiert: Larenz, Methodenlehre).

Larenz, Karl / Claus-Wilhelm Canaris, Methodenlehre der Rechtswissenschaft 4. Auflage Berlin: Springer 2007 (zitiert: Larenz / Canaris, Methodenlehre).

Leibholz, Gerhard, Die Gleichheit vor dem Gesetz. Eine Studie auf rechtsvergleichender Grundlage, Berlin: Otto Liebmann, 1. Auflage 1925 (zitiert: Leibholz, Die Gleichheit vor dem Gesetz).

Leibholz, Gerhard, Verfassungsrecht und Verfassungswirklichkeit, S. 277ff., in ders., Strukturprobleme der modernen Demokratie, Karlsruhe: C. F. Müller, 1958 (zitiert: Leibholz, Verfassungsrecht und Verfassungswirklichkeit).

Lerche, Peter, Stiller Verfassungswandel als aktuelles Politikum, in Spanner (Hrsg.), Festgabe für Theodor Maunz zum 70. Geburtstag, München: C. H. Beck 1971 (zitiert: Lerche, Stiller Verfassungswandel als aktuelles Politikum, FG Maunz).

Lerche, Peter, Staatspraxis und Verfassungsgerichtsbarkeit, in Theo Stammen / Heinrich Oberreuter / Paul Mikat (Hrsg.), Politik – Bildung – Religion, Hans Maier zum 65. Geburtstag, Paderborn: Schöningh, 1996; S. 341ff. (zitiert: Lerche, Staatspraxis und Verfassungsgerichtsbarkeit).

Lerche, Peter, Stil und Methode der verfassungsgerichtlichen Entscheidungspraxis, in Badura, Peter / Horst Dreier (Hrsg.), Festschrift 50 Jahre Bundesverfassungsgericht, Band I: Verfassungsgerichtsbarkeit, Verfassungsprozess, Tübingen: Mohr Siebeck 2001, S. 333ff. (zitiert: Lerche, Stil und Methode, FS BVerfG (2001) 1).

Looschelders, Dirk / Wolfgang Roth, Juristische Methodik im Prozeß der Rechtsanwendung, Berlin: Duncker & Humblot 1996 (zitiert: Looschelders / Roth, Juristische Methodik).

Mangoldt, Hermann von / Friedrich Klein / Christian Starck (Hrsg.), Das Bonner Grundgesetz. Kommentar, München: Vahlen. Band 2: Art. 20-82 GG, 5. Auflage 2005 (zitiert: BearbeiterIn in Mangoldt / Klein / Starck (Hrsg.), GG).

Mangoldt, Hermann von / Friedrich Klein, Das Bonner Grundgesetz. Kommentar, Berlin: Vahlen, 1966 (zitiert: von Mangoldt / Klein, GG).

Maunz, Theodor / Bruno Schmidt-Bleibtreu / Franz Klein (Hrsg.), Bundesverfassungsgerichtsgesetz. Loseblatt-Kommentar, München: C. H. Beck, Stand: Juli 2002. (zitiert: BearbeiterIn in Maunz / Schmidt-Bleibtreu / Ulsamer / Klein (Hrsg.), Bundesverfassungsgerichtsgesetz).

Maunz, Theodor / Günter Dürig (Hrsg.), Grundgesetz. Kommentar, Loseblattsammlung, München: C. H. Beck, seit 1958. Stand: Dezember 2007, Band III: Art. 17 – 27 GG, Band IV: Art. 28 – 69 GG, Band V: Art. 70-99 GG, (zitiert: BearbeiterIn in Maunz / Dürig (Hrsg.), Grundgesetz).

Maurer, Hartmut, § 79: Kontinuitätsgewähr und Vertrauensschutz, in Isensee / Kirchhof (Hrsg.), Handbuch des Staatsrechts der Bundesrepublik

Deutschland, Band III: Aufgaben des Staates, Heidelberg: C. F. Müller, 3. Auflage 2006 (zitiert: Maurer in HdStR III, § 79).
Maurer, Hartmut, Staatsrecht I. Grundlagen, Verfassungsorgane, Staatsfunktionen, München: C. H. Beck, 5. Auflage 2007 (zitiert: Maurer, Staatsrecht I).
Maurer, Hartmut, Allgemeines Verwaltungsrecht, München: C. H. Beck, 15. Auflage 2004 (zitiert: Maurer, Verwaltungsrecht).
Mengel, Hans-Joachim, Die Verfassung der V. Republik Frankreichs, in Jahrbuch des öffentlichen Rechts der Gegenwart, n.F. Band 30 (1981) (zitiert: Mengel, Die Verfassung der V. Republik Frankreichs, in JöR n.F. 30 (1981)).
Menger, Christian-Friedrich, Deutsche Verfassungsgeschichte der Neuzeit, Heidelberg: Müller, 8. Auflage 1993 (zitiert: Menger, Deutsche Verfassungsgeschichte der Neuzeit).
Meyers Konversationslexikon, Band 15, Leipzig und Wien: Verlag des Bibliographischen Instituts, 4. Auflage, 1885-1892, S. 201 und Band 13 S. S. 183f. (zitiert: Meyers Konversationslexikon).
Meyn, Karl-Ulrich, Parlamentsbrauch und Fraktionsgemeinschaft: Zur Wahl des Präsidenten des 8. Deutschen Bundestages, in Juristenzeitung 1977, S. 167ff. (zitiert: Meyn, JZ 1977).
Morlok, Martin, Informalisierung und Entparlamentarisierung politischer Entscheidungen als Gefährdungen der Verfassung?, S. 37ff., in Veröffentlichungen der Vereinigung der Deutschen Staatsrechtslehrer, Band 62 (2003), (zitiert: Morlok, Informalisierung und Entparlamentarisierung, in VVDStRL 62 (2003)).
Müller, Friedrich / Ralph Christensen, Juristische Methodik, Berlin: Duncker & Humblot, Bd. 1: Grundlagen. 8. Auflage 2002; Band 2: Europarecht, 2. Auflage 2003 (zitiert: Müller / Christensen, Juristische Methodik).
Müller-Franken, Sebastian, Staatspraxis und Verfassungsauslegung. Zur Bedeutung der praktischen Handhabung der Verfassung durch staatliche Organe für die Auslegung des Grundgesetzes, in Otto Depenheuer / Markus Heintzen / Matthias Jestaedt / Peter Axer (Hrsg.), Staat im Wort. Festschrift für Josef Isensee zum 70. Geburtstag, Heidelberg: C. F. Müller 2007, S. 229ff. (zitiert: Müller-Franken, Staatspraxis und Verfassungsauslegung).
Münch, Ingo von / Philip Kunig (Hrsg.), Grundgesetz-Kommentar, seit 1974 in 3 Bänden, Band 1: Art. 1-19 GG, München: C. H. Beck, 5. Auflage 2000, Band 2: Art. 20-69 GG, München: C. H. Beck, 4. Auflage 1992, Band 3: Art. 70-146 GG, München: C. H. Beck, 5. Auflage 2003, (zitiert: BearbeiterIn in von Münch / Kunig (Hrsg.), Grundgesetz-Kommentar, Band 1-3).

Nelson, Leonard, Die Rechtswissenschaft ohne Recht. Kritische Betrachtungen über die Grundlagen des Staats- und Völkerrechts insbesondere über die Lehre von der Souveränität. Göttingen: Öffentliches Leben, 2. Auflage 1949 (zitiert: Nelson, Rechtswissenschaft ohne Recht).

Odendahl, Kerstin, Das Erfordernis der einheitlichen Stimmabgabe im Bundesrat (Art. 51 III 2 GG): Der Fall des Zuwanderungsgesetzes, in JuS 2002, S. 1049ff. (zitiert: Odendahl: Das Erfordernis der einheitlichen Stimmabgabe im Bundesrat, in JuS 2002).

Oppermann, Thomas, Das parlamentarische Regierungssystem des Grundgesetzes: Anlage - Erfahrungen – Zukunftseignung, in: Veröffentlichungen der Vereinigung der Deutschen Staatsrechtslehrer, Band 33 (1975) (zitiert: Oppermann, Das Parlamentarische Regierungssystem des Grundgesetzes, in VVDStRL 33 (1975)).

Ossenbühl, Fritz, § 61: Gesetz und Recht – Die Rechtsquellen im demokratischen Rechtsstaat, S. 281ff. in Isensee / Kirchhof (Hrsg.), Handbuch des Staatsrechts der Bundesrepublik Deutschlands Band III: Das Handeln des Staates, Heidelberg: C. F. Müller, 2. Auflage 1996 (zitiert: Ossenbühl in HdStR III, § 61).

Ossenbühl, Fritz, § 62: Vorrang und Vorbehalt des Gesetzes, S. 320ff., in Isensee / Kirchhof (Hrsg.), Handbuch des Staatsrechts der Bundesrepublik Deutschlands Band III: Das Handeln des Staates, 2. Auflage 1996 (zitiert: Ossenbühl in HdStR III, § 62).

Paulson, Stanley L. / Martin Schulte (Hrsg.), Georg Jellinek: Beiträge zu Leben und Werk. Tübingen: Mohr Siebeck 2000 (zitiert: AutorIn in Paulson / Schulte (Hrsg.), Georg Jellinek: Beiträge zu Leben und Werk).

Pieroth, Bodo / Schlink, Bernhard, Grundrechte, Staatsrecht II, Heidelberg: Müller, Grundrechte - Staatsrecht II, Heidelberg: 24. Auflage 2008 (zitiert: Pieroth / Schlink, Staatsrecht II).

Podworny, Sven Joachim, Die auflösungsgerichtete Vertrauensfrage. Unter besonderer Berücksichtigung der BVerfG-Urteile von 1983 und 2005, Köln und München: Heymanns 2008 (zitiert: Podworny, Die auflösungsgerichtete Vertrauensfrage).

Pölitz, Karl Heinrich Ludwig (1772-1838), Die Staatswissenschaften im Licht unsrer Zeit, Leipzig, 1823 (zitiert: Pölitz, Die Staatswissenschaften im Licht unsrer Zeit).

Rädler, Peter, Verfassungsgestaltung durch Staatspraxis. Ein Vergleich des deutschen und britischen Rechts, in: Zeitschrift für ausländisches öffentliches Recht und Völkerrecht, Band 58 (1998), S. 611ff. (zitiert: Rädler, Verfassungsgestaltung durch Staatspraxis, in ZaöRV 58 (1998)).

Reinhardt, Michael, Konsistente Jurisdiktion. Grundlegung einer verfassungsrechtlichen Theorie der rechtsgestaltenden Rechtsprechung, Tübingen: Mohr Siebeck, 1997 (zitiert: Reinhardt, Konsistente Jurisdiktion).

Reuter, Konrad, Praxishandbuch Bundesrat. Verfassungsrechtliche Grundlagen, Kommentar zur Geschäftsordnung, Praxis des Bundesrates. Heidelberg: C. F. Müller 1991 (zitiert: Reuter, Praxishandbuch Bundesrat).

Robbers, Gerhard, Gerechtigkeit als Rechtsprinzip. Über den Begriff der Gerechtigkeit in der Rechtsprechung des Bundesverfassungsgerichts. Baden-Baden: Nomos 1980 (zitiert: Robbers, Gerechtigkeit als Rechtsprinzip).

Robbers, Gerhard, Obsoletes Verfassungsrecht durch sozialen Wandel?, in Klein, Eckart in Verbindung mit Klaus-Eckart Gebauer (Hrsg.), Grundrechte, soziale Ordnung und Verfassungsgerichtsbarkeit: Festschrift für Ernst Benda zum 70 Geburtstag, S. 209ff. (zitiert: Robbers, Obsoletes Verfassungsrecht durch sozialen Wandel?, in FS Benda).

Robbers, Gerhard, Die Änderungen des Grundgesetzes, in Neue Juristische Wochenschrift 1989, S. 1325ff. (zitiert: Robbers, Die Änderungen des Grundgesetzes, in NJW 1898).

Robbers, Gerhard, Rückwirkende Rechtsprechungsänderung, in Juristenzeitung 1988, S. 481ff (zitiert: Robbers, Rückwirkende Rechtsprechungsänderung, in JZ 1988).

Robbers, Gerhard, Die Staatslehre der Weimarer Republik – Eine Einführung. In: JURA 1993, S. 69ff. (zitiert: Robbers, Die Staatslehre der Weimarer Republik, in JURA 1993).

Roellecke, Gerd, § 54: Aufgabe und Stellung des Bundesverfassungsgerichts in der Gerichtsbarkeit, S. 281ff. in Isensee / Kirchhof (Hrsg.), Handbuch des Staatsrechts der Bundesrepublik Deutschlands Band II: Demokratische Willensbildung – Die Staatsorgane des Bundes, Heidelberg: C. F. Müller, 1. Auflage 1987 (zitiert: Ossenbühl in HdStR II, § 54).

Rost, Dirk Hanns, Rechtswirkungen gleichbleibender Staatspraxis im Verfassungsrecht, Kiel 1996 (zitiert: Rost, Rechtswirkungen gleichbleibender Staatspraxis im Verfassungsrecht)

Ross, Alf, Theorie der Rechtsquellen. Leipzig und Wien 1929 (Neudruck Aalen: Scientia-Verlag 1989, (zitiert: Ross, Theorie der Rechtsquellen).

Rousseau, Jean-Jacques, Vom Gesellschaftsvertrag oder Grundsätze des Staatsrechts, Leipzig: Neudruck Reclam 1996 (zitiert: Rousseau, Vom Gesellschaftsvertrag).

Roßnagel, Alexander, Verfassungsänderung und Verfassungswandel in der Verfassungspraxis, in Der Staat, Band 22 (1983), S. 551ff. (zitiert: Roßnagel, in Der Staat 22 (1983).

Roßnagel, Alexander, Buchbesprechung zu Brun-Otto Bryde, Verfassungsentwicklung, in Der Staat 24 (1985) S. 121ff. (zitiert: Rossnagel in Der Staat 24 (1985)).

Rüthers, Bernd, Rechtstheorie. Begriff, Geltung und Anwendung des Rechts. München: C. H. Beck, 4. Auflage 2008 (zitiert: Rüthers, Rechtstheorie).

Sachs, Michael, Zur Verbindlichkeit bundesverfassungsgerichtlicher Entscheidungen, in Ziemske, Burkhardt / Theo Langheid / Heinrich Wilms / Görg Haverkate (Hrsg.), Staatsphilosophie und Rechtspolitik. Festschrift für Martin Kriele, München: C. H. Beck 1997, S. 431ff. (Sachs, Zur Verbindlichkeit bundesverfassungsgerichtlicher Entscheidungen, in FS Kriele).

Sachs, Michael, Die Bindung des Bundesverfassungsgerichts an seine Entscheidungen. München: Vahlen 1977 (zitiert: Sachs, Bindung des Bundesverfassungsgerichts).

Sachs, Michael (Hrsg.), Grundgesetz. Kommentar, München: C. H. Beck, 5. Auflage 2008 (zitiert: BearbeiterIn in Sachs, Grundgesetz).

Savigny, Friedrich Carl von, System des heutigen Römischen Rechts, Berlin 1840, Band I und III (zitiert: von Savigny, System des heutigen Römischen Rechts).

Schlaich, Klaus, § 49: Die Funktion des Bundespräsidenten im Verfassungsgefüge, S. 541ff., in Isensee / Kirchhof (Hrsg.), HdStR II: Demokratische Willensbildung – Die Staatsorgane des Bundes, Heidelberg: C. F. Müller, 2. Auflage 1998 (zitiert: Schlaich in HdStR II, § 49).

Schlaich, Klaus, Die Verfassungsgerichtsbarkeit im Gefüge der Staatsfunktionen (Mitbericht), in Veröffentlichungen der Vereinigung der Deutschen Staatsrechtslehrer, Band 39 (1981): Die Verfassungsgerichtsbarkeit im Gefüge der Staatsfunktionen. Besteuerung und Eigentum, Berichte und Diskussionen auf der Tagung der Vereinigung der Deutschen Staatsrechtslehrer zu Innsbruck vom 1. bis 4. Oktober 1980. (zitiert: Schlaich, Die Verfassungsgerichtsbarkeit im Gefüge der Staatsfunktionen, in VVDStRL 39 (1981), S. 138).

Schlaich, Klaus / Stefan Korioth, Das Bundesverfassungsgericht. Stellung, Verfahren, Entscheidungen. Ein Studienbuch. München: C. H. Beck, 6. Auflage 2004 (zitiert: Schlaich / Korioth, Das Bundesverfassungsgericht).

Schlichting, Gerhard, Zur Auslegung von Art. 68 GG durch das Bundesverfassungsgericht. Kritische Überlegungen zum Urteil vom 16. Februar 1983, in Juristenzeitung 1984, S. 120ff (zitiert: Schlichting, JZ 1984).

Schlink, Bernhard, Bemerkungen zum Stand der Methodendiskussion in der Verfassungsrechtswissenschaft, in Der Staat, Band 19 (1980), S. 73ff. (zitiert: Schlink, Bemerkungen zum Stand der Methodendiskussion in der Verfassungsrechtswissenschaft, in Der Staat 19 (1980)).

Schlink, Bernhard, Die Entthronung der Staatsrechtswissenschaft durch die Verfassungsgerichtsbarkeit, in Der Staat, Band 28 (1989), S. 162ff. (zitiert: Schlink, Die Entthronung der Staatsrechtswissenschaft durch die Verfassungsgerichtsbarkeit, in Der Staat 28 (1989)).

Schlink, Bernhard, Abschied von der Dogmatik. Verfassungsrechtsprechung und Verfassungsrechtswissenschaft im Wandel, in Juristenzeitung 2007, S. 157ff. (zitiert: Schlink, JZ 2007).

Schlothauer, Reinhold, Zur Krise der Verfassungsgerichtsbarkeit. Neuere Ansätze zur Methodik der Verfassungsinterpretation; Untersuchung am Beispiel Horst Ehmke, Peter Häberle, Konrad Hesse, Martin Kriele und Friedrich Müller. Köln: Europäische Verlagsanstalt, 1979 (zitiert: Schlothauer, Zur Krise der Verfassungsgerichtsbarkeit).

Schmid, Carlo, Erinnerungen. Bern: Scherz 1980 (zitiert: Schmid, Erinnerungen).

Schnapp, Friedrich E., Sandra Henkenkötter, Zur Bindungswirkung der Entscheidungen des Bundesverfassungsgerichtes, in Juristische Schulung 1994, S. 121ff. (zitiert: Schnapp / Henkenkötter, JuS 1994).

Schneider, Hans-Peter, Verfassungsinterpretation aus theoretischer Sicht, in Schneider, Hans-Peter / Rudolf Steinberg (Hrsg.), Verfassungsrecht zwischen Wissenschaft und Richterkunst, Konrad Hesse zum 70. Geburtstag. Heidelberg: Müller 1990, S. 39ff. (zitiert: Schneider, Verfassungsinterpretation, FS Hesse).

Schneider, Hans-Peter, Sibyllinisch oder salomonisch? – Das Urteil des Bundesverfassungsgerichts zur Parlamentsauflösung, Neue Juristische Wochenschrift 1983, S. 1529ff. (zitiert: Schneider, NJW 1983).

Schneider, Hans-Peter / Zeh, Wolfgang (Hrsg.), Parlamentsrecht und Parlamentspraxis in der Bundesrepublik Deutschland: Ein Handbuch. Berlin: De Gruyter 1989, (zitiert: Schneider / Zeh (Hrsg.), Parlamentsrecht – und Parlamentspraxis).

Schreiber, Rupert, Die Geltung von Rechtsnormen. Berlin: Springer, 1966 (zitiert: Schreiber, Geltung von Rechtsnormen).

Schulze-Fielitz, Helmuth, Das Verhältnis von formaler und informaler Verfassung, in Axel Görlitz / Hans-Peter Burth (Hrsg.), Informale Verfassung, Baden-Baden: Nomos 1998, S. 25ff. (zitiert: Schultze-Fielitz, Das Verhältnis von formaler und informaler Verfassung, in Görlitz / Burth (Hrsg.), Informale Verfassung).

Schulze-Fielitz, Helmuth, Der informale Verfassungsstaat. Aktuelle Beobachtungen des Verfassungslebens der Bundesrepublik Deutschland im Lichte

der Verfassungstheorie. Berlin: Duncker & Humblot, 1984 (zitiert: Schulze-Fielitz, Der informale Verfassungsstaat).
Schuppert, Gunnar Folke, Self-restraints der Rechtsprechung, in Deutsche Verwaltungsblätter 1988, S. 1194ff (zitiert: Schuppert, DVBl. 1988).
Schuppert, Gunnar Folke, Rigidität und Flexibilität von Verfassungsrecht, S. 76ff., in Archiv des Öffentlichen Rechts, Band 120 (1995), (zitiert: Schuppert, Rigidität und Flexibilität von Verfassungsrecht, AöR 120 (1995)).
Schwacke, Peter, Juristische Methodik, Köln: Deutscher Gemeindeverlag, 4. Auflage 2003 (zitiert: Schwacke, Juristische Methodik).
Seyfarth, Georg, Die Änderung der Rechtsprechung durch das Bundesverfassungsgericht, Berlin: Duncker & Humblot 1998 (zitiert: Seyfarth, Die Änderung der Rechtsprechung durch das Bundesverfassungsgericht).
Sobota, Katharina, Das Prinzip Rechtstaat: Verfassungs- und verwaltungsrechtliche Aspekte, Tübingen: Mohr Siehbeck 1997, (zitiert: Sobota, Prinzip Rechtstaat).
Neuner, Jörg, Die Rechtsfindung contra legem, München: C. H. Beck, 2. Auflage 1995, zitiert: Neuner, Rechtsfindung contra legem).
Smend, Rudolf, Verfassung und Verfassungsrecht (1928), in ders. (Hrsg.), Staatsrechtliche Abhandlungen und andere Aufsätze, Berlin: Duncker & Humblot, 2. Auflage 1968 (zitiert: Smend, Verfassungsrecht).
Starck, Christian, § 164: Die Verfassungsauslegung, S. 189ff., in Isensee / Kirchhof (Hrsg.), HdStR VII: Normativität und Schutz der Verfassung – Internationale Beziehungen, Heidelberg: C. F. Müller, 1. Auflage 1992 (zitiert: Starck in HdStR VII, § 164).
Starck, Christian (Hrsg.), Bundesverfassungsgericht und Grundgesetz. Festgabe aus Anlaß des 25jährigen Bestehens des Bundesverfassungsgerichts. Tübingen: Mohr 1976., Band 1: Verfassungsgerichtsbarkeit, Band 2: Verfassungsauslegung, (zitiert: BearbeiterIn in Starck (Hrsg.), FG BVerfG (1976) 1-2).
Stein, Ekkehart / Götz Frank, Staatsrecht. Tübingen: Mohr Siebeck, 20. Auflage 2007 (zitiert: Stein / Frank, Staatsrecht).
Stern, Klaus, Das Staatsrecht der Bundesrepublik Deutschland, Kommentar in 4 Bänden, Band I: Grundbegriffe und Grundlagen des Staatsrechts. Strukturprinzipien der Verfassung, München: C. H. Beck, 2. Auflage 1977, Band II: Staatsorgane, Staatsfunktionen, Finanz- und Haushaltsverfassung, Notstandsverfassung, München 1980, Band III/1: Allgemeine Lehren der Grundrechte, München 1983, Band III/2: Allgemeine Lehren der Grundrechte, München 1994, (zitiert: Stern, Staatsrecht I-III2).
Stricker, Georg, Grenzen der Bindungswirkung verfassungsgerichtlicher Entscheidungen, in Die Öffentliche Verwaltung 1995, S. 980ff. (zitiert: Strikker, DÖV 1995).

Teubner, Gunther, Globale Zivilverfassungen: Alternativen zur staatszentrierten Verfassungstheorie, S. 1ff, in Zeitschrift für ausländisches öffentliches Recht und Völkerrecht, Band 63 (2003), (zitiert: Teubner, Globale Zivilverfassungen, in ZaöRV 63 (2003)).

Thoma, Richard, Rechtsgutachten betreffend die Stellung des Bundesverfassungsgerichts, Jahrbuch des öffentlichen Rechts, (zitiert: Thoma, Rechtsgutachten betreffend die Stellung des Bundesverfassungsgerichts, in JöR n.F. 6 (1957)).

Tomuschat, Christian, Verfassungsgewohnheitsrecht? Eine Untersuchung zum Staatsrecht der Bundesrepublik Deutschland. Heidelberg: Winter, 1972 (zitiert: Tomuschat, Verfassungsgewohnheitsrecht?).

Tschentscher, Axel, Rechtsrahmen und Rechtspraxis der Bestellung von Richterinnen und Richtern zum Bundesverfassungsgericht, in: www.servat.unibe.ch/jurisprudentia/lit/bverfg-wahlen.pdf [Stand: Januar 2008] (zitiert: Tschentscher, Rechtsrahmen und Rechtspraxis der Bestellung von Richterinnen und Richtern zum Bundesverfassungsgericht).

Umbach, Dieter C. / Thomas Clemens (Hrsg.), Bundesverfassungsgerichtsgesetz. Mitarbeiterkommentar und Handbuch, in 2 Bänden, Heidelberg: C. F. Müller 2002 (zitiert: BearbeiterIn in Umbach / Clemens, BVerfGG I-II).

Vogel, Klaus, Das Bundesverfassungsgericht und die übrigen Verfassungsorgane. Bundesverfassungsgerichtliche Argumentationsfigu-ren zu den Grenzen der Verfassungsgerichtsbarkeit, Frankfurt am Main / Bern / New York / Paris: Lang 1988 (zitiert: Vogel, Das Bundesverfassungsgericht und die übrigen Verfassungsorgane).

Voigt, Rüdiger / Seybold, Martin, Streitkräfte und Wehrverwaltung. Eine verfassungsrechtliche Analyse des Verhältnisses von Art. 87 a zu Art. 87 b GG, Baden-Baden: Nomos 2003 (zitiert: Voigt / Seybold, Streitkräfte und Wehrverwaltung).

Voßkuhle, Andreas, Gibt es und wozu nutzt eine Lehre vom Verfassungswandel? in Der Staat, Band 43 (2004), S. 450ff. (zitiert: Voßkuhle, Gibt es und wozu nutzt eine Lehre vom Verfassungswandel?, in Der Staat, 43 (2004)).

Voßkuhle, Andreas, Der Grundsatz der Verfassungsorgantreue und die Kritik am BVerfG, in: NJW 1997, S. 2216ff. (zitiert: Voßkuhle, NJW 1997).

Walter, Christian, Hüter oder Wandler der Verfassung? Zur Rolle des Bundesverfassungsgerichts im Prozeß des Verfassungswandels, Archiv des Öffentlichen Rechts, Band 125 (2000), S. 517ff. (zitiert: Walter, Hüter oder Wandler der Verfassung?, in AöR 125 (2000)).

Wolff, Heinrich Amadeus, Ungeschriebenes Verfassungsrecht unter dem Grundgesetz, Tübingen: Mohr Siehbeck 2000 (zitiert: Wolff, Ungeschriebenes Verfassungsrecht).

Würtenberger, Thomas, Zur Legitimität des Verfassungsrichterrechts, in Guggenberger, Bernd / Thomas Würtenberger (Hrsg.), Hüter der Verfassung oder Lenker der Politik? Das Bundesverfassungsgericht im Widerstreit. Baden-Baden: Nomos, 1998, S. 57ff. (zitiert: Würtenberger, Zur Legitimität des Verfassungsrichterrechts).

Ziekow, Jan, Die Bindungswirkung der Entscheidungen des BVerfG, in JURA 1995, S. 522ff. (zitiert: Ziekow, JURA 1995).

Zippelius, Reinhold, Juristische Methodenlehre. München: C. H. Beck, 10. Auflage 2006 zitiert nach (zitiert: Zippelius, Juristische Methodenlehre).

F. Stichwortverzeichnis

G. Entscheidungsregister

	BVerfGE	AZ:	vom	Richter	Kurztitel	Zitat
1.	1, 14	2 BvG 1/51	23.10.1951	2. Senat: *Leibholz, Henneka, Federer, Rupp, Katz, Wolff, Geiger, Leusser, Klaas, Friesenhahn, Roediger, Fröhlich*	E 1, 14 (60) – Südweststaat: „Praxis der Weimarer Zeit" zu 48 II WRV und Art. 80 GG, positiv festgestellt, schlecht, unübertragbar	S. 59/60: „In bewußter Abkehr von der ./. Praxis der Weimarer Zeit fordert Art. 80 GG als Grundlage für Rechtsverordnungen jeder Art eine gesetzliche Ermächtigung, die nach Inhalt, Zweck und Ausmaß genau umgrenzt ist."

2.	1, 97	1 BvR 220/51	19.12.1951	1. Senat: *Höpker-Aschoff, Kurt Zweigert, Scholtissek, Heiland, Scheffler, Wessel, Ritterspach, Stein, Lehmann, Draht, Konrad Zweigert, Ellinghaus*	E 1, 97 (102) – Hinterbliebenenrente: „Praxis des schweizerischen Bundesgerichts“ zu Art. 113 Bundesverfassung und Art. 93 Nr. 4a GG, positiv festgestellt, schlecht, unübertragbar	S. 102: „Ob eine gegenwärtige ("aktuelle") Verletzung des Beschwerdeführers vorliegt, kann nur von Fall zu Fall entschieden werden. Jedenfalls aber ist die - in anderer Hinsicht vergleichbare - Praxis des schweizerischen Bundesgerichts zu Art. 113 der Schweizer Bundesverfassung auf die deutsche Verfassungsbeschwerde insoweit nicht übertragbar. Nach dieser schweizerischen Praxis braucht der Beschwerdeführer nur zu behaupten, daß er irgendwann einmal in der Zukunft ("virtuell") von der gerügten Gesetzesbestimmung betroffen werden könnte[...]“

3.	1, 144	2 BvE 1/51	06.03.1952	*2. Senat: Leibholz, Henneka, Federer, Rupp, Katz, Wolff, Geiger, Leusser, Klaas, Friesenhahn, Roediger, Fröhlich*	E 1, 144 (148f.) – Geschäftsordnungsautonomie: Praxis zu § 48 a GO-RT „seit 9. Februar 1931 unbeanstandet in Kraft“ und § 96 Abs. 3 GO-BT, nicht feststellbar, unübertragbar.	S. 148/149: „Bei der Auslegung der Geschäftsordnung ist die parlamentarische Tradition und Praxis mit heranzuziehen, wie sie durch die historische und politische Entwicklung geformt worden ist (vgl. Entscheidung des RStGH vom 10. November 1932 -- StGH 13/32 --, RGZ 139 Anh. S. 5, und vom 20. Dezember 1932 -- StGH 20/32 --, RGZ 139 Anh. S. 15). Vielfach werden in eine parlamentarische Geschäftsordnung Bestimmungen aufgenommen, die erst erprobt werden müssen. An solche Regeln einer parlamentarischen Geschäftsordnung können nach Form und Inhalt nicht dieselben Anforderungen gestellt werden wie an ein Gesetz. Die Bestimmungen einer Geschäftsordnung können Lücken enthalten und bewußt weit gefaßt sein. Die Geschäftsordnung des Parlaments setzt voraus, daß die von ihr zur Wahrnehmung bestimmter Funktionen berufenen Organe diese in vernünftigen Grenzen ausüben und nicht mißbrauchen. Soll eine Bestimmung der Geschäftsordnung an der Verfassung gemessen werden, so muß mithin ihre faire und loyale Anwendung durch die dazu berufenen Organe vorausgesetzt werden. [...]“ S. 152: „2. Den Ausführungen des Antragsgegners zu 1, der § 96 Abs. 3 der Geschäftsordnung müsse schon deshalb als gültig angesehen werden, weil eine entsprechende Bestimmung in § 48 a der Geschäftsordnung des Reichstages der Weimarer Zeit seit 9. Februar 1931 unbeanstandet in Kraft gewesen sei, kann nicht beigetreten werden. Seine Rechtsgültigkeit konnte nach damaligem Verfassungsrecht nicht gerichtlich nachgeprüft werden. Überdies konnte er in jenen Jahren einer ununterbrochenen Parlamentskrise nicht mehr bedeutsam werden.“ [...]

4.	1, 351	2 BvE 3/51	29.07.1952	2. Senat: *Leibholz, Henneka, Federer, Rupp, Katz, Wolff, Geiger, Leusser, Klaas, Friesenhahn, Roediger, Fröhlich*	E 1, 351 (368) - Petersberger Abkommen: „Staatspraxis der Weimarer Republik“ 1920 bis 1935 zu Art. 45 WeimRV und Art. 59 GG, positiv festgestellt, übertragbar.	S. 367: „Die Rechtslage Deutschlands unter der alliierten Besatzung ist in der Völkerrechtsgeschichte ohne Präzedenz. [...]“ S. 368: „Auch die Staatspraxis der Weimarer Republik unterstellte Verträge mit internationalen Organen, die Herrschaftsgewalt in Deutschland ausübten, nicht dem Art. 45 WeimRV, der damals die parlamentarische Mitwirkung regelte. [...]“ S. 371: „Schon der Staatsgerichtshof für das Deutsche Reich hat wiederholt in der Formel klagabweisender Urteile einen erläuternden Satz zur Verdeutlichung des materiellen Inhalts der Entscheidung aufgenommen (vgl. Entscheidungen vom 15. Oktober 1927 und 20. November 1926, Lammers-Simons I S. 39 und I S. 96). Das Bundesverfassungsgericht hat in seinen Entscheidungen vom 6. März 1952 - 2 BvE 1/51 - und vom 29.Juli 1952 - 2 BvE 2/51 - diese Praxis fortgesetzt. Es war auch im vorliegenden Falle angezeigt, so zu verfahren.“

5.	2, 213	1 BvL 18/52	22.04.1953	1. Senat: *Höpker-Aschoff, Kurt Zweigert (ausgeschieden am 14.05.1952), Scholtissek, Heiland, Scheffler, Wessel, Ritterspach, Stein, Lehmann, Draht, Konrad Zweigert, Ellinghaus*	E 2, 213 (224) – Straffreiheitsgesetz: Zur Zuständigkeit des Bundes für Straffreiheit. Praxis im Kaiserreich: Bund ja, positiv festgestellt. Weimarer Verfassung: schwankend, unübertragbar.	S. 223/224: Zur Zeit der Geltung der Weimarer Verfassung war es streitig [...] In Anbetracht dieser zwar schwankenden, keinesfalls aber eindeutig zugunsten ausschließlicher Zuständigkeit der Länder sprechenden Staatspraxis in Deutschland kann von einem Staatsgewohnheitsrecht, das der aus Art. 74 Ziff. 1 GG abgeleiteten Bundeskompetenz entgegenstehen könnte, nicht die Rede sein (übereinstimmend Arndt SJZ 1950 Sp. 109). Mit Rücksicht auf diese Staatspraxis besteht auch kein Anhalt für die Annahme, daß die Zuständigkeit des Bundes für den Erlaß eines Straffreiheitsgesetzes mit dem bundesstaatlichen Prinzip des Grundgesetzes nicht zu vereinbaren sei.“

6.	2, 347	2 BvE 1/52	30.06.1953	2. Senat: *Leibholz, Henneka, Federer, Rupp, Katz, Wolff, Geiger, Schunck, Klaas, Friesenhahn, Roediger, Fröhlich*	E 2, 347 (370) – Kehler Hafen: „Staatspraxis" zu Art. 78 Abs. 2 WRV und Art. 59 Abs. 2 S.1 GG, positiv festgestellt, übertragbar	S. 370: „Die Weimarer Reichsverfassung forderte in Art. 78 Abs. 2 zu Verträgen der Länder mit auswärtigen Staaten die Zustimmung „des Reichs" Es war streitig, wer diese dem Reiche vorbehaltene Zustimmung zu geben hatte. Die herrschende Lehre und die Staatspraxis haben sich für die Zuständigkeit der Reichsregierung entschieden, weil es sich bei der Erteilung um die Zustimmung um einen Akt der ausübenden Gewalt handle, für den die Mitwirkung der gesetzgebenden Organe nach Art. 45 Abs. 3 Weim-Rverf. nicht erforderlich sei. Dieser Einsicht entspricht der Wortlaut des Grundgesetzes."

7.	2, 380	1 BvL 23/51	01.07.1953	1. Senat: *Höpker-Aschoff, Kurt Zweigert (ausgeschieden am 14.05.1952), Scholtissek, Heiland, Scheffler, Wessel, Ritterspach, Stein, Lehmann, Draht, Konrad Zweigert, Ellinghaus*	E 2, 380 – Haftentschädigung:	S. 400: „Die Materialien zu Art. 14 GG geben keinen Anhalt dafür, daß der Parlamentarische Rat von der Beschränkung des Eigentumsbegriffes auf das Privatrecht hätte absehen wollen." [...] S. 401: „Allerdings kann eine Verfassungsbestimmung einen Bedeutungswandel erfahren, wenn in ihrem Bereich neue, nicht vorausgesehene Tatbestände auftauchen oder bekannte Tatbestände durch ihre Einordnung in den Gesamtablauf einer Entwicklung in neuer Beziehung oder Bedeutung erscheinen; davon kann hier nicht die Rede sein."

8.	3, 407	1 PBvV 2/52	16.06.1954	Plenum. 1. Senat: *Wintrich, Heck, Scholtissek, Heiland, Scheffler, Wessel, Ritterspach, Stein, Lehmann, Draht, Konrad Zweigert, Ellinghaus.* 2. Senat: *Leibholz, Henneka, Federer, Rupp, Katz, Wolff, Geiger, Schunck, Klaas, Friesenhahn, Roediger, Fröhlich*	E 3, 407 (414f) – Baugutachten: „Verordnungspraxis der nationalsozialistischen Regierung“ zur Ordnung des „deutschen Siedlungswesens“, positiv festgestellt, nicht verfassungsgemäß. Gesetzgebungspraxis der Weimarer Zeit (Art. 10 Nr. 4 WRV) und Art. 74 Nr. 18 GG, positiv festgestellt, übertragbar, bindend (keine Bundeskompetenz)	S. 414f.: „Die Entstehungsgeschichte des Art. 74 Nr. 18 GG bestätigt diese Auffassung. Der Gesetzgebungskatalog des Grundgesetzes ist im steten Rückblick auf die Weimarer Reichsverfassung formuliert worden. Im Bericht über den Verfassungskonvent auf Herrenchiemsee heißt es dazu grundsätzlich (S. 31): ‚Die Aufzählung der einzelnen Gesetzgebungszuständigkeiten schließt sich auf vielen Gebieten dem Katalog der Weimarer Verfassung an.... An einigen Stellen erwies sich eine Vermehrung des Katalogs wegen der fortgeschrittenen und fortschreitenden wirtschaftlichen und technischen Entwicklung als nötig. Auch die Formulierungen sind, wo es angängig war, aus der Weimarer Verfassung übernommen worden, zumal Rechtsprechung und Verwaltung mit übernommenen und abgeklärten Fassungen leichter arbeiten als mit völlig neuen.‘ […] S. 417: „Die Ausdeutung, die der Reichsarbeitsminister in der Verordnungspraxis der Ermächtigung des § 1 gegeben hat, kann nicht als Beweis für eine Wandlung des Inhalts des Rechtsbegriffs "Siedlungswesen" dienen. Die autoritäre, jeder parlamentarischen und gerichtlichen Kontrolle entrückte nationalsozialistische Regierung handhabte Verordnungsdelegationen nicht nach den für rechtsstaatliche Verfassungen maßgebenden Grundsätzen, da für sie die Unterscheidung zwischen Gesetz und Verordnung bedeutungslos geworden war. Es liegt näher, auf die Bestimmungen der Weimarer Reichsverfassung über die Zuständigkeit des Reiches zurückzugreifen.“

9.	6, 132	1 BvR 357/52	19.02.1957	1. Senat:: *Wintrich, Heck, Scholtissek, Heiland, Scheffler, Wessel, Ritterspach, Stein, Lehmann, Draht*	E 6, 132 (166) – Gestapo: Verwaltungspraxis unter dem nationalsozialistischen Regime und Erlöschen der Beamtenverhältnisse aus dem „3. Reich“	S. 144: „(1) Das Bundesverfassungsgericht ist von der gesetzlichen Regelung der Beamtenverhältnisse im "Dritten Reich" ausgegangen, hat sie im Sinne der damaligen verfassungsmäßigen Grundlage ausgelegt und hat zur Rechtfertigung dieser Auslegung die Verwaltungspraxis, Literatur und Rechtsprechung der damaligen Zeit herangezogen. […]“ S. 166: „Rechtslehre, Disziplinarrechtsprechung und Verwaltungspraxis unter dem nationalsozialistischen Regime hat es nur zur Bestätigung dafür herangezogen, daß es die gesetzlichen Bestimmungen richtig, d. h. so ausgelegt hat, wie sie bei dem damaligen verfassungsrechtlichen Zustand ohne Widerspruch von der Rechtslehre vertreten und in der Praxis angewandt worden sind (BVerfGE 3, 103 bis 113). Die Umwandlung der bisherigen politisch neutralen Berufsbeamtenverhältnisse in nationalsozialistische Beamtenverhältnisse wird also nicht aus geschichtlichen Vorgängen, sondern aus gesetzlichen Regelungen gefolgert, deren wahrer, durch Auslegung erkannter Charakter durch geschichtliche Ereignisse nur bestätigt wird.“[...] S. 170: „Das Bundesverfassungsgericht hält an seiner in BVerfGE 3, 58 ff. vertretenen Rechtsauffassung fest, daß alle Beamtenverhältnisse zum Deutschen Reich mit dem 8. Mai 1945 erloschen sind.“

10.	7, 1	2 BvL 6/56	21.05.1957	2. Senat: *Leibholz, Henneka, Federer, Rupp, Katz, Kutscher, Geiger, Schunck, Klaas, Friesenhahn*	7, 1 (12) – Berlin-Vorbehalt I: deutsche Staatspraxis und Berlins Rechtsstellung nach 1949	S. 12: „Die deutsche Staatspraxis hat die vom Grundgesetz festgelegte Stellung Berlins in der Bundesrepublik zunächst nicht klar erkannt. An der Feststellung der Annahme und zu der Ausfertigung des Grundgesetzes in der Schlußsitzung des Parlamentarischen Rates am 23. Mai 1949 haben zwar gemäß Art. 145 Abs. 1 GG die Berliner Abgeordneten mitgewirkt; Berlin wurde jedoch nicht zu den Ländern gezählt, deren Volksvertretungen über die Annahme des Grundgesetzes beschließen mußten.“
11.	7, 18	2 BvO 5/56	28.05.1957	2. Senat: *Leibholz, Henneka, Federer, Rupp, Katz, Kutscher, Geiger, Schunck, Klaas, Friesenhahn*	7, 18 (29) - Bayerisches Ärztegesetz	S. 29: „Der Senat befindet sich mit dieser Auffassung in Übereinstimmung mit der im Schrifttum herrschenden Meinung [...]. Dieser Auffassung folgte ferner die Staatspraxis des Bundes und des Landes Hessen, die in der Änderung des Hessischen Gesetzes zur Einführung der Rechtsanwaltsordnung vom 13. Dezember 1948 durch die Bundesgesetze vom 20. Dezember 1952 (BGBl. I S. 830) und vom 25. Dezember 1955 (BGBl. I S. 865) zum Ausdruck kommt (s. hierzu Zinnkann im Bundesrat, 90. Sitzung vom 31. Juli 1952, Sitzungsbericht S. 365 A und die gegenteilige Stellungnahme Bayerns im Bundesrat, Rechtsausschuß, 100. Sitzung vom 17. Juli 1952, Kurzprotokoll S. 8).“

12.	7, 29	2 BvL 17/56	18.06.1957	2. Senat: *Leibholz, Henneka, Federer, Rupp, Katz, Kutscher, Geiger, Schunck, Klaas, Friesenhahn*	E 7, 29 (44f.) – Pressedelikte: Praxis „in der deutschen Gesetzgebung“ seit 1874 und Kompetenz aus Art. 74 Nr. 1 GG, positiv festgestellt („fiel so lange nicht auf“), übertragbar, Praxis der „pressefeindlichen Gesetzgebung“ 1935, positiv festgestellt, nicht übertragbar („alten Vorstellungen [...] nach wie vor maßgebend“).	S. 44/45: „Da aber die Regelung der Verjährung für Pressedelikte nicht zu der Materie "Strafrecht" des Art. 74 Nr. 1 GG gehört, kann die Bundesrecht gewordene Vorschrift des § 2 EGStGB die Landesgesetzgebung auf diesem Gebiet nicht sperren. [...] Bei der Umfangbestimmung der einzelnen Materien sind auch der Grundsatz des Art. 30 GG und der historische Zusammenhang in der deutschen Gesetzgebung zu beachten. Schon der Reichsgesetzgeber des Jahres 1874 erkannte die "Besonderheit" (vgl. § 2 Abs. 2 EGStGB) der Vorschrift über die Verjährung von Pressedelikten dadurch an, daß er sie in das Pressegesetz einfügte, also aus dem allgemeinen Strafrecht herausnahm. [...] Außerdem zeigen gerade die nach 1945 unternommenen Änderungen des Pressegesetzes durch Hessen und Bayern, wie der Entwurf aus dem Bundesministerium des Innern, daß die alten Vorstellungen von der Zugehörigkeit der Verjährung der Pressedelikte zum Presserecht nach wie vor maßgebend sind.“

13.	8, 104	2 BvF 3, 6/58	30.07.1958	2. Senat: *Leibholz, Henneka, Federer, Rupp, Katz, Kutscher, Geiger, Schunck, Klaas, Friesenhahn*	E 8, 104 (120f.) – Volksbefragung: Praxis nach 1949 der Weisungskompetenz der Landesregierung (ggü. Mitgliedern im BR) auf Hineinwirken des Landesparlamentes oder Landesvolk, positiv festgestellt, unübertragbar („Struktur des Bundesrats“).	S. 120/121: „Die Staatspraxis leitet aus dem Recht der Landesregierung, ihre Vertreter im Bundesrat zu bestellen und abzuberufen, ein Recht der Landesregierung zu Weisungen an ihre Mitglieder im Bundesrat ab. Das besagt jedoch noch nichts dafür, daß das Landesparlament oder gar das Landesvolk zu einem Hineinwirken in die Entscheidungen des Bundesrats befugt seien. Wenn die Landesregierung über "Weisungen" an ihre Mitglieder, die die Landesregierung im Bundesrat vertreten, Einfluß auf die Staatswillensbildung im Bund nehmen kann, so handelt es sich jedenfalls nicht um ein Übergreifen in die Wahrnehmung von Kompetenzen des Bundes, um die Bildung von Landesstaatswillen an Stelle von Bundesstaatswillen, sondern um das Tätigwerden eines Landesorgans, das durch die eigenartige Struktur des Bundesrats von Bundesverfassungs wegen berufen ist, mittelbar an der Bildung des Bundeswillens selbst mitzuwirken.“

14.	8, 274	2 BvL 4, 26, 40/56, 1, 7/57	12.11.1958	2. Senat: *Leibholz, Henneka, Federer, Rupp, Katz, Kutscher, Geiger, Schunck, Klaas, Friesenhahn*	E 8, 274 (302, 320) – Preisgesetz: „ständige Staatspraxis“ nach 1949 der Bezugnahme durch Verlängerungsgesetze und Bestimmtheitsgrundsatz, positiv festgestellt, verfassungsgemäß; „Staatspraxis“ nach 1949 („an ältere Vorbilder anknüpfend“) von Zustimmungsverordnungen (Rechtsetzung durch Exekutive) und Art. 80 GG, positiv festgestellt, verfassungsgemäß („vgl. HessVGH, VerwRspr. 4, 540 [542 f.]; vgl. auch Art. 140 GG“).	S. 302: „1. Die Verlängerungsgesetze haben die Vorschriften des Preisgesetzes nicht neu verkündet, sich vielmehr darauf beschränkt anzuordnen, daß die Geltungsdauer des Preisgesetzes verlängert wird. Das genügt rechtsstaatlichen Anforderungen. [...] Eine derartige Bezugnahme ist in ständiger Staatspraxis für zulässig erachtet worden (vgl. HessVGH, VerwRspr. 4, 540 [542 f.]; vgl. auch Art. 140 GG).“ [...] S. 320/321: „Das Bundesverfassungsgericht vermag dieser Auffassung [des Bundesverwaltungsgerichtes, M.R.] nicht zu folgen. Es ist zwar mit dem Grundgesetz und insbesondere mit Art. 80 GG vereinbar, den Erlaß von Verordnungen in Fällen der vorliegenden Art an die Zustimmung des Bundestages zu binden. Auch Ermächtigungen zum Erlaß von "Zustimmungsverordnungen" müssen aber den Anforderungen des Art. 80 Abs. 1 Satz 2 GG entsprechen und also nach Inhalt, Zweck und Ausmaß hinreichend bestimmt sein. [...] c) Die Staatspraxis hat, an ältere Vorbilder anknüpfend [...] die Zulässigkeit von "Zustimmungsverordnungen" bejaht. [...] Diese Staatspraxis widerspricht dem Grundgesetz nicht. [...] Ermächtigungen zum Erlaß von "Zustimmungsverordnungen" tragen allerdings nicht zur klaren Abgrenzung der Verantwortung von Exekutive und Legislative bei [...]; sie enthalten aber im Vergleich zur vollen Delegation der Rechtsetzung auf die Exekutive ein Minus. Sie sind jedenfalls für solche Sachbereiche mit dem Grundgesetz vereinbar, für die ein legitimes Interesse der Legislative anerkannt werden muß, zwar einerseits die Rechtsetzung auf die Exekutive zu delegieren, sich aber andererseits - wegen der Bedeutung der zu treffenden Regelungen - entscheidenden Einfluß auf Erlaß und Inhalt der Verordnungen vorzubehalten.“

15.	8, 332	1 BvL 27/55	02.12.1958	1. Senat: *Müller, Heck, Scholtissek, Heiland, Scheffler, Wessel, Ritterspach, Stein, Lehmann, Draht*	E 8, 332 (347) – Wartestandsbestimmungen / Oberkreisdirektor NRW: „staatspolitische Praxis“ nach 1949 zu § 54 LKO-NRW und Art. 33 Abs. 5 GG, negativ festgestellt, nicht bindend („vielfache Änderungen“)	S. 347: „Faktisch ist es, soweit erkennbar, in der Zeit von 1871-1918 zu einer Änderung der Voraussetzungen für den Wartestand nicht gekommen, doch handelte es sich dabei lediglich um eine staatspolitische Praxis, die sich aus der Stabilität der staatlichen Verhältnisse und dem ständigen wirtschaftlichen Aufstieg des Reiches ergab. Der Rechtszustand vor 1919 ging dahin, daß die Bestimmungen über die Voraussetzungen des Wartestandes mit Wirkung auch für die im Amt befindlichen Beamten im Wege der einfachen Gesetzgebung jederzeit geändert werden konnten.“ […] S. 349: „Die entscheidende Antwort auf die Frage, ob in der Zeit von 1919-1933 eine Gewährleistung der Wartestandsbestimmungen für im Amt befindliche Beamte als hergebrachter Grundsatz des Berufsbeamtentums beachtet worden ist, gibt die Verfassungswirklichkeit, wie sie sich in der Gesetzgebung spiegelt, [...]“ S. 350: „Nach alledem gibt es keinen hergebrachten Grundsatz des Beamtenrechts, der allgemein die Anwendung neuer Wartestandsbestimmungen auf bereits im Dienst befindliche Beamte verbietet.“

16.	10, 4	2 BvE 2, 3/58	14.07.1959	2. Senat: *Leibholz, Henneka, Federer, Rupp, Katz, Kutscher, Geiger, Schunck, Klaas, Friesenhahn*	E 10, 4 (14f.) – Redezeit: Fraktionsredezeiten in den deutschen Parlamenten „eingebürgert“	S. 14: „Die quotale Aufteilung der Redezeit ist geeignet, die sachliche Arbeit des Parlaments zu fördern.“ [...] S. 15: „Angesichts dieser Vorteile hat sich die Festsetzung von "Fraktionsredezeiten" in den deutschen Parlamenten eingebürgert. In verschiedenen Geschäftsordnungen der Landesparlamente ist sie sogar ausdrücklich vorgesehen [...] Die Gefahr eines Mißbrauchs der Fraktionsmacht mag durch die Festsetzung von Fraktionsredezeiten vielleicht erhöht werden. Damit werden aber solche Beschlüsse nicht verfassungswidrig. Sie haben nicht die Rechtsfolge, daß die Fraktionsführung ein ausschließliches Verfügungsrecht über die Redezeit erlangt.“

17.	11, 77	2 BvL 76/58	10.05.1960	2. Senat: *Leibholz, Henneka, Federer, Rupp, Katz, Kutscher, Geiger, Schunck, Klaas, Friesenhahn*	E 11, 77 (87) – Ermächtigungsadressaten: Praxis der Ermächtigung des Landesministers zum Erlaß von Verordnungen nach 1949 und Art. 80 GG, positiv festgestellt, nicht bindend („Zeitspanne von knapp 10 Jahren ist zu kurz“).	S. 84f.: „2. Nach Art. 80 Abs. 1 Satz 1 GG können durch Bundesgesetz "die Bundesregierung, ein Bundesminister oder die Landesregierungen" ermächtigt werden, Rechtsverordnungen zu erlassen. a) Was unter "Landesregierung" zu verstehen ist, war in der Literatur und in der Staatspraxis der Weimarer Republik nicht unzweifelhaft und eindeutig; je nach dem Zusammenhang, in dem das Wort verwandt wurde, konnte es einen verschiedenen Sinn haben. […] Für die Auslegung des Art. 80 Abs. 1 Satz 1 GG kann indessen aus dem Sprachgebrauch der Weimarer Zeit nichts hergeleitet werden, weil die Reichsverfassung vom 11. August 1919 eine dem Art. 80 Abs. 1 Satz 1 GG entsprechende Bestimmung nicht kannte. Zur Auslegung dieser Vorschrift kann daher nur das Grundgesetz herangezogen werden.“ […] S. 86: Was "Landesregierung" ist, bestimmt das Landesverfassungsrecht; [...]. S. 87: „Der Tatsache, dass nach 1949 in einer Reihe von Gesetzen die Ermächtigung zum Erlaß von Verordnungen dem Landesminister erteilt worden ist, kommt keine entscheidende Bedeutung zu. Die Zeitspanne von knapp 10 Jahren ist zu kurz, um aus einer – durchaus nicht in bewusster Auseinandersetzung mit der Bedeutung des Art. 80 Abs. 1 S. 1 GG entstandenen Übung auf eine Fixierung des Inhalts jener grundgesetzlichen Vorschrift zu schließen.“

18.	12, 205	2 BvG 1, 2/60	28.02.1961	2. Senat: *Leibholz, Henneka, Federer, Rupp, Katz, Kutscher, Geiger, Schunck, Klaas, Friesenhahn*	E 12, 205 (230f.) – 1. Rundfunkentscheidung: „Verwaltungspraxis von 1926 bis Anfang 1933“ zur Reichskompetenz und Art. 73 Nr. 7 GG, positiv festgestellt, unübertragbar (keine gesetzliche Regelung des Rundfunks bis 1933).	S. 230f. : „5. Eine historische Interpretation des Ausdrucks Fernmeldewesen führt nicht zu anderen Ergebnissen. Es ist zwar richtig, daß mittels der Verwaltungspraxis der Reichspost Behörden des Reiches in der Zeit von 1926 bis Anfang 1933 einen nicht unerheblichen Einfluß auf die Organisation der Veranstalter von Rundfunksendungen und die Gestaltung der Programme genommen haben (vgl. die Darstellung bei Bausch a.a.O., S. 11 ff.; Pohle a.a.O., S. 27 ff.). Es geht jedoch nicht an, hieraus zu schließen, das Fernmeldewesen im Sinne von Art. 73 Nr. 7 GG umfasse den Rundfunk als Ganzes.“
19.	16, 130	2 BvC 3/62	22.05.1963	2. Senat: *Leibholz, Henneka, Federer, Rupp, Wagner, Kutscher, Geiger, Schunck, Klaas, Friesenhahn*	E 16, 130 – Wahlkreise : ständige Praxis des Bundestages im Wahlprüfungsverfahren	S. 17: „Es bedarf keiner Stellungnahme zu der ständigen Praxis des Bundestages, nach der er im Wahlprüfungsverfahren die Übereinstimmung der wahlgesetzlichen Bestimmungen mit dem Grundgesetz nicht zu prüfen hat. Das Bundesverfassungsgericht, [...] muß jedenfalls, [...] ein Wahlgesetz auf seine materielle Übereinstimmung mit der Verfassung prüfen.“

20.	19, 1	1 BvR 346/61	28.04.1965	1. Senat: *Müller, Böhmer, Scholtissek, Haager, Rupp-von Brüneck, Berger, Ritterspach, Stein*	E 19, 1 (11) – Neuapostolische Kirche: Praxis des Kammergerichts seit 1889 der Gebührenbefreiung und Art. 3 Abs. 3 GG, positiv festgestellt, nicht verfassungsgemäß.	S. 11: „5. Auch die sonst für eine Sonderstellung der großen Kirchen im Schrifttum geltend gemachten Gründe rechtfertigen eine unterschiedliche Behandlung gerade bei der Gebührenbefreiung nicht. a) Die Berufung auf die Tradition (vgl. J. Heckel, Festgabe für Erich Kaufmann, 1950, S. 84) vermag die verschiedenartige Behandlung nicht zu rechtfertigen; sie würde im vorliegenden Fall praktisch auf eine Außerkraftsetzung des Art. 3 Abs. 3 GG hinauslaufen.“
21.	19, 206	1 BvR 413/60	14.12.1965	1. Senat: *Müller, Böhmer, Scholtissek, Haager, Rupp-von Brüneck, Berger, Ritterspach, Stein*	E 19, 206 (224) – Kirchenbausteuer: Praxis von 1888 bis 1932 und Art. 2 Abs. 1 GG, positiv festgestellt, nicht verfassungsgemäß (pragmatisch-finanzielle, kirchenpolitischer oder sozialpolitische Gründe, verfassungsrechtliche Neuordnung).	S. 224: „5. Das Herkommen, das schließlich zur Rechtfertigung der Kirchenbausteuerpflicht juristischer Personen herangezogen wird, ist schon seiner Natur nach nicht geeignet, sich gegenüber einer entgegenstehenden verfassungsrechtlichen Neuordnung durchzusetzen (vgl. BVerfGE 15, 337 [345]; BVerfG NJW 1965, 1427 f.). Abgesehen von der Veränderung der staatskirchenrechtlichen Verhältnisse seit der Einführung der Kirchenbausteuer im Jahre 1888 waren die Gründe, mit denen sie damals und später gerechtfertigt wurde, nicht so sehr rechtlicher als teils pragmatisch- finanzieller (Finanzbedarf der Kirchen, Ausnutzung der Finanzkraft der juristischen Personen, Schonung der kirchenangehörigen natürlichen Personen), teils kirchenpolitischer oder sozialpolitischer Natur. Alle diese Gründe sind nicht von solchem Gewicht, daß sie eine entgegenstehende verfassungsrechtliche Ordnung überwinden könnten.

22.	19, 377	1 BvR 140/62	20.01.1966	1. Sena: *Müller, Böhmer, Scholtissek, Haager, Rupp-von Brüneck, Berger, Ritterspach, Steint*	19, 377 (388f.) - Berlin-Vorbehalt II	S. 388f.: „Die von Berlin übernommenen Bundesgesetze verlieren durch die Übernahme nach Berlin nicht ihre rechtliche Qualität als Bundesrecht. [...] Auch die Staatspraxis folgt dieser Auffassung.“
23.	20, 56	2 BvF 1/65	19.07.1966	2. Senat: *Leibholz, Henneka, Federer, Rupp, Wagner, Kutscher, Geiger, Geller*	E 20, 56 (93) – Parteienfinanzierung I (1966): „seit langem herrschende Übung“ (nicht den gesamten Haushaltsplan zu verkünden) und Art. 82 Abs. 1 GG, positiv festgestellt, übertragbar, verfassungsgemäß (Belastung des Verkündungsblattes, trotz Neuregelung traditionelle Prägung des Haushaltsrechts, „zudem alte Überlieferung“)	S. 93: „Die seit langem herrschende Übung, nicht den gesamten Haushaltsplan zu verkünden, ist im wesentlichen damit begründet worden, daß die Verkündung aller Kapitel einschließlich ihrer Titel zu einer übermäßigen Belastung des Verkündungsblattes führen würde. Dieser Hinweis ist berechtigt. Angesichts dieses Sachverhalts und unter Berücksichtigung der trotz Neuregelung durch das Grundgesetz noch stark traditionellen Prägung des Haushaltsrechts bestehen keine Bedenken dagegen, Art. 82 Abs. 1 GG dahin auszulegen, daß von einer Publizierung der gesetzlich festgestellten Einzelpläne im Bundesgesetzblatt abgesehen werden kann. [...] Es entspricht zudem alter Überlieferung, der auch die heutige Praxis Rechnung trägt, die gesamten Einzelpläne in die Kraft des Gesetzes einzubeziehen (vgl. Heckel, HdbDStR Bd. 2, 1932, S. 392 [404]).“ S. 112: „Die Beweisaufnahme hat bestätigt, daß sich eine Grenze zwischen allgemeiner Parteiarbeit und politischer Bildungsarbeit der Parteien nicht ziehen läßt. [...] Tatsächlich gehen politische Bildungsarbeit und allgemeine Werbetätigkeit der Parteien in der politischen Praxis ineinander über.“

24.	21, 12	1 BvR 320/57	20.12.1966	1. Senat: Müller, Berger, Scholtissek, Stein, Ritterspach, Haager, Rupp-v. Brünneck, Müller, Böhmer ist wegen Erkrankung an der Unterzeichnung verhindert.	E 21, 12 (35f.) – Allphasenumsatzsteuer: Übung des Weimarer Staatsrechts (Ermächtigung für Ausgleich bei verschiedener Steuerbelastung) und Art. 80 GG, positiv festgestellt, nicht übertragbar, nicht verfassungsgemäß.	S. 35/36: „Wie bereits erwähnt, hatte das Umsatzsteuergesetz 1934 [...] den Reichsfinanzminister ermächtigt, Maßnahmen zum Ausgleich der verschiedenen Umsatzsteuerbelastung der einstufigen und der mehrstufigen Unternehmen zu treffen. Dieses Verfahren entsprach der mit dem damaligen Staatsrecht vereinbaren Übung, im Gesetz selbst nur gewisse Grundsätze festzulegen und die für ihre praktische Durchführung erforderliche Ausgestaltung im einzelnen, dabei aber auch die Anordnung der für besondere Sachverhalte gebotenen Ausnahmen der Exekutive aufzugeben. [...] Der Bundesgesetzgeber hat [...] diese Ermächtigung erneuert, [...] Die Verwirklichung der Konzeption auf dem eingeschlagenen Wege ist jedoch gescheitert: Die erteilte Ermächtigung genügte den Erfordernissen des Art. 80 Abs. 1 Satz 2 GG nicht und wurde vom Bundesverfassungsgericht in seiner Entscheidung vom 5. März 1958 (BVerfGE 7, 282) für nichtig erklärt.“

25.	22, 180	2 BvF 3/62, 2 BvF 4/62, 2 BvF 5/62, 2 BvF 6/62, 2 BvF 7/62, 2 BvF 8/62, 2 BvR 139/62, 2 BvR 140/62, 2 BvR 334/62, 2 BvR 335/62	18.07.1967	2. Senat: Henneka, Leibholz, Geller, Rupp, Geiger, Federer, Kutscher	E 22, 180 (210) – Jugendhilfe: Staatspraxis ab 1922 zur Kompetenz für Durchführungsvorschriften und Art. 74 Nr. 7 GG, negativ festgestellt.	S. 210: „Die getroffene Regelung läßt sich auch nicht aus der Staatspraxis rechtfertigen. Das Reichsjugendwohlfahrtsgesetz hatte es den Ländern überlassen, ob sie diese Aufgaben als Selbstverwaltungs- oder als Auftragsangelegenheit durch die Gemeinden wahrnehmen lassen wollten. Demgemäß wurde in Preußen die Fürsorgeerziehung als Auftragsangelegenheit wahrgenommen. In Bayern verwalteten die Stadt- und Landkreise die den Jugendämtern zugewiesenen Aufgaben als Angelegenheiten des übertragenen Wirkungskreises.“

26.	22, 221	2 BvH 1/63	18.07.1967	2. Senat: Henneka, Leibholz, Geller, Rupp, Geiger, Federer, Kutscher	E 22, 221 (235) – Vereinigung Coburgs mit Bayern: Staatspraxis Bayerns zwischen 1920 und 1962 und Erhaltung der Coburger Schulen und §10 des Staatsvertrages, negativ festgestellt.	S. 235: „Ob dem §10 des Staatsvertrages darüber hinaus auch die Zusicherung des Freistaates Bayern entnommen werden kann, daß er künftig den vollen Aufwand für die Coburger Höheren Schulen tragen werde, ist zweifelhaft. Weder aus dem Wortlaut ‚werden weiterhin erhalten' noch aus seinem Vergleich mit der anderweit verwendeten Formulierung ‚bleiben bestehen' (vgl .§§ 12, 16, 18 des Staatsvertrages) läßt sich dieser Schluß ziehen, zumal die Annahme naheliegt, daß der Ausdruck gewählt wurde, um im selben Satz nicht zweimal das Wort ‚bestehen' verwenden zu müssen. Aus der Staatspraxis Bayerns zwischen 1920 und 1962 läßt sich ebenfalls ein eindeutiger Schluß nicht ziehen. [...] S. 236: „Deshalb bestand kein Anlaß, die Staatspraxis hinsichtlich der Coburger Höheren Schulen mit der staatsvertraglichen Zusicherung zu rechtfertigen. Sie erklärt sich einfach daraus, daß für die staatlichen höheren Lehranstalten dieser Art in Bayern der Staat finanziell zur Gänze aufkam."

27.	24, 184	2 BvE 2/66	09.10.1968	2. Senat: Seuffert, Henneka, Leibholz, Geller, von Schlabrendorff, Rupp, Geiger, Kutscher	E 24, 184 (201) – Zustimmungsgesetz: Praxis nach 1949 der Zustimmungspflichtigkeit von Verordnungen und Art. 80 Abs. 2 GG, negativ festgestellt.	S. 190: „ff) Aus der Staatspraxis von Bundesrat und Bundesregierung beim Erlaß von Verordnungen, die ein eindeutiges Bild nicht ergebe, ließe sich für die Auffassung der Bundesregierung nichts herleiten." [...] S. 193: „f) Der Rechtsstandpunkt der Bundesregierung werde nicht dadurch abgeschwächt, daß sie in der Staatspraxis in vereinzelten Fällen nicht alle Konsequenzen aus ihm gezogen habe, zumal diese Versehen für die Rechtsgültigkeit der Verordnungen unschädlich gewesen seien." [...] S. 201: „g) Einerseits hat die Bundesregierung Rechtsverordnungen ohne Zustimmung des Bundesrates erlassen, die nach Ansicht des Bundesrates seiner Zustimmung bedurft hätten, ohne daß der Bundesrat daraus Konsequenzen gezogen hat. Andererseits hat die Bundesregierung auch solche Rechtsverordnungen dem Bundesrat zur Zustimmung zugeleitet, bei denen nach ihrer Rechtsauffassung eine Zustimmung des Bundesrates nicht geboten gewesen wäre. Die Staatspraxis ist also nicht eindeutig. Auf sie kann sich weder der Bundesrat noch die Bundesregierung berufen."

28.	24, 236	1 BvR 241/66	16.10.1968	1. Senat: Müller, Stein, Ritterspach, Haager, Müller, Brox, Zeidler, Richter Böhmer ist erkrankt	E 24, 236 (248) – (Aktion) Rumpelkammer: „Staatspraxis nach dem zweiten Weltkrieg“ der Anerkennung karitativer Tätigkeit der Kirchen und Art. 4 Abs. 2 GG, positiv festgestellt, verbindlich.	S. 248: „Nach dem Selbstverständnis der Katholischen und Evangelischen Kirche umfaßt die Religionsausübung nicht nur den Bereich des Glaubens und des Gottesdienstes, sondern auch die Freiheit zur Entfaltung und Wirksamkeit in der Welt, wie es ihrer religiösen und diakonischen Aufgabe entspricht. [...] Auch in der Staatspraxis nach dem zweiten Weltkrieg ist die karitative Tätigkeit, insbesondere die Sammlung von Gaben für karitative Zwecke, in den Kirchenverträgen und Konkordaten als legitime Aufgabe der Kirchen anerkannt und die Berechtigung dazu den Kirchen gewährleistet worden [...].“

29.	26, 246	2 BvR 128/66	25.06.1969	2. Senat: Seuffert, Leibholz, Geller, von Schlabrendorff, Rupp, Geiger, Kutscher, Rinck	E 26, 246 (250) – Ingenieur: Staatspraxis seit 1949 zur Bundeskompetenz (Berufsbezeichnung „Ingenieur“) und Art. 74 Nr. 11 GG, lediglich im Vortrag der Antragsgegner.	S. 250: „Daß solche Vorschriften, die die Staatspraxis seit langem kenne, unter Art. 74 Nr. 11 GG fielen, habe das Bundesverfassungsgericht bereits mehrfach anerkannt.“

30.	26, 281	2 BvL 25, 26/64	09.06.1959	2. Senat: Seuffert, Leibholz, Geller, von Schlabrendorff, Rupp, Geiger, Kutscher, Rinck	E 26, 281(299) – Gebührenpflicht von Bundesbahn und Bundespost „Staatspraxis der Weimarer Zeit“ zur Bundeskompetenz (Art. 7 Nr. 19 und Art. 6 Nr. 7 WRV und Art. 73 Nr. 6 und 7 GG) und , negativ festgestellt.	S. 299: „Die Grundgesetzkompetenzen des Bundes sind im Grundgesetz im Hinblick auf auf die Weimarer Reichsverfassung formuliert worden. Die Kompetenzbestimmungen des Art. 73 Nr. 6 und 7 GG gehen zurück auf Art. 7 Nr. 19 und Art. 6 Nr. 7 der Weimarer Reichsverfassung. Zur Auslegung der Kompetenzvorschriften des Grundgesetzes kann daher auf das Verständnis dieser Bestimmungen der Weimarer Reichsverfassung zurückgegriffen werden (BVerfGE 3, 407 [414], 12, 205 [226]) Die Staatspraxis der Weimarer Zeit gibt keinen Anhaltspunkt dafür, dass dem Reich auf Grund seiner Gesetzgebungskompetenz für das Eisenbahn- und das Postwesen das Recht zugestanden hätte, für die Länder verbindliche Bestimmungen über die Behandlung der Reichseisenbahnen und der Reichspost im Verwaltungsgebührenrecht der Länder zu erlassen. Soweit entsprechende Regelungen bestanden, waren sie nicht bahn- oder postrechtlicher Natur“

31.	26, 338	2 BvF 1/64	15.07.1969	2. Senat: Seuffert, von Schlabrendorff, Rupp, Leibholz, Rinck, Geller, Kutscher	E 26, 338 (398) – Eisenbahnkreuzungsgesetz: Staatspraxis nach 1949 der Ermächtigung einzelner Bundesminister zu Art. 84 Abs. 1 GG, positiv festgestellt, nicht verfassungsgemäß (möglich nach Abs. 2).	S. 398/399: „b) aa) Die Staatspraxis, nach der durch Bundesgesetz mit Zustimung des Bundesrats auch einzelne Bundesminister zum Erlaß allgemeiner Verwaltungsvorschriften für die landeseigene und die Auftragsverwaltung der Länder ermächtigt werden, kann nicht auf die Erwägung gestützt werden, es handle sich dabei um Regelungen des Verwaltungsverfahrens, die dem Bund für die landeseigene Verwaltung nach Art. 84 Abs. 1 GG, ebenso aber auch für die landeseigene Auftragsverwaltung der Länder möglich sei. Denn das Verwaltungsverfahren, das nach Art. 84 Abs. 1 GG durch das Zustimmungsgesetz geregelt werden kann, ist offensichtlich das Verwaltungsverfahren der landeseigenen Verwaltung. [...] Ermächtigungen und Kompetenzverteilungen im Bereich des Bundes sind keine Regelungen des Verwaltungsverfahrens der Länder [...]. bb) Art. 84 Abs. 2 und Art. 85 Abs. 2 GG geben als Ermächtigungsnorm dem Bund die Befugnis, für die Verwaltung der Länder allgemeine Verwaltungsvorschriften zu erlassen; für diese das Bund/Länder-Verhältnis berührende Frage treffen sie Vorkehrungen zum Schutz der Eigenständigkeit der Verwaltung der Länder bei der Ausgführung von Bundesgesetzen. Hierin erschöpft sich jedoch die Funktion der beiden Bestimmungen. Sie enthalten kein Verbot, durch Bundesgesetz auch einen Ressortminister zum Erlaß allgemeiner Verwaltungsvorschriften zu ermächtigen. Sie erteilen vielmehr diese Ermächtigung von Verfassungs wegen für den Fall, daß es an einer speziellen gesetzlichen Ermächtigung fehlt. [...]“

32.	27, 44	2 BvK 1/67	22.07. 1969	2.Senat: Seuffert, Leibholz, Geller, von Schlabrendorff, Rupp, Geiger, Kutscher, Rinck	E 27, 44 (45, 52, 55) – Parlamentarisches Regierungssystem: „Staatspraxis in Schleswig Holstein“ nach 1949 (Amtszeit Ministerpräsident, vorbereitende Funktion der Fraktionen) und Art. 69 Abs. 2 iVm. Art. 28 Abs 1 S. 1GG, positiv festgestellt, verfassungsgemäß.	S. 44/45: „Die Staatspraxis in Schleswig-Holstein ging bisher davon aus, daß durch die Wahl eines neuen Landtages das Amt des Ministerpräsidenten nicht berührt werde. In der Eröffnungssitzung des neugewählten Landtages im Jahre 1950 (2. Wahlperiode) hatte der Ministerpräsident es abgelehnt, mit der von ihm geführten Landesregierung zurückzutreten; er wurde daraufhin gemäß Art. 30 LS abberufen. In der Folgezeit fand eine Neuwahl nur statt, nachdem der bisherige Ministerpräsident -- wie zu Beginn der dritten Wahlperiode -- freiwillig zurückgetreten war. Weder zu Beginn der vierten noch der fünften Wahlperiode hat der Schleswig- Holsteinische Landtag die Wahl eines neuen Ministerpräsidenten durchgeführt. Der jetzt amtierende Ministerpräsident ist nach dem Rücktritt seines Vorgängers am 7. Januar 1963 gewählt worden.“ S. 52: „Die Landessatzung läßt sich nicht dahin auslegen, daß die Amtszeit des Ministerpräsidenten begrenzt sein soll.“

33.	28, 21	1 BvR 226/69	18.02.1970	1. Senat: Müller, Stein, Ritterspach, Haager, Rupp-von Brünneck, Brox, Zeidler, Böhmer	E 28, 21(32) – Robenstreit: Praxis der Robenpflicht und Art. 74 Nr. 1 GG, positiv festgestellt, verfassungsgemäß (Gewohnheitsrecht bestätigt durch Praxis).	S. 28/29: „1. Seit rund 100 Jahren besteht in Deutschland einheitlich die Verpflichtung der Rechtsanwälte, in den öffentlichen Verhandlungen jedenfalls der Landgerichte und der ihnen im Rang entsprechenden sowie der im Instanzenzug höheren Gerichte in Amtstracht aufzutreten. Sie beruht in den Ländern, die insoweit keine gesetzliche Regelung erlassen haben, auf Gewohnheitsrecht, das durch längere tatsächliche Übung entstanden ist, die dauernd und ständig, gleichmäßig und allgemein war und von den beteiligten Rechtsgenossen als verbindliche Rechtsnorm anerkannt wurde." [... Es folgen Nachweise, M.R.] S. 32: „In erster Linie handelt es sich hierbei - im Sinne der in Art. 74 Nr. 1 GG verwendeten Terminologie - um einen Gegenstand innerhalb der Normenkomplexe "Gerichtsverfassung" und "gerichtliches Verfahren", nicht aber "Rechtsanwaltschaft". Das bei der Klassifizierung der einzelnen Materien der Rechtsetzung wesentliche Merkmal des "Traditionellen" oder "Herkömmlichen" (vgl. auch BVerfGE 3, 407 [414 f.]; 5, 25 [29]; 7, 29 [44]; 11, 192 [199]; 11, 234 [237]; 12, 205 [226]; 23, 113 [123 f.]) bestätigt die dem systematischen Zusammenhang entnommene Abgrenzung; denn schon durch § 89 PrAGGVG wurde die Bestimmung über die Verpflichtung der Rechtsanwälte zum Tragen der Amtstracht in den Zusammenhang des Gerichtsverfassungsrechts eingefügt."

34.	30, 1	2 BvF 1/69, 2 BvR 629/68, 2 BvR 308/69	15.12.1970	2. Senat: Seuffert, Leibholz, Geller, von Schlabrendorff, Rupp, Geiger, Kutscher, Rinck	E 30, 1 (27, 47) – Abhörurteil: (mögliche) „Abhörpraxis“ nach 1949 und Art. 10 Abs. 2 Satz 2 GG mit Art. 79 Abs. 3 GG, negativ festgestellt, verfassungsgemäß („kein rechtliches Argument“, abw. M.: „den Anfängen zu wehren“).	S. 27: „Der Gedanke, daß dieser Ausschluß der Benachrichtigung zu einem Mißbrauch in der Abhörpraxis führen könne, die mit Art. 1 Abs. 1 Satz 1 GG unvereinbar wäre, ist kein rechtliches Argument, das zur Unvereinbarkeit des Art. 10 Abs. 2 Satz 2 GG mit Art. 79 Abs. 3 GG führen kann. Die Möglichkeit des rechts- und verfassungswidrigen Mißbrauches macht die Regelung noch nicht verfassungswidrig; vielmehr ist bei der Auslegung und Würdigung einer Norm davon auszugehen, daß sie in einer freiheitlich-rechtsstaatlichen Demokratie korrekt und fair angewendet wird.“ Abw. M. Geller, von Schlabrendorff, Rupp: „Die Gefahr einer solchen Entwicklung mag, in Anbetracht der Erfahrungen seit 1949, fernliegen. Man mag davon ausgehen, daß in einer freiheitlich-rechtsstaatlichen Demokratie alle Normen "korrekt und fair" angewendet und die Geheimdienste entsprechend kontrolliert werden. Ob dies aber für alle Zukunft gesichert ist, und ob der mit der Verfassungsänderung vollzogene erste Schritt auf dem bequemen Weg der Lockerung der bestehenden Bindungen nicht Folgen nach sich zieht, vermag niemand vorauszusehen. Deshalb sind wir der Auffassung, daß die Sperrvorschrift des Art. 79 Abs. 3 GG – zwar nicht extensiv, aber - streng und unnachgiebig ausgelegt und angewandt werden sollte. Sie ist nicht zuletzt dazu bestimmt, schon den Anfängen zu wehren.“

35.	32, 54	1 BvR 280/66	13.10.1971	1. Senat: Müller, Stein, Ritterspach, Haager, Rupp-von Brünneck, Brox, Simon	E 32, 54 (72) – Betriebsbetretungsrecht: Praxis der Rechtssprechung zu Art. 13 Abs. 1 GG (Auslegung „seit jeher"), positiv festgestellt, verfassungsgemäß (feierliches Pathos statt juristischer Präzision).	S. 72: „Der Wortlaut des Art. 13 Abs. 1 GG kann demgegenüber nicht entscheidend sein. Die sprachliche Einkleidung dieses Grundrechts hat seit jeher die juristische Präzision zugunsten des feierlichen Pathos einer einprägsamen Kurzformel zurücktreten lassen. "Wohnung" ist in diesem Zusammenhang immer im Sinn der "räumlichen Privatsphäre" verstanden worden".

36.	33, 52	1 BvL 13/67	25.04.1972	1.Senat: Benda, Ritterspach, Rupp-von Brünneck, Faller, Simon, Brox, Haager	E 33, 52 (64) – Zensur: Auslegungspraxis zu § 5 Abs. 1 GÜV (weite Auslegung) und Art. 5 Abs. 1 Satz 1 GG, positiv festgestellt, verfassungskonforme Auslegung; Staatspraxis in Weimar zur Reichskompetenz (Art. 6 Nr. 6 WRV) und Art. 73 Nr. 5 GG, positiv festgestellt, übertragbar (abw. M. zur Kompetenz und Auslegung).	S. 60/61: „2. Die Bundeskompetenz zum Erlaß dieser Vorschriften ergibt sich vielmehr unmittelbar aus Art. 73 Nr. 5 GG ("Freizügigkeit des Warenverkehrs" und "Waren- und Zahlungsverkehr mit dem Auslande"). [...] In Friedenszeiten scheint diese Kontroverse [betreffend die Kompetenz zum Erlaß von Ein- und Ausfuhrverboten aus polizeilichen Gründen, M.R.] im staatsrechtlichen Schrifttum keine große Bedeutung für die Staatspraxis gewonnen zu haben.“

37.	33, 125	1 BvR 518/62, 1 BvR 308/64	09.05.1972	1.Senat: Benda, Ritterspach, Haager, Rupp-von Brünneck, Böhmer, Faller, Brox, Simon	E 33, 125 (152f., 156) – Facharzt: Staatspraxis nach 1949 zur Bundeskompetenz und Art. 74 Nr. 19 GG, Staatspraxis (Berufsregelung durch Verordnung) und Art. 12 Abs. 1 S. 2 GG n.F., positiv festgestellt, übertragbar („Klarstellung“)	S. 145: „Die Ansicht, daß Regelungen, die die Berufsausübung besonders intensiv beeinflußten, nur in formellen Gesetzen getroffen werden dürften, überfordere aber die Staatspraxis.“ S. 152: „Bei der Bestimmung des Umfangs der einzelnen Materien des Art. 74 sind der Grundsatz des Art. 30 GG und der historische Zusammenhang in der deutschen Gesetzgebung zu beachten; dem Merkmal des "Traditionellen" oder "Herkömmlichen" kommt dabei wesentliche Bedeutung zu (BVerfGE 7, 29 [44]; 28, 21 BVerfGE 33, 125 (152)BVerfGE 33, 125 (153)[32]). Entstehungsgeschichte und Staatspraxis gewinnen deshalb für die Auslegung besonderes Gewicht.“ S. 156: „Das Bundesverfassungsgericht hatte schon vorher Berufsregelungen auch durch nachkonstitutionelle, auf gesetzlicher Grundlage beruhende Verordnungen, also durch Gesetze in materiellem Sinn, für zulässig erachtet (BVerfGE 20, 283 [295]; 21, 72; ebenso BVerwGE 21, 203). In gleicher Weise verfuhr die Staatspraxis, die vor dem Problem steht, daß sich einerseits der Schutzbereich des Art. 12 Abs. 1 GG auf gewerbliche und berufliche Tätigkeiten jeder Art erstreckt, andererseits der wachsende Umfang der in der modernen Industriegesellschaft notwendigen Berufsregelungen es ausschließt, diese bis in die Einzelheiten dem Gesetzgeber vorzubehalten. Bei dieser Sachlage kann die Neufassung der Bestimmung nur eine das Ergebnis von Rechtsprechung und Staatspraxis übernehmende Klarstellung bedeuten.“

38.	34, 9	2 BvF 1/71	26.07.1972	2.Senat: Seuffert, von Schlabrendorff, Rupp, Geiger, Hirsch, Rinck, Rottmann	E 34, 9 (22) – Besoldungsvereinheitlichung: „Staatspraxis der Weimarer Zeit“ zum Inkrafttreten der zuständigkeitsbegründenden Norm (bei Ausfertigung) und Art. 82 Abs. 2 S. 2 GG, positiv festgestellt, unübertragbar; Staatspraxis nach 1949 zur Rechtsfolge (bei gleichzeitiger Verkündung), positiv festgestellt, verfassungsgemäß (bisher keine Evidenz, jetzt Klarstellung)	Leitsatz 3: Künftig ist ein Gesetz, das ausgefertigt wird zu einem Zeitpunkt, an dem die dazu ermächtigende Norm noch nicht in Kraft war, oder das unter den besonderen Voraussetzungen, die die Entscheidung vom 1971-11-15 (vergleiche BVERFG 1971-11-15 2 BvF 1/70 = BVERFGE 32, 199-212) umschreibt, verkündet wird, bevor die dazu ermächtigende Norm in Kraft getreten ist, nichtig. S. 22/23: „Das Gesetzgebungsverfahren umfaßt die Einbringung des Gesetzesentwurfs, die parlamentarische Beratung und Verabschiedung, die Ausfertigung und die Verkündung. [...] Die Staatslehre und die Staatspraxis der Weimarer Zeit haben es genug sein lassen, wenn im Zeitpunkt der Ausfertigung des Gesetzes die zuständigkeitsbegründende Norm in Kraft war (vgl. Jacobi, HdbDStR, Bd. 2, S. 245). Für diese Auffassung spricht: Mit dem Akt der Ausfertigung steht der Inhalt des Gesetzes und - kraft der Prüfungskompetenz des Bundespräsidenten - die Verfassungsmäßigkeit des Gesetzes im Gesetzgebungsverfahren endgültig fest. Danach läuft nur noch eine bürokratisch-technische Phase des Gesetzgebungsverfahrens ab: die Verfügung, in welche Nummer des Gesetzblattes das Gesetz aufgenommen werden soll, der Satz, die Druckfehlerkorrektur, der Druck des Gesetzes und das Ausliefern des Gesetzblattes. Dieser letzte "technische Teil" des Gesetzgebungsverfahrens ist für die Frage der ausreichenden Rechtsgrundlage des Gesetzes ohne praktische Bedeutung.“

39.	35, 185	2 BvL 4/73	30.05.1973	2. Senat: Seuffert, von Schlabrendorff, Rupp, Geiger, Hirsch, Rinck, Rottmann, Wand	E 35, 185 (187) – Haftgrund Wiederholungsgefahr: „nachkonstitutionelle Staatspraxis“ des Nichtzitierens bei geringen Abweichungen von bestehenden Grundrechtsbeschränkungen und GG Art 19 Abs 1 S. 2, festgestellt, verfassungsgemäß (nur neuartige Eingriffe).	S. 187: „Das Gebot des Art. 19 Abs. 1 Satz 2 GG, das betroffene Grundrecht zu nennen, solle unbewußte Grundrechtseinschränkungen verhindern, erfülle also eine "Warnfunktion". Diese "Warnfunktion" entfalle, wenn die Grundrechtseinschränkung offenkundig sei. Deshalb habe die nachkonstitutionelle Staatspraxis darauf verzichtet, bei der Schaffung neuer, mit der Androhung von Freiheitsstrafen verknüpfter Straftatbestände die darin liegende Grundrechtseinschränkung gesondert auszuweisen.“ S. 188/189: „Das Zitiergebot soll lediglich ausschließen, daß neue, dem bisherigen Recht fremde Möglichkeiten des Eingriffs in Grundrechte geschaffen werden, ohne daß der Gesetzgeber sich darüber Rechenschaft legt und dies ausdrücklich zu erkennen gibt. Daher findet es keine Anwendung auf solche Gesetze, die bereits geltende Grundrechtsbeschränkungen unverändert oder mit geringen Abweichungen wiederholen (BVerfGE 5, 13 [16]; 15, 288 [293]).“

40.	39, 1	1 BvF 1, 2, 3, 4, 5, 6/74	25.02.1975	1. Senat: Benda, Ritterspach, Haager, Rupp-von Brünneck Böhmer, Faller, Brox, Simon	E 39, 1 (66) – Schwangerschaftsabbruch I: zur Rechtspraxis nach 1949 (Fristenregelung) und Lebensschutz (Art. 2 Abs. 2 Satz 1 GG), negativ festgestellt („nur für strafbar erklärt"), nicht verfassungsgemäß; abw. M.: Praxis „in der Weimarer Zeit" außerordentlich umstritten, gerade keine „Abkehr vom totalitären nationalsozialistischen Staat".	S. 66: „Wenn der Staat diese Fälle nicht nur für strafbar erklärt, sondern sie auch in der Rechtspraxis verfolgt und bestraft, wird dies im Rechtsbewußtsein der Allgemeinheit weder als ungerecht noch als unsozial empfunden werden." abw. M, S. 69: „Die Entscheidung hierüber gehört in die Verantwortung des Gesetzgebers. [...] Eine entgegengesetzte Verfassungsauslegung ist mit dem freiheitlichen Charakter der Grundrechtsnormen nicht vereinbar und verlagert in folgenschwerem Ausmaß Entscheidungskompetenzen auf das Bundesverfassungsgericht." S. 75/76: „In der Weimarer Zeit war die Bestrafung der Abtreibung außerordentlich umstritten; es handelte sich damals um ein ungleich schwerer wiegendes Problem, weil es die heute allgemein verbreiteten und leicht anwendbaren Mittel zur Empfängnisverhütung noch nicht gab. Dieser Zustand dauerte zur Zeit des Parlamentarischen Rates unverändert fort. Wenn unter diesen Umständen die beantragte Aufnahme einer ausdrücklichen Bestimmung über den Schutz keimenden Lebens abgelehnt worden ist, so ist das in Verbindung mit den erwähnten Äußerungen nur dahin zu verstehen, daß die Reform des umstrittenen § 218 StGB durch die Verfassung nicht präjudiziert werden sollte. Ein gegenteiliger Standpunkt läßt sich nicht damit begründen, daß die Aufnahme des Art. 2 Abs. 2 GG unstreitig der Reaktion auf die unmenschliche Ideologie und Praxis der nationalsozialistischen Regimes entsprang (Vgl. aber C I 1 a und D IV des Urteils.)."

41.	39, 334	2 BvL 13/73	22.05.1975	2. Senat: Seuffert, von Schlabrendorff, Rupp, Geiger (Berichterstatter), Hirsch, Rinck, Rottmann, Wand	E 39, 334 (358) – Extremistenbeschluß: Praxis der Länder betreffend den Radikalenerlaß	S.357: „1. Art. 21 Abs. 2 GG behält die Entscheidung über die Verfassungsmäßigkeit oder Verfassungswidrigkeit einer politischen Partei dem Bundesverfassungsgericht vor.“ S. 358: „Diese Rechtsprechung hat, wie sich aus dem Zusammenhang der Gründe ergibt, den normalen Status des politischen Aktivbürgers in der Gesellschaft vor Augen, nicht dagegen den Bürger in seiner besonderen rechtlichen Stellung als Beamten.“ abw.M. S. 388: „3. Art. 21 Abs. 2 GG hat die Zuständigkeit, durch eine Entscheidung mit konstitutiver Wirkung die Verfassungswidrigkeit einer politischen Partei auszusprechen, ausschließlich dem Bundesverfassungsgericht übertragen. Damit ist es nicht vereinbar, daß jeder Dienstherr - möglicherweise, wie die Praxis zeigt, auch noch von Land zu Land verschieden - nach seinem Ermessen bis zur Grenze der Willkür in jedem einzelnen Fall inzidenter darüber entscheidet, ob eine politische Partei nach ihren Zielen darauf ausgeht, die freiheitliche demokratische Grundordnung zu beeinträchtigen oder zu beseitigen.“

42.	41, 205	1 BvL 4/72, 1 BvL 5/72	14.01.1976	1. Senat: Benda, Dr. Haager, Rupp-von Brünneck, Böhmer, Faller, Simon, Hesse, Katzenstein	E 41, 205 (222) – Gebäudeversicherungsmonopol (Baden): Praxis nach 1949 der Landeskompetenz für Monopolanstalten und Art. 74 Nr. 11, positiv festgestellt, verfassungsgemäß (durch Staatspraxis bestätigt)	S. 220: „Da der Wortlaut und der systematische Zusammenhang dieser Zuständigkeitsregelung keine ausreichende Bestimmung des Begriffs "privatrechtliches Versicherungswesen" ermöglicht, ist für die Ermittlung des Umfangs der geregelten Materie der Grundsatz des Art. 30 GG und der historische Zusammenhang in der deutschen Gesetzgebung zu beachten; dem Merkmal des "Traditionellen" und "Herkömmlichen" kommt dabei wesentliche Bedeutung zu. Entstehungsgeschichte und Staatspraxis gewinnen deshalb für die Auslegung von Zuständigkeitsvorschriften besonderes Gewicht (BVerfGE 33, 125 [152]) - Facharzt - mit weiteren Nachweisen).“ S. 222: „Dieser Auffassung [Versicherungsrecht (Vertragsinhalt) regelt der Bund, Versicherungswesen (Monopolanstalten) die Länder (Art. 74 Nr. 11), M.R..] folgte auch die Staatspraxis.“ S. 223/224: „2. Die sich aus Art. 74 Nr. 11 GG ergebende, durch Entstehungsgeschichte und Staatspraxis bestätigte Aufteilung der Gesetzgebungszuständigkeit im Bereich des Versicherungswesens zwischen Bund und Ländern ist nur sinnvoll, wenn sie die Befugnis der Länder zur Regelung der Versicherungsmonopole im bisherigen Umfang einschließt.“

43.	41, 344	2 BvL 5/73	24.02.1976	2. Senat: Geiger, Rinck, Wand, Hirsch, Niebler, Steinberger	E 41, 344 (354) – Überwachungsbedürftige Anlagen: ‚preußische Praxis'ab 1937 zur Reichskompetenz und Art. 74 GG, positiv feststellbar, übertragbar.	S. 354: „Nach dem Erlaß der Verordnung vom 30. August 1937 galt die ‚preußische Praxis' (Landmann / Rohmer a.a.O.) unbestritten, wonach überwachungsbedürftige Anlagen sind, ohne Rücksicht darauf, ob sie gewerbsmäßig betrieben werden (Landmann / Rohmer a.a.O. unter Aufgabe seiner bis dahin abweichenden Auffassung). d) § 24 Abs. 2 GewO neuer Fassung entspricht diesem herkömmlichen Verständnis des Gewerberechts: [...]" S. 355: „e) Bei der Bestimmung der Reichweite der einzelnen, in den Kompetenzvorschriften des Art. 74 GG klassifizierten und typisierten Gesetzgebungsmaterieren ist deren herkömmliche systematisch-begriffliche Zuordnung in der Tradtition und Entwicklung des deutschen Rechts zu berücksichtigen. Von ihr ging der Gesetzgeber aus, als er die Gesetzgebungskompetenzen von Bund und Ländern festlegte."

44.	41, 399	2 BvR 89/74	09.03.1976	2. Senat: Zeidler, Geiger, Rinck, Wand, Hirsch, Rottmann, Niebler, Steinberger	E 41, 399 (417) – Ausschluß unabhängiger Bewerber von der Wahlkampfkostenerstattung: Praxis nach 1949 zur Monopolisierung des Wahlvorschlagsrechts und Art. 38 Abs. 1 S. 1 GG, nicht verfassungsgemäß.	S. 417/418: Eine gesetzlich erzwungene Verengung des Wahlrechts auf die Auswahl zwischen den von den politischen Parteien aufgestellten Wahlkreiskandidaten liefe auf eine Mediatisierung der keiner Partei angehörenden Bürger hinaus, die der Grundsatz der freien Wahl nicht mehr zuläßt. [...] Dem entspricht auch die Staatspraxis in Bund und Ländern. Das Bundeswahlgesetz hat von Anfang an den Wahlberechtigten, die sich keinem Wahlvorschlag einer Partei anschließen oder nicht für eine Partei kandidieren wollten, die Möglichkeit offengehalten, Kreiswahlvorschläge einzureichen (§ 19 Abs. 1 i.V.m. § 21 Abs. 3 BWG). Auch in den Ländern, außer Berlin, gab und gibt es kein Wahlvorschlagsmonopol für politische Parteien. Die Monopolisierung des Wahlvorschlagsrechts bei den politischen Parteien in Berlin ist inzwischen vom Wahlprüfungsgericht wegen Verstoßes gegen die Grundsätze der Allgemeinheit und Gleichheit der Wahl (Art. 28 Abs. 1 Satz 2 GG) für verfassungswidrig erklärt und die Wahl unter Zulassung "parteiloser" Wahlvorschläge in zwei Wahlkreisen wiederholt worden (vgl. dazu das Urteil des Wahlprüfungsgerichts beim Abgeordnetenhaus von Berlin vom 12. November 1975 - WPG 2/75 - NJW 1976, S. 560).

45.	42, 20	1 BvR 355/67	10.03.1976	1. Senat: Benda, Haager, Rupp-v.Brünneck, Böhmer, Faller, Hesse, Katzenstein	E 42, 20 (29) – Öffentliches Wegeeigentum: Praxis nach 1949 der Länderkompetenz und Art. 72 Abs. 2, 125 iVm. 181 Abs.3 und Art. 55 EGBGB, positiv festgestellt, verfassungsgemäß („kann man davon ausgehen“).	S. 29: „Deshalb ist bei der Bestimmung des Umfangs der historische Zusammenhang in der deutschen Gesetzgebung zu beachten; dem Merkmal des "Traditionellen" und "Herkömmlichen" kommt hierbei wesentliche Bedeutung zu. Entstehungsgeschichte und Staatspraxis gewinnen deshalb für die Auslegung besonderes Gewicht (BVerfGE 33, 125 [152 f.]). Der Gesetzgebungskatalog des Grundgesetzes ist weitgehend im Hinblick auf die Weimarer Reichsverfassung formuliert worden. Soweit das Grundgesetz Materien aus dieser übernommen hat, kann daher grundsätzlich angenommen werden, daß sie in demselben Sinn zu verstehen sind, wie dies dort der Fall war BVerfGE 33, 52 [61]).“ S. 31: „Nach der rechtsgeschichtlichen Entwicklung sowie der geschilderten Staatspraxis kann man davon ausgehen, daß die oben wiedergegebene Umschreibung des bürgerlichen Rechts auch sachlich dem Kompetenzbegriff im Sinne des damals geltenden Verfassungsverständnisses grundsätzlich entspricht. Bürgerliches Recht wurde wesentlich als die Ordnung der Individualrechtsverhältnisse verstanden.“

46.	42, 312	2 BvR 350/75	21.09.1976	2. Senat: Zeidler, Geiger, Wand, Rottmann, Niebler, Steinberger	E 42, 312 (330) – Inkompatibilität/Kirchliches Amt: „geschichtliche Kontinuität" („Vorverständnis")	S. 330f.: „a) Art. 140 GG steht in einer geschichtlichen Kontinuität, die zum Verständnis der Vorschrift herangezogen werden muß. [...]" Diese Vorverständnis kann bei der Interpretation des in Art. 140 GG in Bezug genommenen Art. 137 Abs. 3 WRV, insbesondere der Formel „innerhalb der Schranken des für alle geltenden Gesetzes" nicht außer Acht gelassen werden. [...]

47.	44, 125	2 BvE 1/76	02.03.1977	2. Senat: Zeidler, Geiger, Rinck, Wand, Hirsch, Rottmann Niebler, Steinberger	E 44, 125 (192) – Öffentlichkeitsarbeit (der Bundesregierung): abw. M.: „Praxis der Bundesregierung“ nach 1949 und Art. 21 GG („seit Jahrzehnten üblich“, „Frage des politischen Stils“).	S. 135: „Außerdem sei es Praxis, allen Fraktionen des Deutschen Bundestages das Angebot zu unterbreiten, die Publikationen für ihre Informationsarbeit zu nutzen.“ S. 166: „Die Grenzen zwischen zulässiger Öffentlichkeitsarbeit und verfassungwidrigem Hineinwirken in den Wahlkampf waren bisher umstritten.[...]“ Abw. M. S. 167: „[...] Praxis [...] evident unvereinbar halte mit dem Gebot des sparsamen Umgangs mit Steuermitteln.“ S. 171: Ihrem Verhalten geht eine viele Jahre hindurch bei fast allen Wahlen zu beobachtende, allerdings von Mal zu Mal aufwendigere, drastischere und umfangreichere Praxis voraus, die mittlerweile bei den dafür unmittelbar Verantwortlichen zu einer selbstverständlichen Gewohnheit geworden ist. Sie wird keineswegs von der öffentlichen Meinung oder von den Bürgern allgemein akzeptiert. Sie hat auch in der Literatur Widerspruch erfahren. Sie wurde schon einmal als verfassungswidrig bekämpft, ua von der Opposition im Bundestag im Jahre 1965/66 in einem Verfassungsstreitverfahren (2BvE 1/66) und in einem Normenkontrollverfahren (2BvF 1/66); die Verfahren erledigten sich durch Rücknahme der Anträge. Auf diesem Hintergrund kann von einer jahrelangen unangefochtenen Verfassungspraxis, die für die rechtliche Beurteilung der vorliegenden Streitigkeit von Bedeutung sein könnte, nicht die Rede sein. Weder können Verfassungsgrundsätze dadurch einen Bedeutungswandel erfahren haben, noch kann sich eine Rechtsüberzeugung gebildet haben, die Grundlage eines Verfassungsgewohnheitsrechts sein könnte. S. 192: „Es ist nicht Sache des Bundesverfassungsgerichts, über Fragen des politischen Stils zu befinden.“

48.	45, 1	2 BvE 1/74	25.05.1977	2. Senat: Zeidler, Geiger, Wand, Hirsch, Rottmann, Niebler, Steinberger	E 45, 1 (33) – Haushaltsüberschreitung : „vieljährige Praxis“ der Bundesregierungen nach 1949 (Versäumnis sich selbst informieren) und Art. 112 GG, § 15 Abs. 1 GOBReg, positiv festgestellt, nicht verfassungsgemäß („dazu beigetragen“, dass das Budgetrecht verletzt wurde)	S. 33: „Mit dieser verfassungsrechtlichen Lage steht die bisherige langjährige Praxis [einer Umgehung von Art. 111 GG, M.R.] schwerlich in Einklang. Die Haushaltsgesetze sind seit Bestehen der Bundesrepublik Deutschland im Durchschnitt der Jahre mit einer annähernd halbjährigen Verspätung verabschiedet worden. Die Staatspraxis hat sich deshalb mit einer faktischen Fortschreibung des bisherigen Haushaltsplans beholfen. Auf diese Weise konnte jedoch der Vorrang des Haushaltsgesetzgebers nur unzulänglich gewahrt werden.“ S. 51/52: „Somit hat sie dazu beigetragen, dass die Kompetenz des Bundestages durch den Bundesminister der Finanzen verletzt wurde.“ Abw. M.: S. 58: „Der Antrag gegen die Bundesregierung ist jedoch nicht begründet. [...] „darf die [...] historische Entwicklung nicht außer acht gelassen werden; denn die entsprechenden Regelungen des Grundgesetzes sind weitgehend entsprechenden Vorschriften früherer Verfassungen oder doch der früheren praktischen Handhabung nachgebildet.“ S. 61: „Der hier vertretenen Auffassung entspricht auch die Praxis seit 1949, die in diesem Punkt bisher - soweit ersichtlich - weder vom Gesetzgeber noch von der Bundesregierung oder in der Fachliteratur beanstandet worden ist.“

49.	48, 1	2 BvL 8/74	15.02.1978	2. Senat: Zeidler, Rinck, Wand, Rottmann, Niebler, Steinberger Träger	E 48, 1 (18) – MilchFettGesetz: „überkommene Staatspraxis" aufgegriffen in §§ 59, 62, GGO § 123 Abs. 3 GO-BT (Berichtigung offenbarer Unrichtigkeiten) und Art. 76 ff GG	S. 18: „1. Wenn das GG auch keine Vorschriften über die Berichtigung fehlerhafter Gesetzesbeschlüsse enthält, so heißt dies doch nicht, daß zur Berichtigung eines jeden Fehlers, gleich welcher Art, der sich während des Gesetzgebungsverfahrens eingeschlichen hat, abermals das Verfahren nach den GG Art 76 ff durchlaufen werden müßte. Vielmehr bestehen gegen die nunmehr in den GGO 2 §§ 59 und 62 sowie seit Februar 1975 auch in BTGO § 123 Abs 3 getroffenen Bestimmungen, nach denen unter Aufgreifen der überkommenen Staatspraxis Druckfehler und andere offenbare Unrichtigkeiten ohne nochmalige Einschaltung der gesetzgebenden Körperschaften berichtigt werden können, keine grundsätzlichen verfassungsrechtlichen Bedenken. Allerdings ist die Berichtigung fehlerhafter Gesetzesbeschlüsse außerhalb des Beschlußverfahrens der GG Art 76 ff wegen des den gesetzgebenden Körperschaften zukommenden Achtungsanspruchs nur in sehr engen Grenzen zulässig."

50.	49, 70	2 BvK 1/77	02.08.1978	2. Senat: Zeidler, Rinck, Wand, Hirsch, Rottmann, Niebler, Steinberger, Träger	E 49, 70 (83) – Parlamentarischer Untersuchungsausschuß: „parlamentarische Praxis“ nach 1949 zu Rechtssprechungsgrundsätzen, positiv festgestellt, verfassungsgemäß.	S. 75/76: „Das widerspreche den in Rechtsprechung und Schrifttum entwickelten Grundsätzen; es stehe auch im Gegensatz zu der bisherigen Praxis des Schleswig-Holsteinischen Landtages, [...] „Die jüngere Praxis des Schleswig-Holsteinischen Landtages zeige, daß Zusatzfragen gestellt werden könnten. [...] An ihn [den Mustergesetzentwurf, M.R.] habe man sich gehalten.“ S. 80: „2. An diesen Rechtszustand [der Weimarer Republik, M.R.] knüpften das Grundgesetz und die Verfassungen der deutschen Länder nach 1945 an [...]“ S. 80/81: „a) [...] Recht der Minderheit [...] die Einsetzung eines Untersuchungsausschusses zu verlangen. [...] Es blieb außerdem dabei, daß die Mehrheit nur begrenzt auf einen von der Minderheit festgelegten Untersuchungsgegenstand Einfluß nehmen darf.“ S. 82: „b) Auch die Rechtsprechung hat die in der Weimarer Republik entwickelten Grundsätze übernommen. [...] Das Schrifttum billigt diese Auffassung [...] c) Die parlamentarische Praxis hält sich im allgemeinen ebenfalls an die von der Rechtsprechung entwickelten Grundsätze [...] Das gilt insbesondere auch für den Schleswig-Holsteinischen Landtag. [...] Die vom Antragsgegner genannten Verfahren [...] können nicht als Beweis für eine gegenteilige Praxis angeführt werden. Hier waren die Antragsteller jeweils mit der Ausweitung des Untersuchungsgegenstandes einverstanden [...] d) In dieselbe Richtung gehen schließlich mehrere neuere Gesetzgebungsvorschläge: [...] S. 84: 1. „1. Aus der Entstehungsgeschichte des Art. 15 LS und dem daraus ersichtlichen Zusammenhang mit vergleichbaren Regelungen und Entscheidungen folgt demnach, daß das Recht der Minderheit […] die Befugnis der Mehrheit begrenzt.“

51.	52, 131	2 BvR 878/74	25.07.1979	2. Senat: Zeidler, Rinck, Wand, Hirsch, Rottmann, Niebler, Steinberger, Träger	E 52, 131 (175) – Arzthaftungsprozeß: Gesetzgebungspraxis seit 1949 zu Art. 2 Abs. 2 S. 3 GG, positiv festgestellt, verfassungsgemäß (Auslegungsindiz).	Abw. M. S. 174/175: „Verfehlt ist es auch, wenn im Schrifttum [...] Zweifel daran gehegt werden, daß die normative Regelung des ärztlichen Heileingriffs oder ihre Anwendung im Einzelfall überhaupt an Art 2 Abs 2 Satz 1 GG gemessen werden dürfe, weil dieses Grundrecht im Hinblick auf die zwangsweisen Menschenversuche und Sterilisationen des nationalsozialistischen Regimes entworfen worden sei, um ähnlichen Untaten zu wehren. [...] Indes begrenzt der historische Anlaß, aus dem Art. 2 Abs. 2 Satz 1 GG entstanden ist, nicht auch schon seinen normativen Gehalt. Weder der Wortlaut der Vorschrift noch die Gesetzgebungspraxis seit 1949 zu Art. 2 Abs. 2 Satz 3 GG, die bei einem so beschränkten Verständnis bislang weithin überflüssig gewesen wäre (vgl. z.B. § 32 Abs. 5 Bundesseuchengesetz[§32=Durchführung der Ermittlungen, M.R.]), sprechen für eine derartige Einengung gegenüber ärztlichen Eingriffen.“

52.	53, 366	2 BvR 208/76	25.03.1980	2. Senat: Zeidler, Rinck, Wand, Hirsch, Rottmann, Niebler, Steinberger, Träger	E 53, 366 (393) – Konfessionelle Krankenhäuser: karitative Tätigkeit der Kirchen und Staatspraxis nach dem zweiten Weltkrieg, positiv festgestellt	S. 391: „a) Nach Art 140 GG in Verbindung mit Art 137 Abs 3 WRV sind nicht nur die organisierte Kirche und deren rechtlich selbständige Teile, sondern alle der Kirche in bestimmter Weise zugeordneten Einrichtungen ohne Rücksicht auf ihre Rechtsform [...].“ S. 392: „b) In diesem Sinne gehören auch die Beschwerdeführer zu den Religionsgesellschaften, [...]“ S. 393: „Auch in der Staatspraxis nach dem zweiten Weltkrieg ist die karitative Tätigkeit in den Kirchenverträgen und Konkordaten als legitime Aufgabe der Kirchen ausdrücklich anerkannt und die Berechtigung dazu den Kirchen gewährleistet worden (vgl. BVerfGE 24, 236 [248] m.w.N. [es folgen umfangreiche Nachweise in der Literatur, M. R.]). Zu dieser karitativen Tätigkeit gehört die kirchlich getragene Krankenpflege.“

53.	54, 173	1 BvR 967, 973, 627, 737/78	03.06.1980	1. Senat: Benda, Böhmer, Simon, Faller, Hesse, Katzenstein, Niemeyer, Heußner	E 54, 173 (193) – Studienplatzvergabe: Staatspraxis nach 1949 (Rechtsverordnungen der Bundesländer präzisieren Hochschulrahmengesetz) und Art. 5 GG, positiv festgestellt, verfassungsgemäß.	S. 193: „Auf der Linie dieser Erwägungen bewegt sich bereits die Staatspraxis. [Rechtsverordnungen der Bundesländer präzisieren die im Hochschulrahmengesetz bereits vorgesehenen Dienstpflichten, M.R.] Wird bei Ihnen die grundsätzliche Entscheidung der Verfassung für eine freie wissenschaftliche Betätigung (vgl. BVerfGE 35, 79 [114f.]) und der Grundsatz der Verhältnismäßigkeit in gebotener Weise beachtet, sind gegen derartige Festlegungen durchgreifende verfassungsrechtliche Bedenken nicht erkennbar“ [es folgen Nachweise, M.R.].

54.	55, 274	2 BvF 3/77	10.10.1980	2. Senat: Zeidler, Rinck, Wand, Hirsch, Rottmann, Niebler, Steinberger, Träger	E 55, 274 (299f.) – Berufsausbildungsabgabe: Abgrenzungsprobleme zwischen Steuer und Sonderabgabe in der Staatspraxis, eingeschränkte Kompetenz des Gesetzgebers	S. 299/300: „a) In der Staatspraxis wirft die Erhebung von außersteuerlichen Abgaben regelmäßig Abgrenzungsprobleme zur Steuer auf; es gilt, die bundesstaatliche Finanzverfassung vor Störungen, die sich daraus ergeben können, ebenso wie vor einer Aushöhlung durch Sonderabgaben zu schützen; darüber hinaus ist von vornherein den Erfordernissen des Individualschutzes der Abgabepflichtigen Rechnung zu tragen, die sowohl durch Steuern als auch durch Sonderabgaben in Pflicht genommen werden. [...] Eine solche Auslegung führt zu dem Ergebnis, daß der Gesetzgeber bei der Einführung von Sonderabgaben Kompetenzschranken zu beachten hat, die seinen Gestaltungsspielraum im Verhältnis zur übrigen Regelungsbefugnis in der jeweiligen Sachmaterie deutlich verengen; es ist dem Gesetzgeber verfassungsrechtlich versagt, eine öffentliche Aufgabe nach seiner Wahl im Wege der Besteuerung oder durch Erhebung einer "parafiskalischen" Sonderabgabe zu finanzieren.“

55.	59, 128	1 BvR 898, 1132, 1150, 1333, 1181/79, 83, 416/80, 1117/79 und 603/80	16.12.1981	1. Senat: Benda, Simon, Faller, Hesse, Katzenstein, Niemeyer, Heußner	E 59, 128 (160) – Deutsches Volkstum: Verwaltungspraxis und die Rechtssprechung (nicht diskriminierende Auslegungskritierien) und Art. 3 Abs. 3 GG, positiv festgestellt, verfassungsgemäß	S. 148: „4. Nach Mitteilung des Hessischen Ministerpräsidenten richtet sich die Verwaltungspraxis bei der Erteilung und Einziehung von Vertriebenenausweisen nach dem Erlaß des Hessischen Sozialministers [...]“ S. 149: „5. Nach Auskunft des rheinland-pfälzischen Justizministers gibt es weder statistisches Material über Ausweisentziehungsverfahren gegenüber jüdischen und nichtjüdischen Mitbürgern noch verwaltungsinterne Anweisungen über die Einziehungspraxis. [...] 6. Nach Auffassung des Oberstadtdirektors Aachen [...]. [...] [Keine, M.R.] gezielte[n] Aktionen gegen jüdische Ausweisbewerber [...], sondern [...] Folge einer früher relativ großzügig geübten Erteilungspraxis.“ S. 157f.: „Um eine solche Benachteiligung zu vermeiden, die mit Art. 3 Abs. 3 GG unvereinbar wäre, muß § 6 BVFG [„Deutscher Volkszugehöriger im Sinne dieses Gesetzes ist, wer sich in seiner Heimat zum deutschen Volkstum bekannt hat, sofern dieses Bekenntnis durch bestimmte Merkmale wie Abstammung, Sprache, Erziehung, Kultur bestätigt wird“, M.R.] in einer Weise ausgelegt werden, die sich an seinem Wortlaut, seiner Entstehungsgeschichte und seiner überwiegenden Interpretation im Schrifttum orientiert. [es folgen Nachweise zum Schrifttum, M.R.] S. 160: „Die von den Beschwerdeführern mosaischer Konfession angegriffenen Entscheidungen werden diesen am Maßstab des Art. 3 Abs. 3 GG orientierten Auslegungsgesichtspunkten noch gerecht; angesichts der generell verschärften Anforderungen, welche die Rechtsprechung an den Nachweis eines Bekenntnisses zum deutschen Volkstum stellt, ist ein Verstoß gegen das Diskriminierungsverbot des Art. 3 Abs. 3 GG nicht evident. [...]“

56.	59, 336	1 BvR 698, 771/79	09.02.1982	1. Senat: Benda, Simon, Faller, Hesse, Katzenstein, Niemeyer, Heußner	E 59, 336 (350) – Ladenschlußzeiten : Verwaltungspraxis in zahlreichen Bundesländern, Bußgeldrechtsprechung und Auslegung des BverwG, positiv festgestellt, verfassungsgemäß (Auslegungsindiz).	S. 350: „Bei der Überprüfung der angegriffenen Entscheidungen kann davon ausgegangen werden, daß nach den üblichen Auslegungsmethoden vieles für die vom Bundesverwaltungsgericht vertretene Auslegung spricht. Für die verfassungsrechtliche Beurteilung ist jedoch wesentlich, daß diese Auslegung nicht die allein mögliche ist. 1. Wäre die Auslegung des Bundesverwaltungsgerichts wirklich zwingend, erschien es schwer erklärlich, daß die Verwaltungspraxis in zahlreichen Bundesländern und ebenso die Bußgeldrechtsprechung einen abweichenden vertreten haben.“

57.	61, 149	2 BvF 1/81	19.10.1982	2. Senat: Zeidler, Rinck, Wand, Rottmann, Niebler, Steinberger, Träger, Mahrenholz	E 61, 149 (189f.) – Amtshaftung: „überkommene Staatspraxis“ zur Reichskompetenz und Art. 74 Nr. 1 a.F., negativ festgestellt. (Bedeutung „klarer und beständige Praxis“ offengelassen)	S. 175/176: „Die stetige Verwendung und beinahe wörtliche Übernahme des Begriffs "bürgerliches Recht" in den Kompetenzordnungen der neueren deutschen Verfassungsgeschichte gibt einen Fingerzeig, daß dieser Begriff grundsätzlich in demselben Sinne wie früher verstanden werden will (vgl. BVerfGE 3, 407 [414 f.]; 12, 205 [226]; 26, 281 [299]; 33, 52 [61]; 42, 20 [29]). Bei der Bestimmung von Inhalt und Umfang der Materie im Sinne des Art. 74 Nr. 1 GG kommt daher neben dem Grundsatz des Art. 30 GG dem Merkmal des "Traditionellen" und "Herkömmlichen" wesentliche Bedeutung zu. Der historische Zusammenhang in der deutschen Verfassungsentwicklung und Gesetzgebung ist zu beachten; Entstehungsgeschichte und Staatspraxis gewinnen für die Auslegung besonderes Gewicht (BVerfGE 33, 125 [152 f.]; 42, 20 [29]). Die Berücksichtigung der Tradition bei der Umschreibung des Gebiets "bürgerliches Recht" ist nicht nur eine bewährte und anerkannte juristische Auslegungshilfe; sie erfüllt im Felde dieser Kompetenznorm auch eine spezifische Aufgabe: Sie spiegelt die Erkenntnis wider, daß die Lehren des materiellen Rechts, auf die der Kompetenzbegriff "bürgerliches Recht" ursprünglich ausgerichtet war, im Laufe der Zeit Veränderungen unterworfen sein können, deren jeweils getreue Übernahme in die Kompetenzordnung zu Verwerfungen in der bundesstaatlichen Ordnung führen müßte, zumal eine seit langem ausgebildete gesetzliche Ordnung des Sachgebiets vorhanden war. Die Zuständigkeitsgrenzen zwischen Bund und Ländern bilden den formalen Rahmen der Gesetzgebung im Bundesstaat und bedürfen als solche in hohem Maße der Festigkeit und Berechenbarkeit.“ ...

						„Darin liegt die Bedeutung, die der herkömmlichen Staatspraxis zukommt: Sie vermittelt nicht nur die im allgemeinen bestmögliche Gewißheit über die hergebrachten Grenzen des Sachbereichs, sondern zeigt auch an, ob und wie der historische Gesetzgeber eine Kompetenz genutzt hat und wieweit sich dadurch unter dem übergeordneten Gesichtspunkt der Kontinuität der Kompetenzordnung eine Bestandsgarantie herausgebildet hat. S. 177: „Daher gewinnt die aus der Reichsverfassung von 1871 abgeleitete, mit Stetigkeit durchgesetzte und in der herkömmlichen Staatspraxis anerkannte kompetenzrechtliche Abgrenzung, auf die zurückzugehen die Berufung auf den Traditionszusammenhang nötigt, auch für die Bestimmung der Grenzen des Art. 74 Nr. 1 GG Bedeutung." [...] S. 189/190: „Hat sich eine klare und beständige Praxis der maßgebenden Verfassungsorgane in Auslegung der Verfassung gebildet, so kann diese nicht unter Hinweis auf keineswegs einheitlich vertretene Absichten in Rechtsprechung und Lehre entkräftet werden. Für die Beurteilung der Gesetzgebungsbefugnisse des Reiches ist die überkommene Staatspraxis maßgebend. Ob einer eindeutigen Staatspraxis gegenüber jedem anderen Ergebnis juristischer Meinungsbildung ausnahmslos der Vorzug gebührt oder ihr jedenfalls dann die Anerkennung zu versagen ist, wenn sie die Tragweite der Verfassung offenkundig verkannt hat, ist hier nicht zu klären. [...] S. 192: „Vor dem Hintergrund der früheren und aktuellen nachwirkenden Staatspraxis hat der Verfassungsgesetzgeber somit eine klare Entscheidung für die Beibehaltung der überkommenen Kompetenzlage getroffen; sie kann auch nicht unter Hinweis auf einen Wandel der Verhältnisse übergangen werden."

58.	62, 1	2 BvE 1, 2, 3, 4/83	16.02.1983	2. Senat: Zeidler, Rinck, Wand, Rottmann, Niebler, Steinberger, Träger, Mahrenholz	E 62, 1 (49, 83) – Bundestagsauflösung: „Beginn einer Staatspraxis“ nach 1949 (Vertrauensfrage mit dem Ziel der Auflösung) und Art. 68 GG, positiv festgestellt, verbindlich (S. 47: „im Rückblick auf Weimar vor Augen stehende Gefahren“); abw.M.: negativ festgestellt.	S. 38/39: „2. Damit ist jedoch nur gesagt, daß Art. 68 Abs. 1 Satz 1 GG von seinem Wortlaut her sich zunächst als eine offene Vorschrift darstellt. Ihr Sinn erschließt sich erst durch die in ihr selbst angelegte Systematik und den Sinnbezug, der sich aus ihrer Stellung und ihrem Stellenwert im gesamten Verfassungsgefüge ergibt; dieser Sinnbezug wird nicht zuletzt auch durch den verfassungsgeschichtlichen Hintergrund, vor dem die Regelung geschaffen wurde, wie auch durch ihre bisherige Handhabung durch oberste Verfassungsorgane seit Inkrafttreten des Grundgesetzes erhellt. Die Berücksichtigung der Handhabung einer Verfassungsnorm durch oberste Verfassungsorgane bei ihrer Sinnbestimmung bedeutet nicht schon, den Rechtswert, der sich im Verfassungsrecht ausdrückt, den jeweiligen Machtverhältnissen auszuliefern. Sie anerkennt vielmehr den Umstand, daß Verfassungsnormen wegen der Eigenart der von ihnen geregelten Sachverhalte oftmals einen sehr hohen Grad an Allgemeinheit aufweisen, der der Konkretisierung bedarf, noch ehe die Norm auf Einzelfälle anwendungsfähig wird, [...]. Die Befugnis zu solcher Konkretisierung obliegt für das Bundesverfassungsrecht nicht allein dem Bundesverfassungsgericht, sondern auch anderen obersten Verfassungsorganen. Es versteht sich von selbst, daß bei dieser Konkretisierung die bereits vorgegebenen Wertungen, Grundentscheidungen, Grundsätze und Normen der Verfassung zu wahren sind. Verfassungsdurchbrechungen sind auch auf diesem Wege nicht zulässig. Da es sich dabei indes um die Konkretisierung der Verfassung als rechtlicher Grundordnung des Staates handelt, ist zumal ein hohes Maß an Übereinstimmung in der verfassungsrechtlichen wie verfassungspolitischen Beurteilung ...

						... und Bewertung der in Rede stehenden Sachverhalte zwischen den möglichen betroffenen obersten Verfassungsorganen unabdingbar und eine auf Dauer angelegte, stetige Handhabung unerläßlich. Diese Übereinstimmung kann für die Auslegung der Verfassung von Gewicht sein. Eine politisch umkämpfte und rechtlich umstrittene Praxis von Parlaments- und Regierungsmehrheiten reicht als solche hierfür nicht aus." S. 49: „Es waren die obersten Verfassungsorgane, die, in ihrem Pflichtenkreis fortwährend zu Verwirklichung und Konkretisierung des Grundgesetzes gehalten, in der gegebenen politischen Lage des Jahres 1972 übereinstimmend das Verfahren und die Entscheidung zur Auflösung des Bundestages durch den Bundespräsidenten als verfassungsrechtlich unbedenklich erachtet haben. Das Bundesverfassungsgericht kann das Gewicht dieser einhelligen Überzeugung auf höchster Ebene nicht unbeachtet lassen, erst recht nicht, wenn in dieser Rechtsauffassung die gleiche Zielsetzung zum Ausdruck kommt, von der sich auch der Parlamentarische Rat ersichtlich hat leiten lassen. Es ist nicht der Vorgang eines Verfassungswandels, der im Rückblick auf diese Entscheidungen der betroffenen obersten Verfassungsorgane sichtbar wird; es ist der Beginn einer Staatspraxis, die einem neuen, besonderen politischen Sachverhalt gerecht zu werden versuchte und auf diesem Wege die Krise löste. Das darin zum Ausdruck kommende schöpferische Moment der Rechtsfindung und Rechtsgewinnung ist der Verfassungsrechtsordnung nicht fremd. Es muß hier berücksichtigt und in die festgestellten tatbestandlichen Grenzen des Art. 68 GG einbezogen werden."

59.	63, 1	2 BvL 23/81	12.01.1983	2. Senat: Zeidler, Wand, Rottmann, Niebler, Steinberger, Träger	E 63, 1 (33) – Schornsteinfeger-versorgung: Staatspraxis der Organleihe als "hergebrachtes Rechtsinstitut" (Bayerische Versicherungskammer für die Versorgungsanstalt des Bundes), positiv festgestellt, nicht verfassunsgemäß (Institut ohne „normativen Gehalt")	S. 15: „b) Durch § 38 Abs. 2 SchfG sei eine Organleihe begründet worden. Die Organleihe sei in der Staatspraxis als "hergebrachtes Rechtsinstitut" anerkannt." S.33: „Ob im übrigen die Verwendung des Begriffs "Organleihe" hilfreich ist, mag angesichts der vielfältigen Unterschiede zwischen den so bezeichneten organisatorischen Erscheinungsformen dahinstehen. Die Zusammenfassung verwaltungsorganisatorischer Erscheinungsformen unter diesen Klassifikationsbegriff kann jedenfalls die Beurteilung der rechtlichen Zulässigkeit solcher organisatorischer Ausgestaltungen im einzelnen Fall nicht ersetzen; ein normativer Gehalt ist mit Klassifikationsbegriffen dieser Art nicht vorgegeben."

60.	64, 72	1 BvL 46, 47/80	04.05.1983	1. Senat: Benda, Simon, Faller, Hesse, Katzenstein, Niemeyer, Heußner	E 64, 72 (88) – Prüfingenieure : Staatspraxis nach 1949 und Art. 19 Abs. 1 S.2 GG, positiv festgestellt, verfassungsgemäß („leere Förmlichkeit“).	S. 82: „Diese differenzierende Rechtsprechung [zur restriktiven Auslegung des Zitiergebots, M.R.] hat im Schrifttum weitgehend Zustimmung gefunden (vgl. Menger, a.a.O., Rdnr. 158 und 168 ff.; v. Münch, Grundgesetz, 2. Aufl., Rdnr. 7 f. und 17 f. zu Art. 19; Schmidt-Bleibtreu/Klein, Grundgesetz, Rdnr. 8 und 11 zu Art. 19; kritisch, jedoch mehr im Blick auf Satz 1 des Art. 19 Abs. 1 Herzog in Maunz/Dürig, Grundgesetz, Rdnr. 20 und 54 ff. zu Art. 19 Abs. 1). Es besteht kein Anlaß, von ihr abzugehen, nachdem sich die Staatspraxis inzwischen darauf eingestellt hat, ohne daß Nachteile für den Grundrechtsschutz erkennbar geworden wären.“

61.	64, 135	2 BvR 731/80	17.05.1983	2. Senat: Zeidler, Rinck, Wand, Rottmann, Niebler, Steinberger, Träger, Mahrenholz	E 64, 135 (146) Rechtliches Gehör: „Rechtsordnung und Rechtspraxis“ (Übersetzungshilfen) und faires Verfahren	S. 146: „2. Den insoweit an die Ausgestaltung des Strafverfahrens gestellten Anforderungen haben Rechtsordnung und Rechtspraxis in Konkretisierung des Verfassungsgebots in weitem Umfang Rechnung getragen. [indem sie Übersetzunghilfen heranziehen, M.R.]“

62.	65, 1	1 BvR 209, 269, 362, 420, 440, 484/83	15.12.1983	1. Senat: Benda, Simon, Hesse, Katzenstein, Niemeyer, Heußner, Niedermaier, Henschel	E 65, 1 (39) – Volkszählung: „bisherige Staatspraxis“ der Weimarer Reichsverfassung und nach 1949 und Reichs- bzw. Bundeskompetenz (Angaben zur Religionszugehörigkeit), positiv festgestellt, verfassungsgemäß (durch Praxis)	S. 39: „Ferner ist die Staatspraxis zu berücksichtigen, der bei der Ermittlung des Umfanges einer Kompetenznorm wesentliche Bedeutung zukommt (vgl. BVerfGE 41, 205 [220] = NJW 1976, 667). Danach kann in den Programmen für Bundesstatistiken auch statistischen Anforderungen der Länder Rechnung getragen werden, weil sich Gesetzes-, Verwaltungs- und Planungszuständigkeiten von Bund und Ländern vielfältig überschneiden. Nach der bisherigen Staatspraxis wurden bei Volkszählungen nicht nur unter der Geltung der Weimarer Reichsverfassung, sondern auch des Grundgesetzes Angaben über die Zugehörigkeit oder Nichtzugehörigkeit zu einer Religionsgesellschaft verlangt. So waren entsprechende Fragen bereits nach § 5 S. 1 i.V.m. Anlage 1 Abschnitt I des Volkszählungsgesetzes vom 27.07.1950 (BGBl I, 335), nach § 3 Nr. 1 lit. a. i.V.m. § 6 Nr. 1 des Volkszählungsgesetzes vom 13.04.1961 (BGBl I, 437) und nach § 2 Nr. 1 i.V.m. § 5 Nr.1 des Volkszählungsgesetzes vom 14.04.1969 (BGBl I, 292) vorgesehen. Bei dieser Sachlage war der Bund befugt, die Erhebung der Zugehörigkeit oder Nichtzugehörigkeit zu einer Religionsgesellschaft gesetzlich anzuordnen.“

63.	67, 256	2 BvL 19, 20/83, 2 BvR 363, 491/83	06.11.1984	2. Senat: Zeidler, Rinck, Niebler, Steinberger, Träger, Mahrenholz, Böckenförde, Klein	E 67, 256 (282) – Investitionshilfegesetz: Praxis „seit Jahrzehnten eingebürgerter Begriffsbestimmung“ der Steuer, „enstehungszeitlichen Sinn erweiternde Interpretation“ und numerus clausus Artt. 105, 106 GG, negativ festgestellt (S. 285: „sachliche und funktionelle Grenzen der Verfassungsgerichtsbarkeit“)	S. 282 „Das Grundgesetz verwendet in Art. 105 ff. den Begriff der Steuer, ohne ihn selbst zu definieren. [...] Demnach legt es die seit Jahrzehnten eingebürgerte Begriffsbestimmung des gemeindeutschen Steuerrechts auch den Kompetenzvorschriften der Verfassung zugrunde [folgt: Nachweis, M.R.]. S. 285: „2. Die Kompetenz des Bundes kann auch nicht einer den enstehungszeitlichen Sinn erweiternden Interpretation des verfassungsrechtlichen Steuerbegriffs entnommen werden. Eine solche Interpretation ist zwar nicht schlechthin ausgeschlossen; sie kann jedoch nur in Betracht gezogen werden, wenn sie mit der wesentlichen Funktion des verfassungsrechtlichen Steuerbegriffs, die bundesstaatliche Finanzordnung und die Rechte des Bürgers zu sichern, in Übereinstimmung steht. Auch dürfen die sachlichen und funktionellen Grenzen der Verfassungsgerichtsbarkeit im Verhältnis zum verfassungsändernden Gesetzgeber nicht überschritten werden. [...]“ S. 287: „b) [...] Damit würde ein weites Feld eröffnet für Interpretationskämpfe, inwieweit die Ablösung des verfassungsrechtlichen Steuerbegriffs von dem der Abgabenordnung zulässig ist und wo Verknüfungselemente bestehen bleiben müssen. Überdies würde die Verlässlichkeit der Finanzordnung des Grundgesetzes [...] nachhaltig beeinträchtigt. [...] Das mag im Interesse des besteuernden Staates liegen, dessen Chancen zur Gewinnung von Einnahmen zur Finanzierung seiner Aufgaben dadurch erhöht werden; für den Bürger bedeutet es aber ein Danaer-Geschenk, das den Schutz vor dem Steuerzugriff des Staates im Ergebnis nicht stärkt, sondern eher mindert. Die Schutzwirkung, die klare und abschließende Kompetenz- und Formvorschriften auch für den Bürger entfalten, tritt hier deutlich hervor (vgl. BVerfGE 55, 274 [302]).“

64.	68, 1	2 BvE 13/83	18.12.1984	2. Senat: Zeidler, Rinck, Niebler, Steinberger, Träger, Mahrenholz, Böckenförde, Klein	E 68, 1 – Atomwaffenstationierung: „bisherige einvernehmliche Anwendungspraxis“, „deutsche Staatspraxis seit jeher“ (kein Zustimmungserfordernis bei einseitigen völkerrechtlicher Willenserklärungen) und Art. 59 Abs. 2, positiv festgestellt, verfassungsgemäß (Auslegungsindiz), abw. M.: Gegenbeispiel österreichische parlamentarische Praxis (S. 130)	S. 56: „Andernfalls müßten eine Vielzahl von Verträgen, die die Bundesrepublik Deutschland abgeschlossen habe, und eine Vielzahl von Maßnahmen, die überkommener Staatspraxis entsprächen, als gegen Art. 24 Abs. 1 GG verstoßend angesehen werden.“ S. 83: „a) In der deutschen Staatspraxis sind seit jeher einseitige völkerrechtliche Willenserklärungen im Rahmen bestehender zwei- oder mehrseitiger Verträge grundsätzlich nicht einem derartigen Zustimmungserfordernis unterworfen worden. S. 84: „b) Eine Ausdehnung des Zustimmungserfordernisses nach Art. 59 Abs. 2 Satz 1 GG auf andere Akte als Vertragsabschlußerklärungen ist mit dem Wortlaut der Bestimmung nicht vereinbar. Auch eine analoge Anwendung von Art. 59 Abs. 2 Satz 1 GG hierauf scheidet aus. Anknüpfend an Art. 45 Abs. 3 der Weimarer Reichsverfassung und seine Handhabung, nach der einseitige Völkerrechtsgeschäfte, wie die Kündigung völkerrechtlicher Verträge, als der Zustimmung des Reichstags nicht bedürftig angesehen wurden (vgl. die Nachweise bei Bayer, a.a.O., S. 200 f.), beschränkt Art. 59 Abs. 2 Satz 1 GG - im Gegensatz zu Art. 81 Abs. 2 des Herrenchiemsee-Entwurfs (vgl. JöR n.F. 1 [1951], S. 413 ff.) - das Erfordernis der gesetzlichen Zustimmung ausdrücklich auf bestimmte Arten völkerrechtlicher Verträge.“ Abw. M.: S. 130: „Ist die Zustimmung der Bundesregierung zur Stationierung der Streitkräfte eine so wesentliche Entscheidung der Außenpolitik, daß die politische Kontrolle des Gesetzgebers geboten ist, so unterfällt sie dem Gesetzesvorbehalt. [...]“

65.	68, 319	1 BvR 1249, 1745, 1746, 1752, 1753, 1757, 1769, 1719, 1720/83, 1249/83, 1745/83, 1746/83, 1752/83, 1753/83, 1757/83, 1769/83, 1719/83, 1720/83	12.12.1984	1. Senat: Herzog, Simon, Hesse, Katzenstein, Niemeyer, Heußner, Niedermaier, Henschel	E 68, 319 (328f.) - Bundesärzteordnung: Staatspraxis und Art. 74 Nr. 11 GG, positiv festgestellt, verfassungsgemäß (Auslegungsindiz)	S. 328: „Bei der Auslegung der Art. 70ff. kommt ferner dem geschichtlichen Zusammenhang der deutschen Gesetzgebung besondere Bedeutung zu (vgl. 48, 367 [373]; 67, 299 [315]). Daneben gewinnen Entstehung und Staatspraxis für die Auslegung besonderes Gewicht (BVerfGE 61, 149 [175].)“ [...] S. 329/330: „b) Daß die Regelung der ärztlichen Gebühren unter dem Grundgesetz weiterhin als eine Materie der Bundesgesetzgebung angesehen und dem Recht der Wirtschaft zugeordnet worden ist, zeigt auch die Staatspraxis. Die Bundesregierung hatte die Gesetzgebungszuständigkeit des Bundes zum Erlaß von § 11 BÄO auf Art. 74 Nr. 11 GG gestützt (vgl. oben A I). Dabei berief sie sich nicht nur auf die Rechtsprechung des Bundesverfassungsgerichts zu einer weiten Auslegung des Begriffs Recht der Wirtschaft, sondern auch darauf, daß das geltende ärztliche Gebührenrecht auf das Preisrecht gestützt worden sei (vgl. BTDrucks. III/2745 S. 10). [...] Auch der Bundesrat hat mit seiner Zustimmung zu § 11 BÄO und zu den Gebührenordnungen von 1965 und-BVerfGE 68, 319 (329) BVerfGE 68, 319 (330)1982 die Bundeskompetenz zum Erlaß dieser Vorschriften anerkannt.“

66.	69, 1	2 BvF 2, 3, 4/83 und 2/84	24.04.1985	2. Senat: Zeidler, Rinck, Niebler, Steinberger, Träger, Mahrenholz, Böckenförde, Klein	E 69, 1 (21) - Kriegsdienstverweigerung II : „verfassungsrechtliche Grundentscheidung für eine wirksame militärische Landesverteidigung“, positiv festgestellt, abw. M.: „allenfalls im Sinne eines die getroffenen Einzelregelungen zusammenfassenden deskriptiven Begriffs“; S. 73: „die Entwicklung des Wehrrechts seit der Einfügung des jetzigen Art. 12a Abs. 2 Satz 2 GG im Jahre 1956 stimmt mit dem Ergebnis der Analyse von Wortlaut, Entstehungsgeschichte und Zweck überein.“	Abw. M. S. 58. „Der Senat sieht (unter B I 1) in den Vorschriften der Art. 12 a, 73 Nr. 1, 87a und 115b GG eine über deren unmittelbaren Inhalt hinausgehende "verfassungsrechtliche Grundentscheidung für eine wirksame militärische Landesverteidigung", kraft deren unter anderem die Einrichtung und Funktionsfähigkeit der Bundeswehr "verfassungsrechtlichen Rang" haben. [..] Von einer "Grundentscheidung" kann also allenfalls im Sinne eines die getroffenen Einzelregelungen zusammenfassenden deskriptiven Begriffs die Rede sein. [...] Das anwendbare Recht hat dann seinen Sitz nicht mehr in der Verfassung, sondern im Abwägungsspruch des Richters (vgl. [...]). Die Grundrechte werden zu Abwägungsgesichtspunkten, erscheinen als ein Interesse (vgl. BVerfGE 28, 243 [261]) des Grundrechtsträgers, dem andere Interessen oder Gesichtspunkte gegenüberstehen. S. 73: „Die Entwicklung des Wehrrechts seit der Einfügung des jetzigen Art. 12a Abs. 2 Satz 2 GG im Jahre 1956 stimmt mit dem Ergebnis der Analyse von Wortlaut, Entstehungsgeschichte und Zweck überein. Der Verfassungsgeber hat kurz darauf als Gesetzgeber das Wehrpflichtgesetz erlassen. Es regelte in § 27, daß der Ersatzdienst die Dauer des Grundwehrdienstes und der Wehrübungen zusammenfaßt. Wie die Praxis gezeigt hat, war damit nicht eine Dauer von 21 Monaten gemeint, vielmehr wurde es der Praxis überlassen, die Dauer des Ersatzdienstes nach der Dauer des Grundwehrdienstes zuzüglich der tatsächlich durchschnittlichen Wehrübungszeit festzusetzen. [...] Alle diese Gesetze würden nach Auffassung des Senats der Verfassung nicht entsprochen haben, da sie vom Prinzip "schematischer" Zeitgleichheit von Wehr- und Ersatzdienst ausgingen.

67.	70, 324	2 BvE 14/83	14.01.1986	2. Senat: Zeidler, Rinck, Niebler, Steinberger, Träger, Mahrenholz, Böckenförde, Klein	E 70, 324 (367) - Haushaltskontrolle der Nachrichtendienste: „parlamentarische Praxis“ seit 1949 (exklusive Besetzung der Ausschüsse) und Minderheitsrecht, positiv festgestellt, verfassungsgemäß; abw. M.: Art. 38 Abs. 1 GG (S. 367)	S. 358: „Ein Verstoß gegen Art. 38 Abs. 1 GG i.V.m. Art. 77 Abs. 1 Satz 1 und Art. 110 Abs. 2 Satz 1 GG wäre dies indessen nur dann, wenn die Bestimmung des Art. 110 Abs. 1 GG jede geheime Beratung von Wirtschaftsplänen besonders sicherheitsempfindlicher Stellen verböte. [...]. Er [der Grundsatz der Budgetöffentlichkeit, M. R.] folgt aus dem allgemeinen Öffentlichkeitsprinzip der Demokratie. Aber auch in der Demokratie kann es, wie schon der Blick auf die Praxis während der Weimarer Reichsverfassung [...] zeigt, unvermeidlich sein, aus zwingenden Gründen des Staatswohls jedenfalls die Offenlegung von Detailangaben bestimmter geheimer Fonds zu unterlassen [...].“ S. 366: „Keineswegs ist das autonome Parlamentsrecht, so gewiß es von Verfassungs wegen wichtige Funktionen des Minderheitenschutzes zu erfüllen hat, ihrer Disposition weitgehend entzogen. Wie es aus den genannten Gründen im Regelfall zulässig ist und parlamentarischer Praxis entspricht, fraktionslosen Abgeordneten und den Gruppierungen, zu denen sie sich möglicherweise zusammengeschlossen haben, ohne Fraktionsstärke zu erreichen, die Mitgliedschaft in den Ausschüssen des Bundestages zu verwehren kann es, jedenfalls wie hier aus zwingenden Gründen des Geheimschutzes, verfassungsrechtlich hinzunehmen sein, dass auch einzelne Fraktionen bei der Besetzung des Ausschusses unberücksichtigt bleiben.“ Abw. M. S. 377: „6. Wird die Auslegung der Fundamentalnormen der Verfassung vom Ausnahmefall her bestimmt, über dessen Vorliegen die Mehrheit entscheidet, dann schwächt die Mehrheit die normierende Kraft der Verfassung. Sie stellt darüber hinaus aber auch die Vernünftigkeit der Repräsentativverfassung des Grundgesetzes in Zweifel.“

68.	72, 175	1 BvR 99,461/85	13.05.1986	1. Senat: Herzog, Simon, Hesse, Katzenstein, Niemeyer, Henschel	E 72, 175 (190) Wohnungsfürsorge: ‚nach ständig geübter und bislang unbeanstandet gebliebener Staatspraxis' (Bestimmung der Kompetenzen des Vermittlungsausschusses durch den BT), positiv festgestellt, verfassungsgemäß.	S. 189/190: „a) Der Vermittlungsausschuß hat sich das ihm gemäß Art. 76 GG nicht zustehende Recht, beim Bundestag Gesetzesvorlagen einzubringen, nicht angemaßt. [...] b) Der Gegenstand des Vermittlungsverfahrens wird, folgt man dem Bericht des Vorsitzenden des Vermittlungsausschusses im Bundestag am 10. Dezember 1981, nach "ständig geübter und bislang unbeanstandet gebliebener Staatspraxis" durch die Gesetzesbeschlüsse des Bundestages, durch die im Verlauf des vorangegangenen Gesetzgebungsverfahrens in dieses eingeführten Anträge, Stellungnahmen und Anregungen und durch den Inhalt des Anrufungsbegehrens bestimmt; einzubeziehen seien insbesondere Stellungnahmen des Bundesrates auch dann, wenn diese vom Bundestag in seinem Gesetzesbeschluß nicht berücksichtigt worden seien [...]."

69.	72, 330	2 BvF 1, 5, 6/83, 1/84 und 1, 2/85	24.06.1986	2. Senat: Zeidler, Rinck, Niebler, Steinberger, Träger, Mahrenholz, Böckenförde, Klein; Niebler	E 72, 330 (398f.) - Finanzausgleich I: Staatspraxis und Finanzkraft (Art. 107 Abs. 2 GG), negativ festgestellt (Auslegungsindiz). Abw. M.: durchgehende Staatspraxis (S. 438) positiv festgestellt (Steuerkraft und Finanzkraft bedeutungsgleich, Auslegungsindiz)	S. 398/390: „Systematische Stellung und Staatspraxis vermögen zur Klärung des Bedeutungsgehalts von Finanzkraft hingegen nichts beizutragen. Die langjährige Staatspraxis könnte nur dann etwas zur Interpretation des Art. 107 Abs. 2 Satz 1 GG beitragen, wenn der Gesetzgeber sich für ein Verständnis der Finanzkraft als Steuerkraft entschieden hätte, obwohl infolge sonstiger Einnahmeunterschiede nennenswerte Finanzkraftunterschiede zwischen den Ländern bestanden hätten. Da die nichtsteuerlichen Einnahmen der Länder aber bis Ende der 70er Jahre keine ins Gewicht fallenden Finanzkraftunterschiede begründeten, tauchte [...] die Frage nicht auf, [...].“ Abw. M. S.425: „In der Staatspraxis ist der Finanzausgleich stets als ein politischer Kompromiß verstanden worden, der in zahlreichen Vorbesprechungen, Absprachen und Abstimmungen sich allmählich herausbildet und sodann als Wille des Finanzausgleichsgesetzgebers seine normative Gestalt gewinnt. Dieser Weg, den der Finanzausgleich jeweils nimmt, ist nicht zufällig, sondern durch die Weite und Vagheit der verfassungsrechtlichen Richtschnuren für den Finanzausgleich in der Verfassung selbst angelegt und so gewollt [...]. [...] 2. Es bedarf ebenfalls keiner abschließenden Stellungnahme zu der Frage, ob von den aus der Verfassung zu entnehmenden Regelungen für den Länderfinanzausgleich bei allseitiger Einigung der Länder untereinander und mit dem Bund abgewichen werden könnte. Dafür spräche immerhin, daß ungeachtet der formell gegebenen Verantwortung des Bundesgesetzgebers der Länderfinanzausgleich in der Staatspraxis immer wieder zwischen den Ländern sowie zwischen Ländern und Bund im Wege vorgesetzlicher politischer Verständigung ausgehandelt wird, [...].“

70.	77, 308	1 BvR 563, 582/85, 974/85 und 1 BvL 3/86	15.12.1987	1. Senat: Herzog, Niemeyer, Heußner, Seidl, Grimm, Söllner, Dieterich	E 77, 308 (331) – Arbeitnehmerweiterbildung: Staatspraxis zur Gesetzgebungskompetenz der Länder (Fehlen einer bundesgesetzlichen Regelung iSv Art. 74 Nr. 12 GG), negativ festgestellt, verfassungsgemäß („unter dem übergeordneten Gesichtspunkt der Kontinuität der Kompetenzordnung eine Bestandsgarantie“)	S. 320: „Die Staatspraxis gehe seit mehr als 15 Jahren von einer Regelungszuständigkeit der Länder aus.“ S. 331: „c) Die Staatspraxis bestätigt das Fehlen einer abschließenden bundesgesetzlichen Regelung. Sie ist für die Auslegung der Art. 70 ff. GG von besonderem Gewicht. Sie zeigt, ob und wie der historische Gesetzgeber eine Kompetenz genutzt hat und inwieweit sich dadurch unter dem übergeordneten Gesichtspunkt der Kontinuität der Kompetenzordnung eine Bestandsgarantie herausgebildet hat (BVerfGE 61, [1]49 [175 f.]; 68, 319 [328]). Bislang sind alle Bundesländer von ihrer Gesetzgebungskompetenz im Bereich der Arbeitnehmerweiterbildung ausgegangen. Neben den bestehenden ländergesetzlichen Regelungen gab es auch in den Ländern Baden- Württemberg, Bayern, Rheinland-Pfalz, Schleswig-Holstein und im Saarland Gesetzentwürfe zur Arbeitnehmerweiterbildung (oben A I 1). Auf Bundesebene ist die konkurrierende Gesetzgebungskompetenz der Länder auf diesem Gebiet bislang nicht ernsthaft in Frage gestellt worden“.

71.	78, 249	2 BvL 9/85, 2 BvL 3/86, 2 BvL 9/85, 3/86	08.06.1988	2. Senat: Mahrenholz, Träger, Böckenförde, Klein, Graßhof, Kruis, Franßen, Kirchhof	E 78, 249 (256) – Fehlbelegungsabgabe: Staatspraxis zur Gesetzgebungskompetenz für Abschöpfungsabgabe (Bund überlässt „Ob“ den Ländern und legt das „Wie“ fest) und Art. 80 Abs. 1 Satz 2 GG; nicht darauf eingegangen (nur im Sachvortrag der Antragsgegner).	S. 257: „Das Gesetz sei verfassungswidrig, weil es nicht selbst darüber entscheide, ob Ausgleichszahlungen zu leisten seien, sondern diese Entscheidung durch die Ermächtigung des § 1 Abs. 4 AFWoG den Landesregierungen überlasse. Wortlaut, Sinngehalt, Entstehungsgeschichte und Staatspraxis bestätigten, daß die Landesregierungen frei darüber entscheiden könnten, ob sie von der Verordnungsermächtigung in § 1 Abs. 4 AFWoG Gebrauch machten; dies sei eine verfassungswidrige Selbstentäußerung des Gesetzgebers und mit Art. 80 Abs. 1 Satz 2 GG nicht vereinbar.“

72.	79, 311	2 BvF 1/82	18.04.1989	2. Senat: Mahrenholz, Träger, Böckenförde, Graßhof, Kruis, Franßen	E 79, 311 (Leitsatz 2, S. 337f.) – Staatsverschuldung: „bisherige Staatspraxis“ und Art. 115 Abs. 1 Satz 2 Halbs. 1 GG (Investitionsbegriff), positiv festgestellt, offen gelassen (hilfsweise Argumentation).	S. 337/338: „Der Investitionsbegriff des Art. 115 Abs. 1 Satz 2 Halbs. 1 GG kann nicht weiter verstanden werden als in der bisherigen Staatspraxis. Für seine Ausweitung [...] ergibt sich weder aus der Entstehungsgeschichte noch aus Sinn und Zweck der Vorschrift ein Anhaltspunkt; sie würde der normativen Intention dieser Bestimmung, die Staatsverschuldung zu begrenzen, geradewegs zuwiderlaufen. Daher kann dahinstehen, ob aus Art. 115 Abs. 1 Satz 2 Halbs. 1 GG, der auf die "veranschlagten" Ausgaben für Investitionen abstellt, zu schließen ist, daß nur die vom Haushaltsgesetzgeber als solche ausgewiesenen Ausgaben für Investitionen berücksichtigt werden dürfen. Es bedarf auch keiner Entscheidung der Frage, ob der Investitionsbegriff enger als in der Staatspraxis zu fassen ist; in diesem Fall würde die hier gegebene Überschreitung der Regelgrenze des Art. 115 Abs. 1 Satz 2 Halbs. 1 GG nur höher ausfallen.“ S. 353/354: „Die praktische Handhabung der Regelungen, [...], ließ jedoch dieses normative Konzept der Begrenzung der Staatsverschuldung in den Hintergrund treten, indem die Begriffe "außerordentlicher Bedarf" und "werbende Zwecke" weit ausgelegt wurden, so daß in der Praxis zunehmend auch laufende Investitionsausgaben [...], kreditfinanziert werden konnten. Die Haushaltsreform des Jahres 1969 ließ [...] diese ältere, durch die Praxis weithin ausgehöhlte Begrenzung der Kreditaufnahme fallen; [...].“ S. 354: „2. Angesichts dessen ist die nähere Konkretisierung des Investitionsbegriffs in Art. 115 Abs. 1 Satz 2 GG gemäß dem normativen Regelungsziel dieser Bestimmung dringlich. [...] Dieser Aufgabe kann der Gesetzgeber sich nicht entziehen, indem er - ohne eine eigene Regelung zu treffen - auf eine Staatspraxis zurückgreift, ...

						... die auf einer im Verwaltungswege getroffenen Abrede zwischen den Regierungen von Bund und Ländern beruht und einen weiten Investitionsbegriff zugrunde legt, wie er in den Nummern 7 und 8 des Gruppierungsplans Ausdruck findet. Eine damit bewirkte - durch die Verfassung nicht vorgesehene - interne Bund- Länder-Bindung mag es dem Bundesgesetzgeber zwar erschwert haben, dem Regelungsauftrag der Verfassung nachzukommen (vgl. Vorwort des Gutachtens zum Begriff der öffentlichen Investitionen des Wissenschaftlichen Beirats beim Bundesministerium der Finanzen, 1980), es befreit ihn aber nicht von seiner Verantwortung gemäß Art. 115 Abs. 1 Satz 3 GG. Er wird bei der ihm aufgetragenen eigenen Regelung vor allem zu prüfen und zu entscheiden haben, wie weit der derzeit in der Staatspraxis verwendete Investitionsbegriff - auch und gerade im Hinblick auf die bislang gewonnenen Erfahrungen - der normativen Intention der Art. 109 Abs. 2 und Art. 115 Abs. 1 Satz 2 GG (noch) angemessen ist. Das schließt nicht aus, daß der Bundesgesetzgeber im Gesetzgebungsverfahren die nach dem Haushaltsgrundsätzegesetz naheliegende Abstimmung mit den Ländern über einen einheitlich zu verwendenden Begriff der Investition sucht.“

73.	80, 188	2 BvE 1/88	13.06.1989	2. Senat: Mahrenholz, Träger, Böckenförde, Klein, Graßhof, Kruis, Franßen, Kirchhof	E 80, 188 (227f.) – Wüppesahl: „gegenwärtig im Bundestag geübte Praxis" zum Rederecht (Anmeldung durch fraktionslosen Abgeordneten beim Sitzungspräsidenten) und Art. 38 Abs. 1 S. 2 GG, positiv festgestellt, nicht verfassungsgemäß („läßt sich jedoch leicht ändern", erfordert keine Mitgliedschaft im Ältestenrat); abw. M. (S. 235 ff.)	S. 203: „Die Vorschriften [...], kämen in der parlamentarischen Praxis regelmäßig nicht zur Anwendung. [...] Auch ohne besondere Regelungen in der Geschäftsordnung sei das Rederecht fraktionsloser Abgeordneter in der parlamentarischen Praxis [...] bisher in hinreichender Weise gewahrt worden. Gemäß seiner ständigen Übung setze der Bundestag Gestaltung und Dauer der Aussprachen durch Beschluß gemäß § 35 Abs. 1 Satz 1 GOBT entsprechend den Vorschlägen des Ältestenrates fest." S. 227/228: „bb) Auch die sachgemäße Wahrnehmung ihres Rechts, im Plenum des Bundestages das Wort zu ergreifen, erfordert nicht die Mitgliedschaft fraktionsloser Abgeordneter im Ältestenrat. Allerdings bringt es die gegenwärtig im Bundestag geübte Praxis mit sich, daß der fraktionslose Abgeordnete, [...], erst während der Sitzung seinen Redewunsch beim amtierenden Präsidenten anmelden kann und erst daraufhin die ihm zugemessene Redezeit erfährt. Darin liegt eine Benachteiligung gegenüber denjenigen Abgeordneten, denen fraktionsintern zu einem früheren Zeitpunkt ein Anteil der ihrer Fraktion zugemessenen Gesamtredezeit eingeräumt wird und die in der Regel davon ausgehen können, [...] zu Wort zu kommen. Diese [...] Praxis läßt sich jedoch leicht ändern, sei es etwa, daß schon der Ältestenrat ihm bekannt gewordene Redewünsche fraktionsloser Abgeordneter angemessen berücksichtigt, sei es, daß diese nach Bekanntgabe der Tagesordnung dem Präsidenten des Bundestages ihre Absicht, [...] mitteilen und alsbald über die ihnen eingeräumte Redezeit unterrichtet werden, sei es, daß andere Wege zur Abhilfe beschritten werden." Abw. M. S. 235f.: Auch das Ausschuß-Stimmrecht gehört zum Gewährleistungsbereich des Art. 38 Abs. 1 Satz 2 GG und steht nicht [gemäß Art. 40 Abs. 1 Satz 2 GG, M.R.] zur Disposition des Bundestages."

74.	82, 322	2 BvE 1, 3, 4/90, 2 BvR 1247/90	29.09.1990	2. Senat: Mahrenholz, Böckenförde, Klein, Graßhof, Kruis, Franßen, Kirchhof, Winter	E 82, 322 (329) - Gesamtdeutsche Wahl: Praxis der herkömmlichen Bedeutung der Sperrklausel und Art. 38 Abs. 1 GG, positiv festgestellt, nicht verfassungsgemäß; Praxis des BVerfG (Aufgabe E 1, 208 [230 f.]; 4, 31 [36] durch Hinweis vorab)	S. 329: „[...] Anträge zunächst auch gegen die Bundesregierung gerichtet, sie aber auf den Hinweis des Senats zurückgenommen, daß er an seiner früheren Rechtsprechung nicht festhalte, nach der in einem Organstreitverfahren wegen eines Gesetzes auch die Bundesregierung passiv prozeßführungsbefugt sein könne (BVerfGE 1, 208 [230 f.]; 4, 31 [36])." S. 338/339: „Indessen hat das Bundesverfassungsgericht schon früh betont, daß die Vereinbarkeit einer Sperrklausel mit dem Grundsatz der Gleichheit der Wahl nicht ein für allemal abstrakt beurteilt werden kann. Eine Wahlrechtsbestimmung könne in dem einen Staat zu einem bestimmten Zeitpunkt gerechtfertigt sein und in einem anderen Staat oder zu einem anderen Zeitpunkt nicht; bei ihrem Erlaß seien die Verhältnisse des Landes, für das sie gelten solle, zu berücksichtigen (vgl. BVerfGE 1, 2O8 [259]; s.a. BVerfGE 51, 222 [236 f.]). Daran wird festgehalten: Eine gegenüber der herkömmlichen abweichende Beurteilung der Sperrklausel kann sich danach - sei es auch nur vorübergehend - als notwendig erweisen, wenn sich innerhalb des Staates die Verhältnisse wesentlich ändern, etwa durch eine kurzfristig vor der Wahl eintretende erhebliche Erweiterung des räumlichen Geltungsbereichs des Wahlgesetzes um ein Gebiet von anderer Parteienstruktur." S. 352: „Aus dem Urteil ergibt sich, daß der Gesetzgeber neue wahlrechtliche Regelungen zu treffen hat. Dabei ist allerdings äußerst kurzfristiges Handeln geboten, [...] Er [der Senat, M.R.] sieht deshalb im gegenwärtigen Zeitpunkt davon ab, durch Erlaß einer Anordnung nach § 35 BVerfGG selbst die rechtliche Grundlage für die Durchführung der Wahlen bereitzustellen."

75.	82, 353	2 BvE 6/90, 2 BvE 7/90	17.10. 1990	2. Senat: Mahrenholz, Böckenförde, Klein, Graßhof, Kruis, Franßen, Winter	E 82, 353 (362) – Unterstützungsunterschriften: Staatspraxis (Fotokopien der amtlichen Formulare) und Chancengleichheit, nur im Sachvortrag der Antragsgegner, nicht verfassungsgemäß (abw. M.: Problem des Gesetzesvollzugs).	S. 362: „In der Staatspraxis werde die Verwendung von Fotokopien des amtlichen Formulars für Unterstützungsunterschriften betr. Landeslisten und Kreiswahlvorschläge zugelassen.“

76.	83, 37	2 BvF 2, 6/89	31.10.1990	2. Senat: Mahrenholz, Böckenförde, Klein, Graßhof, Kruis, Franßen, Kirchhof, Winter	E 83, 37 (52) - Ausländerwahlrecht I: Verfassungswandel („erhebliche[n] Zunahme des Anteils der Ausländer“) und „Regelungstradition“ seit Beginn des 19. Jahrhunderts zu Art. 28 Abs. 1 S. 2 GG, negativ festgestellt (zusätzliches Argument).	S. 43: „Der Satz, Ausländer unterlägen nur der Personalhoheit ihres Heimatstaates "unentrinnbar" und könnten sich dem gebietshoheitlichen Zugriff der Bundesrepublik jederzeit entziehen, gehe heute an den Realitäten vorbei. Angesichts der gewandelten Bedingungen sei gegenüber einem eng verstandenen Volksbegriff der Einwand des Bedeutungs- und damit Verfassungswandels zu erheben. [...]“ S. 52: „Es trifft nicht zu, daß wegen der erheblichen Zunahme des Anteils der Ausländer an der Gesamtbevölkerung des Bundesgebietes der verfassungsrechtliche Begriff des Volkes einen Bedeutungswandel erfahren habe. [...]. Ein solcher Weg ist durch das Grundgesetz versperrt.“ S. 56: „4. Ein anderes Auslegungsergebnis wird auch nicht durch die Regelungstradition nahegelegt. [...]“ S. 57: „b) Aufschlußreich für das Verständnis der die kommunale Selbstverwaltung betreffenden Regelungen des Grundgesetzes sind auch die Bestimmungen der Weimarer Reichsverfassung, die in Art. 127 die erste für das gesamte Reichsgebiet geltende verfassungsrechtliche Selbstverwaltungsgarantie enthielt. [...]“ S. 57/58: „c) Soweit die vor dem Grundgesetz in Kraft getretenen Verfassungen der Länder im Zusammenhang mit der Gewährleistung der kommunalen Selbstverwaltung Aussagen zu den Gemeindewahlen enthalten, machen sie sich ausnahmslos die hergebrachte Beschränkung des Kommunalwahlrechts auf Staatsangehörige zu eigen [...] 5. Diesem Befund kann nicht mit dem Einwand begegnet werden, das Homogenitätsgebot des Art. 28 Abs. 1 Satz 1 GG sei restriktiv auszulegen mit der Folge, daß es dem Landesgesetzgeber freistünde, Ausländern auf der kommunalen Ebene das Wahlrecht einzuräumen. [...]“

77.	83, 60	2 BvF 3/89	31.10.1990	2. Senat: Mahrenholz, Böckenförde, Klein, Graßhof, Franßen, Kruis, Winter, Kirchhof	E 83, 60 (74) - Ausländerwahlrecht II: Verfassungswandel und Regelungstradition zu Art. 28 Abs. 1 S. 2 GG, negativ festgestellt (bezieht sich auf E 83, 37).	S. 76: „Die Bezirksversammlungen üben Staatsgewalt aus und bedürfen demgemäß demokratischer Legitimation. Sie kann durch die Wahlen zu den Bezirksversammlungen nicht vermittelt werden, wenn Ausländer zu den Wahlberechtigten gehören. Die Ingerenzrechte des Staates gleichen diesen Legitimationsmangel nicht aus. [...]" S. 79: „Dem klaren Wortlaut [Bezirksversammlungen üben Staatsgewalt aus, M. R.] entspricht die bislang nicht in Frage gestellte Praxis. [...]".

78.	84, 304	2 BvE 1/91	16.07.1991	2. Senat: Mahrenholz, Böckenförde, Klein, Graßhof, Kruis, Kirchhof, Winter	E 84, 304 (335) - PDS/Linke Liste: Praxis der Besetzung des Gemeinsamen Ausschusses durch Fraktionen und Art. 38 Abs. 1 S. 2 GG, positiv festgestellt, verfassungsgemäß (Stimmengleichheit: subjektiver Gesetzgeber „kann auch nicht übersehen haben", Grenzen: „mit Blick auf die parlamentsrechtliche Tradition").	S. 325: „Soweit sich vor dem Hintergrund einer jahrzehntelangen Praxis im Bund und in den Ländern verfassungsrechtliche Bedenken gegen eine Heraufsetzung der Fraktionsmindeststärke über 5 v.H. der Gesamtzahl der Abgeordneten ergeben [...], beruht dies nicht auf dem Grundsatz der Wahlrechtsgleichheit, sondern [...] der gleichen Mitwirkungsbefugnis der Abgeordneten (Art. 38 Abs. 1 Satz 2 GG)." S. 334: „Wegen Stimmengleichheit im Senat läßt sich nicht feststellen, daß der Beschluß [...] gegen Art. 53a GG verstößt, weil der Antragstellerin kein Recht auf Berücksichtigung bei der Bestimmung der [...] Mitglieder des Gemeinsamen Ausschusses eingeräumt wurde." S. 335: „b) Nach seinem eindeutigen Wortlaut schreibt Art. 53a Abs. 1 Satz 2 GG vor, daß die Abgeordneten vom Bundestag entsprechend dem Stärkeverhältnis der Fraktionen zu bestimmen sind. Mit dem - in der Verfassung sonst nicht enthaltenen - Begriff der Fraktion nimmt Art. 53a GG einen im Parlamentsrecht geläufigen Tatbestand in seiner hergebrachten Bedeutung auf. Dem Parlamentsrecht bleibt die nähere Bestimmung des Begriffs der Fraktion - einschließlich der Festlegung einer Mindeststärke - überlassen. Damit weist dieser Begriff [...] ein gewisses Maß inhaltlicher Offenheit auf. Doch bedeutet dies mit Blick auf die parlamentsrechtliche Tradition nicht, daß die Festlegung im einzelnen im Belieben des Bundestages stünde." S. 335/336: „Der verfassungsändernde Gesetzgeber kann auch nicht übersehen haben, daß es der Bundestag in der Hand hat, im Rahmen seiner Geschäftsordnungsautonomie eine höhere Fraktionsmindeststärke zu bestimmen [...] ...

						... Das [nicht alle Gruppierungen vertreten sind, M.R.] ist jedenfalls so lange verfassungsrechtlich unbedenklich, als die Festlegung der Fraktionsmindeststärke sich innerhalb des Rahmens hält, den die Verfassung dem Geschäftsordnungsgeber insoweit eröffnet. Der verfassungsändernde Gesetzgeber hat somit die während der Gesetzesberatungen geäußerte Überlegung, im Gemeinsamen Ausschuß solle sich die politische Zusammensetzung des Bundestages widerspiegeln, nur in der Weise verwirklicht, daß dort die Bundestagsbank das Stärkeverhältnis der im Bundestag vertretenen Fraktionen zum Ausdruck bringt. c) Die Verfassung hat für die Besetzung der Abgeordnetenbank im Gemeinsamen Ausschuß dem Fraktionsprinzip gegenüber dem Prinzip der proportionalen Zusammensetzung den Vorrang eingeräumt: Sie bezieht die Proportionalität nicht auf die Gesamtheit der Mitglieder des Bundestages, sondern auf die Fraktionen. Diese Entscheidung entspricht der dem Gemeinsamen Ausschuß zugedachten Funktion, in einer besonderen Spannungslage die Parlamentsarbeit in größtmöglicher Kontinuität fortzusetzen. [...] Sie [die Fraktionen, M.R.] sind mehr als sonstige politische Gruppierungen in der Lage, dem Gemeinsamen Ausschuß [...], Stabilität und Durchsetzungsvermögen zu verleihen. [...]" S. 337: „Demgegenüber hat nach Meinung der vier anderen Richter die Antragstellerin einen Anspruch [...]. b) Dazu konnte der verfassungsändernde Gesetzgeber der Jahre 1967/1968 unbefangen an den Fraktionsbegriff anknüpfen, weil es aufgrund der damaligen parlamentarischen Wirklichkeit außerhalb seiner Vorstellung lag, daß Gruppierungen unterhalb der [...] Fraktionsstärke in Betracht kommen könnten. [...]"

79.	88, 173	2 BvE 5/93, 2 BvQ 11/93	08.04.1993	2. Senat. Mahrenholz, Böckenförde, Klein, Graßhof, Kruis, Kirchhof, Winter, Sommer	E 88, 173 (184) - Eilentscheidung in Sachen AWACS: „bis dahin geübte Staatspraxis“ (Mitwirkung deutscher Soldaten) und Präjudizierung, Auslegung des NATO-Vertrages, negative Prognose.	S. 184: „Eine wie immer geartete Präjudizierung künftiger Entscheidungen von Verfassungsorganen tritt nicht ein. Entgegen der seitens der Antragsteller geäußerten Auffassung könnte daher bei der Entscheidung über die Hauptsache das Argument nicht gehört werden, der Einsatz des AWACS-Verbandes unter Beteiligung deutscher Soldaten habe als Element der Staatspraxis Gewicht für die Auslegung des NATO-Vertrages. [...].

80.	89, 155	2 BvR 2134, 2159/92	12.10.1993	2. Senat: Mahrenholz, Böckenförde, Klein, Graßhof, Kruis, Kirchhof (Berichterstatter), Winter, Sommer	E 89, 155 (208f.) – Maastricht: „erprobte [...] Besonderheit“ in der deutschen Rechtsordnung (unabhängige Zentralbank) und Artt. 38, 88 S. 2, 79 Abs. 3 GG, positiv festgestellt, verfassungsgemäß.	S. 208f.: „Diese Einschränkung der [...] demokratischen Legitimation berührt das Demokratieprinzip, ist jedoch als eine in Art. 88 Satz 2 GG vorgesehene Modifikation dieses Prinzips mit Art. 79 Abs. 3 GG vereinbar. Die im Blick auf die Europäische Union vorgenommene Ergänzung des Art. 88 GG gestattet eine Übertragung von Befugnissen der Bundesbank auf eine Europäische Zentralbank [...]. Der Wille des verfassungsändernden Gesetzgebers zielt also ersichtlich darauf, für die im Unions-Vertrag vorgesehene Währungsunion eine verfassungsrechtliche Grundlage zu schaffen, die Einräumung der damit verbundenen, in der dargelegten Weise unabhängig gestellten Befugnisse und Institutionen jedoch auch auf diesen Fall zu begrenzen. Diese Modifikation des Demokratieprinzips im Dienste der Sicherung des in eine Währung gesetzten Einlösungsvertrauens ist vertretbar, weil es der - in der deutschen Rechtsordnung erprobten und, auch aus wissenschaftlicher Sicht, bewährten - Besonderheit Rechnung trägt, daß eine unabhängige Zentralbank den Geldwert und damit die allgemeine ökonomische Grundlage für die staatliche Haushaltspolitik und für private Planungen und Dispositionen bei der Wahrnehmung wirtschaftlicher Freiheitsrechte eher sichert als Hoheitsorgane, die ihrerseits in ihren Handlungsmöglichkeiten und Handlungsmitteln wesentlich von Geldmenge und Geldwert abhängen und auf die kurzfristige Zustimmung politischer Kräfte angewiesen sind. Insofern genügt die Verselbständigung der Währungspolitik in der Hoheitskompetenz einer unabhängigen Europäischen Zentralbank, die sich nicht auf andere Politikbereiche übertragen läßt, den verfassungsrechtlichen Anforderungen, nach denen das Demokratieprinzip modifiziert werden darf (vgl. BVerfGE 30, 1 [24]; 84, 90 [121]).

81.	89, 291	2 BvC 15/91	23.11.1993	2. Senat: Mahrenholz, Böckenförde, Klein, Graßhof, Kruis, Winter, Sommer	E 89, 291 (300) – Wahlprüfungsverfahren: „ständige Übung im Wahlprüfungsverfahren“ (Nichtüberprüfung) und § 31 Abs. 1 BVerfGG, positiv festgestellt, verfassungsgemäß.	S. 300: „II. Bedenken, die der Beschwerdeführer aus dem Gebot der Wahlrechtsgleichheit gegen die Verfassungsmäßigkeit einzelner Vorschriften des Bundeswahlgesetzes sowie gegen die am 17. Oktober 1990 erlassene einstweilige Anordnung des Senats (BVerfGE 82, 353) hergeleitet hat, hat der Deutsche Bundestag -- entsprechend ständiger Übung im Wahlprüfungsverfahren und gemäß § 31 Abs. 1 BVerfGG -- nicht überprüft. Die Bedenken greifen nicht durch.“

82.	89, 359	1 BvR 1693/92	27.01.1994	1. Senat: Henschel, Seidl, Grimm, Söllner, Dieterich, Kühling, Seibert	E 89, 359 (362f.) – Herzog: „bisherige[n] Staatspraxis (kein Wahlkampf um das Amt des Bundespräsidenten) und Art. 55 GG; negativ festgestellt (keine Analogie).	S. 362/263: „Beide Ämter verpflichten nach ihrer verfassungsrechtlichen Ausgestaltung und nach der gewachsenen Tradition seit Bestehen der Bundesrepublik zur parteipolitischen Neutralität. Das strahlt auf das Vorfeld der Wahl des Bundespräsidenten aus. Insbesondere entspricht ein Wahlkampf um dieses Amt nicht der bisherigen Staatspraxis.“

83.	90, 60	1 BvL 30/88	22.01.1994	1. Senat: Herzog, Henschel, Seidl, Grimm, Söllner, Dieterich, Kühling, Seibert	E 90, 60 (86) - 8. Rundfunkentscheidung: „bayerische Staatspraxis“ (Vorspruch statt Ausfertigung) und Art. 20 Abs. 3 GG, positiv festgestellt, verfasssungsgemäß (hilfsweise Argumentation)	S. 74: „Auch die bayerische Staatspraxis, wonach der Zustimmungsbeschluß des Landtags nicht bekannt gemacht, sondern vom Ministerpräsidenten lediglich im Vorspruch zum Staatsvertrag mitgeteilt werde, sei verfassungswidrig. Die Zustimmung sei der geltungsbegründende Normativakt. Er bedürfe daher selber der Bekanntmachung.“ S. 85: „Die Umsetzung von Staatsverträgen in innerstaatliches Recht unterscheidet sich von dem gewöhnlichen Gesetzgebungsverfahren dadurch, daß der Norminhalt in dem Staatsvertrag enthalten ist.“ S. 86: „Unverzichtbar ist nur die Publikation des Norminhalts. Dagegen wird durch das Fehlen der Ausfertigung und Bekanntmachung des - selber inhaltsleeren und auf den Staatsvertrag verweisenden - Zustimmungsbeschlusses weder die Kenntnis des Norminhalts noch die Gewißheit seiner innerstaatlichen Gültigkeit beeinträchtigt. Diese Erfordernisse sind in der bayerischen Staatspraxis gewahrt.“ S. 86: „Angesichts der Weite und Unbestimmtheit des Rechtsstaatsprinzips ist bei der Ableitung konkreter Bindungen des Gesetzgebers mit Behutsamkeit vorzugehen (vgl. BVerfGE 57, 250 [276]; 65, 283 [290]). Das gilt insbesondere bei Formerfordernissen, die nicht den wesentlichen Gehalt des Rechtsstaatsprinzips berühren. Die bayerische Staatspraxis wäre danach auch unter diesem Gesichtspunkt nicht zu beanstanden.“

84.	90, 286	2 BvE 3/92, 5/93, 7/93, 8/93	12.07.1994	2. Senat: Limbach, Böckenförde, Klein, Graßhof, Kruis, Kirchhof, Winter, Sommer	E 90, 286 (362, 383ff.) – Bundeswehreinsatz: „durch Vertragsauslegung neue Praxis der Vertragsanwendung“ (Vertragsänderung durch informelles Verhalten) und Art. 59 Abs. 2 GG, positiv festgestellt, verfassungsgemäß („faktisches, prozeßhaftes Geschehen“, Kompetenzabgrenzung); „seit 1918 [...] Verfassungstradition“ zu Art. 45 Abs. 2 WRV und Prinzip eines konstitutiven Parlamentsvorbehalts der Wehrverfassung, positiv festgestellt, übertragbar.	S. 328: „Dieses Verständnis des "Einsetzens" [nur Maßnahmen der vollziehenden Gewalt, M.R.] und der von Art. 87a Abs. 2 GG nicht erfaßten sonstigen Verwendungen entspreche auch der bisherigen Staatspraxis.“ S. 329/330: „b) Die Beschlüsse der Bundesregierung verstießen nicht gegen Art. 79 GG. Der verfassungsändernde Gesetzgeber werde durch die Beteiligung deutscher Streitkräfte an den Maßnahmen nicht präjudiziert. Soweit die Bundesregierung durch ihre Beschlüsse eine bestimmte Staatspraxis begründe, komme dieser kein eigenständiger Normgehalt zu.“ S. 362: Eine - interpretative - Fortbildung des Vertragsrechts durch sogenannte authentische Interpretation und eine sich auf dieser Grundlage entfaltende oder jene Rechtsfortbildung allererst bewirkende Vertragspraxis stützt sich mithin auf den bestehenden Vertrag und ist deshalb vom Zustimmungsgesetz nach Art. 59 Abs. 2 Satz 1 GG gedeckt. [...] dd) In der völkerrechtlichen Praxis bestehen fließende Übergänge zwischen Vertragsauslegung und Vertragsänderung S. 363: Erklären die Vertragspartner, durch eine Vertragsauslegung eine neue Praxis der Vertragsanwendung begründen zu wollen, greift diese Praxis aber - entgegen der erklärten Auffassung der Vertragsparteien - über den Vertragsinhalt hinaus, so kann der Gesetzgeber [...] nicht den - ergänzenden - Abschluß eines weiteren völkerrechtlichen Vertrages erzwingen. [...] S. 364: Die ein solches Ergebnis vermeidende strikte Auslegung des Art. 59 Abs. 2 Satz 1 GG gewährleistet die notwendige eindeutige Kompetenzabgrenzung zwischen Bundesregierung und Gesetzgeber; sie ist ein Element der Gewaltenteilung, wie sie das Grundgesetz ausgestaltet hat (vgl. BVerfGE 68, 1 [86 f.]). ...

						... S. 383: „2. Für den militärischen Einsatz von Streitkräften ist dem Grundgesetz das Prinzip eines konstitutiven Parlamentsvorbehalts zu entnehmen. a) Ein solcher Parlamentsvorbehalt entspricht seit 1918 deutscher Verfassungstradition.“ S. 372: 4. „Die Richterin Limbach und die Richter Böckenförde, Kruis und Sommer, die die Entscheidung nicht tragen, sind der Auffassung, daß die Maßnahmen der Bundesregierung bereits die Rechte des Bundestages aus Art. 59 Abs. 2 Satz 1 GG unmittelbar gefährden.“ S. 373: „b) Auch die vier Richter sind zwar der Meinung, daß es zu einer Vertragsrevision in Gestalt einer expliziten oder konkludenten Vertragsänderung noch nicht gekommen ist. Doch hat die Bundesregierung durch ihr Zusammenwirken mit den Partnern von NATO und WEU den Vertrag gewissermaßen "auf Räder gesetzt" (Ress, Verfassungsrechtliche Auswirkungen der Fortentwicklung völkerrechtlicher Verträge, in: Festschrift für Zeidler, 1987, S. 1175 ff. [1179]) und damit die Gefahr heraufbeschworen, daß dessen Inhalt außerhalb der traditionellen Verfahrensweisen verbindlich modifiziert und so der Mitwirkung des Parlaments nach Art. 59 Abs. 2 Satz 1 GG entzogen wird.“

85.	91, 148	1 BvR 337/92	11.10.1994	1. Senat: Henschel, Seidl, Grimm, Söllner, Kühling, Seibert, Jaeger, Haas	E 91, 148 (171ff.) – Umlaufverfahren: „ständige[n] Staatspraxis“ und Art. 80 Abs. 1 S. 1 GG, positiv festgestellt, verfassungsgemäß (im Auslegungsrahmen, nicht evident).	S. 171/172: „Die Staatspraxis kann ein solches Verfahren nicht legitimieren. Die Staatspraxis ist Gegenstand, nicht Maßstab verfassungsrechtlicher Beurteilung von Akten der öffentlichen Gewalt. Zwar sind bei der Auslegung von Geschäftsordnungen Tradition und Praxis mit heranzuziehen, wie sie sich durch die historische und politische Entwicklung geformt haben (vgl. BVerfGE 1, 144 [149], unter Berufung auf RStGH, RGZ 139, Anhang, S. 5 und 15). Das kann aber nur bedeuten, daß eine Staatspraxis, die sich im Auslegungsrahmen der Verfassung hält, nicht durch die Interpretation eines Gerichts ersetzt werden darf, selbst wenn es diese für vorzugswürdig hält. Ferner ist es geboten, bei Zweifeln über den Sinn einer Norm der Staatspraxis Rechnung zu tragen. Dagegen kann die Staatspraxis nicht die eindeutigen oder durch Auslegung ermittelten Anforderungen einer Verfassungsnorm verdrängen. Das hat auch das Urteil des Bundesverfassungsgerichts zur Bundestagsauflösung, das der Staatspraxis große Bedeutung beimißt, nicht in Frage gestellt (vgl. BVerfGE 62, 1 [38 f.]).“ S. 173: „Dabei kommt gerade in denjenigen Bereichen, die keine ausdrückliche Regelung in der Geschäftsordnung gefunden haben und für die sich auch keine zwingenden Anforderungen aus höherrangigem Recht ergeben, der Staatspraxis rechtsbildende Kraft zu.“ [...] S. 175: „Während bei inhaltlichen Fehlern die Nichtigkeit die regelmäßige Folge des Verfassungsverstoßes bildet, führt ein Verfahrensfehler nur dann zur Nichtigkeit der Norm, wenn er evident ist. Das gebietet die Rücksicht auf die Rechtssicherheit. Der Verfahrensfehler, der beim Erlaß der Verordnungen vorgekommen ist, war nicht evident. Die Bundesregierung verfuhr vielmehr gemäß einer ständigen Staatspraxis. ...

						... Diese war, soweit ersichtlich, bis zu dem Ausgangsverfahren in dieser Sache nicht beanstandet worden. Die so beschlossenen Normen wurden allgemein als gültig angesehen und bildeten die Rechtsgrundlage für zahlreiche Anwendungsakte. Verwaltung und Adressaten haben auf ihre Gültigkeit vertraut. Wären die im Umlaufverfahren zustande gekommenen Rechtsverordnungen auch nur vorübergehend unanwendbar, so müßte das zu einer Lage führen, die mit der Verfassungsordnung noch weniger in Einklang stünde als die Hinnahme der verfassungswidrigen Staatspraxis für die Vergangenheit. [...] Künftig wäre eine im Umlaufverfahren nach der bisher geübten Praxis beschlossene Rechtsverordnung nichtig.

86.	92, 91	1 BvL 18/93 und 5, 6, 7/94, 1 BvR 403, 569/94	24.01.1995	1. Senat: Henschel, Seidl, Grimm, Söllner, Kühling, Seibert, Jaeger, Haas	E 92, 91 (111f.) - Feuerwehrabgabe: „herkömmliche Dienstpflicht“ und Art. 12 Abs. 2 GG, negativ festgestellt (würde „zu starren und unveränderlichen Dienstpflichten führen“).	S. 102: „An der bisherigen Rechtsprechung und Staatspraxis sollte festgehalten werden. Die geschlechtsbezogene Differenzierung bei der Feuerwehrdienstpflicht sei mit Blick auf die - im Durchschnitt - schwächere körperliche Konstitution von Frauen weiterhin sachlich gerechtfertigt.“ S. 103: „Ein Schutz einzelner Mitglieder vor speziellen Belastungen sei in der Praxis kaum umsetzbar.“ S. 111f.: „a) Art. 12 Abs. 2 GG scheidet als Legitimationsgrund aus. Einer Ausweitung der Feuerwehrdienstpflicht auch auf Frauen kann nicht entgegengehalten werden, daß es eine Dienstpflicht dieses Inhalts in der Vergangenheit nicht gegeben habe, eine solche somit nicht herkömmlich im Sinne von Art. 12 Abs. 2 GG sei. Aus der Entstehungsgeschichte dieser Vorschrift (vgl. JöR N.F. 1, 1951, S. 135 [137 f.]) ergibt sich, daß der Verfassungsgeber Dienstverpflichtungen, wie sie in der NS-Zeit bestanden (etwa zum Arbeitsdienst), ausschließen wollte. Das sollte mit der Einführung des Wortes "herkömmlich" erreicht werden. [...] Art und Charakter einer Dienstpflicht werden aber nicht dadurch verändert, daß auch Frauen von ihr betroffen werden. Nach dem Wortlaut der Vorschrift muß die öffentliche Dienstleistungspflicht nicht nur herkömmlich, sondern auch allgemein und für alle gleich sein. Die gegenteilige Auffassung würde auch dem Sinn und Zweck der Vorschrift zuwiderlaufen: Wollte man den Begriff "herkömmlich" nicht nur auf die Art der Dienstpflicht, sondern auch auf den Kreis der Pflichtigen beziehen, wäre der einfache Gesetzgeber auf Dauer an die historischen Vorbilder solcher Dienstleistungspflichten gebunden; dies würde gerade auch hinsichtlich des Personenkreises zu starren und unveränderlichen Dienstpflichten führen.“

87.	92, 277	2 BvL 19/91, 2 BvR 1206, 1584/91 und 2601/93	15.05.1995	2. Senat: Limbach, Böckenförde, Klein, Graßhof, Kruis, Kirchhof, Winter, Sommer	E 92, 277 (331) – DDR: „Staatspraxis der DDR" (keine Verfolgung) und Art. 103 GG (Verfolgungshindernis), positiv festgestellt, verfassungswidrig.	S. 331: „Spione der DDR waren [...] nicht nur gemäß Art. 33 Abs. 2 der Verfassung [...] auch nach der Staatspraxis der DDR vor Auslieferung sicher"

88.	95, 322	1 PbvU 1/95; Vorlage: 1 BvR 1644/94	08.04.1997	Plenum: Limbach, Seidl, Graßhof, Grimm Kruis, Kirchhof, Kühling, Winter Sommer, Jaeger, Haas, Hömig Steiner, Jentsch, Hassemer	E 95, 322 (333f.) – Spruchgruppen: „in Jahrzehnten gewachsene Rechtstradition“ zu § 16 S. 2 GVG vom 27. Januar 1877, Art. 105 S. 2 WRV und Art. 101 Abs. 1 S. 2 GG, positiv festgestellt, übertragbar, nicht verfassungsgemäß (Weiterentwicklung).	S. 333/334: „Die Vereinbarkeit dieser Regelungen selbst mit Art. 101 Abs. 1 Satz 2 GG stellen sie dagegen nicht in Frage (vgl. BVerfGE 18, 423 [427]). [...] Mit den vorstehenden Erwägungen trägt das Plenum des Bundesverfassungsgerichts der Tatsache Rechnung, daß sich die Vorstellungen von den Anforderungen an den gesetzlichen Richter im Laufe der Zeit allmählich verfeinert haben und im Zuge dieser Entwicklung die Forderung nach einer möglichst präzisen Vorherbestimmung auch der im Einzelfall an der gerichtlichen Entscheidung mitwirkenden Richter zunehmend stärkeres Gewicht gewonnen hat (vgl. dazu auch BGHZ 126, 63 [85]). [...] Naheliegend ist weiterhin, daß Art. 101 Abs. 1 Satz 2 GG, der wörtlich mit diesen Vorschriften übereinstimmt, an die mit ihnen geschaffene Rechtslage anknüpfte (vgl. jeweils BVerfGE 18, 344 [351]). Aber auch eine in Jahrzehnten gewachsene Rechtstradition hindert eine gewandelten Anschauungen Rechnung tragende Weiterentwicklung des Rechts nicht.“

89.	96, 345	2 BvN 1/95	15.10.1997	2. Senat: Limbach, Graßhof, Kruis, Kirchhof, Winter, Sommer, Jentsch	E 96, 345 (370) – Landesverfassungsgerichte: Staatspraxis seit 1951 zur Länderkompetenz bei Verfassungsbeschwerden (Zweck: Individualrechtsschutz), positiv festgestellt, verfassungsgemäß.	S. 370: „c) Die Verfassungsbeschwerde wird seit ihrer Aufnahme in die Landesverfassungen von Bayern und Hessen und ihrer bundesrechtlichen Regelung durch das Gesetz über das Bundesverfassungsgericht vom 12. März 1951 (BGBl. I S. 243) als ein außerordentlicher Rechtsbehelf verstanden, [...] Dies umfaßt auch die Kassation verfassungswidriger gerichtlicher Entscheidungen. Sie ist in § 95 Abs. 2 BVerfGG für die zum Bundesverfassungsgericht führende Verfassungsbeschwerde und auch von den meisten Ländern für die Verfassungsbeschwerden zu ihren Landesverfassungsgerichten ausdrücklich zugelassen (vgl. § 54 Abs. 3 BerlVerfGHG, § 50 Abs. 3 VerfGGBbg, § 47 Abs. 2 HessStGHG, § 63 Abs. 2 LVerfGG M-V, § 49 Abs. 3 RhPfVerfGHG, § 61 Abs. 2 SaarlVGHG, § 31 Abs. 2 SächsVerfGHG, § 37 Abs. 3 ThürVerfGHG). Diese Staatspraxis und die Funktion der Verfassungsbeschwerde prägen die Reichweite der Kompetenz der Länder zur Regelung einer Verfassungsbeschwerde. Soweit es zur Verwirklichung des Zwecks der Verfassungsbeschwerde unerläßlich ist, können sie ihren Landesverfassungsgerichten die Befugnis einräumen, Entscheidungen der Landesgerichte aufzuheben, die nach den bundesrechtlichen Verfahrensordnungen formell und materiell rechtskräftig sind. Hier berühren sich die Kompetenzbereiche des Bundes aus Art. 74 Abs. 1 Nr. 1 GG und des Landes zur Regelung seiner Verfassungsgerichtsbarkeit.“

90.	97, 198	2 BvF 3/92	28.01.1998	2. Senat: Limbach, Graßhof, Kruis, Kirchhof, Winter, Sommer, Jentsch, Hassemer	E 97, 198 (209, 216) – Bundesgrenzschutz: Staatspraxis seit 1951 von Kompetenzübertragung (angehörte Bundesregierung); Praxis des „nach und nach“ Gebrauchmachens und Art. 87 Abs. 1 S. 2 GG, positiv festgestellt, verfassungsgemäß (weiter Spielraum).	S. 209: „c) Darüber hinaus belege die Staatspraxis, daß Art. 87 Abs. 1 Satz 2 GG der Übertragung von sonderpolizeilichen Aufgaben auf den Bundesgrenzschutz keine Schranken setze. Seit seiner Errichtung im Jahre 1951 erfülle der Bundesgrenzschutz über den polizeilichen Schutz der Grenze hinaus zahlreiche andere sonderpolizeiliche Aufgaben, darunter namentlich den polizeilichen Schutz von Einrichtungen wichtiger Bundesorgane gemäß § 4 BGSG 1972 und § 5 BGSG 1994.“ S. 217: „3. Die Vorschriften der Art. 83 ff. GG über die Verteilung der Verwaltungskompetenzen zwischen Bund und Ländern regeln nicht in allen Einzelheiten, wie die Verwaltung organisatorisch auszugestalten ist; dies gilt auch im Blick auf die bundeseigene Verwaltung. Das Grundgesetz beläßt den zuständigen Organen des Bundes einen Spielraum für die organisatorische Ausgestaltung der in seine Zuständigkeit fallenden Verwaltungseinrichtungen. [...] Für die in Art. 87 Abs. 1 Satz 2 GG vorgesehenen sonderpolizeilichen Behörden des Bundes stellt sich allerdings die Frage eines Trennungsgebotes. Das Rechtsstaatsprinzip, das Bundesstaatsprinzip und der Schutz der Grundrechte können es verbieten, bestimmte Behörden miteinander zu verschmelzen oder sie mit Aufgaben zu befassen, die mit ihrer verfassungsrechtlichen Aufgabenstellung nicht vereinbar sind.“

91.	100, 249	2 BvF 1/94	02.03.1999	2. Senat: Limbach, Winter, Sommer, Jentsch, Hassemer, Broß, Osterloh	E 100, 249 (260) - Allgemeine Verwaltungsvorschriften: Staatspraxis nach 1949 der Ermächtigung einzelner Bundesminister zu Art. 85 Abs. 2 S. 1 GG, positiv festgestellt, nicht verfassungsgemäß (Abkehr von E 26, 338, Zweck: Schutz der Länderhoheit).	S. 254/255: „1. Bei den "Leitlinien" handele es sich um allgemeine Verwaltungsvorschriften im Sinne des Art. 85 Abs. 2 Satz 1 GG. [...] 2. Enthalte hiernach § 7 Abs. 2a Satz 1 Halbsatz 2 AtG eine Ermächtigung zum Erlaß allgemeiner Verwaltungsvorschriften, so hätte das Gesetz vom 19. Juli 1994 einer Zustimmung des Bundesrates bedurft. [...].“ S. 256: „Es gebe auch keine allgemeine Pflicht der Exekutive, vorhandene Verordnungsermächtigungen auszunutzen und entsprechende Rechtsverordnungen oder allgemeine Verwaltungsvorschriften zu erlassen.“ S. 259/260: „Allerdings könne die Staatspraxis, derzufolge durch Bundesgesetz mit Zustimmung des Bundesrates auch einzelne Bundesminister zum Erlaß allgemeiner Verwaltungsvorschriften [...] ermächtigt würden, nicht als Regelung des Verwaltungsverfahrens der Länder angesehen werden [...] sondern allenfalls als Regelung des Verfahrens des Bundes bei seiner Einwirkung auf die Verwaltung der Länder. [...] Der Senat hält aber an dieser Auffassung, die übrigens für den Beschluß vom 15. Juli 1969 wegen der im damaligen Falle vorliegenden Zustimmung des Bundesrates nicht tragend war, nicht länger fest. Den Grundsätzen, die in Art. 30 und Art. 83 GG ihren Niederschlag gefunden haben, entspricht es, die Regelung dieser Einwirkungsmöglichkeit [des Bundes auf das Verwaltungsverfahren der Länder, M.R.] strikt auszulegen (vgl. BVerfGE 26, 338 [398]).“ S. 262/263: „b) Im Hinblick auf den Ermächtigungsadressaten und die Beteiligung der Länder beim Erlaß der Leitlinien verstößt Art. 4 Nr. 1 des Gesetzes vom 19. Juli 1994 aber inhaltlich gegen Art. 85 Abs. 2 Satz 1 GG.[...]“

92.	101, 158	2 BvF 2, 3/98, 1, 2/99	11.11.1999	2. Senat: Limbach, Kirchhof, Jentsch, Hassemer, Broß, Osterloh	E 101, 158 (236)-Finanzausgleich III: Gesetzgeber als Erstinterpret des Grundgesetzes	S. 236: „4. Im Ergebnis genügt dem Gesetzgebungsauftrag der Art. 106 Abs. 3 und Art. 107 Abs. 2 GG nur ein Gesetz, das sich nicht auf die Regelung von Verteilungs- und Ausgleichsfolgen beschränkt, vielmehr Zuteilungs- und Ausgleichsmaßstäbe benennt, die den rechtfertigenden Grund für diese Verfassungskonkretisierung und Verfassungsergänzung erkennen lassen. Vom Gesetzgeber als dem Erstinterpreten des Grundgesetzes wird also erwartet, daß er die bestehenden Regelungen des Finanzausgleichsgesetzes zunächst auf den Prüfstand stellt und dann entscheidet, welche Maßstäbe dem neuen Finanzausgleichsgesetz zugrunde zu legen sind. Diese abstrakten, auf Dauer wirksamen Maßstäbe haben die Verteilungsprinzipien verständlich zu machen, die jeweiligen Verteilungsfolgen zu rechtfertigen, damit auch Maßstäbe der Selbstbindung und der Kontrolle zur Verfügung zu stellen.“

93.	102, 224	2 BvH 3/91	21.07.2000	2. Senat: Limbach, Sommer, Jentsch, Hassemer, Broß, Osterloh, Di Fabio	E 102, 224 (230) – Funktionszulagen: Staatspraxis (besondere Vergütungen für Funktionsträger in den Fraktionen) zu Parlamentsautonomie und Art. 38 Abs. 1 GG, positiv festgestellt, verfassungsgemäß („überkommene Grundsätze der Parlamentsautonomie“, „gewandelte Aktualität“; Aufgabe: E 84, 304).	S. 230: „5. Der Bundesrechnungshof [...]: "Es gibt beachtliche Gründe, entsprechend der geltenden Staatspraxis Funktionsträgern in den Fraktionen besondere Vergütungen aus öffentlichen Mitteln zu gewähren. Dies ist in einigen Ländern gesetzlich geregelt. Im Interesse der Transparenz haushaltswirksamer Entscheidungen ist es angebracht, auch dort, wo bislang noch nicht geschehen, hierüber eine Regelung durch Gesetz herbeizuführen."“ S. 236: „bb) Weder das Grundgesetz noch die Landesverfassungen haben die überkommenen Grundsätze der Parlamentsautonomie umfassend und einheitlich geregelt. [...] So kann die Parlamentsautonomie eine gegenüber früheren Verfassungsepochen gewandelte Aktualität durch den Umstand gewinnen, dass nicht mehr wie in der klassischen Lehre Parlament und Regierung einander gegenüberstehen, sondern die Grenze quer durch das Plenum verläuft: [...]. S. 237: dd) [...] Auch die Schaffung besonders zu entschädigender Funktionsstellen ist dem Binnenbereich parlamentarischer Organisation zuzurechnen. [...] 3. Die Regelungsmacht des Parlaments in eigenen Angelegenheiten ist allerdings nicht unbegrenzt. Sie wird - soweit die Funktionszulagen in Rede stehen - durch Art. 38 Abs. 1 GG eingeschränkt. [...] Um eine diesen Anforderungen entsprechende, von sachfremden Einflüssen freie politische Willensbildung zu gewährleisten, ist die Zahl der mit Zulagen bedachten Funktionsstellen auf wenige politisch besonders herausgehobene parlamentarische Funktionen zu beschränken.[...]“ S. 238: „Der Senat gibt, soweit die Entschädigung der Abgeordneten in Rede steht, die isolierte Bezugnahme auf jeweils einen der beiden Sätze des Art. 38 Abs. 1 GG auf.“

94.	103, 111	2 BvF 1/00	08.02.2001	2. Senat: Limbach, Sommer, Jentsch, Hassemer, Broß, Osterloh, Di Fabio	E 103, 111 (127f.) - Wahlprüfung Hessen: „Praxis der Wahlprüfungsorgane" seit 1871 zu Wahlbeeinflussung (Zurückhaltung bei Einwirkungen Dritter) u.a. zu Art. 31 WRV und Art. 78 Abs. 2 HV, positiv festgestellt, übertragbar, verfassungsgemäß (restriktive Auslegung, „im rechtswissenschaftlichen Schrifttum überwiegend Zustimmung gefunden")	S. 127: „c) Nach der wahlprüfungsrechtlichen Praxis, in deren Tradition und Weiterentwicklung Art. 78 Abs. 2 HV steht, liegt eine unzulässige, einen Wahlfehler begründende Wahlbeeinflussung nur vor, wenn durch die in Rede stehende Einwirkung auf die Wählerwillensbildung in erheblichem Maße gegen die Grundsätze der Freiheit oder der Gleichheit der Wahl verstoßen wird. [...]" S. 128: „cc) Die grundsätzliche Anerkennung der amtlichen und der nötigenden Wahlbeeinflussung als Wahlfehler bei gleichzeitiger Zurückhaltung, Einwirkungen Dritter auf die Willensbildung des Wählers als Wahlungültigkeitsgrund anzusehen, setzte sich nach dem In-Kraft-Treten des Grundgesetzes in der Praxis der Wahlprüfungsorgane der Länder fort. [...]" S. 132/133: „d) Geht man von dieser Praxis, die im rechtswissenschaftlichen Schrifttum überwiegend Zustimmung gefunden hat (vgl. Seifert, aaO, S. 407; Rechenberg in: Bonner Kommentar zum Grundgesetz, Art. 41 [Zweitbearbeitung 1978] Rn. 22; ferner: Hüfler, Wahlfehler und ihre materielle Würdigung, Diss., 1979, S. 223 ff.), aus, liegt eine sittenwidrige, das Wahlergebnis beeinflussende Handlung im Sinne von Art. 78 Abs. 2 HV dann vor, wenn staatliche Stellen im Vorfeld einer Wahl in mehr als nur unerheblichem Maße parteiergreifend auf die Bildung des Wählerwillens eingewirkt haben, wenn private Dritte, einschließlich Parteien und einzelnen Kandidaten, mit Mitteln des Zwangs oder Drucks die Wahlentscheidung beeinflusst haben oder wenn in ähnlich schwer wiegender Art und Weise auf die Wählerwillensbildung eingewirkt worden ist, ohne dass eine hinreichende Möglichkeit der Abwehr, z.B. mit Hilfe der Gerichte oder der Polizei, oder des Ausgleichs, etwa mit Mitteln des Wahlwettbewerbs, bestanden hätte. [...]"

95.	104, 151	2 BvE 6/99	22.11.2001	2. Senat: Limbach Sommer Jentsch Hassemer Broß Osterloh Di Fabio Mellinghoff	E 104, 151 (175, 209) - NATO-Konzept: „Praxis der Vertragsstaaten“, „Staatspraxis der Bundesrepublik“ (Aussprache vor dem Handeln der Bundesregierung auf völkerrechtlicher Ebene) und Art. 59 Abs. 2 S. 1 GG, Art. 24 Abs. 2 GG, positiv festgestellt, verfassungsgemäß (keine Verpflichtung – Staatspraxis nicht bindend?).	S. 196: „1. Rechtskraft oder Bindungswirkung des Urteils des erkennenden Senats vom 12. Juli 1994 (vgl. BVerfGE 90, 286) stehen dem vorliegenden Organstreit nicht entgegen.“ S. 197: „Die Mitwirkung der Bundesregierung am neuen Strategischen Konzept 1999 ist im Hinblick auf die diese Entscheidung tragenden Gründe kein bloßer Wiederholungs- oder Parallelfall ihrer Mitwirkung am neuen Strategischen Konzept 1991.“ S. 199: „Die Fortentwicklung eines Systems gegenseitiger kollektiver Sicherheit ohne Vertragsänderung bedarf keiner gesonderten Zustimmung des Bundestags [...]“ S. 208: „Aber der Bundestag ist gegenüber einer - reversiblen - Veränderung der Vertragsgrundlage und damit des Zustimmungsgesetzes nicht schutzlos.“ S. 209: „Es ist daher die Staatspraxis der Bundesrepublik, dass sich die Bundesregierung vor ihrem Handeln auf der völkerrechtlichen Ebene im Bundestag erklärt und sich der Aussprache stellt. So ist es auch im Falle des neuen Strategischen Konzepts 1999 geschehen (vgl. Plenarprotokoll 14/35).“

96.	105, 313	1 BvF 1/01,1 BvF 2/01	17.07.2002	1. Senat: Papier, Jaeger, Haas, Hömig, Steiner, Hohmann-Dennhardt, Hoffmann-Riem, Bryde	E 105, 313 (334f.) – Lebenspartnerschaftsgesetz: „überkommene Staatspraxis“ aufgegriffen in §§ 61 GGO § 161 Abs. 3 GO-BT (Berichtigung offenbarer Unrichtigkeiten) und Art. 76 ff GG („nur in sehr engen Grenzen“; zitiert und ergänzt: E 48, 1 (18)).	S. 334: „Auch wenn das Grundgesetz keine Vorschriften über die Berichtigung von Gesetzesbeschlüssen enthält, rechtfertigen es die Erfordernisse einer funktionsfähigen Gesetzgebung, in Anknüpfung an die überkommene Staatspraxis im Gesetzesbeschluss enthaltene Druckfehler und andere offenbare Unrichtigkeiten ohne nochmalige Einschaltung der gesetzgebenden Körperschaften berichtigen zu können, wie dies in § 61 der Gemeinsamen Geschäftsordnung der Bundesministerien (GGO) sowie in § 122 Abs. 3 der Geschäftsordnung des Bundestages im Einzelnen geregelt ist (vgl. BVerfGE 48, 1 [18]).“ S. 339: „a) Der Bundestag ist verfassungsrechtlich nicht gehindert, in Ausübung seiner gesetzgeberischen Freiheit ein Gesetzgebungsvorhaben in mehreren Gesetzen zu regeln. Dabei kann er, [...], [...] die von ihm angestrebten materiell- rechtlichen Bestimmungen in einem Gesetz zusammenfassen, gegen das dem Bundesrat nur ein Einspruchsrecht zusteht, und für die Vorschriften, die das Verwaltungsverfahren der Länder regeln sollen, ein anderes, und zwar ein zustimmungsbedürftiges Gesetz vorsehen, wie das in der Praxis nicht selten geschieht (vgl. BVerfGE 34, 9 [28]; 37, 363 [382]). [...] „Denn das Erfordernis einer Zustimmung des Bundesrates erstreckt sich nach der Rechtsprechung des Bundesverfassungsgerichts auf das ganze Gesetz als gesetzgebungstechnische Einheit, also auch auf an sich nicht zustimmungsbedürftige Normen (vgl. BVerfGE 8, 274 [294]; 37, 363 [381]; 55, 274 [319]). Ob an dieser Rechtsprechung angesichts der Kritik im Schrifttum [...] festzuhalten ist, bedarf im vorliegenden Fall keiner Entscheidung, da der Gesetzgeber diesen Weg nicht gewählt hat.“

97.	106, 62	2 BvF 1/01	24.10.2002	2. Senat: Hassemer Sommer, Jentsch, Broß, Osterloh, Di Fabio, Mellinghoff, Lübbe-Wolff	E 106, 62 (105, 118, 126, 131) – Altenpfleger: Staatspraxis nach 1949 zur Bundeskompetenz und Art. 74 Nr. 19 GG, positiv festgestellt, übertragbar (zitiert: E 33, 125 (152f., 156)).	S. 105: „Bei der Bestimmung der einzelnen Materien, die Art. 74 GG aufzählt, verdienen der Grundsatz des Art. 30 GG und der historische Zusammenhang in der deutschen Gesetzgebung besondere Aufmerksamkeit; dem Merkmal des "Traditionellen" oder "Herkömmlichen" kommt dabei wesentliche Bedeutung zu (BVerfGE 7, 29 [44]; 28, 21 [32]; 33, 125 [152 f.]). Aus diesem Grunde gewinnen Entstehungsgeschichte des Art. 74 GG und Staatspraxis für die Auslegung besonderes Gewicht (vgl. BVerfGE 33, 125 [152]; 61, 149 [175]; 68, 319 [328]). Diese Regeln zur Auslegung des Art. 74 GG führen allerdings nicht dazu, den Begriff des Heilberufs als im Berufsbild unabänderlich festgelegt anzusehen. [...]. aa) Die Entstehungsgeschichte des Art. 74 Abs. 1 Nr. 19 GG hilft bei der Auslegung der in der Kompetenznorm verwendeten Begriffe nicht unmittelbar weiter. [...] . [...] Die bisherige Staatspraxis in anderen neuen Berufsfeldern des Gesundheitswesens bestätigt dieses Auslegungsergebnis [...]. So hat der Bundesgesetzgeber folgende gesetzliche Regelungen über die Berufsausbildung in Heilberufen - einschließlich Heilhilfsberufen – erlassen: [...] [...] Unabhängig von der Staatspraxis bei Gesundheitsberufen [...] kann sich ein derartiger Bezeichnungsschutz auf die Befugnis zur Ausübung der betreffenden Tätigkeiten dadurch auswirken, dass andere, die Berufsausübung regelnde Vorschriften auf die geschützte Berufsbezeichnung Bezug nehmen und die Berufsausübung denen vorbehalten, die diese Bezeichnung führen dürfen [...]. Der Bundesgesetzgeber ist im Altenpflegegesetz auch insoweit der Staatspraxis bei allen Heilberufen gefolgt, wie sie seit der Reichsärzteordnung von 1935 (RGBl I S. 1433 ff.) üblich ist."

98.	106, 253	2 BvE 3/02	03.12.2002	2. Senat: Hassemer, Sommer, Jentsch, Broß, Osterloh, Di Fabio, Mellinghoff, Lübbe-Wolff	E 106, 253 – Vermittlungsausschuss: Staatspraxis (Zählverfahren bei Besetzung) und Art. 38 Abs. 1 Satz 2 in Verbindung mit Art. 40 Abs. 1 Satz 2, Art. 21 Abs. 1, Art. 20 Abs. 2 GG und Art. 77 Abs. 2 GG, Sachvortrag der Antragsgegner, Erlaß abgelehnt („setzte voraus, dass sich auch die Mitglieder der Bundesratsbank eindeutig entweder der Regierungsmehrheit oder der Opposition zuordnen lassen“).	„4. Die Staatspraxis zeige, dass sich die Besetzung der Bundestagsbank des Vermittlungsausschusses [...] stets an den Stärkeverhältnissen der Fraktionen ausgerichtet habe.“ „Das Bundesverfassungsgericht hat die parlamentarische Praxis anerkannt, nach der die Zählverfahren bei einem Beschluss nach § 57 Abs. 1 GOBT auch gerade im Hinblick darauf ausgewählt werden dürfen, ob das gewählte Verfahren die die Bundesregierung tragende politische Mehrheit im Bundestag abbildet (vgl. BVerfGE 96, 264 [283]). Wie weit [...] bedurfte für Ausschüsse des Bundestages bislang schon deshalb keiner Entscheidung, weil es der Bundestag in gewissem Umfang in der Hand hat, Ausschüsse in der Zahl der Mitglieder zu vergrößern oder zu verkleinern und damit Pattsituationen zwischen Regierungsmehrheit und oppositioneller Minderheit bei Anwendung tradierter Zählverfahren zu vermeiden.“ [...] „Diese parlamentarische Praxis ist im Fall des Vermittlungsausschusses dem Bundestag jedenfalls ohne Mitwirkung des Bundesrates verschlossen.“ „Der Bundesrat verzichtet darauf, in seinen abgeleiteten Gremien eine Stimmgewichtung vorzunehmen, er optiert hier für den Grundsatz der Staatengleichheit. [...] Daraus folgt, dass eine Projektion der jeweiligen politischen Bundesratsmehrheit in abgeleiteten Gremien jedenfalls nicht zwingend notwendig ist.“ [...] abw. M.: „Der Auffassung der Senatsmehrheit, dass es angesichts der auf Kompromissbildung ausgerichteten Funktion des Vermittlungsausschusses auf die dortigen Mehrheitsverhältnisse weniger als in anderen Ausschüssen ankomme, kann ich nicht folgen.“

99.	106, 310	2 BvF 1/ 02	18.12.2002	2. Senat: Hassemer, Sommer, Jentsch, Broß, Osterloh, Di Fabio, Mellinghoff, Lübbe-Wolff	E 106, 310 (330, 341f.) – Zuwanderungsgesetz: Praxis der landesautonom bestimmten Stimmführer und Art. 51 Abs. 3 S. 2 GG, positiv festgestellt, verfassungsgemäß; (abw. M.): „Staatspraxis" (Beurteilungsspielraum des Bundesratspräsidenten) zu Art. 51 Abs. 3 Satz 2 GG, Beginn einer Staatspraxis (Wertung als Zwischenruf am 23. Dezember 1949), negativ festgestellt. „Praxis des Bundesrates" (Abstimmungswiederholung) und § 32 S. 2 GO-BR, positiv festgestellt (Auslegungskriterium).	S. 322: „3. Die in der Praxis des Bundesrates entwickelte Institution des Stimmführers habe keine Grundlage im Verfassungsrecht." S. 326/327: „Aus der Staatspraxis und den landesverfassungsrechtlich festgelegten Kompetenzen des Ministerpräsidenten folge dessen Mandat gegenüber den weiteren Landesvertretern im Bundesrat[...]." S. 330f.: „Das Grundgesetz erwartet die einheitliche Stimmenabgabe und respektiert die Praxis der landesautonom bestimmten Stimmführer, ohne seinerseits mit Geboten und Festlegungen in den Verfassungsraum des Landes überzugreifen." Stimmabgabe im ersten Durchgang? Abw. M. S. 341: „Rechtlich von Bedeutung wäre eine im Verfahren geäußerte Auffassung des Bundesratspräsidenten zu dieser Frage allenfalls, wenn sie als Bestätigung einer entsprechenden Staatspraxis betrachtet werden könnte. Das ist aber nicht der Fall. [...] Gleich ob dieser historischen Formulierungswahl und Protokollfassung überhaupt eine rechtliche Relevanz zuzumessen ist - den Beginn einer Staatspraxis, nach der uneinheitliche Ministerstimmen als zwar ungültige, aber abgegebene Landesstimmen zu werten wären, markieren sie jedenfalls nicht." Abw. M. S. 643: „Die Geschäftsordnung enthält diesbezüglich keine abschließende ausdrückliche Regelung. Für ihre Auslegung in diesem Punkt kommt daher der Staatspraxis Bedeutung zu (zur Bedeutung der Staatspraxis für die Auslegung von Geschäftsordnungen vgl. BVerfGE 1, 144 [148 f.]; BVerfGE 91, 148 [171]). In der Praxis des Bundesrates ist es ständige Übung, dass der Bundesratspräsident eine Abstimmung oder einen Teil davon wiederholen lässt, wenn ein Abstimmungsbeteiligter darum ersucht."

100.	109, 190	2 BvR 834/02, 2 BvR 1588/02	10.02.2004	2. Senat: Hassemer, Jentsch, Broß, Osterloh, Di Fabio, Mellinghoff, Lübbe-Wolff, Gerhardt	E 109, 190 (213) - Bayerisches Straftäterunterbringungsgesetz: „Staatspraxis und Art. 74 Abs. 1 Nr. 1 GG“ sowie „Staatspraxis der Weimarer Zeit und des schleichenden Übergangs in die Diktatur“ und Gesetzesvorbehalt.	S. 213: „b) Entstehungsgeschichte und Staatspraxis haben für die Auslegung des Art. 74 GG besonderes Gewicht (vgl. BVerfGE 3, 407 [415]; 7, 29 [40]; 33, 125 [152 f.]; 36, 193 [203]; 36, 314 [319]; 42, 20 [29]; 48, 367 [373]; 61, 149 [175]; 67, 299 [320 f.]; 68, 319 [328]). Der Verfassungsgeber hat insbesondere in Art. 74 Abs. 1 Nr. 1 GG tradierte Begriffe verwendet und das herkömmliche Verständnis dieser Begriffe zu Grunde gelegt (vgl.BVerfGE 23, 113 [123 f.]; 27, 18 [32]). Die Entstehungsgeschichte bestätigt eine Auslegung, nach der das Strafrecht in Art. 74 Abs. 1 Nr. 1 GG neben vergeltenden, schuldausgleichenden Sanktionen auch spezialpräventive Reaktionen auf eine Straftat erfasst. [...]“ S. 252: „[...] Sinn und Zweck dieser Regelung ist es, für den Eingriff in das Grundrecht der persönlichen Freiheit eine demokratisch legitimierte, vom Parlamentswillen getragene Rechtsgrundlage zu schaffen und darüber hinaus vor dem Hintergrund der Staatspraxis der Wei ./. marer Zeit und des schleichenden Übergangs in die Diktatur [...] sicherzustellen, dass sich das Parlament seiner ausschließlichen Verantwortung für die Normsetzung nicht begibt [...].“

101.	114, 121	2 BvE 4, 7/05	09.08.2009	2. Senat: Hassemer, Sommer, Jentsch, Broß, Osterloh, Di Fabio, Mellinghoff, Lübbe-Wolff	E 114, 121 – Bundestagsauflösung II: Auflösungsgerichtete Vertrauensfrage und Sinn und Zweck des Art. 68 GG.	S. 155: „4. Das Bundesverfassungsgericht prüft die zweckentsprechende Anwendung des Art. 68 GG nur in dem von Verfassung wegen vorgesehenen eingeschränkten Umfang." [...] S. 156f.: „Am sichersten ist der Fall zu beurteilen, wenn eine Mehrheit des Deutschen Bundestages sich offen und andauernd obstruktiv verhält [...]. Ebenso klar läge der Fall, wenn der Bundeskanzler seine Vertrauensfrage allein mit dem Ziel stellen würde, [...]. Verfassungsrechtliche Schwierigkeiten bereitet dagegen der Fall, in dem der Bundeskanzler die Lage dahingehen einschätzt, dass eine stetige Unterstützung der Bundestagsmehrheit für seine Politik nicht mehr gewährleistet ist, bevor die Richtigkeit dieser Einschätzung in entsprechenden Abstimmungsniederlagen offenkundig geworden ist. [...]". [...] S. 157: „Dem politischen Willensbildungsprozess mit seinen zulässigen, auch von taktischen und strategischen Motiven geprägten Verhaltensweisen und Rücksichtnahmen darf in Fragen der politischen Einschätzung nicht mit einer nach vollem Beweis strebenden gerichtlichen Sachverhaltsaufklärung Schaden zugefügt werden. Andernfalls wäre die vom Grundgesetz gewollte Balance zwischen effektiver rechtlicher Bindung der öffentlichen Gewalt und der Ermöglichung wirksamer politischer Handlungsfreiheit verletzt." [...] S. 159: „Der Mechanismus der Gewaltenteilung vermag sich sinnvoll nur zu entfalten, wenn das Bundesverfassungsgericht die politische Einschätzung der Lage durch die zuvor tätigen Verfassungsorgane respektiert." [...] Sondervotum Lübbe-Wolff, S. 195: „angeblich vom Zweck des Art. 68 Abs. 1 Satz 1 GG diktierte materielle Tatbestandsvoraussetzung" als „verfehlte Rechtsbedingung".

102.	E 114, 196	2 BvF 2/03	13.09.2005	2. Senat: Hassemer, Jentsch, Broß, Osterloh, Di Fabio, Mellinghoff, Lübbe-Wolff, Gerhardt	E 114, 196 (230) - Beitragssatzsicherungsgesetz: Teilung eines Gesetzgebungsvorhabens „in der Staatspraxis üblich und zulässig" und Art. 77 GG.	S. 230: „Gesetzgebungsvorhaben so zu gestalten, dass die Zustimmung des Bundesrates ganz oder teilweise entbehrlich wird, ist in der Staatspraxis üblich und zulässig. Geläufig ist die Aufteilung eines Vorhabens in einen Gesetzentwurf, der alle nicht zustimmungsbedürftigen Regelungen enthält, und einen weiteren, der der Zustimmung des Bundesrates bedarf." [...] S. 235: „2. Eine über fünfzigjährige Staatspraxis zeigt, dass ein Bedürfnis für die Änderung einer Verordnung durch den parlamentarischen Gesetzgeber besteht (a). Eine verfassungskonforme Lösung erfordert allerdings, der geänderten Verordnung einen einheitlichen Rang zuzuweisen, damit nicht ein der Rechtssicherheit und dem Rechtsstaatsprinzip widersprechendes Mischgebilde entsteht (b). Die Verordnungsänderung durch förmliches Gesetz ist nur unter bestimmten Voraussetzungen und Maßgaben mit dem Grundgesetz vereinbar (c)." [...] „seit über fünfzig Jahren bestehende Staatspraxis zeigt, [...] S. 238: „bb) Auch wenn der parlamentarische Gesetzgeber Verordnungsrecht ändert, ist er an das Verfahren nach Art. 76 ff. GG gebunden. Der Umstand, dass die Verordnung in ihrer durch Gesetz geänderten Fassung insgesamt als Verordnungsrecht zu qualifizieren ist, ändert nichts daran, dass für das Zustandekommen des ändernden Gesetzes die grundgesetzlichen Regeln über die Gesetzgebung anzuwenden sind." [...] S. 240: „dd) Wird im Gesetzgebungsverfahren eine Verordnung geändert, so ist die Zustimmungsbedürftigkeit des betreffenden Gesetzes auch insoweit am Maßstab der für förmliche Gesetze geltenden Normen zu beurteilen, nicht nach Art. 80 Abs. 2 GG." [...] S. 240: „3. Nach diesen Maßstäben ist Art. 4 BSSichG verfassungsgemäß."

103.	E 115, 118	1 BvR 357/05	15.02.2006	1. Senat: Papier, Haas, Hömig, Steiner, Hohmann-Dennhardt, Hoffmann-Riem, Bryde, Gaier	E 115, 118 (143) - Luftsicherheitsgesetz: von Dritten absichtlich herbeigeführte Schadensereignisse als Unglücksfall iSd. Art. 35 Abs. 2 S. 2.	S. 143f.: „Nach dem allgemeinen Sprachgebrauch kann unter einem Unglücksfall unschwer auch ein Ereignis verstanden werden, dessen Eintritt auf den Vorsatz von Menschen zurückgeht. Anhaltspunkte ./. dafür, dass Art. 35 Abs. 2 Satz 2 GG, davon abweichend, auf unwillentlich ausgelöste oder fahrlässig herbeigeführte Unglücksfälle beschränkt bleiben, auf Vorsatz beruhende Vorfälle also nicht erfassen soll, sind weder dem Wortlaut der Norm noch den Gesetzesmaterialien (vgl. BTDrucks V/1879, S. 22 ff.; V/2873, S. 9 f.) zu entnehmen. [...] Die Staatspraxis geht deshalb zu Recht seit langem davon aus, dass als besonders schwere Unglücksfälle auch Schadensereignisse anzusehen sind, die von Dritten absichtlich herbeigeführt werden (vgl. jeweils die Nr. 3 des Erlasses des Bundesministers der Verteidigung über Hilfeleistungen der Bundeswehr bei Naturkatastrophen bzw. besonders schweren Unglücksfällen und dringende Nothilfe vom 22. Mai 1973, VMBl S. 313, und der entsprechenden Richtlinie vom 17. Dezember 1977, VMBl 1978 S. 86).“

104.	E 121, 266	2 BvC 1, 7/07	16.04.2008	2 Senat: Landau, Jentsch, Broß, Osterloh, Di Fabio, Mellinghoff, Lübbe-Wolff, Gerhardt	E 121, 266 (298) – negatives Stimmgewicht: Beachtung von Rechtsüberzeugung und gefestigter Rechtspraxis und Art. 38 GG.	S. 298: „Differenzierende Regelungen müssen zur Verfolgung ihrer Zwecke geeignet und erforderlich sein. Ihr erlaubtes Ausmaß richtet sich auch danach mit welcher Intensität in das – gleiche – Wahlrecht eingegriffen wird. Ebenso können Rechtsüberzeugung und gefestigte Rechtspraxis Beachtung finden. Der Gesetzgeber muss sich bei seiner Einschätzung und Bewertung nicht an abstrakt konstruierten Fallgestaltungen, sondern an der politischen Wirklichkeit orientieren (BVerfGE 95, 408 [418f.] m.w.N.).“

Rechtspolitisches Symposium
Legal Policy Symposium

Herausgegeben im Institut für Rechtspolitik an der Universität Trier
von Bernd von Hoffmann und Gerhard Robbers

Band 1 Bernd von Hoffmann (ed.): Towards a Common European Immigration Policy. Reports and Discussions of a Symposium held in Trier on October 24th and 25th, 2002. 2003.

Band 2 Bernd von Hoffmann (ed.): Global Governance. Reports and Discussions of a Symposium held in Trier on October 9th and 10th, 2003. 2004.

Band 3 Gerhard Robbers (ed.): Reforming Federalism – Foreign Experiences for a Reform in Germany. Reports of a Symposium held in Trier on December 2nd to 4th, 2004 hosted by the Institute for Legal Policy at the University of Trier in Cooperation with the German Bundesrat. 2005.

Band 4 Gerhard Robbers / Dieter C. Umbach / Klaus-Eckart Gebauer (Hrsg.): Innere Sicherheit, Menschenwürde, Gentechnologie. Kolloquium aus Anlass des 80. Geburtstages von Ernst Benda am 22. Januar 2005 in Trier, veranstaltet vom Institut für Rechtspolitik an der Universität Trier und den Professoren Dr. Gerhard Robbers (Trier), Dr. Dieter C. Umbach (Potsdam), Dr. Klaus-Eckart Gebauer (Mainz) in Zusammenarbeit mit dem Landtag Rheinland-Pfalz. 2005.

Band 5 Bernd von Hoffmann (Hrsg.): Rechtspolitische Herausforderungen. Kolloquium anlässlich des 75. Geburtstages von Ministerpräsident a.D. Dr. Carl-Ludwig Wagner. 2005.

Band 6 Joachim Mertes / Gerhard Robbers (Hrsg.): Antworten auf den internationalen Terrorismus. Gewährleistung der Inneren Sicherheit durch Bund und Länder. Mit Beiträgen von Manfred Baldus, Wolfgang Bosbach, Paul Dubois, Rüdiger Freiherr von Fritsch, Joachim Mertes, Wolf Plesmann, Gerhard Robbers, Dieter Wiefelspütz und Heinrich Amadeus Wolff. 2007.

Band 7 Bernd von Hoffmann (Hrsg.): Universalität der Menschenrechte. Kulturelle Pluralität. 2009.

Band 8 Katharina Knüppel: Religionsfreiheit und Apostasie in islamisch geprägten Staaten. 2010.

Band 9 Johan D. van der Vyver: Implementation of International Law in the United States. 2010.

Band 10 Michael Rahe: Begriff und Bedeutung der Staatspraxis in der Rechtsprechung des Bundesverfassungsgerichts. 2011.

www.peterlang.de

Martina Schlögel

Das Bundesverfassungsgericht im Politikfeld Innere Sicherheit

Eine Analyse der Rechtsprechung von 1983 bis 2008

Frankfurt am Main, Berlin, Bern, Bruxelles, New York, Oxford, Wien, 2010.
160 S.
Beiträge zur Politikwissenschaft. Verantwortlicher Herausgeber: Roland Sturm.
Bd. 94
ISBN 978-3-631-59805-4 · geb. € 27,80*

Im Rahmen des Bandes wird das Verhalten des Bundesverfassungsgerichts im Politikfeld Innere Sicherheit untersucht und der Frage nachgegangen, wie sich dieses Verhalten erklären lässt. Der Fokus liegt auf dem Verhältnis von Bundesverfassungsgericht und Gesetzgeber. Zu diesem Zweck werden in der Zusammenschau und im jeweiligen Kontext die relevanten Entscheidungen des Bundesverfassungsgerichts diskutiert. Die vorliegenden Erklärungsmodelle für die Interaktion zwischen Bundesverfassungsgericht und Gesetzgeber werden kritisch rezipiert und eine Erklärung des Verhaltens aufgrund eines gewandelten sozio-politischen Diskurses über die Innere Sicherheit entwickelt.

Aus dem Inhalt: Innere Sicherheit in Deutschland · Sicherheitspolitik · Rechtsprechung des Bundesverfassungsgerichts · Recht der Inneren Sicherheit · Rational-Choice-Institutionalismus